新编21世纪政治学系列教材

西方政治思想史
从柏拉图到约翰·穆勒

王彩波　主编

History of Western Political Thought
From Plato to John Mill

中国人民大学出版社
·北京·

内容简介

关于政治的思想史，既是政治发展历史的思想形式和理论呈现，也反映着政治思想在历史长河中展现出来的理论脉络和深刻逻辑。在历史中理解思想，在思想中把握历史，是作者在总结和刻画西方2 500多年政治思想发展的基本方向、逻辑和特征时所努力追求的目标。本书通过系统地阐释和论述从柏拉图、亚里士多德、奥古斯丁、托马斯·阿奎那、马丁·路德、约翰·加尔文、马基雅弗利、霍布斯、约翰·洛克、孟德斯鸠、卢梭到休谟、伯克、黑格尔、边沁、穆勒等西方政治思想巨匠的经典著述、思想体系和历史影响，希望帮助读者在理解这些西方政治思想家对自身所处历史时代最为紧要的政治问题的判断、思考和阐释中，也能够发现和把握超越其时代特殊性的人类政治生活的永恒话题和普遍思维。

作者简介

王彩波　政治学博士，吉林大学行政学院教授、博士生导师，在20世纪80年代初中国政治学恢复重建早期进入政治学研究领域，多年从事政治学理论和西方思想史的教学与研究，造诣颇深、研究成果颇丰，为国家培养了几十名政治学理论博士。曾多次代表学校和中国学者在国外讲学、访学、从事研究工作。曾任国家社科基金重大项目首席专家，享受国务院政府特殊津贴，宝钢教育奖优秀教师。

总序

改革开放是新中国成立以来的又一次革命，给中国带来了革命性变化。这种革命性变化不仅体现在经济、政治等层面的现实生活上，而且还体现在因现实的变迁而带来的理论上的创新和发展以及由此带来的政治学学科建设上的成就方面。

在我国，计划经济体制已经让位于社会主义市场经济体制，同时由经济变革带来的政治体制上的变化也是有目共睹的。首先，在民主法治建设上，政治的制度化正在加强。其次，在国家结构上，过去在计划经济时期的简单的单一制已经转变为更加复杂的国家结构关系。中央与地方、地方政府与地方政府之间的关系有了更多的市场经济特征。再次，在国家与社会之间的关系上，也发生了方向性变化。最后，在意识形态上，过去那种对待马克思主义、毛泽东思想的封闭、激进而又教条的态度已经转变为开放、理性而又灵活的态度。所有这些变革，都是我们以前所无法想象的。当然，在政治进步的同时，存在的问题也不容回避。那就是迫切需要建立一套约束政府权力、使人民群众的真实意愿和利益诉求能够得到顺畅表达的机制，以便从根本上保证社会的稳定与和谐。这些问题的解决，不仅需要实际工作者在体制创新方面的实践，更需要政治学学科的发展和政治学专业人才的智慧与理论贡献。

我国的政治变革既是对政治学研究工作的挑战，又是促使政治学发展的良好机遇。我国的政治学在这种压力与机遇并存的环境中正在快步前进。首先，在学科分类上，政治学已经从法学中独立出来而成为一级学科。其次，在学科分支上，政治学从马克思主义政治理论、制度史、思想史发展成为学科门类更加丰富、更加有特色的一门学科，诸如新政治经济学、政治社会学、政治心理学、政治文化、政治学方法论等。再次，在研究方法上，从单一的阶级分析法发展成为以历史唯物主义为基础的多元化方法论，诸如行为主义、理性选择主义以及方兴未艾的新制度主义。最后，在问题研究上，无论是深度还是广度，我国政治学界都取得了可喜的成就，为中国的政治发展和政治变革做出了自己应有的贡献。当然，在看到成绩的同时，也不能无视发展中的不足。作为中国政治学学科建设和发展的见证人，我们不能不为政治学发展中的结构性缺失而忧心忡忡。比如，就专业刊物而言，不要说与经济学、法学和历史学比较，就是和政治学的二级学科国际关系比较，政治学专业刊物的数量也是少之又少。这种现象严重制约了我国政治学的发展，很多优秀的研究成果只能散见于综合性学术刊物和大学学报。

中国政治学学科发展的基础是高校政治学专业建设。自 1980 年恢复政治学专业以来，政治学系或政治与行政管理学系已经成为很多高校的普遍性建制。而且在各高校政治学专业竞相发展的过程中，我们很高兴地看到各个高校的政治学学科建设，无不生机勃勃，成就斐然。其中特别值得一提的是中国人民大学。人所共知，中国人民大学一直是中国近代政治制度的研究重镇。同时，中国人民大学在学科发展中非常注重教材建设，经过专业优化组合的“新编 21 世纪政治学系列教材”在全国享有很高的声誉，是我国很多高校政治学专业和行政管理学专业的必备教科书。从已经出版的教材来看，我认为，“新编 21 世纪政治学系列教材”具有如下特点：

第一，体系上的创新性与独特性。教科书固然应该有通用的内容，但是在教材林立的今天，千篇一律而了无特色的教材是难以立足的，也难以为社会所认可和接受。“新编 21 世纪政治学系列教材”中的每一本教材在体系上的创新性与独特性都是很突出的。

第二，内容上的研究性与新颖性。体系上的独特性应该由内容上的研究性与新颖性构成。教科书不但要介绍一般性的概念和理论，还应该容纳最新的理论研究成果以及对有关理论成果的看法与评价。该系列教材的一个重要特征是，这些教材都是作者们基于自己多年的教学与研究心得而撰写的具有新意的研究性作品。一本好的教科书之所以享有盛名，就在于其因体系上的独特性和内容上的研究性而形成的权威性。

第三，观点上的全面性与选择性。教科书是一种通论性的著作，因而包容的学术观点、理论应该尽量全面。但是，在信息爆炸的时代，一本书企图容纳所有的观点是不可能，也是不必要的。因为有的观点不过是个别学者的偶发奇想而不具有普遍性。这就需要撰写者去伪存真，认真取舍。我很高兴地看到，本系列教材在追求观点的全面性时，也没有忘记选择性原则。

第四，方法论上的马克思主义原则性与包容性。我国的社会科学研究离不开马克思主义的基本方法论，尤其离不开历史唯物主义的指导，政治科学更是如此。但是马克思主义并不是凭空产生的，它是在吸纳人类精神文明优秀成果的基础上产生的，马克思主义的发展同样少不了与其他理论流派的碰撞以及对人类文明成果的借鉴与扬弃。封闭的马克思主义是没有生命力的，坚持马克思主义并不排除对其他理论流派的介绍与分析。正是基于这样的指导思想，本套教材在介绍马克思主义政治学的同时，能运用历史唯物主义的基本原理兼容并蓄地介绍和分析其他理论流派。

本套教材的上述特点决定了它们不但是有关专业的教师和学生必备的教学和学习用书，也是政治学研究者的重要参考书籍。虽然具有上述优点和特征，但是十全十美的社会科学著作是不存在的，因此，本套教材中的缺点与不足在所难免。衷心希望专家学者、广大读者积极批评、热情指正！

赵宝煦

序言

呈现在读者面前的这部《西方政治思想史——从柏拉图到约翰·穆勒》是本书的第三版。本书的第一版，当时是作为吉林大学的优秀教材，由吉林大学出版社 1997 年出版的。由于书出版之后很快脱销，中国社会科学出版社于 2004 年出版了本书的第二版。本书的第二版，除了对第一版中所包含的思想家的政治思想进行了深入挖掘和评析，还在内容上增添了两个代表人物——休谟和伯克的政治思想。现在的这个版本，在延续了前两版内容框架、学术风格的基础上，对全书内容又进行了新的修订，进一步加大和丰富了对本书选取的代表人物政治思想的深入分析和学术评价。在某种程度上，本次修订也代表了我们这些年在教学过程中对西方政治思想史进行持续思考和不断研究的深化与总结。

正如本书的副标题所体现出来的思想史脉络，这部著作的一个突出特点，是重点选取和集中阐释西方政治思想史上十几位重要代表人物的政治学说，从而勾画出从古希腊到 19 世纪这两千多年间西方政治思想发展的基本逻辑、理论线索以及历史演进的概貌和特点。这样的设计和安排，主要是考虑到西方政治思想史内容浩瀚、博大精深。在某种意义上，一部西方政治思想史就是一部西方文明发展史，而政治思想发展的历史演进主要是由不同时期政治思想家的学术思想来体现的。结合我们对西方政治思想教学和研究的体会，同时参考国内外这一领域的教学和研究经验，我们深感，与其全景式介绍不同历史时期中每一位政治思想家的学术思想，不如选择其中最具代表性的思想家做深入精细的分析和进行理论内涵的挖掘，使读者能够更深入地了解这些思想家的政治思想的基本内容、理论特质和思想内涵，从而认识和理解他们在整个西方政治思想演进过程中的思想贡献和历史地位。我始终认为，这样来研读西方政治思想史可能收获更大，尤其是对于非西方读者来说更是如此，这也是本书与其他同类著作的不同特点。在本书的修订过程中，我们始终坚持和延续了这种风格和特点。

本书选取的这十几位西方政治思想史代表人物，他们中的每一位都在西方政治思想史上做出了突出贡献，具有重要的历史地位。我们在客观介绍他们的政治思想的基础上，对每一位思想家的政治学说都以大量的篇幅进行了分析评论，注重把他们的思想放到整个西方政治思想发展的历史长河中去分析其价值和贡献，清晰地勾画出西方政治文明中各种思想发展的逻辑脉络，在理论分析上尽可能系统和深刻。因此，在写作手法上，我们一方面注重对每一位思想家的政治学说内涵的发掘；另一方面结合他们所处的历史时代，把他们的政治学说置于特定的历史背景下进行分析，以期对不同历史时期的思想家的政治学说做出合乎历史逻辑的解释。这十几位政治思想家是西方历史上不同阶段的最重要的代表人物，他们的思想代表了西方各个不同历史阶段政治思想的基本方向、基本内容和基本特征。我认为，这也基本上代表了西方政治思维发展的历史演进过程，这个过程大致可以概括为，从古希腊的伦理政治观到中世纪神学政治观进而到近代法学和社会学政治观的演化。

西方政治思想产生于古希腊时期，柏拉图和亚里士多德是这一时期政治思想的最大代表，他们的思想集中体现了那个时期政治理论的特点：以道德为政治的核心问题和政治所追求的最终目标，把国家看作一种伦理有机体。他们对国家进行了道德应然性解释：国家应当尽可能实现最大限度的正义。正义原则体现为国家应当以至善为目的，而不是说国家本身就是至善的。柏拉图和亚里士多德以哲人的深邃目光，透视着当时动荡不安的希腊城邦社会，力图发现那变幻不定的政治现象背后的永恒问题和政治生活的真正目的。正是他们的不懈努力，使得人类政治思维的发展登上了第一座高峰。柏拉图和亚里士多德把对哲学思辨的爱好同对城邦生活的关注结合起来，从而构建起古希腊乃至整个西方政治思想史上最为宏阔博杂的政治哲学体系，为人类政治思维的发展拓展了一方广阔天地，其震古烁今的影响力使后世的思想家们无论对这两位古希腊大师的思想是褒还是贬，都无一例外地依赖于他们的思想体系而汲取营养。

西欧封建社会（中世纪）神学政治观的主要代表是奥古斯丁和托马斯·阿奎那，他们的神学政治思想代表了西方中世纪那个极其特殊的历史时代政治思维的独有特点：一切政治思想都以神学的形式表现出来并为神学服务，哲学成了神学的婢女。奥古斯丁开创了神学政治观的早期形式——教父哲学，托马斯·阿奎那的经院哲学是神学政治观的集大成者。神学政治观与伦理政治观的关系密切，只不过它是把政治的伦理目标从人间搬到了天国，把政治活动的终极目的所要达到的最高的善说成是上帝。在长达 10 个世纪的西欧封建社会，神学政治观为教会统治提供了理论论证。同时，后期托马斯·阿奎那在理性与信仰结合处建立的神学体系，在中世纪第一个肯定了哲学有独立于神学的地位，给理性画出了一定的范围，从而为西方近代政治思维和自然法理论的发展提供了必要的思想资源。

文艺复兴时期的马基雅弗利，17、18 世纪的霍布斯、洛克、孟德斯鸠和卢梭，他们的法学政治观集中代表了历史上新兴资产阶级的政治要求，其政治理论的共同特点是以抽象的人性论为出发点，试图从人的共同本性中探讨国家存在的原则，并把人的自然权利作为社会和国家的基础，从而为资产阶级争得政权做思想准备和理论论证。这一时期的政治思想可以说代表了近代西方政治思想的主流。自然法、自然权利、社会契约、人民主权、自由、平等成为这一阶段西方政治思维的概念框架。这一概念框架虽然后来有所变化，但其基本精神迄今仍是西方政治思维的主体。西方近代法学政治观是以个体为本位，个人自由第一次被作为社会的等价物来探讨，这在以往的人类社会历史中是从来没有过的。这一时期关于国家理论的主要学说是社会契约论，契约的实质在于作为订约者双方必须是自由的，因而可以说契约是个人自由的同义语。个人主义观念的产生，同时引起了政治思维的划时代变革，即从维护个人自由的角度出发，寻找国家及社会秩序的新定义，从而为资产阶级革命提供了思想上的启蒙和基础。具体来说，生逢文艺复兴鼎盛时期的马基雅弗利的思想集中代表了文艺复兴的精神：从人的历史和现实需要出发，把人作为研究社会和政治问题的出发点。马基雅弗利的权力政治观开辟了西方近代政治思想之先河。英国资产阶级革命时期的霍布斯构建了西方近代第一个系统的契约论国家观，他从个人主义的理论前提出发，系统论述了人性的原则以及国家的起源和国家的性质，使西方近代政治思想实现了内在逻辑严整的系统化。洛克是西方近代自由主义的鼻祖，他的天赋人权、有限政府、分权理论等构成了近代自由主义的核心内容，洛克的政治学说公开承认了资产阶级革命的主要目的：保护新兴资产阶级的私有财产并获取政治上的统治地位。孟德斯鸠是西方三权分立学说的完成者，他的立法、司法、行政三权相互独立，以权力约束权力的思想影响深远，成为西方民主国家制度建设的组织原则。卢梭是西方近代资产阶级革命时期独树一帜的平民政治思想家，他的社会契约论代表了西方近代社会契约论的最高发展，他的人民主权等激进政治思想深刻影响了法国大革命。

边沁和穆勒是 19 世纪上半期西方社会学政治观的早期代表人物。在新的历史条件下，他们从更为广阔的视野为维护资产阶级的利益和政治统治进行理论论证和方案设计。与西方资产阶级革命时期的启蒙学者相比，他们的理论缺少了革命性而增添了保守性，主要表现在以功利观取代契约观，政治自由更多地被经济自由，也即贸易自由所取代，并与思想自由、社会自由结合起来。他们要证明的是，资产阶级的自由精神同时也是时代的精神，资产阶级不仅应当成为经济、政治上的领导者，而且是文化、思想和社会的领导者。边沁和穆勒所提供的是为资产阶级政权的永恒存在所需要的社会改造理论。

马丁·路德和约翰·加尔文的宗教改革政治思想是神学政治观向近代法学政治观过渡的产物。当然，从政治思想的角度，他们的政治思想远不如本书中其他思想大师那样系统和深刻。但是，考虑到基督教在西方政治文化中的特殊地位，尤其是基督教新教对西方自由主义，以及西方主要资本主义国家社会生活的直接而深远的影响，我们决定把他们的思想纳入本书。黑格尔在西方政治思想史的发展上具有一览众山的功力，他认为西方文明是两大力量的产物，其一是古希腊自由思想的智慧，其二是更为深刻的道德与宗教的悟性，他认为后者来自基督教。以其精辟的辩证法原则为基础，黑格尔的国家学说具有两个根本性的重要主题：一个是个人与他所生活的社会制度、经济制度之间的关系，另一个是这些制度与国家的关系。黑格尔对英法资产阶级革命时期的个人主义政治哲学进行了彻底的再考察并加以摒弃。他深刻指出，无论是社会还是国家都不能被说成是仅仅依靠个人的同意，它们深深扎根于构成个人自我实现的需要和满足的整个结构之中。虽然黑格尔的政治思想没有成为西方近代政治思想的主流，但是他那貌似极端抽象的理论，实际上比他之前的西方近代任何其他政治学说都更为深刻和更具现实性，从而成为马克思主义的直接思想来源。

休谟和伯克是西方政治思想史上地位非常重要也比较特殊的两个人物，他们的理论代表了西方近代政治思想史中自由和保守两种不同思想倾向彼此交织、渗透的特殊结合。休谟在西方政治思想史上的贡献主要是他的分析方法。他在方法论层面开创了西方政治哲学的新路向，为后人评价和分析政治理论提供了一种新视角。在政治与道德关系问题上，休谟更注重从经验、事实和历史中了解其真实的变化状况，从而使自然法-理性这一占统治地位的思维方式的时代在休谟这里结束了。可以说，休谟所做的一切，是在建立某种更为坚实的理论基石。因为，理论大厦的牢固程度取决于其基础是否牢固，而这一基石就是理论前提，即思想家分析问题的出发点。虽然休谟的主要兴趣在于哲学而非政治领域，但是当他运用自己的哲学思维讨论政治等社会科学问题时，就立刻在这些领域引起了深刻变化。伯克被公认为西方近代保守主义的鼻祖，但伯克重视传统与经验的保守主义倾向与他对自由的珍爱是和谐并存的。一方面，他在为人类社会的发展、为政治的变革寻求平衡和稳定机制，认为这些东西只能来自人类的经验和历史；另一方面，他在政治上珍视自由，反对国家的专横权力，在思想上坚持信仰自由、宗教宽容，在经济上信奉古典自由主义的政治经济学。保守与自由的这种奇特融合是伯克所奠定的西方近代保守主义的特殊品格。

一个思想家的政治思想是通过他的著作反映出来的。这十几位思想家在政治思想方面都留下了不朽的传世代表性著作，我们在编写本书的过程中，在尊重原著方面做出了最大努力。下功夫研究原著，较为系统地叙述原著的基本内容，力图对这些思想家的思想有相对比较客观、准确的把握，这是我们努力达到的目标。我们也希望本书在这方面显示出它的客观性、可信性。在研究西方思想大师的学术思想时，其学术研究之严谨精湛也时时在鞭策我们认真地去对待他们的理论。

一个思想家的政治思想及其著作也是特定历史条件的产物。这十几位思想家的政治思想，无一不是对他们所处历史时代最为紧要的政治问题的理论思考和解释，因而无论在思想主张还是理论思维上都不可避免地带有历史特殊性和限定性。但与此同时，在思想家们对不同时代的政治问题进行判断、思考和阐释时，也毫无疑问地在追寻和揭示着一些超越其时代特殊性的人类政治生活的永恒话题和普遍思维。正是在这些人类社会的共同政治问题面前，历史和当下实现了共时性交融。从这个意义上讲，对于西方政治思想史的研究在当代也有其深刻的现实性。

本书的主编吉林大学王彩波教授多年从事西方政治思想史的教学与研究，本书的编写由其组织和策划。参与撰写本书的其他人员都是国内重点高校政治学理论与西方政治思想史领域的教学与研究人员，在本领域有很深的造诣。本书各章的作者和具体分工如下：

序言：王彩波；

第一章：王彩波，丁建彪；

第二章：王彩波，肖克；

第三章：郑维东；

第四章：张贤明，陈霞；

第五章：韩冬雪，陈霞，李艳霞；

第六章：王彩波，靳继东；

第七章：张喜红；

第八章：麻宝斌，陈霞，李艳霞；

第九章：杨健潇，麻宝斌；

第十章：靳继东，郑维东；

第十一章：韩冬雪，丁建彪，齐宝江；

第十二章：靳继东，王彩波。

在本书的写作过程中，我们也参考了国内这方面的相关著作，从中得到了很多宝贵的启示与借鉴，在这里一并表示深深的谢意。同时，我们也由衷地感谢中国人民大学出版社对本书出版的大力支持。

王彩波

2022 年 12 月

目录

第十一章　黑格尔的政治思想

第十二章　边沁和穆勒的政治思想

第一章
柏拉图的政治思想

阅读与思考

自古评述柏拉图之作足以充栋。研究柏拉图的人，既可以享受到《会饮篇》中揭示的爱之真谛，也能够从《美诺篇》了解知识的本性，还可经由《申辩篇》《克力同篇》《斐多篇》领悟生死的意义。就认识和了解柏拉图政治哲学而言，《国家篇》《政治家篇》《法律篇》都是值得反复研读的经典之作。理解柏拉图的政治思想，有两条线索值得关注和思考：一是在与其尊师苏格拉底、弟子亚里士多德的理论联系与思想分殊中，看待柏拉图对人之理性能力的坚持和理想政治的向往；二是在其构建的理想国家的理性基础和制度设计中，柏拉图对善和正义的价值强调及其对政治现实的深刻批判，可能恰恰反映着他对现实政治的理性主义热忱和关怀，任何关于正义原则和理想政治的哲学思考和实践行动都应该也必须以关切现实为源泉和基础。

关键词

理念　城邦　正义　哲学王

第一节　生平、著作和时代背景

一、生平与著作

柏拉图（Plato，前 427—前 347），古希腊伟大的哲学家和思想家。他的思想对其后西方哲学和政治学以及其他许多思想领域都产生了巨大影响。黑格尔称赞道：“哲学之作为科学是从柏拉图开始而由亚里士多德完成的。他们比起所有别的哲学家来，应该可以叫作人类的导师。”①

柏拉图原名阿里斯多克勒（Aristocles），生于雅典的一个贵族之家。他的母亲是古希腊历史上著名的政治改革家梭伦的后代，父亲的家系可以上推至雅典最古老的帝系。他家中有亲戚是伯罗奔尼撒战争结束后一度取代雅典民主政府的寡头政权的成员。柏拉图的贵族政治倾向同他的出身和家庭背景是有一定联系的。由于出身高贵，柏拉图自幼就受到良好的教育，并表现出杰出的才能。从 20 岁起，他受教于苏格拉底，在后者的影响下甚至烧掉了自己以往的诗作，以表明与这类雕虫小技的决裂之心，从此毅然开始严肃哲学的学习与研究。年轻的柏拉图非常热心于政治，渴望在政界崭露头角，直到公元前 399 年苏格拉底被雅典重建的民主政体判处死刑，才使他最终打消以积极从事政治为毕生事业的打算。和苏格拉底一样，柏拉图曾经履行了作为雅典公民的兵役义务，据说他曾参加过三次战役。

苏格拉底被处死后不久，柏拉图为了逃避民主政府的追究，流亡国外达 12 年。他先后到麦加拉、埃及、居勒尼、西西里和意大利，学习了埃利亚学派和毕达哥拉斯学派的思想。对现实政治的失望和对哲学的深入研究，使柏拉图确立了城邦的希望“全系于政治权力与纯正科学的结合上”的信念②，在 40 岁时，他返回雅典并创立了阿卡德米（Academy）学园，专门从事教育。建立学园是柏拉图一生的重要转折点。这所学园可以称得上是欧洲历史上第一所固定的高等学府，后世的高等学术机构也因此而得名。柏拉图在学园中一边广收门徒、培养人才，一边著述讲学，宣传其哲学思想，前后长达 41 年之久。柏拉图的学园从公元前 387 年创办到公元 529 年罗马皇帝查士丁尼下令封闭为止，共延续了 900 余年。在这期间，它一直是全希腊文化知识的中心，同时也是传播唯心主义哲学理论的中心，在欧洲历史上影响深远。在办学期间，柏拉图曾两次去西西里岛的叙拉古城，想借助当地僭主的力量实现其政治思想，但是他两次辛劳皆付诸东流。柏拉图于公元前 347 年在雅典去世，享年 80 岁，终生未婚。据说，他是在参加他的一位学生的婚礼时，坐在椅子上小睡而长眠的。

柏拉图是欧洲历史上第一位保留下完整著作的思想家。他以继承苏格拉底的学术大业为己任，前后共著对话四十余篇及若干信札，由于文笔优美动人，得以完整保存。其中涉及政治理论的著作主要有《国家篇》(《理想国》)、《政治家篇》和《法律篇》三部对话。《国家篇》属柏拉图的中期作品，成书于其壮年时期，以探讨理想国家的基本原理为宗旨，内涵宏阔，影响深远。《政治家篇》属中晚期作品，主要涉及对真正的“政治家”定义的探讨。《法律篇》是柏拉图的最后一篇对话，据说直到他去世时还在写作之中。该篇对话文笔略显晦涩，但是思想更趋现实，主要涉及对二等理想国的探讨。

---

① 黑格尔．哲学史讲演录：第 2 卷．贺麟，王太庆，译．北京：商务印书馆，1960：159.

② 泰勒．柏拉图：生平及其著作．谢随知，等译．济南：山东人民出版社，1990：14.

二、时代背景

1. 动荡的希腊城邦社会和对城邦生活秩序与和谐的价值追求

柏拉图的政治思想产生于古希腊城邦制的危机时代。公元前 431 年爆发的伯罗奔尼撒战争，标志着希腊城邦危机的开始。从此，古希腊城邦社会进入了一个战乱频仍、动荡不安的历史时期。

伯罗奔尼撒战争是斯巴达和雅典之间为争夺海上霸权而进行的。这也是希腊奴隶主民主政治与贵族寡头政治之间的一场大决战。斯巴达是当时希腊奴隶主贵族寡头政治的代表，雅典是奴隶主民主政治的代表。战争历时 20 余年，在公元前 404 年这场战争结束时，雅典彻底葬送了在希波战争后所赢得的辉煌，失去了海上霸主地位，商业和贸易遭到严重破坏，资财消耗殆尽。斯巴达是这场战争形式上的最后胜利者，但是它在战争中也付出了巨大代价。在伯罗奔尼撒战争中，为了获得波斯的支持，斯巴达曾许诺在胜利后将小亚细亚海岸的希腊城市让给波斯，为了解除这些不平等条件，伯罗奔尼撒战争后它又陷入了与波斯的战争中。战争从公元前 395 年持续到公元前 386 年，最后以波斯皇帝命令的方式宣布和平，并将小亚细亚的希腊城邦和塞浦路斯岛并入波斯帝国版图，斯巴达的霸权被削弱了。此后，希腊各城邦之间的相互混战层出不穷，但却始终未能找到摆脱困境之路，城邦体制的生命力在不断的外部纷争中呈现出枯竭的迹象。

古希腊城邦体制危机的另一个表现是各城邦国家内部的严重骚乱。随着城邦之间战争的不断发生，叛乱、变节和敌意慢慢浸入城邦的日常生活，政府频繁更替，信任危机充斥着整个城邦政治生活。并且，几乎在每一个城邦之中，公民内部的阶级矛盾都异常尖锐，穷人和富人之间的差距越来越大，贵族派和民主派之间的斗争已经远远超出了可以达成谅解与妥协的限度，城邦政治家们有关公民内部团结以及共谋福利的梦想因此而彻底破灭了。这样，每个城邦都进行着内部和外部的斗争，和谐与秩序不复存在，整个希腊呈现出衰退的迹象。

面对这样的社会现实，寻求一种合理的政治秩序便成为首要的问题，它构成了那个时代的基本价值取向。柏拉图的政治学说正是追求这种价值取向的体现。柏拉图生于公元前 427 年，正好是雅典黄金时期的领导者伯里克利死后的第二年，柏拉图是在伯罗奔尼撒战争的战火中长大的。城邦活力的丧失使柏拉图忧心忡忡，他真诚地期待着城邦秩序与和谐的恢复，为此，他费尽心思探求理想国家的基本原理，并希望当时的城邦政治家们能够理解和践行这些原理；同时，他本人也不放弃实践自己理论原则的机会。两次叙拉古之行虽然没有达到目的，但却足以使人窥知他对政治实践的热切关注之情。他那宏伟的乌托邦计划无论在实践的可能性上多么值得怀疑，但却无疑是同他拯救现实城邦制度的意愿相关联的。

2. 雅典民主制的衰落和对客观理性标准的倡导

柏拉图生前曾表示：他尤其感谢神，使他生于苏格拉底的时代。这足以表明苏格拉底对于柏拉图政治学说具有多么重大的影响，在柏拉图所著的大多数对话中，苏格拉底都是主要角色。所谓“苏格拉底时代”，是指由苏格拉底所开启的从政治的个人价值标准向理性价值尺度的人文主义转向时期，而这个思想变革的进程恰恰是同希腊城邦制度和雅典民主制的盛衰过程相一致的。

城邦制度是古代希腊社会的基本结构，形成于公元前8—前6世纪。当时的古希腊社会由包括本土及小亚细亚半岛西岸、南部意大利、西西里岛等移民地区在内的100多个城邦组成，其中最大的城邦是雅典和斯巴达。所谓“城邦”，就是以一个城市为中心，连同周围不大的一片农村所构成的独立的“城市国家”。每一个城邦都是“自给自足”的单位，各城邦之间相互独立，互不统属。城邦就是国家，就是实际社会，它既包括政治生活，也包括经济生活、文化生活等各个方面。由于古代希腊社会特殊的城邦制度，也就形成了古代以城邦问题为中心的政治思想，或者说“如何过好城邦生活”是古代希腊政治思想的主题。由于“公民”即一部分自由民的一切活动都在其从属的城邦范围内进行，因此，每一个公民都把自己的城邦看作实现共同幸福的唯一途径。这种情况决定了古希腊政治思想必然要围绕城邦问题而展开。

希腊城邦制度的黄金时代是在公元前5世纪左右出现的，是随着希波战争的结束而开始的。希波战争是希腊和波斯帝国之间发生的一场战争，始于公元前550年左右。这场战争主要在海上打了50年的仗，最后希腊挫败了波斯人的入侵，雅典也由此成为希腊世界的最高领导。雅典的民主政体自公元前594年梭伦创立平民法院时起，历经近百年的历史发展，至此时，也即公元前5世纪左右达于巅峰。当时民主制的领导人伯里克利（前495—前429）是雅典杰出的政治家。在他领导的民主制下，公民有决定立法、司法以及国家重大内政外交事务的权力。除奴隶外，全体公民直接管理国家，形式是公民大会。公民通过抽签选举官吏，轮番执掌政权。在这种体制下，没有官僚和国王。当时，广泛的群众性政治辩论成为城邦政治生活的常态，任何人只要能对国家有所贡献，就绝不会因贫穷而在政治上湮灭无闻，人们热心于城邦政治的参与，个人的才智获得空前的发展。与此相适应的是，公元前5世纪时，在雅典和其他希腊城邦中出现了一批智者，他们以传播修辞、演讲和辩论的技巧为职业。智者们在传授上述知识、技能的同时，也对政治发表自己的见解。与当时政治领域的矛盾和斗争相适应，智者也分为民主派和贵族派两个派别，前者以普罗泰戈拉为代表，后者则以苏格拉底为代表。民主派倡导“人是万物的尺度”，每个人都有权按照个人信仰和经验判断是非，他们把知识看作人类官能的产物，不承认有任何固定的、普遍的、绝对的评价标准，认为任何人愿意相信的任何事情都是真实的。这种思潮在当时的雅典非常流行，它无疑刺激了人民参与城邦生活的热情。然而由这种思潮发展到极端而带来的个人主义运动也开始侵蚀民主政治的肌体，破坏城邦政治生活的秩序与和谐；权势和财富不断刺激着人们的欲望；个人的野心促进了政治领域的派系斗争和争权夺利；利己与自大否定了城邦共同生活的价值及政治权威；玩弄辞藻，靠诡辩进行公开欺骗、敲诈、毁约等现象给城邦社会带来灾难；浅薄的现实主义蒙蔽了人们透视现象的理性和远见；暴躁不安和偏激冒进使得雅典在同斯巴达的战争中遭到惨败。这一切似乎都在向人民证明：民主制在雅典的发展是一个多么大的错误。

以苏格拉底为代表的贵族派思想家针对这种状况，感到迫切需要的是巩固已经动摇的政治权威的基础。首先要做的是对民主派的政治哲学予以清理。针对“人是万物的尺度”，苏格拉底用希腊特尔斐神庙的一句古老神谕发出了由衷的劝诫：“认识你自己。”也就是说，首先检查一下自己有没有成为万物尺度的资格。对“人”本身的怀疑和探讨开启了政治标准由个人价值尺度向客观理性尺度的转向。继而，他对智者学派的一系列观念进行了哲学反思，想超越个人、各城邦的善恶观、美丑观、正义观来寻找普遍的真、善、美，也即绝对的知识。苏格拉底认为，“美德即知识”，只有依据真知去判断万物才是客观的。基于这一哲学观点，在政治上，苏格拉底对雅典的极端民主制持仇视态度，尤其是雅典在伯罗奔尼撒战争中失败之后，他公开申明自己赞同斯巴达的贵族制度，反对大多数平民和无知小市民参加社会和国家的管理，尤其反对用抽签的方法选举国家公职人员。他认为，极端民主给雅典城邦带来的后果是灾难性的，而唯一能解救雅典灾难的途径是选拔有知识和有才能的人来治理国家，实施贵族统治。在他看来，贵族统治无疑会赋予城邦生活更多的理性精神。应该承认的是，这种以知识理性为旗帜，对民主精神的反动潮流是符合当时的历史现实的。从以后的分析中我们发现，柏拉图是如何继承和发扬了“苏格拉底时代”这一思想潮流的。正如本章开篇我们所言的那样，对苏格拉底思想精髓的继承和发扬恰恰是柏拉图的政治学说能够拥有震古烁今的影响力的根源所在，由对民主制弊端的反思而启发的关于政治理性的倡导，使得柏拉图较以往的思想家拥有更为广阔的思维空间。柏拉图的政治思维实践表明：人类政治思维正是在对现实政治斗争的矛盾思辨中不断升华的。

第二节　政治哲学基础——理念论

柏拉图对现实政治的深刻洞察力得益于他的政治哲学基础——理念论。他对政治本质和国家原理的不懈探求正是他对理念世界坚定信念的结果，而他的政治伦理思想归根结底乃是理念论的具体运用。

一、理念论的思想源流

柏拉图理念论的主要思想来源于苏格拉底。苏格拉底追求事物的本质并以此作为事物的真正原因的作风为柏拉图所继承，从而形成了理念论的基本框架。理念作为与个别事物相脱离、与感性相脱离的理性的对象。也就是说，理念是独立于现象世界之外又能为人的智慧所把握的存在。相对于现象世界的事物而言，理念是更真实、更本质的存在。这是苏格拉底先验本体论的发展，也是苏格拉底唯心主义认识论的极端化。同时，苏格拉底的目的论以及他关心社会、关心人性的态度也为柏拉图所继承，对政治伦理问题的探讨成为理念论体系的重要组成部分。

除此之外，柏拉图又把其他哲学流派的原则吸收过来，融会贯通，丰富和充实自己的理念论体系。他吸收了毕达哥拉斯学派的数的思想，这帮助他进一步确立了对理念世界的信仰。毕达哥拉斯认为，关于数的知识是无须依靠经验观察或感官的帮助而获得的，数在本质上构成了感觉之外的另一个世界。这种思维方式有利于对事物普遍性的认识，对理念论的形成产生了重大影响。

对柏拉图理念论的形成有重大影响的还有以巴门尼德为代表的埃利亚学派和爱非斯的赫拉克利特。巴门尼德认为真实的存在是不动的、不变的，只有对真实永恒的存在的认识才能算是知识，知识不能来自感觉，只能来自理性。他说："存在者存在。……存在者不是产生出来的，也不能消灭，因为它是完全的、不动的、无止境的。它既非过去存在，亦非将来存在，因为它整个在现在，是个连续的一。"[①] 这里，我们可以看到巴门尼德的"存在者"具有柏拉图"理念"的一些特征，只不过"存在者"是个整体的"一"，"理念"则是多样的，而且"存在者"仍有形象，"理念"则纯粹是精神性的实体。赫拉克利特与巴门尼德相反，他认为一切存在物都是永恒的活火，万物皆流，"我们踏进又踏不进同一条河，我们存在又不存在"[②]。柏拉图认为赫拉克利特揭示了不真实的现象界的原则。英国哲学家罗素分析道，从赫拉克利特那里，他得来了感觉世界中没有任何东西是永久的消极学说。从巴门尼德那里，他得来了实在是永恒的、没有时间性的，并根据逻辑的理由来讲一切变化都是虚妄的信仰。"赫拉克利特和巴门尼德的学术结合起来，就达到了知识并不是由感官得到的而是由理智获得的这一结论。"[③] 可见，理念论是在融会早期希腊各哲学流派的基本原则的基础上构成的。

二、理念论的基本内容

柏拉图的理念论始于理念世界与现象世界的二元对立。柏拉图认为，我们的感官所感知的一切事物都是变动不居的，因而都是不真实的；真正实在的东西是不动不变的；这种真实的存在就是苏格拉底所讲的绝对的永恒不变的概念。但是，他又认为，概念并不像苏格拉底所说的那样仅限于道德的领域，也不仅仅是思想的范畴，只存在于人的心中，而是独立存在于事物和人心之外的实在。他把对这种一般概念的认识称为知识，把人们对具体事物的看法称为意见，意见既非无知，亦非知识，它介于二者之间。柏拉图说，人的不同的能力天然对应着不同的对象，知识和意见这两种不同的能力则分别对应着两个不同的领域——可知世界和可见世界。两个领域的划分对于理念论的形成具有重大意义。柏拉图把一般概念所表示的纯粹精神实体称为理念，所有的理念构成了一个客观独立存在的世界，即理念世界，这是唯一真实的世界。至于我们的感官所接触到的具体事物所构成的世界，则是不真实的虚幻世界。这样，在柏拉图那里就出现了"真实世界"（理念）与"幻影世界"（个别事物）之间的对立。理念是"真正的实在"，它的根本标志是永恒不变，是同一的，因而是能够明确表达出来的东西；而那些变动不定的，既是这个又是那个，不能明确地表达出它的意义来的东西，就绝不能是"真正的实在"。比如一朵花、一个少女、一件雕塑，这些东西都是美的，但是都处于变动不定之中，随时

① 北京大学哲学系外国哲学史教研室．西方哲学原著选读：上卷．北京：商务印书馆，1981：32.
② 同①23.
③ 罗素．西方哲学史：上卷．何兆武，李约瑟，译．北京：商务印书馆，1963：133.

都能变丑。而在这些事物之中存在的真正的本质则是“美本身”，“美本身”是绝对不变的真实存在，因而“美”即是理念。必须指出的是，柏拉图的“理念”不同于我们所理解的“概念”，二者的区别是，概念是人们认识事物的结果，而理念则是脱离具体事物和人的意识之外的独立存在。

理念与事物的关系问题是理念论的核心问题。柏拉图认为事物之所以存在是因为理念。我们的感官所接触到的个别事物是由理念派生的。理念是原型，个别事物只是“模仿”原型产生的，所以个别事物只是理念的不完善的“摹本”或“影子”。事物因“分有”理念而存在。我们所看到的这匹马、那匹马，都不过是“马”这个理念的“摹本”或“影子”，或者说，它们之所以为马，是因为它们“分有”了“马”这个理念。以此类推，现实世界中的万事万物都是理念世界的本，是“分有”理念世界的结果。所以，理念与具体事物既是有区别的又是同名的，也即是说，二者既是对立的，又是统一的，二者统一于“理念”。理念除了作为原型为事物所“分有”外，理念也是具体事物所要追求的目的。具体事物想要达到它，但是永远不能达到，因为它是绝对的、永恒的，而具体事物总是相对的、流逝的。如美的东西以美的理念为目的，总是要达到绝对的美，但是总不能达到。

柏拉图还进一步认为，理念之间是有一定关系的，分成各种不同的等级。具体事物的理念，如桌子、椅子、石头、床、马等，这是最低级的理念；数学的或科学的概念或范畴，如方、圆、一、二、大于、等于、同、异等，这是较高一级的理念；艺术的和道德的理念，如美、勇敢、节制等，这是更高级的理念；在所有理念之上的最高的理念就是“善”。柏拉图把善比喻为太阳，在可见世界，由于太阳的照耀人们有了视觉，可见事物也得以生长；在可知世界，善本身跟理智和可知事物的关系如同太阳跟视觉和可见事物的关系一样。苏格拉底把善看作最高的道德范畴，柏拉图则更进一步，把善看作不仅是道德范畴，而且是本体论、认识论的范畴，他把苏格拉底的伦理原则扩展为世界的本原，并赋予知识的主体认识的能力，也即“知识的对象不仅从善得到它们的可知性，而且从善得到它们自己的存在和实在，虽然善本身不是实在，而是在地位和能力上都高于实在的东西”[①]。善是最高理念，也是认识和真理的源泉，是超乎一切之上的。各种理念在善的理念的统辖下，形成一个有条理的、真实的世界。又因为善的理念是最高理念，所以它也是其他理念所追求的目的，是宇宙的最高目的。这样，以善的理念为最高级的理念世界就形成一个目的论的体系。柏拉图认为，哲学的任务就是用逻辑思维来把握这个理念世界的本质和内在秩序，这种逻辑思维就是他所说的辩证法，是从一个理念到另一个理念并且最后归结到理念的纯粹思想的运动。柏拉图的这种辩证法还不是现代意义上的辩证法。

如上所述，柏拉图的理念论把精神性的实体“理念”看作万物的本原，而物质世界或具体事物世界是由理念世界派生出来的。这就完全颠倒了思维与存在的关系，它和古希腊的朴素唯物主义正相对立，是地地道道的客观唯心主义。实际上，柏拉图的理念，不外乎就是事物的共性和一般。共性是存在的，但只能存在于个体之中。可是在柏拉图

① 柏拉图．理想国．郭斌和，张竹明，译．北京：商务印书馆，1986：267.

的哲学体系中，共性却成了独立的实体，它非但不是从具体事物中产生的，相反，具体事物还是由它派生出来的。理念论的错误就在于把事物的一般概念绝对化，把它们变成脱离具体事物并且先于事物而独立存在的精神实体。这就完全割裂了一般与个别，或者说普遍与特殊、共性与个性的关系。因此，在柏拉图那里，十分明显地形成了理念世界与现实世界的对立，两者之间存在着一道无法逾越的鸿沟。

灵魂回忆说也是柏拉图理念论的一个重要内容，它回答了处在可见世界中的人何以能够认识理念的问题。柏拉图认为，真正的知识是灵魂关照理念的结果，人在现象界中只有通过灵魂的"回忆"才能获得知识。他设想，人的灵魂在进入肉体之前，与理念在一起，因而具备关于理念的知识。但是，灵魂进入肉体之后，受到玷污，把原来具有的理念知识忘记了，人们可以通过学习获得关于理念的知识，但这不过是灵魂对原来具有的知识的回忆而已。这也为常常在柏拉图对话录中体现的通过循循善诱，最后使谈话的对方自己得出正确结论的苏格拉底方法提供了理念论的解释。同时，灵魂回忆说也证明了灵魂不朽，进而解决了在《理想国》开篇提出的个人正义与现实的矛盾，因为在神秘的灵魂世界最终是善恶有报的。

第三节　理想国家的基本原理

在理念论基础上，柏拉图政治哲学自始至终都笼罩在或浓或淡的理想主义氛围之中，对政治共同体——城邦国家的基本原理的探讨占其全部政治著作的大部分篇幅。概括起来，柏拉图政治著作中所阐述的国家基本原理可归结为：国家德性原理、国家理性原理和国家法治原理。这些原理反映了柏拉图寻求国家领域的普遍原则以超越和改变现实政治的努力。同时，正是这些基本原理的提出，奠定了柏拉图的政治理论作为西方政治思想史源头的历史地位。

一、国家德性原理

柏拉图认为，城邦（国家）是一个具有伦理目的的共同体，它的最终目标是达到所谓的"至善"——正义，只有符合正义原则的城邦的生活才是幸福和谐的。所谓国家德性原理即是对城邦正义原则的阐述。它集中体现了柏拉图的伦理政治观。在柏拉图的《国家篇》中体现的国家德性原理主要有以下三重内涵。

1. 分工原则

柏拉图从个人需求的多样性与能力的有限性之间的矛盾出发，将城邦（国家）的起源归结为人们之间的相互需要和社会分工，城邦国家是基于社会分工基础上的满足人们需求的社会协作组织。

柏拉图认为，国家起源于人民之间的相互需要。一个人生活在社会上有许多需要，如衣、食、住、用及娱乐和受教育等，这些需要不能靠自己来满足，因此，每个人都需要从他人那里获得帮助。这样，人们就需要结群而居，以一定的社会组织形式结合起来，彼此互相协作，互相服务。他说："之所以要建立城邦，是因为我们每个人都不能依靠自己的力量达到自足，我们需要许多东西……"，"因此，我们每个人为了各种需要，招来各种各样的人。由于需要许多东西，我们邀集许多人住在一起，作为伙伴和助手，这个公共住宅区，我们叫作城邦"①。这种观点可以说是关于国家起源上的需要决定论。

既然城邦被设想为一个人们共同生活于其中的服务体系，那么，满足人们诸种需要的最好途径莫过于社会分工。而社会分工必然要求工作的专业化，这是符合人的本性的。每个人都必须在城邦中执行一种最适合他的天性的工作，各司其职而不相互干扰，这样就能提高工作效率，为城邦创造质量好、数量多的产品。"只要每个人在恰当的时候干适合他天性的工作，放弃其他的事情，专搞一行，这样就会每种东西都生产得又多又好。"②只有分工精细严密，社会机体才能正常生存和运转，否则，工不工、农不农、兵不兵，会给城邦带来极大危害。在柏拉图看来，分工原则是国家构成的基本原则，是国家完成或达到正义的必需前提。

应该指出的是，从相互需要和社会分工的角度探讨国家起源，从根本上决定了柏拉图对政治本质的道德主义认知方式，形成了他的社会政治论国家观。在柏拉图看来，城邦（国家）就是社会，而社会也就是城邦（国家），这就从本质上模糊了国家与社会之间的差异，抹杀了国家的阶级实质。

2. 等级原则

柏拉图认为，城邦（国家）至少需要三种职能才能使完善的共同生活成为可能。这三种职能就是生产职能、保卫职能和管理职能。由于分工本身要求个人在社会生活中必须遵循专业化发展方向，因此，与三种职能相对应，需要三种特定的人，即生产者、护卫者和统治者，虽然三者都是城邦生活所必需，但是由于他们在城邦中的地位和作用不同，因此有等级之分。

首先，柏拉图认为，城邦为了维持最低限度的简朴生活，必须要有一个生产者等级，包括农人、牧人、建筑工匠等。这些人构成国家中的最低等级，为整个城邦提供生产资料和消费资料，执行的是整个国家的生产职能。其次，柏拉图认为，随着城邦的繁荣和扩大，城邦之间的冲突和劫掠就会产生，战争在所难免。柏拉图将作战视为城邦为维持其存在而不可或缺的一门艺术。依照分工的原则，就需要一批经过训练的、专以战争为职业的人，这就是作为第二等级的武士和战士，他们在战时是武士，平时则辅佐统治者维持城邦的基本秩序。这一等级执行城邦的保卫职能，是保证城邦远离内忧外患的力量。再次，柏拉图认为，城邦中还必须要有一个统治者阶层。城邦的治理是一门繁杂的艺术，需要知识和智慧，具有超凡脱俗的素质和能力的人才能担当此任。柏拉图设想，最好由哲学家担当此任，因为只有真正的哲学家才具有永恒的智慧。他们集政治权力和哲学思考于一身，是城邦的第一等级。第一等级引导和控制着城邦的社会政治生活，执行着城邦管理职能。

柏拉图提出的关于三个等级的划分并不是一种严格的等级制度，因为它遵循着等级

---

① 柏拉图．理想国．郭斌和，张竹明，译．北京：商务印书馆，1986：58.

② 同①60.

开放原则，不是血统而是人的天赋首先决定着他属于哪一个等级。在柏拉图看来，人究竟处在这三个等级的哪一个等级上，不是取决于财富，也不是取决于出身，而是以对他们的天赋能力的估价为基础，以人们天资上的差异为根据。也就是说，统治者擅长统治术，武士擅长战争术，而工匠只擅长从事生产。

除此之外，柏拉图认为划分这三个等级又与道德有关系，有道德上的必然性。柏拉图认为国家的善是由三种基本的美德构成的，即节制、勇敢和智慧。而国家的美德只能通过它的成员的美德表现出来。这三种美德相应地反映在三个等级身上。具体说来，节制是工匠所应具有的美德，只有通过工匠对统治者的俯首帖耳才能得到最好的发扬。而勇敢这种美德只有在武士身上才能最好地表现出来，同时武士也应兼有节制的美德。只有统治者才具有智慧的美德。柏拉图又进一步说，三个等级的人之所以具有三种不同的美德，归根结底还是由他们的天性所决定的。他认为，人们具有三种天性：理智、意志和情欲。这三种天性也分别体现在三个等级身上。统治者的天性是理智，所以他们具有智慧的美德。武士的天性是意志，所以他们具有勇敢的美德。工匠的天性是情欲，他们的美德只能是节制。他说在三个等级中，第一个等级人数最少，第二个等级人数也较少，第三个等级人数最多。

柏拉图还用一种宗教神话为他的三个等级的学说提供理论依据。他说，神在创造人的时候用了三种不同的质料，所以创造出了三个等级的人。最好的一种人是神用金子做成的，所以最珍贵，他们只能做统治者（卫国者）。次好的人是神用银子做成的，因而就成为统治者的辅助者，作为武士阶级（兵士）。而普通群众则是用铜和铁做成的，所以是卑贱的，只能从事体力劳动。一般说来，孩子们通常都是属于他们的父母的那一等级的，如果他们不属于那一等级的话，就是相应地升级或降级了，升级或降级也会有，但是不会很多，因为神给统治者所做的第一条重要的指示便是教他们特别保护种的纯洁性。柏拉图编造出了这种神话以后，也承认当时的人们相信这种神话是不大可能的，但他认为可以使下一代人以及以后的一切世代不怀疑这种神话，对这种神话的信仰可以在两个世代之内培养起来。

3. 至善原则

在等级制基础上，柏拉图又阐述了他的正义观。他认为，城邦中的各个组成部分都有各自的德性，生产者的德性是节制，护卫者的德性是勇敢，统治者的德性是智慧，当三者和谐有序时，就构成了城邦的德性——正义。在柏拉图看来，正义乃是一种最高的德性、最大的“善”，城邦生活的目的就是追求这种“至善”。他认为，至善也即正义，就是三个等级的人各干各的事而不互相干扰，从而达到秩序与和谐。他说，“正义就是每个人作为一个人做他自己分内的事而不干涉别人分内的事”，“当生意人、辅助者和护国者这三种人在国家中各做各的事而不相互干扰时，便有了正义，从而也就使国家成为正义的国家了”①。也就是说，每个人在国家中都必须执行一种最适合自己天性的职务（因为任何人只有从事适合自己天性的工作时，才会产生最好的效果）。这样才能达到在上者治国有方，在下者不犯上作乱，就能够协调一致，达到正义。

---

① 柏拉图．理想国．郭斌和，张竹明，译．北京：商务印书馆，1986：155－156.

所以，在柏拉图这里，正义不是三个等级中任何一个等级所独具的美德，而是构成三个等级基本力量的东西。正义意味着一种和谐的秩序，涉及的是社会中彼此相异的因素的调整。因此，当三个等级都专心于各自的职责时，正义就得到了最好的维护。同样，古希腊政治思想具有伦理政治观的特点，也就是说，政治与道德是紧紧联系在一起的。而这种伦理政治观的最集中表现就是"正义"观念，把正义作为政治追求的目标，城邦就是以至善为目的的伦理共同体。这里，"在道德和政治之间，除方便的区分外，没有区别……政治建立在伦理学上，而不是伦理学建立在政治上"①。柏拉图的《理想国》就是要寻找一个能实现正义的理想国家。在他那里，正义不仅体现为分工原则，要求每个人在技艺上的专精发展；更重要的是，它要求从事不同职业的人要安于其所处的政治等级，各司其职，各守其序，这样才能保证国家的正义。正义并不是为哪一个阶级或城邦的某个部分服务的，它是城邦共同体的宗旨。在正义原则下，柏拉图对政治进行了一种道德应然性解释：国家应该以至善为目的，而不是说国家就是至善的。

总之，分工、等级、至善三项原则共同构成了柏拉图国家德性原则的内涵，国家以人们的相互需要为产生前提，以相互分工得以形成，以等级划分而获得秩序和和谐，以至善的伦理目的为最终归依，并因此而有存在和改良的意义。

二、国家理性原理

国家理性原理与国家德性原理密切联系，它在柏拉图政治哲学中的重要地位丝毫不亚于后者，但是人们往往过多地注意了柏拉图学说中的道德色彩而忽视了其中所蕴含的精神实质。应该说，国家理性原理乃是柏拉图政治哲学在更深层次上的意蕴。国家理性原理使得西方政治思维能够逃脱纯粹的道德目的论体系而步入理性化和法制化时代。西方政治哲学的理性精神可以追溯到古希腊哲学早期的自然哲学家们，他们所开创的科学研究风气为柏拉图的政治哲学探索赋予了先天的理性基因。柏拉图的国家理性原理可以归纳为以下内容。

1. "美德即知识"

这一命题表明，国家的德性和理性在柏拉图那里是多么紧密地联系在一起的。美德固然是政治所要求实现的目标，然而达成目标的全过程却需要理性的支配。根据柏拉图的理念论我们知道，宇宙的本原是精神性的理念，它在本质上是一个合乎理性的精神体系；而我们的感觉以及感官所涉及的物质世界是不真实的。精神、理性是崇高的，而感觉、物质则是卑下的。真正的知识来源于对理念世界的认识，真正的美德之所以崇高也正是由于它根源于关于理念世界的知识。有知识的人是有理性的，他的生活是合乎美德的。因此，人们若要获得幸福生活，就绝不能放弃对真理的追求。这表明柏拉图的理性主义认识论已经超越了单纯的论证道德本体的作用，而具有了一种革命精神。近代西方科学认识论的发展与此不无关系。

柏拉图乃至古希腊的伦理政治观的特点，最根本的是它以理性为基础，并不依赖那

① 泰勒．柏拉图：生平及其著作．谢随知，等译．济南：山东人民出版社，1990：378.

种建立在情感之上的道德观念，它认为情感只应成为理性的附庸，道德则是理性的自然表现，二者甚至是合而为一的；它与同时期中国先秦的伦理政治观走的是截然不同的道路。

2. 人性论

柏拉图的人性论也即他的灵魂学说。他认为，人的本性即灵魂是由三种特质构成的，它们是理性、激情和欲望。三种特质都各有其独特的功用：欲望近于邪恶，理性近于美德，而激情则介于二者之间，只有灵魂中的理性居于主导地位从而三种特质遵循正义原则而达成秩序与和谐时，灵魂才能获得安宁与和平，人才能成为正义而富有理智之人。

尽管如此，人们的天性仍然各不相同，有的人灵魂中理性特质偏多，有的人灵魂中激情特质偏多，有的人灵魂中则拥有过多的欲望特质，因此，人们所能成就的美德是各不相同的。理性的美德是智慧，它体现了灵魂中理性的统治，意志的美德是勇敢，它体现了灵魂中激情的统治，节制则是与欲望相对应的美德，它体现了灵魂中理性对欲望的规范与协调。由此可见，人的灵魂只有受理性的支配，才是具有美德的，理性对于一个人正义与否是至关重要的。

城邦是个人的放大。城邦由三种人即生产者、护卫者和统治者组成。这三种人具有各自的美德，生产者的美德是节制，护卫者的美德是勇敢，统治者的美德是智慧。在上述三种人各做各的事而不相互干扰时，城邦便有了正义的美德。城邦获得正义的前提是让有智慧的人担任统治者，只有具有智慧的人才能观照国家的原型，从而引领现实国家走向正义。可见，城邦的德性根源于理性。

3. 知识权力论

柏拉图的国家理性原理集中表现在他的知识权力论上。他主张，要把国家治理好，就必须使政治权力与知识合而为一：要么是哲学家称王，要么是国王成为哲学家，否则，国家就会祸患无穷，永无宁日。因为哲学家是智慧的爱好者，他们能够把握永恒不变的理念，能够把握善的理念。“除非哲学家成为我们这些国家的国王，或者我们目前称之为国王和统治者的那些人物，能严肃认真地追求智慧，使政治权力与聪明才智合而为一，……否则的话，……我们前面描述的那种法律体制，都只能是海客谈瀛，永远只能是空中楼阁而已。”[①] “在哲学家统治城邦之前城邦不能摆脱邪恶”[②]。柏拉图坚信，哲学家能把握永恒的理念，“如果有某种必然性迫使他把在彼岸所看到的原型实际施加到国家和个人两个方面的人性素质上去，塑造他们”[③]，那么就可以得到正义的城邦和具有美德的公民了。因此，必须从护卫者中挑选出有哲学天赋的人从小进行培养和教育，使他们既能把握善的观念，又具有丰富的实际经验，并在需要时为了城邦而走上统治者的岗位。

柏拉图的这一价值取向，表明在脑体分工的层次上，古希腊思想家对脑力劳动者和

① 柏拉图．理想国．郭斌和，张竹明，译．北京：商务印书馆，1986：214－215.

② 同①234.

③ 同①253.

知识价值的推崇，这无疑是人类思想发展史上的一次飞跃。更为重要的是，知识权力论本身包含着这样一种深刻认识，即政治统治是一门需要专门知识的艺术，必须要由一批经过专门训练的有知识的人来施行，它绝不是一件人人皆可为之的事情。并且，这种认识试图纠正当时人们的偏见，而表明政治运行得优良与否并不取决于其参与人数的多少，而在于其是不是由“理性”支配的。纵观西方社会发展史，我们便会发现，正是这种政治理性原则引领着人类政治思维及政治实践不断地走向理性化和科学化，它的积极作用是尤其值得肯定的。

但是，在理性主义政治原则得到贯彻的同时，贵族政治统治理论也得到了论证。古代奴隶社会中，脑体分工的本身也反映了阶级之间的对立和冲突。广大奴隶和平民无权或无暇接受教育，知识在事实上为贵族阶层所垄断。从这个意义上说，对知识和理性的推崇也即是对贵族政治的赞扬，对下层民众参与政治的反对。

另外，在纯粹的理性面前，法律的尊严被忽视了。柏拉图在《国家篇》中着重表达了这样一种思想，只要一个国家的统治者真懂科学，是真正的哲学家，他就不会实施暴政，他的一切行为都是为城邦的共同利益着想的，并且就他的智慧超绝而言，他的统治有时得不到人民的同意是不难理解的，但这不应该成为人民拒绝从善的理由。也就是说，忽视法律的依据是对哲学王全知全能的假定，由于哲学王把握事物的本质和城邦的正义，因此，人们应该尊重他为把在彼岸世界中所“看”到的国家原型施加到现实社会中所做的努力，哲学王的专权是合乎理性的统治方式。即使是在稍晚的《政治家篇》中，柏拉图虽然把立法活动当作统治者的一项重要活动，然而他仍然坚持，一个真正的政治家墨守成规的做法是愚蠢的，他应该依据自己的理性和智慧实施统治，而不能依靠法律。当一位政治家强迫他的人民改变法律以便使他们生活得更好时，这种强制不应该被认为是一种“错误”或“罪行”。可见，理性原则的极端化确实容易导致现实政治中的专制主义和统治。虽然在柏拉图那里，共产优生制度以及完善的教育制度被用来保证哲学王的理性和智慧，但这些做法在现实中的可行性是值得怀疑的。在此意义上，柏拉图的理想主义原则被指责为专制主义的鼻祖并不是没有理由的。

三、国家法治原理

关于国家的德性和理性的探讨主要见于《国家篇》中。一般认为，《国家篇》的主旨在于提供关于国家的“真正知识”，因此，其中所含的政治思想具有高度的一致性和相当简明的逻辑结构。然而，《国家篇》中的政治原则从根本上来说与古希腊城邦社会的法制传统是相冲突的，这主要表现在：第一，在《国家篇》中，柏拉图认为，国家的一切取决于“哲学王”，而不是取决于代表国家大多数成员利益与意志的法律；第二，法律是哲学王智慧的产物，而不是由多数公民决定的；第三，哲学王的智慧和行为高于法律，所以不需要遵守法律；第四，在理想国中，美德和知识的作用高于法律。可见，柏拉图在这里所倡导的是一种德治的政治理论，这在具有根深蒂固的法律传统的古希腊社会是很难实行的。因此，在稍晚的作品《政治家篇》和《法律篇》中，柏拉图恢复了对法律的信赖以使自己的理论不至于过分脱离实际。

在《政治家篇》中，柏拉图已经表露出了对法律的重视。虽然他仍然强调治理城邦应该依照政治家的确切知识，而不论他采取什么方法。“有着真知识的人，真正的政治家，会在许多场合允许他的行为被他的技艺所支配，而不是只注意那些成文的法规。”[①] 但是，他也做了一些让步，他承认，那种说政治统治用不用法律来进行无关紧要的言论多少有点儿令人难以接受。他认为，立法在某种意义上应是政治家工作的一部分。虽然法律并不能在任何情况下都产生最好的结果，因为它不可能估计到个人性格、情况和环境的无穷变化。但是，立法却是不可少的治理手段，因为统治者不能事必躬亲，他不得不依靠适合于“普通人”和“普通”情况的一般指示来实施统治。也就是说，即使假定的理性统治者真的存在，法律也是必要的统治手段。“只要人们执行法律和规范所有生活部门的成文法规，我们次一位的最佳统治方式就是禁止任何个人或团体有任何行为违反这些法律和法规。”[②] 进而，柏拉图认为，如果上述假定被宣布为荒谬，那么法律就应当是至高无上的，对于破坏法律的人应该处以极刑。各种法律至少可以被看作理想的“君王”行动原则的近似“模仿”。柏拉图进一步承认，超人在现实世界中是没有的；在人间，法律至高无上的权威就是实际神权政治的“代理物”。

在《法律篇》中，上述思想转变得到贯彻落实，以法律为依据进行统治的国家被确定为仅次于最好国家的“二等理想国”；智慧的哲学王由于很难找到而不再被列为讨论重点；哲学和辩证法不再具有决定作用；在现实政治领域，优良的法律具有重大作用，它虽然不等于理性和智慧，但却无疑是最相近的替代物。可见，当面对严酷的政治现实时，德性的无能使它不能不让位于法律，法治原则代替了柏拉图曾努力使之支配理想国的那种德性和理性原则。

《法律篇》中所论述的二等理想国家的法治原理主要包含如下内容：

1. 契约与法律

在《法律篇》中，柏拉图从历史的角度追溯了人类社会的发展历程，探讨了国家及法律的起源问题。柏拉图认为，人类社会发展大致经历了四个阶段。第一阶段是家族时期，这个时期的生产方式是分散式的牧业劳动，这个时期与后来的任何时期相比，是具有德性的美好时代，即人类的“黄金时代”。第二阶段是结拜时期，这时人们结成许多群体，每一个群体都有自己的习惯法，人们选择了最好的法律和法律裁判来协调社会生活，社会开始由家族向部落过渡，这个时期也叫立法时代。第三阶段是部落王时期。第四阶段是部落联盟时期。柏拉图认为，现在的城邦国家就是从部落联盟发展而来的，社会由部落联盟变迁为城邦国家是人们订立契约、制定法律的结果。部落联盟首领与他的臣民共同协商制定了法律，双方约定共同遵守法律而行动，互相保证不损害对方的利益。国王保证遵守法律，而人民则保证不推翻国王的统治。可见，这是一种契约国家观。它在本质上仍属于社会国家观。

在柏拉图的这个历史上最早的契约国家观中，我们发现，契约的核心是对法律的遵守，这就意味着：只有守法的美德才符合国家的本性。同时，我们也看到，虽然最初的法律来源于人类群体进化过程中所产生的共同生活规则和习俗，但一个健全的法律制度

---

①② 柏拉图．柏拉图全集：第 3 卷．王晓朝，译．北京：人民出版社，2003：155.

体系的建立却依然有赖于民众与君王之间达成的契约。契约论的前提假设及逻辑结果是同样的，即法律在国家中获得至高无上的地位。

2. 金制的法律纽带

在《法律篇》中，法律的现实作用受到如此的重视，以至于被柏拉图称作用黄金制成的联结人们之间分工与合作的纽带："……有这样一种拉力，每个人都应当永远跟着它而且绝不撒手，从而能够抵抗其他肌腱的拉力：它就是那'深思熟虑'形成的首要纽带，亦即金制和神圣的纽带，可以称为国家公法的纽带；其他的纽带都是坚硬的和铁制的，并有种种可能的形态和外貌，而这根纽带是柔韧的和始终不变的，因为它是黄金制成的。有了这根最卓越的首要的法律纽带，我们就肯定始终需要合作；……"①。由此可见，在《法律篇》中，法律代替了德性而居于至高地位，而理性和智慧也凝结为具体的法律。"个人的责任在于理解这种拉力的真义，在生活中服从这种拉力，而城邦的责任在于从某位神或我们已经提到过的某位发现者那里接受这种真义，使之成为城邦的法，成为城邦自身及其他社团交往的准则。"② 他认为，虽然法治缺少灵活变通，但是总的来说是"合理的"。以法律为纽带的二等理想国家虽然不是最好的，但绝不是最坏的。权力与智慧合于一身的哲学王在人世间是没有的，而人性又总有自私自利的一面。因此，法律的统治是必需的，如若没有法律，让人性听其自然，人就会成为最野蛮的动物。"无论谁试图把法律和国家置于党派控制之下，使之服从个人的支配，并进一步为了实现这些目的而用革命的暴力挑起剧烈的内战，那么这种人一定要被当作整个国家不共戴天的敌人。"③ 所以，在一个以法律为纽带的国家中，人们最大的美德不在于他是否正义或具有真知，而在于他是否能节制自我以遵守法律，法律超乎于道德之上，这已隐含了德治向法治过渡的逻辑转机。"但若法律支配着权力，权力成为法律驯服的奴仆，那么人类的拯救和上苍对社会的赐福也就到来了。"④

《法律篇》中的国家法治原理是当时希腊城邦政治生活法治主义的现实反映，同时也是对当时希腊城邦法律制度的理论抽象和概括。从实践上看，《法律篇》的法治原则及法律规定对后世的立法尤其是罗马法的创立产生了重大影响。从西方思想史发展的角度看，《法律篇》所确立的法治主义原则是西方法律传统源远流长的一个标志，对西方近代法治主义思想的复兴具有深远影响。《法律篇》的重要地位是不论怎么估计也不为过的。可以这样说，亚里士多德《政治学》的出发点是《政治家篇》和《法律篇》，而不是《理想国》。

第四节　理想国家的制度设计

柏拉图依据正义原则设计了理想国中的各种制度。可以说，柏拉图关于政治制度的

---

① 萨拜因．政治学说史：城邦与世界社会：第4版．邓正来，译．上海：上海人民出版社，2015：144.

② 柏拉图．柏拉图全集：第3卷．王晓朝，译．北京：人民出版社，2003：391.

③ 同②615.

④ 同②475.

设计远不及他所探讨的国家基本原理重要，这些制度不过是对国家原理的说明而已，而且它们在实践上的可行性很小。但是，这些制度设计的一个重要意义在于：用以保证理想国家的基本原理能够合乎逻辑，这一点在《国家篇》中表现得尤为明显。为了论证国家的德性和理性原理，柏拉图设计了等级制度、教育制度和共产优生制度。在《法律篇》中，由于理想国家原理从知识性转向操作性，上述各项制度都或多或少地得到了相应的修正。

需要指出的是，柏拉图在理想国中设计的各种制度很少涉及占人口多数的生产者，尤其是培养哲学王的教育制度和共产优生制度，只涉及统治者和护卫者。对生产者则只强调了其节制的美德，并应安于第三等级以维持和谐的政治秩序。

一、培养哲学王的教育制度

法国18世纪著名的思想家卢梭曾说过，《国家篇》是一部前所未有的讨论教育问题的最伟大作品。事实正是如此。在《国家篇》中，为了实现哲学王的理性统治，教育被当作一种根本的政治手段予以探讨。柏拉图重视教育的政治作用有以下原因：第一，从德治的角度理解政治统治的必然结果。柏拉图认为，有什么样的公民，就有什么样的城邦，只有通过教育使每个人都成为具有美德之人，城邦才能实现正义，并且，只有在完善的教育制度下，才能培养出真正的哲学王。第二，人并非生而正义的，通过教育能够使理性在灵魂中居于统治地位，从而使人具有美德。同时，教育是发掘人的“天性”的手段。柏拉图认为人的“天性”（先天禀赋）是不同的，而只有在完善的教育过程中，人的“天性”才会被发掘出来，人们因此而进入不同的等级。所以，教育是使人的“天性”合乎理性地外化为社会等级差异的手段。

柏拉图设计的教育制度为一个自然人走向正义的理想国提供了种种训练：音乐和体育的训练是最初等的训练，学习音乐可以陶冶情操，从事体育锻炼则可以强健体魄，这是任何理想国公民都应该接受的教育。并且，为了保证教育的预期目的，必须对教育内容进行甄选和删改，对于诗歌故事中有辱神的品性的描述都应剔除。第二阶段的教育主要是为培养哲学王做准备。柏拉图主张，国家选拔出一部分有才能的人，在20～30岁进行数学和天文学教育，然后再学习谐音学；在经过这些学习之后开始学习辩证法，即不依靠任何假定前提而把握理念的能力；最后，在35～50岁，还需要进行诸种政治实践的训练，以锻炼统治者的能力；那些通过了实践考验的人，在50岁之后再脱离具体的政治事务而研究哲学，一旦轮到他们担任国王时，便成为哲学王，执掌城邦大权。

毫无疑问，柏拉图的理想国之所以是空想的，同他夸大教育的社会政治作用是分不开的。事实上，任何一种教育制度都只能建立在历史的、阶级的现实基础上，绝不可能尽善尽美。因此，建立一种符合永恒“理念”精神的教育制度的企图是脱离实际的。同时，借助一种完善的教育制度去改造人和社会的计划都忽略了这样一个事实，即教育制度乃至任何制度都是由人而非神创造的，教育者本身是人而不是神。柏拉图企图用神的名义来创立一套教育制度，并希望由与神相近的“哲学王”来实施社会教育和政治统治。

由此我们不难理解为什么在《国家篇》中，既作为教育体制的终极培养目标，同时又是教育制度的推行者和监护者的“哲学王”，会有如此令人惊讶的“神性”，以至于柏拉图自己后来也不得不承认其在人间是很难找到的。

《法律篇》中教育体系的主要目标不再是培养哲学王，而是为一个法治国家培养良好的守法公民。所以在《国家篇》中曾被论述过的初、高等教育被进一步详细地体系化了，最高等的辩证法教育则被忽略，对初等教育内容的斟定主要是依据法律而不是哲学王的智慧，教育制度由于法制体系的确立而退居其次，而在《国家篇》中，教育制度乃是全部政治制度的核心。

二、保证国家德性的共产优生制度

教育制度的目的是为城邦培养具有美德的公民以及智慧的哲学王。而共产优生制度则是为了使城邦统治者远离种种诱惑，以保证城邦德性的延续。柏拉图认为，人性中既有高尚的一面，又有低劣的一面，教育固然可以使人用理性去规范欲望，使其成为一个高尚的人，但世间仍存在种种诱惑如财产、妻儿等，这些会诱发人性中愚昧、贪婪、不义的一面，使人成为一个卑贱之人，城邦也因此陷于祸患之中。为了保证城邦的美德不致丧失，至少应该使统治者们远离这些诱惑，从而根除因私欲流行而损害国家德性的可能。为此，柏拉图主张实行共产优生制度。

首先，柏拉图主张，在统治阶级内部，任何人都不得拥有私有财产，不得拥有私人住所、土地、金钱和贮藏室；他们要像士兵一样，住公共营房，在公共食堂就餐。通过禁欲式的生活方式，他们能拯救自己，也能拯救他们的国家。反之，“他们要是在任何时候获得一些土地、房屋或金钱，他们就要去搞农业，做买卖，就不能再搞政治、做护卫者了，他们就从人民的盟友变成人民的敌人和暴君了；他们恨人民，人民恨他们……，结果就会是，他们和国家一起走上灭亡之路，同归于尽”①。

其次，柏拉图主张，在统治者内部废除一夫一妻制的家庭关系，代之以按照统治者要求进行的有节制的交配，其目的除了使统治者远离家庭的诱惑之外，还在于获得尽可能优秀的后代。国家要严格监督男女之间的生育事宜，最优秀的男女可以多生育，最劣的男女要少生育；儿童一生下来，要经过严格的体检，有缺陷的孩子被秘密地处理掉，优秀的孩子被送到托儿所去，由国家抚养，这就可以保证后代的品德才智超过前代，国家才不致衰败。同时，家庭的废除可以使统治者免于受妻儿私情的困扰而损害城邦公共利益，统治者内部也不会因争夺私产而发生纠纷，城邦也就可以获得安宁和秩序。

除此之外，在制度设计上，柏拉图还提出男女应平等参政。他认为：“没有任何一项管理国家的工作，因为女人在干而专属于女性，或者因为男人在干而专属于男性。各种的天赋才能同样分布于男女两性。根据自然，各种职务，不论男的女的都可以参加，只

---

① 柏拉图．理想国．郭斌和，张竹明，译．北京：商务印书馆，1986：131.

是总的来说，女的比男的弱一些罢了。”① 由此看来，柏拉图主张女性同男性一样，可以根据自身的天赋参加管理国家的工作。

对柏拉图的政治制度设计必须从其所包含的目的性原则方面去理解，否则会得出与其本意相去甚远的看法。就共产制度而论，如果用现代的阶级分析方法，将之归结为一种协调统治者内部矛盾以便对被统治阶级实施有效统治的手段，这并不能说明问题；而从柏拉图对统治者物质生活的苛刻规定来看，维护奴隶主经济利益的嫌疑也并不存在。其实，整个共产制度的计划都表明：柏拉图对国家正义和理性原则的信念是多么的狂热，他不会放弃任何努力以保证国家本质的存续而不至于衰竭。在他看来，统治者乃是城邦美德和理性的主要承载体，对他们的生活方式予以严格规定将有助于城邦维持、延续其美德，共产制度正是在此目的上才有意义。同时，也只有从这个目的考虑，我们才能理解为什么柏拉图主张只在统治者内部才有实施共产制度的必要。这是因为，柏拉图的共产制度绝不是为了创造一个人人平等的社会，恰恰相反，它是为了使统治者能够具有超乎生产者之上的品性和社会基础。全部共产制度的宗旨在于：根除私有财产和私欲对城邦正义生活的侵扰。而优生制度则表明了柏拉图对国家正义和理性能否延续的一种担忧。这从他在《国家篇》卷八中将国家德性的衰败归因于优生原理的破坏的论述中可以得到证明。所以，优生制度是柏拉图用以延续国家德性的一种保障措施。

在晚年的《法律篇》中，随着柏拉图的兴趣从对政治本质的探究转向对政治实践的指导，他对共产制度做了重大修改。他认识到，《国家篇》中描绘的那种没有“私人”利益的国家也许只有对于高于人类的生物而言才可能存在。在二等理想国家中，作为对人类弱点的让步，应该有私有财产和房屋，但是产权的所有人必须把它看作既是属于自己的，也是属于整个城邦的；对于经济上的贫富差距要加以控制，赤贫和暴富要用一些必要的手段予以排除；财富对于公共职位的分配会有一些影响，这是令人遗憾的；一夫一妻制的家庭是合法的婚姻形式，但却不能脱离国家的支配和监督；品德不同的人可以互相通婚，以便相互调和；优生原理仍然受到重视，以淘汰病弱的后代。并且，在《法律篇》中，柏拉图还详述了关于国家规模的问题，他将城邦中的家庭户数确定为 5 040，为了保证城邦规模不超过这个界限，又提出了控制人口的计划生育主张。

第五节　政体思想

关于政体问题，柏拉图在《国家篇》《政治家篇》《法律篇》中都有论述。《国家篇》中的政体循环论是围绕揭示国家本质存在形态的宗旨展开的；《政治家篇》不过是在探讨政治家定义的同时交代了一种当时比较流行的政体分类方法；《法律篇》则提出一种以权力划分为基础的混合政体论，试图表明如何通过力量和谐来求得城邦生活的安宁与稳定。

① 柏拉图．理想国．郭斌和，张竹明，译．北京：商务印书馆，1986：187.

一、《国家篇》的政体循环论

在《国家篇》中，柏拉图认为，一共存在五种类型的政体，即贤人政体、军阀政体、财阀政体、民主政体和僭主政体。其中，贤人政体是指“王政或贵族政治”，是由统治者中一两个卓越的人掌权的政体，是最为理想的政体。贤人政体是现实中可能存在的与国家原型最相近的政体形式。而其他四种政体则是非理想的政体，或者说是国家原型在现象界中的异变形态，它们是与人的灵魂中的非理性因素相对应的，“有多少种类型的政体就能有多少种类型的灵魂”①。军阀政体是介于贵族制和寡头制之间的政体，它的优点是好胜心强，有强烈的自信心和荣誉感，崇尚勇敢，擅长战争；它的缺点是爱好财富，缺乏文化素养，有智慧的人不能执掌城邦大权。财阀政体又称寡头政治，是由富人掌权的政体，富人们贪图钱财而置德行于不顾，不重视教育和修养，结果是贫者愈贫，富者愈富，除了统治者之外其他人一无所有。民主政体是由大多数人掌权的政体，人们享有广泛的自由和宽容的政治环境，但最大缺点是极端民主和过度自由，只要人们推举，不管什么样的人都可以当执政者，而富有治国才能的人却反而被抛弃。僭主政体是民主政体发展到极端的结果，在这种政体下，国家由暴君统治，人民陷于最残暴、最痛苦的奴役之中。

柏拉图认为，上述各种政体之间是一种循环流变关系，虽然贤人政体是现实中可能的最好政体，但是并不能保持永恒不变，因为“一切有产生的事物必有灭亡，这种社会组织也是不能永久的，也是一定要解体的”②。由于优生法则被破坏，导致不同等级的人混杂在一起，在混乱中，一些骁勇善战的人登上统治者的宝座，贤人政体便为军阀政体所取代。但是这种新政体也不是久远的，由于统治者追求财富的欲望日趋强烈，荣誉和勇敢也遭到鄙弃，政权逐渐由富豪把持而演变为财阀政体。由于财阀政体的特征是贫富对立，除少数统治者外，多数人穷苦不堪，于是穷人们便起来推翻原来的统治者，建立民主政体。民主政体的特点是极端自由。然而，不顾一切追求自由的结果是破坏了民主社会的基础，从而导致集权统治的需要，民主政体又演变为个人独裁的僭主政体。在僭主政体下，不只是被统治者不幸福，就连僭主本人也不幸福，生活于憎恶与恐惧之中。没有一个城邦比僭主统治下的城邦更不幸，也没有一个城邦比王者统治下的城邦更幸福。一旦人们认识到这一点，便会要求对政治进行全面的更新，城邦又回到贤人政体。

政体循环论的主旨是揭示国家存在的本质规定性——贤人政治。正是在五种政体的循环流变中，柏拉图向人们证明了贤人政体的优越性。可以说，这五种政体的循环过程正是国家理念在现实世界中的演绎。尽管如此，我们也应该看到，关于政体循环的描述向我们展示了古希腊政治生活中各阶级之间错综复杂的斗争以及各种政体变迁的历史沿革的基本线索，从这个意义上说，政体循环论是《国家篇》中最有现实感的部分。

---

① 柏拉图．理想国．郭斌和，张竹明，译．北京：商务印书馆，1986：175.

② 同①315.

二、《政治家篇》的政体分类思想

《政治家篇》的政体分类方式因与之前的《国家篇》中的政体理论有所不同而常为学者们提及，并被认为是对前者的一种修正。在《政治家篇》中，对国家的分类是通过两种分类方法相互交叉取得的，即先按照传统的方法把国家分为君主制（由单个人统治）、寡头制（由少数人统治）、民主制（由普通公民团体进行统治）；然后又依据统治者是否守法将君主制区分为君主制和独裁制，将寡头制区分为贵族制和寡头制。至于民主制，无论其统治者守法与否，都只保留这个名称。

事实上，《政治家篇》提及的政体分类方法是当时广为流行并为大多数人所接受的一种政体分类方法，而柏拉图自己对这种政体论多少是持有异议的。就柏拉图对政治家定义的探讨来看，《政治家篇》的思想并没有脱离贤人政治的范畴，在他看来，区分政体优良与否的唯一恰当标准是统治者是否具有能够“照料公民灵魂”的确切的科学知识，至于统治者的人数多少、贫富状况以及是否守法等都是次要的问题。

三、《法律篇》的混合政体论

与《政治家篇》不同，《法律篇》提出了一种同之前迥异的政体理论——混合政体论。

所谓混合政体，就是吸取君主政体和民主政体二者的优点混合而成的政体。柏拉图对混合政体的讨论是在对斯巴达政体发展的历史追溯中展开的。他认为，斯巴达之所以能够是一个较为稳定的政体，是因为它采取了一种“权力划分”的政治原则，斯巴达的创立者来库古通过划分君主和长老院之间的统治权确立了这项原则，后来的民选长官制度则又进一步充实了这一原则。柏拉图又认为，从波斯和雅典历史中所获得的教训也表明：一个健全的政府，必须依据“统治权的划分”的基本原则，它必须把“平民”的成分跟“某种个人权威”结合起来，必须把“君主政体”与“自由”联结起来。在政府中必须有权威的席位，但是权威不应该堕落为独裁和专制，在政府中还必须有个人自由，但自由不能是无政府的自由。

混合政体的设计完全是现实中斯巴达的政体与柏拉图的个人想象力相结合的产物。这主要表现为如下制度设施：（1）一个所有公民都可以参加的议事大会；（2）执政院，是一个品德和才智都经过审定的37人团体，由公民大会经过三次选举程序产生，成员年龄须在50～70岁之间，任期20年，职责是维护法律和审判罪案；（3）元老院，由来自城邦各个阶级（柏拉图依财产标准将公民划分为四个阶级）的360名代表组成，选举的方法是复杂的，任期1年，其中1/12的人组成每月行使主要统治职能的委员会。另外还设有军事统帅3人，由执政官提名，由符合兵役年龄的公民选举产生。在《法律篇》卷十二中，柏拉图又增加了下述几个机关：一是负责监察和处置官吏不良行径的监察官；二是负责到国外做考察访问的访问使；三是作为国家最高权力机关的太上贤哲院。

无论从哪方面看，混合政体的设计都表现出与政体循环论的巨大差异。从其所含的原则看，所谓的“权力的划分”原则与《国家篇》中那种依据分工而将公民划分为三个等级的做法，在目的性上存在差异。前者的目的是通过各种力量的相互制约、势均力敌以获得政治上的稳定，后者则突出强调隐含于分工与等级背后的崇高价值目标——正义与理性。也就是说，《法律篇》的混合政体论试图说明一种使现存政府达成稳定与秩序的手段；《国家篇》的政体循环论则旨在证明国家的本质存在方式应该是怎样的。从具体制度看，《法律篇》的机构设置表明柏拉图对历史经验和现实状况的重视，这些制度也因此比《国家篇》中只凭逻辑推演设计的政治制度更符合实际，更具有实践意义。另外，就混合政体的影响而论，其作用是极其巨大的。美国学者萨拜因认为：“这项原则就是若干世纪以后孟德斯鸠重新发现的作为体现在英国宪法中的政治智慧之精髓的那项著名的权力分立原则的原型。”[①] 英国学者泰勒也认为：“就政治学原理而论，《法律篇》的巨大特色，是清楚而明确地宣告了一个伟大的政治学原理，即‘统治权的划分’原则。”[②] 柏拉图的混合政体理论可以说是西方近代分权制衡学说的思想源头。

第六节　柏拉图政治思想的评价和影响

柏拉图作为古希腊第一位作品被完整保存下来的思想家，以其构建的庞大而深刻的思想体系对后世产生了深远影响。可以这么认为，柏拉图的著作是古代给人类保存下来的最美好的礼物之一。黑格尔尤其推崇柏拉图思想的价值，他说：“柏拉图是具有世界历史意义的人物之一，他的哲学是具有世界历史地位的创作之一，它从产生起直到以后各个时代，对于文化和精神的发展，曾有过极为重要的影响。”[③] 卡尔·波普尔则评价道：“柏拉图著作的影响（不论好歹）是无法估计的。人们可以说，西方的思想，或者是柏拉图的，或者是反柏拉图的，在任何时候不是非柏拉图的。”[④] 柏拉图的政治思想在如下几个方面产生了独特而深远的影响，成为人类政治思想尤其是政治哲学思想不可或缺的组成部分。

首先，柏拉图从理念论出发构造理想城邦的先验主义研究方法，在西方政治思想史上产生了重要影响，并影响到了神学政治观的发展。

柏拉图从理念论的哲学体系出发，认为城邦也应该存在着一个完美的范型，其可以通过哲学王把握善而进行理解。在理念论的基础上，柏拉图为人类社会描绘了一个好城邦的本性，并绘制了理想城邦的蓝图和样板。这样一个完美的城邦是唯一实在的城邦，是一切现实城邦存在的根基，所有现实的城都必须由它加以说明。即使理想城邦在现实中难以实现，也不影响它的有效性和可靠性。理想城邦的样板作为一个真正的标准，单个城邦达不到它，标准的可靠性也不会降低，样板在本质上与能否实现无关，因为样本是一个永恒的、可靠的、真实的存在。从柏拉图的立场上看，除非人类有一个理想的样

---

① 萨拜因．政治学说史：城邦与世界社会：第 4 版．邓正来，译．上海：上海人民出版社，2015：146.

② 泰勒．柏拉图：生平及其著作．谢随知，等译．济南：山东人民出版社，1990：14.

③ 黑格尔．哲学史讲演录：第 2 卷．贺麟，王太庆，译．北京：商务印书馆，1960：160.

④ 范明生．柏拉图哲学述评．上海：上海人民出版社，1984：479.

板作为标准，否则现存的政制不会有显著的改观。柏拉图开创了通过理想城邦来建立完美政治秩序的理想主义路径。“此种完善国家固绝不可能实现，但无碍于此理念的之为正当，理念欲使人类之法律制度日近于最大可能的完成，乃提此极限为其范型耳。”[①] 不过，理想城邦的把握最终又超过了政治的范畴，需要在宗教的体系中进一步去寻找。

古希腊末期的新柏拉图主义试图以希腊哲学，主要是柏拉图的思想体系来创建一种宗教哲学。上帝被认为是万物的源泉和归宿，是至善的象征，是灵魂的顶点。新柏拉图主义成为教父时期基督教哲学的重要思想来源，这在奥古斯丁那里表现得异常明显。奥古斯丁适应早期基督教传播的需要，把他们的宗教信仰建立在哲学理论论证的基础之上。他认为，柏拉图及新柏拉图主义者的思想与基督教的教义是基本一致的，永恒的世界永远比感性的世界更真实，上帝之国和尘世之国的关系便有了哲学理论依据，在此基础上，奥古斯丁创立了以神权政治论为核心内容的思想体系。“新柏拉图主义，这个异教的哲学，给了他一个最重要的神学钥匙，打开他归向目前宗教信仰的大门。”[②] 实际上，基于基督教教父哲学的神权政治思想正是新柏拉图主义的产物。新柏拉图主义的创始者是埃及人普罗提诺，他非常尊崇柏拉图的政治学说，曾说服罗马皇帝伽利埃努斯在坎帕尼亚建立一座以柏拉图的《理想国》为蓝本的“柏拉图城”，后因大臣们的反对才未能实行。德国学者 H. V. 斯坦因指出，基督教教父的年代，是柏拉图主义发展史中最辉煌最有效最有影响的时代。即使在后来深受亚里士多德主义影响的托马斯·阿奎那的经院哲学中，柏拉图的影响也是不可忽视的。

其次，柏拉图的思想体系为不同时期的思想家提供了不竭的理论和知识源泉。

柏拉图之后的思想家们始终坚守柏拉图政治哲学范畴的连续性，将“至善”“正义”“统一”“秩序”“和谐”“节制”等不仅作为政体最值得向往的属性和政治行动的根本目的，也作为政治分析的核心概念。柏拉图是一位被基督徒视为“基督降生前的基督徒”、被革命者们视为革命者的人物[③]。文艺复兴时期，人们用古希腊人尤其是柏拉图的思想来抨击同样源于它们的神权政治思想，抨击全部的经院哲学体系和方法。罗素说，文艺复兴运动摧毁了死板的经院哲学体系，这个体系已经成了智力上的束缚，恢复了对柏拉图的研究，因此要求人至少也得有在柏拉图和亚里士多德之间进行选择所必需的独立思考。“文艺复兴促进了人们对两个人直接的真正认识，摆脱新柏拉图派和阿拉伯注释家的评注。”[④] 当时欧洲柏拉图主义的中心是 1440 年在意大利佛罗伦萨建立的柏拉图学园，它最早打出了复兴柏拉图主义的旗号，反对教会的哲学体系，当然，它并不是墨守成规地遵循柏拉图主义的思想模式，而是从人文主义者的视角来看待事物，创造性地提出了一种不同于基督教哲学的对柏拉图主义的新的理性诠释。

柏拉图主义可以看作近代唯理论的源头，康德的实践理性与柏拉图的伦理学说具有某种渊源关系，而黑格尔则是受柏拉图影响最大的一位近代思想家。学界普遍认为黑格尔和柏拉图的思想在许多根本点上具有惊人的相似性，黑格尔的绝对精神和辩证法理论

---

① 康德．纯粹理性批判．蓝公武，译．北京：商务印书馆，2017：280.

② 奥尔森．基督教神学思想史．吴瑞诚，徐成德，译．上海：上海人民出版社，2014：258.

③ 波普尔．开放社会及其敌人：第 1 卷．陆衡，等译．北京：中国社会科学出版社，1999：174.

④ 罗素．西方哲学史：下卷．马元德，译．北京：商务印书馆，1976：13.

都可以在柏拉图那里找到基本原形。黑格尔基于其客观唯心主义理论为普鲁士专制国家辩护的法的哲学也不能说与反对民主制的柏拉图毫无关系。柏拉图对现代政治思想的影响同样是广泛而深入的，但可能更加微妙而间接。西方学者研究柏拉图的兴趣在现代不但没有衰落，反而在逐渐增长。柏拉图政治思想的影响在当代仍在继续着，他提出的基于知识和美德的贵族政治主张仍然为身处现代西方民主制国家的学者所关注。

再次，柏拉图的《理想国》对早期空想社会主义者的影响是巨大的。

柏拉图关于在两个高级等级中废除私有财产、土地、房屋等由集体公共占有的思想，给后世传递了许多有益的启示。托马斯·莫尔模仿《理想国》的对话体裁创作的《乌托邦》，描述了一个没有私有财产、没有剥削、没有贫困的理想社会。康帕内拉甚至完全赞同柏拉图的“共产公妻”的主张。把柏拉图在《理想国》中对统治者和护卫者的制度设计扩大到了整个生产者阶层，而且其按需分配的社会制度是建立在共同劳动的基础之上的。柏拉图的“哲学王”思想在他们的乌托邦主义中也有明显的体现。乌托邦的首脑是“哲学家的皇帝”，太阳城实行贤人政治，至善化身的王拥有政权和教权双重权力。早期的空想社会主义把平等和民主思想与柏拉图的贵族政治理论在乌托邦的框架内结合起来，体现出它的进步性，给予后来的空想社会主义很大的影响，并成为马克思科学社会主义理论的重要来源。

最后，柏拉图的思想直接影响到他的学生亚里士多德，并极大地拓展了政治思想的内容体系。

亚里士多德继承并发展了柏拉图的哲学和政治思想，形成了包罗万象的庞大思想体系，成为与他的老师相比肩甚至在一定程度上超过了他的老师的另一思想巨擘。“柏拉图虽然没有给任何一个城邦培养出任何一个像点儿样的君主，他在政治上的哲学王的理想是彻底失败了。然而他的伟大功绩，却是给哲学本身培养出了一个真正的王，一个百科全书式的学者，一个古希腊哲学的集大成者——亚里士多德。”[①] 尽管亚里士多德曾对柏拉图的一些思想进行过尖锐的批判，不赞成柏拉图“理想国”的政治主张，他说“吾爱吾师，吾更爱真理”，但人们仍能深切地感受到柏拉图的学说对他的思想的重大影响。亚里士多德反对柏拉图的唯心主义理念论，但接受了其唯心主义原则，并排除了它的超验性，使理念世界与获得了实在性的、不再是不可信赖的经验世界有机结合起来；亚里士多德继承了柏拉图的整体国家观，强调“人是天生的政治动物”，国家在性质上先于个人和家庭，伦理和政治在他那里也是结合在一起的，尽管亚里士多德已经从形式上划分了二者的学科体系，但仍认为至善是国家和社会生活的最终目的；柏拉图晚年在《法律篇》中对其政治主张的再思考无疑影响了亚里士多德的法治思想；甚至在他们关于政体分类的学说中也可以看到许多相似之处。

柏拉图死后，他所创立的学园由其弟子继续主持。以斯彪西波、克塞诺克拉底为代表的后继者继承了柏拉图的基本思想，并承袭了柏拉图晚年所采纳的毕达哥拉斯学派的学说。阿尔凯西劳斯把怀疑论引进了学园，建立了作为晚期希腊怀疑学派重要组成部分的中期学园。而以安提俄克为代表的新学园则放弃了纯粹的柏拉图主义和中期学园的怀

---

① 苗力田．古希腊哲学．北京：中国人民大学出版社，1989：403.

疑论，宣扬具有折中倾向的独断论，进而影响了新柏拉图主义的产生。柏拉图的学园在其后存在了 900 多年，一直到深受基督教影响的东罗马帝国皇帝查士丁尼下令关闭。当然，柏拉图的思想也存在一定局限性。以知识为基础的政治哲学，必然包括等级主义和精英主义的谱系。作为广大的生产者阶层，实质上被排除在了政治体系之外，体现出柏拉图精英阶层的优越性，并依靠垄断知识的贵族阶层，挽救衰落中的城邦制度，最终却失去了坚实的时代基础。卡尔·波普尔在《开放社会及其敌人》中曾对柏拉图的集权主义符咒进行了深入的剖析。他认为，柏拉图的正义观实质表现为一种对待个体的方式，为了城邦的健全与和谐，个体就成为一种达到目的的工具性存在。只要有利于增进国家的稳定与力量的东西就是正确的，而其他的则是自私的。“他唯一关心的正是诸如此类的集团整体，而正义对他来说，不过是集体机体的健康、团结与稳定而已。”①

进一步阅读书目

1. 柏拉图．理想国．郭斌和，张竹明，译．北京：商务印书馆，1986.

2. 柏拉图．柏拉图全集：第 3 卷．王晓朝，译．北京：人民出版社，2003.

3. 黑格尔．哲学史讲演录：第 2 卷．贺麟，王太庆，译．北京：商务印书馆，1960.

4. 康德．纯粹理性批判．蓝公武，译．北京：商务印书馆，2017.

5. 萨拜因．政治学说史：城邦与世界社会：第 4 版．邓正来，译．上海：上海人民出版社，2015.

6. 泰勒．柏拉图：生平及其著作．谢随知，等译．济南：山东人民出版社，1990.

7. 奥尔森．基督教神学思想史．吴瑞诚，徐成德，译．上海：上海人民出版社，2014.

8. 罗素．西方哲学史：上卷．何兆武，李约瑟，译．北京：商务印书馆，1963.

9. 波普尔．开放社会及其敌人：第 1 卷．陆衡，等译．北京：中国社会科学出版社，1999.

10. 北京大学哲学系外国哲学史教研室．西方哲学原著选读：上卷．北京：商务印书馆，1981.

11. 苗力田．古希腊哲学．北京：中国人民大学出版社，1989.

12. 范明生．柏拉图哲学述评．上海：上海人民出版社，1984.

① 波普尔．开放社会及其敌人：第 1 卷．陆衡，等译．北京：中国社会科学出版社，1999：208.

第二章

亚里士多德的政治思想

阅读与思考

亚里士多德的著作包罗甚广，他堪称西方政治思想史上百科全书式的思想大师。就了解亚里士多德的政治思想而言，必须研读他的《政治学》《雅典政制》《尼各马可伦理学》。《政治学》一书是西方政治学的开山之作，《雅典政制》则是对希腊诸多城邦政治制度比较研究的经典，研读《尼各马可伦理学》则有助于理解古希腊政治思想的根本特质——政治与伦理的关系。古希腊哲学史家第欧根尼·拉尔修所著《名哲言行录》中曾记载了柏拉图的一句话，“亚里士多德踢开了我，正如小马驹踢开了生养它的母亲一样”，这不仅为亚里士多德的名言“吾爱吾师，吾更爱真理”提供了重要注脚，也恰切地描述了亚里士多德和柏拉图政治思想的联系和差异，这正是理解亚里士多德政治思想的关键所在。无论是在哲学立场上提出“本质论”的观点，还是对“外物诸善”“躯体诸善”“灵魂诸善”的关系阐释，以及在家庭、村坊和城邦等演进时序和价值评判基础上提出的“人是天生的城邦动物”命题，进而对各种现实城邦体制的合理性肯定和谋求保全改良之途，都深刻反映了亚里士多德政治思想的现实主义取向：不能为了苛求与理念世界的绝对统一，就忽视人、人类社会的自然本性以及实践的价值。理想无疑是美好的，但它若要真正对人们的生活有所裨益，就必须具有现实的可能性。

关键词

自然　社会团体　善业　中庸　政体

第一节　生平、著作和时代背景

亚里士多德（Aristotle，前384—前322）是古希腊最重要的思想家之一。他出身于一个医生家庭，父亲早逝，亚里士多德由他的一位亲戚抚养成人。在18岁的时候，亚里士多德来到雅典，进入柏拉图创办的阿卡德米学园，在此后20多年的时间里一直跟随柏拉图学习。亚里士多德十分崇敬柏拉图，但亚里士多德的许多哲学观点却和柏拉图不同。因此，亚里士多德尽管学识出众，却没有受到他的老师柏拉图的赏识，柏拉图生前也没有选定亚里士多德为他的继承人。柏拉图死后，亚里士多德离开了雅典，曾一度在马其顿王国宫中担任王子亚历山大的老师。公元前336年，亚历山大即位，亚里士多德回到雅典，开办了吕克昂（Luceion）学园，他在雅典的讲学活动持续了13年之久。马其顿王亚历山大死后，希腊境内各国爆发了反对马其顿统治的斗争，因为亚里士多德曾经做过亚历山大的老师，因而受到牵连，被迫逃出雅典，第二年死于加尔西斯。

亚里士多德是古希腊时期著述最多的思想家。在吕克昂学园讲学期间，他编著了大量的讲稿。在亚里士多德晚年，他把自己的讲稿留给了他的继承人狄奥弗拉斯图。狄奥弗拉斯图死后，这些手稿几经易主，后来被人埋在地窖里而被遗忘，直到130多年以后才被发现，但其中许多手稿已经损坏，现今所见的亚里士多德的著作仅仅是他全部著作的一小部分。

亚里士多德一生的大部分时间是在雅典度过的。在希腊的各城邦中，雅典实行的是典型的民主制度，但与其他城邦相比，民主的雅典却缺少对思想家的宽容，亚里士多德虽然没有像苏格拉底那样被罗织罪名处死，但他晚年逃出雅典却同样是出于对雅典人“冒犯哲学”的惧怕。与亚里士多德的身世一样，他的思想学说的境遇也同样十分坎坷。在欧洲中世纪，亚里士多德的学说在很长时间里被视为异端邪说，罗马教廷严格规定不许转录、保存和阅读亚里士多德的著作。直到13世纪以后，随着亚里士多德著作的原稿被大量翻译过来，人们才发现亚里士多德思想学说的价值。此后，亚里士多德被经院哲学家看作仅次于耶稣基督的圣人，其思想学说被看作最高的真理。亚里士多德个人和他的思想学说的境遇，恰恰可以说明亚里士多德是在人类思想史上影响重大的一位思想家。

亚里士多德是一个学识渊博的学者，著作涉及政治、哲学、逻辑、伦理、天文、物理、生物、语言、法律等各个领域。古代社会可能有的几乎所有学科，亚里士多德都有过深入的研究。亚里士多德曾经与他的学生们一起，对希腊150多个城邦的政治制度进行了调查研究，并写出了一系列著作，但其中只有《雅典政制》保留了下来。亚里士多德最主要的政治学论著是《政治学》，这部成书于公元前326年的著作在西方政治思想史上有着深远的影响。亚里士多德在对150多个城邦的政治制度进行深入分析的基础上，系统地阐述了国家的起源、国家的目的、国家的政体等政治学基本理论问题。同时，亚里士多德对当时希腊城邦中的各种政体也进行了实证分析，对各种政体的优点与缺点做出了自己的评价。《政治学》一书一般被认为是政治学领域的开山之作。在亚里士多德的老师柏拉图那里，政治问题还是被当作伦理问题阐述的，而亚里士多德在人类历史上第一次在体系上把政治学作为一门学问与伦理学分离开来，虽然政治学与伦理学的最后分离是由马基雅弗利完成的，但是亚里士多德作为政治学奠基人的历史地位是不可动摇的。此外，亚里士多德的《尼各马可伦理学》也与政治学有着相当紧密的联系。

第二节　人论

对于人的认识是思想家们认识社会政治生活的前提。一个思想家如果没有形成完整的对于人的认识，那么，他的思想学说就不可能是完整的。与历史上的其他思想家一样，亚里士多德对于国家的认识也是从人性开始的。为了探讨国家的本质、目的，亚里士多德开始分析国家最基本的组成部分——人的本性及其相互关系。“恰好像在其他学术方面一样，应该充分分析一个组合物为非组合的单纯元素——这就得把它分析到无可再分析的最小分子，我们在政治学的研究中，也要分析出每一城邦所有组成的各个要素而一一加以考察。”①

亚里士多德对于人的基本看法是，“人是天生的政治动物”。对此命题，亚里士多德从两方面展开了论证。一方面，在人的自然特征和需求方面，他认为，人类结成一定的社会团体，过上群体的生活，能够有利于实现人类生活的“自给自足”，并且“人类虽在生活上用不着互相依赖的时候，也有乐于社会共同生活的自然性情；为了共同利益，当然能够合群”②。同时，由于人类具有特有的语言机能，人类的群体生活质量必然要高于其他群居动物的群体生活。这是因为，自然从来不创造“无用之物”，“在各种动物中，独有人类具备言语的机能”③。声音可以表达悲欢的情感，所以，一般动物能够通过声音将各自的哀乐表达出来，但只有人类才能通过语言做到这一点，即可以判断某一事物有利还是有害，合乎正义还是不合乎正义，“人类所不同于其他动物的特性就在于他对善恶和是否合乎正义以及其他类似观念的辨认”④。因此，人类可以组成其他动物所不能组成的政治团体。

另一方面，亚里士多德从人的本质、目的等角度展开论述。对于人的本质的理解，还涉及一个希腊文中的单词“arête”，它是指任何事物的固有的天然的本性，也即是指其具有的特长、用处和功能。每一事物都具有自身独特的“arête”，并不为他物所有；一事物若失去其“arête”，那便不再成其为该事物。如马的“arête”是其奔跑能力，鸟的“arête”是其独有的飞翔的能力；而人的“arête”，“不仅指手足眼耳等生理方面的特长和功能，而且主要指人在社会生活中的品德和优点”⑤。这是人的本质，也是人存在的目的。这个本质不是先天就已经获得了，而是要靠后天的培养。人存在的终极目的，就是为了实现自己的“arête”，使自己成为真正的人。而要实现自己的“arête”，就必须具备一定的条件，这就是城邦。城邦不仅能在物质上满足人们多样化的生活需求，更主要的是，只有通过城邦的政治生活，参与公共事务的辩论与决策，才能不断地训练和培养一个人的理性和美德，实现其本质与目的：“arête”。事实上，古希腊包括亚里士多德这样的大思想家一直认为，只有参与了公共生活的人才算是具有了公民的资格，才成为人；

① 亚里士多德．政治学．吴寿彭，译．北京：商务印书馆，2009：4.

② 同①133.

③④ 同①8.

⑤ 汪子嵩，范明生，陈村富，等．希腊哲学史：第2卷．北京：人民出版社，1993：169.

那些整天只忙于物质生产的人，只能算是奴隶。

在对上述命题的论证过程中，亚里士多德还提出了整体先于部分的思想。亚里士多德认为，就本性而言，整体是先于部分的。以人的身体为例，如果人的全身都毁坏了的话，手足将不成其为手足，脱离了身体的手足与石制的手足没有任何差别，因为这些手足不再能够发挥手足的功能。人与城邦的关系也是这样，虽然在发生的先后顺序上，是先产生了个人而后产生了城邦，但是，在"本性上却是城邦先于个人和家庭"，因为个人只是城邦的组成部分，每一个相互隔离的人不可能过上自给自足的生活，只有在城邦中，每一个人的需求才能得到满足。"凡隔离而自外于城邦的人——或是为世俗所鄙弃而无法获得人类社会组合的便利或因高傲自满而鄙弃世俗的组合的人——他如果不是一只野兽，那就是一位神祇。"①

亚里士多德对于人的认识有一个十分鲜明的特点，即他不是站在自然的立场上体认人的本性，而是站在城邦的立场上认识人的本性。他一方面通过城邦的存在来说明群体生活是人的本性，另一方面也通过对人的本性的阐释来说明城邦的合理性。出于这样的思想方式，亚里士多德也通过对于人的本性的阐释论证了古代社会奴隶制度以及政治等级制度的合理性。

在古希腊，关于人与人之间在政治上的统治与被统治关系，以及主人与奴隶之间的主奴关系的生活现实，曾有过两种截然不同的观点：一种观点认为，管理奴隶是一门学术，在家庭里家长对于奴隶的管理与君主统治人民是同一个道理；另一种观点认为，人类应该是生而平等的，因为主人与奴隶生来并没有差异，所以主奴关系是违反自然的。亚里士多德赞同前一种观点，极力反对人生而平等的观点。

亚里士多德认为，主与奴、统治者与被统治者的这种人的关系形式是"天然存在于世上"的，而决定这天然的因素就是人的身体和灵魂。当人的身体受灵魂或理性统治的时候，这样的人就拥有君主、主人或政治家的权威，自然而然地成为统治者。而缺少理智，只有体力的人则只能成为被统治者或奴隶，"凡自己缺乏理智，仅能感应别人的理智的，就可以成为而且确实成为别人的财产（用品），这种人就天然是奴隶"②。不过，在亚里士多德看来，奴隶作为被统治者的"财产"，还是有别于其他动物的，因为其他的动物对于人的理智没有任何感应，仅仅能够依照各自的禀赋活动。但同时，亚里士多德又说，奴隶与其他动物之间的差别又是很小的，因为他们都只能以自己的体力供应主人的日常需要。

亚里士多德认为，人类社会之所以存在着主人与奴隶、统治者与被统治者之间的不平等，不仅在于人与人之间在理智上存在着差异，而且在于人们在身体方面也存在着先天的差异。自然赋予奴隶的体格总是强壮有力，适于劳役，而自然赋予自由人的体格则较为俊美，他们的身体不适于劳役，但是却适于战争和平时的政治生活。自然赋予人类在身体方面的差别，就像神像与人像之间的差别一样优劣分明，因此，在世界上，"有些

① 亚里士多德．政治学．吴寿彭，译．北京：商务印书馆，2009：9.

② 同①15.

人天赋有自由的本性，另一些人则自然地成为奴隶”①。不仅如此，亚里士多德还断言，对于奴隶来说，他们接受主人的统治，不仅是有益的，而且也是正当的。这就像被驯养的家畜比野生动物更容易受到人们的保护一样。

亚里士多德强调人类生而不平等，主旨在于论证奴隶制度和现实的政治不平等的合理性。在他看来，既然奴隶与工具一样都属于主人的财产，而奴隶是通过战争方式获得的，所以，亚里士多德赞同当时希腊人把战争中俘获的战俘收为自己的奴隶的做法，“天生一切动物应该都可以供给人类的服用。战争技术的某一意义本来可以说是在自然间获得生活资料（财产），……对于原来应该服属于他人的卑下部落，倘使竟然不愿服属，人类向它进行战争（掠取自然奴隶的战争），也应该是合乎自然而正当的”②。亚里士多德所说的合乎自然而正当的战争，显然存在着一个理论的前提，即这样的战争一定是以掠取“自然奴隶”为目标，而这个结果之所以正当，就在于人们之间存在的主奴关系是自然的、合理的。按照亚里士多德所赞同的一些人的说法，自然奴隶与自然的自由人的差别，在根本上说是种族的差别，也就是希腊人与其他种族之间的差别，希腊人是天生的高贵的种族，他们不仅在本国是“优种”，就是到了别的国家也同样是“优种”，而世界上有些种族则天生就是奴隶。显然，亚里士多德对人的认识带有很多那个时代固有的局限性。

第三节 国家观

一、关于国家的起源、本质和目的

在《政治学》卷一的章二，亚里士多德就开始探讨国家起源的问题，由此可看出这个问题在其理论体系中的基础性和重要性。亚里士多德认识到，国家是一个历史的产物，人类历史曾经经历了家庭、村坊和城邦（即国家）等几个发展阶段。如前所述（“人论”部分），亚里士多德从分析人及其相互关系入手来探讨国家起源的问题。他认为，人类也同世间其他生物一样，雌雄个体是不能单独延续自己的种类的，于是，为了种族的延续，人类便组成了家庭。家庭“成为人类满足日常生活需要而建立的社会的基本形式”③。不过，家庭在本质上并不是人们意志的结合，而是出于生理自然。由夫妻及其子女组成的家庭并不能满足人类更广泛的需要，于是，便出现了由若干家庭组成的村坊。村坊最自然的形式是由一个家庭繁殖而衍生的聚落，这些由家庭的繁衍而发展起来的村坊，都是由年龄最高的长老统率的，后世的国王就是由家长和村坊中的领导者演变而来的。此后，若干村坊又组合为城邦，“社会就进化到高级而完备的境界，在这种社会团体内，人类的生活可以获得完全的自给自足”④。在亚里士多德看来，家庭、村坊和城邦是人类社会团体发展过程中的三个不同的环节，人类之所以组成家庭、村坊和城邦，都是为了满足自

① 亚里士多德．政治学．吴寿彭，译．北京：商务印书馆，2009：16.
② 同①23－24.
③ 同①6.
④ 同①7.

己的生活需要，在这三种不同类型的社会团体中，只有城邦才是最完备的形式，人类的一切生活需求都可以在城邦中得到满足。

通过对国家起源问题的探讨，亚里士多德成功地论证了“国家是自然的，因为它植根于事物的本性之中，而不是在人的任意遐想之中”[①]。更为重要的是，在政治哲学的意义上，亚里士多德成功地确立了国家的本质和目的。从其论证过程就可以看出，亚里士多德揭示了国家的实质就其最真实的意义而言，不是在于人类生活的起源，而是在于人类生活的目标。因为他把国家放在人类群体生活形式的最高级，其所体现的价值目的是“至高而广涵的”，是人们追求的终极目标。这是亚里士多德关于国家问题所要论证的核心观点。

亚里士多德认为，城邦是由自由人组成的社会团体，在亚里士多德谈到家长与政治家之间的差别时反复说道：政治家的权威与家长的权威的不同之处在于，家长所管辖的人是奴隶，而政治家所管辖的人则是自由人，政治家所执掌的是“平等的自由人之间所付托的权威”[②]。由此可见，在亚里士多德的观念中，奴隶并不是国家的成员，国家只是那些拥有自由人身份的希腊公民的国家。亚里士多德对于国家的认识，体现了古代社会所有思想家的一个共同的思想倾向，即人们不是用现代意义上的公共观念来理解国家的。国家只是体现了“自由人”的意志。

亚里士多德认为，城邦“是若干（许多）公民的组合”[③]。至于什么样的人才可以算作公民，亚里士多德指出，决定一个人是否为公民的根本条件，并不在于他的居住所在和年龄，公民的根本标志是“可以参加司法事务和治权机构”，特别是对于民主政体来说，这一定义特别合适[④]。亚里士多德认为，这个定义最广泛而恰当地说明了公民的政治地位。他断言：“凡有权参加议事和审判职能的人，我们就可以说他是那一城邦的公民。”并且说，“城邦的一般含义就是为了要维持自给生活而具有足够人数的一个公民集团”[⑤]。因此，在亚里士多德的观念中，具有平等政治地位的公民是国家存在的基础。

城邦是平等的自由公民的组合，亚里士多德认为，它的政治生活的根本原则应该是正义，“城邦以正义为原则。由正义衍生礼法，可凭以判断［人间的］是非曲直，正义恰正是树立社会秩序的基础”[⑥]。正义是整合平等的自由公民的纽带，也是保障城邦能达到“优良生活”的标准。那么，究竟什么是正义？对于这个问题，亚里士多德在《政治学》一书中曾不止一次地说道，所谓正义或公正，“它的真实意义主要在于‘平等’。如果要说‘平等的公正’，这就得以城邦整个利益以及全体公民的共同善业为依据”[⑦]。“政治学上的善就是‘正义’，正义以公共利益为依归。……简而言之，正义包含两个因素——事物和应该接受事物的人；大家认为相等的人就该配给到相等的事物。”[⑧] 也就是说，正义

---

① 罗斯．亚里士多德．王路，译．北京：商务印书馆，1997：263.

② 亚里士多德．政治学．吴寿彭，译．北京：商务印书馆，2009：19.

③ 同②113.

④ 同②114－115.

⑤ 同②117.

⑥ 同②9－10.

⑦ 同②157.

⑧ 同②152.

不仅在价值上是城邦的最高原则，而且在具体实践中，也应以此为标准，达到人与事物对应上的平等，也即分配的正义。但需要指出的是，亚里士多德所说的分配上的正义和平等，并不是指绝对的平等，因为不能要求所有人的权利都完全相等。他引用了一个安蒂叙尼的寓言：当群兽集会，野兔们登台演说，要求兽界群众一律享有平等权利时，雄狮就说："你可也有爪牙吗？"[①] 由此可见，亚里士多德说的只是"相等的人应该得到相等的事物"。也就是说，正义不是彻底的平等，而是合适的比例。它意味着把相等的东西分给同等的人。怎样区分同等的人？他认识到，在城邦中人们在品德、财富、门第等方面有着差异，不同的政体会依照不同的上述标准来分配事物（政治权利），而最好的、符合正义的城邦应该为了公共利益，以品德为标准来进行分配。

关于国家目的的论述是亚里士多德政治学说的基础，在其政治思想中占有重要地位。可以说，正是在其国家目的说的基础上，亚里士多德确定了所有政治问题的价值和有效性。古希腊政治思想的特点也集中体现在他的国家目的说中。在《政治学》卷一的前几章中，亚里士多德比较集中地说明了国家目的问题。

卷一一开篇，亚里士多德就开宗明义地指出，国家是社会团体之一，"一切社会团体的建立，其目的总是为了完成某些善业"，国家（城邦）是"社会团体中最高而包含最广的一种，它所求的善业也一定是最高而最广的"[②]。在这里，我们可以清楚地认识到亚里士多德所认为的国家的性质和目的。在他看来，国家是一个社会团体，是人们生活在一起以实现可能达到的最美好生活的共同体。国家的目的是达到一种最善的生活，也就是最美好的生活。

亚里士多德认为，当人类的社会团体由家庭、村坊进化到国家的时候，社会就进入了最完备的阶段，即人类的生活可以获得完全的自给自足。因而，城邦的"长成"是人们社会生活发展的需要，它的真实目的就是"优良的生活"[③]。就人类可以实现优良的生活而言，城邦是一个"至善"的团体。这里，亚里士多德套用了一个他在其《生物学》上使用的概念——"长成"；它同时对应着另一个关键的概念——"本质"（arête）。亚里士多德认为，"最初出现的总是最简单的和最原始的，而唯有后来经过成长发展以后才会变得更为复杂和更为完善。然而，事物发展到后一阶段时能够比前一阶段更充分地表现出其真正的'本性'"[④]。这是一条可以适用于各个领域的普遍原则。例如，在生物学上，橡树和芥末的种子在完全相同的条件下，却"长成"完全不同的植物。亚里士多德认为，这是由于不同的种子中蕴含了不同植物的"本质"，因此种子的生长过程，就是不断体现、实现其"本质"的过程。人类社会也是如此。人类的"本质"要在群体生活中才能长成、实现，而国家（城邦）是人类群体生活形式的最高阶段，人性在这里才能发展得最为完善，也就是"善"的实现。也可以说，这就是国家的目的。"要不是徒有虚名，而真正无愧为一'城邦'者，必须以促进善德为目的。"[⑤]"政治学目的是最高的善，它更多

① 亚里士多德．政治学．吴寿彭，译．北京：商务印书馆，2009：157－158.

② 同①3.

③ 同①7.

④ 萨拜因．政治学说史：城邦与世界社会：第4版．邓正来，译．上海：上海人民出版社，2015：205.

⑤ 同①141.

的着重于造成公民的某种品质，即善良和高尚的行为。”①

亚里士多德所说的优良的生活或全体公民的善业，具体包括三个方面的内容，即“外物诸善”、“躯体诸善”和“灵魂诸善”，而只有幸福（至乐）的人生才能拥有上述诸善②。那么，在上述三种善业中究竟什么更为重要？亚里士多德不同意外物诸善比灵魂诸善更为重要的观点。他认为，诸如财富、资产、权力、名誉以及与此相类似的种种事物，不过是实用的工具，即使是躯体诸善，在本质上只是应用的事物，这些应用的事物并不是越多越好，外物诸善和躯体诸善一旦过量，对于物主都有害无益。而灵魂诸善则不然，灵魂诸善可以使人们保持良好的德行明哲，同时它又对外物无所依赖，而善德和明哲可以使人的幸福更加充实。因此，灵魂诸善“在本质上以及它在人生所表达的境界上，比我们的财产或躯体为更可珍贵，最高尚的灵魂也一定比我们最富饶的财产或最健壮的躯体为更可珍贵”③。所以，每一个人都应该为了灵魂的善而借助于外物，而不应该为了外物而使自己的灵魂处于屈从的地位。

亚里士多德的这一观点，也可以印证他对社会政治生活的理解。在亚里士多德看来，国家的根本目的，并不在于使人类获得更多的实用的外物或丰富的物质财富，而在于实现道德的良善，因为最高尚的灵魂比财富和身体更为珍贵。鄙弃社会政治生活的功利性目的而弘扬其道德善的价值，是古代政治哲学的根本特征之一，这个特征在亚里士多德的国家学说中得到了集中体现。尽管与他的老师柏拉图相比，亚里士多德在某种程度上使政治与伦理分离了，使政治学成了一门独立学科，但在本质上，亚里士多德的政治学还是以伦理目的为最终的归依，其政治哲学仍然是一种道德哲学，这种道德哲学在其国家目的论中集中反映出来。亚里士多德认为国家的目的是道德，他的国家目的论是道德目的论。

进一步概括来说，理解亚里士多德的国家目的论应该注意以下几点。第一，亚里士多德认为国家的产生不仅仅是为了生活，更是为了过好的生活、优良的生活。这种生活所追求的不仅仅是物质生活的必需品，而主要追求的是一种由发展道德上的美德而产生的幸福。所以可以说国家是一种道德团体，是最高的伦理有机体，是人们为了实现最合乎道德的生活而联合起来的集体。第二，为什么国家生活是一种善的生活？因为在国家生活阶段人的本质得到体现。“人是天生的政治动物”，这是亚里士多德的一个著名论题。他认为，人类是在本性上趋于城邦生活的动物，人的生活经过了家庭阶段和村落阶段，只有城邦生活阶段才是实现人之本性的阶段。人性的特点突出地表现为发展那些只有人类才有的独特能力，国家是这些能力赖以发展的唯一环境，人性只有在国家中才会发展它的最高能力。亚里士多德明确指出，“每一自然事物生长的目的就在显明其本性，（我们在城邦这个终点也见到了社会的本性）”④，所以在国家生活阶段人的本质才能得到体现。第三，亚里士多德关于事物性质与目的的观点。根据亚里士多德的哲学观点，事物的性质与目的是紧密联系在一起的。他认为事物之所以有变化是因为它趋向一种目的，

① 亚里士多德．尼各马科伦理学．苗力田，译．北京：中国社会科学出版社，1999：18.

② 亚里士多德．政治学．吴寿彭，译．北京：商务印书馆，2009：345.

③ 同②346.

④ 同②7.

世界上的一切事物都向着一定的目的而努力，为一定的目的而存在。也就是说，目的是促成事物发展变化的动因。同时，他认为目的也决定事物的性质，也就是说，“是什么”和所追求的目标是同一个东西。所以，万物都要实现自己，也就是都要实现一定的目的，在实现一定的目的中实现了自己，实现了自己的本性。用这种观点来分析人，是由于人的本性决定了人注定要生活在国家之中。因为只有在国家追求的目的，即善的生活，有道德的生活中，人们才能实现自己的本性。所以，人在本质上注定要生活在国家之中，如果他不能或不需要生活在国家之中，“他不是一只野兽，那就是一位神祇”。第四，根据亚里士多德的国家观，城邦在本质上先于个人。因为个人是城邦的组成部分，作为整体的国家必须先于作为部分的个人。而且因为城邦（国家）体现了个人的本质，人不可能不服从国家，就像他不能蔑视自己的存在一样。国家生活的目的是实现好的生活，即充满道德成就的生活。那么任何人只要他确认自己比其他动物优越，就不能不追求这种生活。所以国家高于个人，个人必须从属于国家。可以看出，这是典型的团体主义国家观和整体主义国家观。

二、关于理想的城邦

早在亚里士多德之前，希腊哲学家就什么是理想的城邦曾经有过广泛的讨论，其中最有影响的是柏拉图在《理想国》一书中引述的苏格拉底的观点，这些观点实际上也是柏拉图的观点。对于这一问题，亚里士多德与他的老师的观点并不完全一致，甚至在有些方面与柏拉图的观点相反。亚里士多德强调了理论的实践性，他认为，理想的城邦一定是能够实现优良的社会生活的城邦，也就是能够促进善德的城邦。对于理想的城邦，亚里士多德从几个方面进行了描述。

1. 理想的城邦应该是具备一定规模、内部分工复杂的城邦

亚里士多德认为，理想的城邦应该是一个能够实现高度的自给自足的城邦，只有能够高度自给自足的城邦才是一个真正的城邦。而一个城邦要实现高度的自给自足，其先决条件就是这个城邦要组织得“足够大而繁复”。这样的城邦应该有足够数量的人口，也应该保持一定的军事力量，“在进攻和退守的时刻，都能使敌国有所畏惧”，城邦公民的财产应该“足够维持其素朴（节制）而宽裕（自由）的生活”[①]。城邦不仅应该有足够数量的人口，而且组合在其中的人们又应该是不同的种类，而不能追求整个城邦中人们的整齐划一。亚里士多德反对苏格拉底“整个城邦的一切应该尽可能地求其划一，愈一致愈好”[②] 的观点，认为完全类似的人是不能够组成一个城邦的。这是因为，城邦不同于军事联盟，在军事上，人们为了取得胜利而组成的联盟实际上就是以数量取胜，参与军事联盟的城邦和组成军队的人应该高度一致。而对于城邦的政治、经济生活来说，组成城邦的分子应该是“品类相异”的人，人们各有所能，各有所长，以至于人们能够各以其

① 亚里士多德．政治学．吴寿彭，译．北京：商务印书馆，2009：64.
② 同①45.

所能通工易事，相互补益[①]。亚里士多德把城邦设计为一个复杂的有机整体，强调社会成员之间的社会分工，显然有一定的道理。

基于上述认识，亚里士多德反对苏格拉底和柏拉图共产制的主张。按照苏格拉底和柏拉图的观点，共产公妻可以使整个城邦尽可能地整齐划一，但在亚里士多德看来，一个城邦的成员如果整齐划一，那么，这个城邦就将不是一个城邦，而只能是一个家庭，甚至成为一个人，因为品类单一的人根本无法将自己所长贡献于社会，也不能从别人对于社会的贡献中得到应有的报偿。这样的城邦也就失去了其增进福利的基础。同时，亚里士多德又指出，"建立公妻的社会自然要发生许多纠纷"[②]，公妻制对于城邦只能是有害无益。亚里士多德认为，苏格拉底和柏拉图所设想的通过共产公妻而使整个城邦整齐划一并不是良好的政策。

苏格拉底在设计整齐划一的城邦时，为整齐划一的城邦拟定的标志是城邦的全体人民在同一时刻对于同一事物说"这是我的"或者说"不是我的"。亚里士多德说，苏格拉底的这一说法实际上犯了逻辑上的错误，按照苏格拉底的说法，如果每个人对于同一事物都说这是我的财产或我的妻儿，这个"我"是以整体为单位的"我"，那么对于个人来说，我已经不是个别的私我了，"我的财产"或"我的妻子"便失去了意义。苏格拉底的设想不符合城邦的实际情况，也不可能导致整个城邦"洽合"[③]。

亚里士多德认为，苏格拉底和柏拉图主张的共产制不仅不能使整个城邦洽合，反而会给城邦带来损害。亚里士多德说：在城邦中，"凡是属于多数人的公共事物常常是最少受人照顾的事物，人们关怀着自己的所有，而忽视公共的事物；对于公共的一切，他们至多只留心到其中对他个人多少有些相关的事物"[④]。就人的本性而言，当人们认定某一事物已经有人掌管的时候，就一定不会对这一事物予以注意。而且在共产制度下，诸如逆伦等重要的法律、伦理问题都无法得到解决。因此，亚里士多德得出结论说："苏格拉底倡议的这种制度所产生的效果一定不同于习俗制度所得的效果，而这些效果也一定相反于他原先所企求的目的。"[⑤] 但同时，亚里士多德又说，苏格拉底所倡议的共产制度只是不能在占统治地位的卫国战士中间实行，但妇孺归公的制度可以在处于被统治地位的农民中间实行，因为一旦实行妇孺归公的制度，人与人之间的友爱精神就会削弱，而被统治阶级内部的友爱精神受到削弱，恰恰有利于消除他们的反抗。

亚里士多德对于共产制度的评论，显然带有私有制社会的偏见，但毋庸置疑，亚里士多德在强调城邦内部社会分工和社会成员之间的互补方面，大致和苏格拉底、柏拉图的观点相同，但亚里士多德进一步指出了他们设想的共产制度所存在的问题，强调了制度适用在实践上的可行性问题，将讨论引向了深入。

2. 理想的城邦应该是公民参与政治的城邦

关于理想城邦的政治生活，亚里士多德认为，理想的城邦应该是依据公正的原则，

---

① 亚里士多德．政治学．吴寿彭，译．北京：商务印书馆，2009：45.

② 同①44.

③④ 同①48.

⑤ 同①51.

让全体公民参与政治。由于城邦的公民都拥有平等的政治地位，因此，公民在政治上应该拥有同等的机会，不能让鞋匠终身为鞋匠、木工终身为木工，使城邦的某些公民终身处于被统治的地位，而城邦的执政官终身为执政官。为了使公民能够参与政治，亚里士多德认为，城邦的执政官应该轮流退休，执政官退休以后应该和其他自由人处于同等的地位。这样，在某一时间里，城邦的一部分公民处于主治的地位，另一部分公民处于受治的地位，每隔一定时间，他们的地位又变换过来。

城邦的一般公民是否有能力参与政治，城邦公民在什么程度上可以参与政治，这些问题在古希腊思想家中曾经有过争论。亚里士多德在《政治学》一书中引述了一种观点，这种观点认为，自由人或公民集团中的一般公民，“既少正义或欠明哲”，让这些人参与城邦的最高职司，就难免犯错误。对于这一观点，亚里士多德反驳道：对于城邦中的一般公民，如果不让他们参与城邦的政治，就等于一个城邦中的大批穷人被排除在公职之外，这样，城邦中就保留了许多敌人。因此，亚里士多德非常赞赏梭伦的一些做法，把平民群众作为一个集体，并且给予这个集体两种权力，一是选举执政人员，二是在执政人员任期届满时，由他们审查执政官的业绩。虽然按照平民的个人能力是不能担任任何官职的，但是，如果把平民集合在一起，他们的审查能力却是良好的。

至于公民是否能够承担起选举执政和审查执政的职责，亚里士多德也持肯定的意见。对于这个问题，有些人曾经以“只有精于几何学的人才能确切地选定一位测量员，只有老于航海的人才能选定一位舵师”为理由，反对由平民选举和审查执政官。亚里士多德针锋相对地指出，就群众中的单个人而言，他们的判断能力显然不如专家，“但当他们集合起来，就可能胜过或至少不比专家们有所逊色”①。在某些技术中，创作者并不一定是最好的评判家，真正能够评判执政官业绩优劣的人们应该是城邦中的普通公民，而不应是那些所谓的专家，更不能是执政官自己。

显然，在政治上，亚里士多德对于希腊城邦中的民主制度予以很高的期望。他认为，在优良的城邦里，公民作为整体应该享有城邦的最高权力，城邦应该把最高治权交给公民团体，“把公民大会、议事会和法庭所由组成的平民群众的权力置于那些贤良所任的职司之上是适当的，也是合乎正义的（合法的）”②。

亚里士多德关于公民参与城邦政治的主张，其积极意义是显而易见的。他反对柏拉图的“专家治国”的观点，避免了把政治理论简化为只是讨论“谁应该统治”的问题。同时，他强调了普通公民整体的审查能力，并突出它在政治生活中的作用。从实践上看，这样能有效地防止极权主义政体的产生，并且能够充分实现公民的平等的政治权利。这些都是亚里士多德充分汲取当时民主政治优点的表现，也是亚里士多德与柏拉图观点的主要区别之一。

3. 理想的城邦应该是贤良执政的城邦

在强调公民参政的同时，亚里士多德也主张城邦应该由贤良的人们来执政。这一思想主张的理论前提是公民之间存在着品德方面的差异。亚里士多德认为，对于公民来说，

---

① 亚里士多德．政治学．吴寿彭，译．北京：商务印书馆，2009：149.

② 同①150.

人与人之间存在着品德上的差异，之所以如此，在于公民的品德并不同于善人的品德。为了说明公民品德不同于善人品德，亚里士多德以水手为喻：在一艘船上，每一个水手都有不同的职司，而每一个好水手的品德应该与他自己的职司相适应，但是，除了最精确地符合那些专门职司的品德以外，每一个水手的品德还应该符合全船水手的共同品德，而全船水手的共同品德明显不同于那些适应专门职司的品德。一个城邦的公民也和一个船的水手一样，“公民既各为他所属政治体系中的一员，他的品德就应该符合这个政治体系”①。但是这并不等于每一个公民都应该具备至善的品德，“作为一个好公民，不必人人具备一个善人所应有的品德”②。也就是说，在一个城邦里，每一个公民都应该是好公民，但并不是每一个公民都是善人。即使是从最良好的城邦着眼，它也不可能完全是由善人组成的，而且由于城邦中公民的职分不同，公民为了各自恪尽职守，也应该有各自不同的善德。处于统治地位的执政者有执政者的品德，而处于被统治地位的公民有被统治的公民的品德。城邦中的公民都具有好公民的品德，这样的城邦才能够成为最优良的城邦。

为了有效地治理城邦，亚里士多德认为，城邦的统治者应该首先成为一个好公民，“先行研习受命和服从的品德”③。同时，作为一个好公民，也应该知道怎样成为统治者，如何治理自由的人们。在一个自由城邦，“正义”对于统治者与被统治者来说有着各自不同的意义，对于统治者来说，是表现为主人的正义，而对于处于从属地位的自由的被统治者来说，正义则表现为从属的正义。一个公民首先应该学会成为一个好的被统治者，才能成为一个擅长治理国家的统治者。

亚里士多德认为，城邦的统治者必须具备至善的品德，“以统治者来说，其品德就相同于善人的品德，好公民和善人的品德虽不是所有的公民全然相同，在［作为统治者］这一部分特殊的公民，就的确相同”④。如果说普通公民与统治者之间的品德方面有哪些显著的不同的话，那就是在所有的善德中有一种专门属于统治者的品德，即明哲，而被统治的自由公民应该具备的品德是信从。毫无疑问，把公共权力交给那些品德优良、才能出众的人，比把公共权力交给道德败坏、无德无能的人，更可能获得优良的政治生活。亚里士多德反复论证这样一个简单的道理，实际上他是在强调最好的城邦应该以道德良善作为统治原则。因此，作为城邦的统治者，必然应该具备最高的品德。

4. 理想的城邦应该是合理分配利益的城邦

亚里士多德认为，城邦的政治制度是“全城邦居民由以分配政治权利的体系”⑤。人类之所以能够在社会团体中过着群体生活，最根本的原因是人们有着共同的利益。在自由的城邦中，利益分配应该遵循一个基本的原则：每个人在城邦中所获得的利益，应该以其为城邦所贡献的“美善行为”的多少为依据，如果一个人为城邦贡献的美善行为最多，他就应该比其他任何门第高贵或财资富足的人获得更多的利益。

---

①② 亚里士多德．政治学．吴寿彭，译．北京：商务印书馆，2009：124.

③ 同①127.

④ 同①125－126.

⑤ 同①112.

在亚里士多德看来，自由城邦的统治者与公民之间的利益分配不同于自由的主人与天然的奴隶。自由的主人与天然奴隶的结合，虽然也可以互利，但是，主人在执掌权力的时候，更多的是注意自己的利益。而在自由的城邦里，“治理的职司主要是致力于被统治者的利益，所以这些义务应该由大众轮流分担，而统治者作为公民团体中的一员，也附带地获得共同的利益”①。城邦的统治者之所以应该由公民轮流担任，一方面是为了体现公平原则，即社会大众轮流担负起管理城邦的义务；另一方面，也是为了实现社会大众之间利益分配的均衡。在这样的城邦里，人们都设想，“在我担任这种义务的时期，既然照顾到他人的利益，那么轮着他人执政时期，也一定会照顾到我的利益”②。

亚里士多德认为，由公民轮流执政，统治者在执政期间主要致力于公民利益得到合理分配的政治制度，是一种合乎自然的制度。他反对某些人以谋取私利、侵吞公共财物为目的，长期占据城邦的管理职司，并指责当时希腊城邦中出现的这些状况是一种病态的情况。显然，亚里士多德经过自己对古希腊各城邦的研究，发现了公共权力一旦为个人所长期掌握便有可能被滥用这一事实，也在某种程度上发现了权力所有者的意志对于社会生活中实际利益分配的影响。因此他设想的城邦公民轮流执政实际上是一种民主监督机制，是为了保证公共权力的行使能够以正义为原则，以公共利益为目的。虽然这些机制的具体内容比起当今民主制下相关的制度显得原始得多，但是我们应该肯定，亚里士多德的思想主旨已经相当深刻、清晰了；同时，考虑到当时古希腊城邦规模小、为了充分行使公民的政治权利而采取的直接民主制等情况，公民轮流执政可以说是当时民主制成功经验的总结。

第四节　政体思想

一、政体的多样化与政体分类的原则

在亚里士多德生活的时代，希腊存在着150多个城邦，由于这些城邦各自的政治、经济环境不同，因而，城邦之间在政治体制上也存在着十分明显的差异。在这些城邦中，既有雅典的民主制度，也有斯巴达那样的专制政体。城邦之间在政体上的多样化，促使亚里士多德对于各种各样的政体进行了深入的研究，从而对每一种政体各自的短长、什么样的政体适应于什么样的城邦、什么样的政体是好的政体等问题做出了自己的回答。在人类历史上，亚里士多德是最早对政体进行广泛深入研究的思想家。

对于政体的研究，是《政治学》一书中最主要的内容。亚里士多德之所以对政体问题十分关注，用他自己的话说，主要是为了实现这样一些目的。第一，弄清究竟哪种政体是最受欢迎、最易实施的政体，以及在这种政体之外，是否还存在着另外一些“比较

①② 亚里士多德．政治学．吴寿彭，译．北京：商务印书馆，2009：135.

近于贤良性质而又组织得比较好的政体，也一样可以为大多数城邦所采用”①；第二，在所有的政体类型中，每一种政体类型各自适用于什么样的公民团体；第三，人类应该怎样建立自己的政体；第四，每一种政体是怎样毁灭的，以及人类应该怎样保全这些政体。

亚里士多德所讨论的政体问题，实际上是由什么人通过什么方式掌握城邦治权的问题。亚里士多德说：政体在意义上相同于“公务团体”，“而公务团体就是每一城邦‘最高治权的执行者’，最高治权的执行者则可以是一人，也可以是少数人，又可以是多数人”②。所以，在一个城邦中，执政者人数的多寡不能说明政体的优劣，问题是，一种政体究竟照顾了哪些人的权利。按照亚里士多德的说法，城邦的政体是一种政治权利的分配体系，所以，评价好的政体与不好的政体的标准只有一个，即城邦的政体是否兼顾到了公共的利益。“凡照顾到公共利益的各种政体就都是正当或正宗的政体，而那些只照顾统治者们的利益的政体就都是错误的政体或正宗政体的变态。这类变态政体都是专制的[他们以主人管理其奴仆那种方式施行统治]，而城邦却正是自由人所组成的团体。”③ 也就是说，城邦在本质上是由自由公民组成的团体，城邦的管理者与公民之间的关系不是主奴关系，在城邦中不存在至高无上的个人利益，只有公共的利益才是最高的利益。因而，是否照顾城邦的公共利益便是好的政体与不好的政体的分水岭。一个城邦的执政者所掌握的公务团体要是能顾全城邦共同的利益，那么，无论执政者是一个人，还是少数人或多数人，这样的政体都是正宗的政体，即正当的政体或好的政体；如果一个城邦的执政者所掌握的公务团体照顾的只是自己一个人或少数人或平民群众的私利，那就必然是变态的政体，即不正当的政体。

照顾到城邦的公共利益的政体才是正宗或正当的政体，同时，又只有由贤良的人们掌握城邦的治权的时候，城邦的公共利益才有可能受到充分的照顾，因此亚里士多德又说，“最优良的政体就该是由最优良的人们为之治理的政体”④。所以，如果完整地概括亚里士多德所追求的理想政体的话，最优良的政体应该是能够照顾城邦的公共利益并且由贤良人们执政的政体。基于这样的认识，亚里士多德概括了产生城邦执政者的“正义”原则，认为，在一个城邦中，“如果一个家族，或竟是单独一人，才德远出于众人之上，这样，以绝对权力付给这个家族，使其成王室，或付给单独一人，使他为王，这就是合乎正义的了”⑤。

与其说公共利益是正宗政体与变态政体的区分点，不如说公共利益是保证政治生活质量优良的原则。亚里士多德的可贵之处不仅在于明确了这个原则，更在于他认识到了实现这一原则可以有多种不同的政体形式，而不是只能存在一种理论上的极端形式，这也是他与他的老师柏拉图的区别。

---

① 亚里士多德．政治学．吴寿彭，译．北京：商务印书馆，2009：183.

② 同①136.

③ 同①135.

④ 同①177.

⑤ 同①176.

二、正宗政体与变态政体

根据希腊城邦的政体现状，亚里士多德把政体划分为六种：以一个人为统治者，而能照顾到整个城邦利益的君主政体，也称王制；由少数贤良执政，能够照顾到整个城邦利益的贵族政体，这种政体也可以称为贤能政体；以群众为统治者而能照顾整个城邦全体人民的利益的共和政体；以一人为统治者，城邦的一切政策都以统治者一人的利益为依归的僭主政体；以少数富人为统治者，城邦的一切政策都以少数富人的利益为依归的寡头政体；以穷人的利益为依归，只是照顾到穷人的利益而不照顾城邦全体公民利益的平民政体。在上述六种政体中，君主政体、贵族政体与共和政体是正宗（或正当）的政体，因为在这几种类型的政体中，城邦的公共利益能够得到公务团体的照顾，而僭主政体、寡头政体和平民政体是三种变态政体，虽然这三种政体执政者的人数、身份不同，如，寡头政体是由城邦中的富人掌握最高治权的政体，平民政体是由城邦中的穷人掌握最高治权的政体，但变态政体却有相同的特点，即城邦的公务团体只是以执政者自身利益为依归，城邦的各项公共政策都以统治者的利益为转移。

亚里士多德认为，正宗政体与变态政体之间存在着本质的差别。但是，正宗政体与变态政体之间却也存在着某种联系，僭主政体是君主政体的演变形态，寡头政体是贵族政体的变态，平民政体是共和政体的变态。而正宗政体与变态政体之间的联系又决定了每一种政体的善恶程度。在三种正宗政体中，亚里士多德认为，最具善德的政体是君主政体，其次是贵族政体和共和政体，“最优良而近乎神圣的正宗类型的变态一定是最恶劣的政体”①。所以，君主政体的变态僭主政体是最恶劣的政体，在这种政体下，城邦的统治者实际上是以专制的手段统治城邦的公民。共和政体虽然是三种正宗的政体中善德最少的政体，但是，这种政体的演变形态平民政体也是恶劣的品质较少的政体，相比较而言，平民政体是三种恶劣的政体之中最好的政体。

变态政体与正宗政体之间的本质差别在于，变态政体违背了“正义”的原则。亚里士多德认为，在不同的政体状态下，人们对于正义有着不同的理解，即每一种政体都有自己的“正义”。然而，问题是，在各种变态政体状态下，执政者对于正义的理解都有失偏颇，他们“所持的正义就都是不完全的，各人都只看到正义的某些方面”②。例如，在平民政体中，正义被理解为“分配政治职司的平等”，虽然平等地分配政治职司确实是平等，但是，这样的平等实际上只能是局限于“同等人之间的平等，不是普及全体的平等”③。反过来，在寡头政体中，人们却以政治职司的不平等分配为“正义”，这样的正义却是相对于不平等的人们而言的，也不是普及于全体的“正义”。对于平民政体与寡头政体各持的正义原则，亚里士多德指出，寡头派和平民派都没有考虑到这样一个因素，即究竟哪些人可以适用他们所持的原则，他们都是从各自的利益出发，对于正义只是做出了符合自己的切身利益而有悖于大多数人的利益的解释，他们所说的正义实际上是一种

---

① 亚里士多德．政治学．吴寿彭，译．北京：商务印书馆，2009：182.

②③ 同①139.

偏见。平民派的偏见在于他们的“自由身份”，“他们认为一事相等则万事也相等”，寡头派的偏见在于“资财”，他们认为优于资产者就应该一切优先。因此，亚里士多德认为，寡头政体下富民欺凌贫民以及平民政体下平民按照自己的意志瓜分富民财产的行为，都是不符合正义的现象。

在本质上，三种正宗的政体虽然都是符合城邦的正义的政体，但是，君主政体、贵族政体与共和政体也各有其利弊。例如，在君主政体下，虽然执政者是城邦中才德最为卓著的人，但是，一个人“实际上不能独理万机”①。个人的感情很容易受到某些因素的影响，因而导致君主个人判断力的降低。共和政体虽然因为其统治者人数众多而能够照顾到全体公民的利益，但是当统治者的人数增加到较多人数时，一个城邦里很难找到这样众多的各方面品德都很完善的人，在这样的政体下，“唯有军事性质的品德可以期望于多数的人们，武德特别显著于群众。所以在共和政体中，最高治权操于卫国战士手中”②。基于这样的认识，亚里士多德更倾向于由少数贤良执政的贵族政体。一方面，由若干人组成执政者的公务团体可以避免君主政体下的执政者的腐败，另一方面，贵族政体也可以保证城邦的治权掌握在才德高尚的人手里。

对于僭主政体、寡头政体以及平民政体，亚里士多德也分析了各自的特点。在他看来，这三种政体之间的差别，不仅仅表现为执政者人数的多寡，更重要的是，掌握城邦治权的统治者往往代表着不同的社会阶层的利益，当城邦的统治者不是一个人而是一些人的时候，统治者财产的多寡要比统治者的数量更能说明城邦的政体性质。如果无产的贫民掌握着城邦的最高治权，其政体就是平民政体；如果城邦的最高治权为有产者所掌握，这个城邦的政体就属于寡头政体。亚里士多德特别强调：“任何政体，其统治者无论人数多少，如以财富为凭，则一定是寡头（财阀）政体；同样地，如以穷人为主体，则一定是平民政体。”③ 基于这样的理由，亚里士多德认为，在寡头政体与平民政体中政治权力的基础是各不相同的。他分析道，世界上常常是富户少而穷人多。在一个城邦中，所有的人都是自由的公民，而财产丰饶的只能是其中的少数人，这样，贫穷的自由公民与富有的公民便有着各不相同的政治要求，前者“以自由为标志”，而后者则“以财富为依据”，平民政体与寡头政体也就是这两种不同的政治要求的产物。

亚里士多德认为，每一种政体都是依一定的条件存在的，每一种政体的存在都有着自己的合理性。也就是说，不同的政体适用于不同的社会。至于什么样的政体可以在什么样的社会环境中存在，亚里士多德分析道：“适于君主政体的社会应该是那里的民族或种姓自然地有独一无二的英豪，其才德足以当政治领袖而莫可与竞”④。而当一个城邦中有若干德才兼备的好人，同时城邦的公民又乐于以自由公民的身份接受贵族统治的时候，这样的城邦就适用于贵族政体。适用于共和政体的城邦是，在这样的城邦里“自然地存在有胜任战争的民众（武士），那里在小康阶级之间按照各人的价值分配政治职司，他们

① 亚里士多德．政治学．吴寿彭，译．北京：商务印书馆，2009：173.

② 同①137.

③ 同①138.

④ 同①175.

在这样的制度中既能统治，也能被统治”[①]。很显然，在亚里士多德的认识中，政体并不是孤立存在的，一个城邦能够实行什么样的政体，在根本上取决于城邦的社会历史环境和自身的社会结构，这种把政体问题与城邦的社会结构联系在一起进行考察的方法，对于后世政治学研究方法的发展也有十分重要的影响。

从城邦的政体取决于社会环境的观点出发，亚里士多德反对当时某些人对于理想城邦的不切实际的幻想，他认为，人们研究城邦政体，“不仅应该研究理想的最优良（模范）政体，也须研究可能实现的政体，而且由此更设想到最适合于一般城邦而又易于实行的政体”[②]。在对于理想的政体做出应然判断的同时，又十分重视每一种政体在现实政治生活中适用的可行性，这是亚里士多德与他的前辈苏格拉底和柏拉图的重要差别之一。可以说，亚里士多德的思想学说已经不单纯是政治哲学了，近代政治科学的一些基本方法、原则在亚里士多德的思想学说中已经出现了。

三、政体变革的原因

在《政治学》中，亚里士多德叙述了由王制（君主政体）向贵族政体、共和政体、寡头政体、平民政体演变的过程。这个过程是，在君主政体的后期，随着城邦版图的扩大，有才德的人越来越多，这些有才德的人不甘心受君主一人的统治，进而要求共同参加治理，于是便产生了立宪政体。而后，随着有才德之人的腐败，执政者往往侵占城邦的公共财产而自肥，便出现了由财阀执政的寡头政体，以后，寡头政体又变成了平民政体。在另一处，亚里士多德又说寡头政体一定演变为平民政体，平民政体一定演变为僭主政体[③]。由此可以断定，亚里士多德所说的各种政体类型之间，虽然不存在绝对的演变序列，但各种类型的政体是可以相互演变的。

各种类型政体之间的相互演变，实际上是城邦内统治原则的变更。亚里士多德认为，无论是正宗的政体，还是变态的政体，都有可能因为邦国的内讧而导致自身的衰亡。在亚里士多德的时代，希腊的各城邦之间曾经屡屡发生战争，但是，在亚里士多德看来，导致城邦政体变革的主要原因不是来自城邦外部，而是由于城邦内部各种政治力量之间的矛盾。

根据当时希腊城邦中政体演变的实例，亚里士多德分析了导致城邦政体变革的原因和政体变革的途径。按照亚里士多德的说法，城邦内部产生内讧的一般原因，是人们对于正义的理解不同。每当城邦发生内讧的时候，“不平等”常常是某些政治力量发难的口实。他首先假定说，每一种政体在创始时，人们都企求使政体符合正义、平等的原则，但是，不同的政治派别对于正义的理解是不同的，例如，平民对于正义的理解是，由于人们生而平等，所以一切要归于绝对的平等，而寡头对于正义的理解却是根据资产赋予人们政治权利。所以，当城邦中不掌握最高治权的人感到在政治上的“不平等”已经无

---

① 亚里士多德．政治学．吴寿彭，译．北京：商务印书馆，2009：176.

② 同①180.

③ 同①165，305－306.

法接受的时候，作为城邦政体变革的一个重要途径——“骚动”也就出现了。在寡头政体中，“平民起哄的根据是他们确实属于平等的公民而受到了不公道的待遇，没有得到平等的政治权利。在平民政体中，贵族阶级发难的根据是他们虽较优胜而仅仅得到和一般人相等的权利，这在他们看来就违反了正义”①。

当人们对于“平等”的要求达到一定程度的时候，地大物博的城邦中就有可能发生导致政体变革的冲突或骚动。在两种情况下最有可能发生导致政体变革的骚动。一种情况是城邦统治者的腐败，“凡当权的人既行为傲慢而又贪婪自肥，公民一定议论纷纭，众口喧腾，不仅会指摘这些不称职的人，而且进一步也必批评授权给这些人的政体。我们在这里也可以顺便注意到所谓贪婪，有些是依仗权势，侵凌他人，另一些则是吞蚀公物”②。另一种情况是城邦内部各种政治力量之间失去平衡。亚里士多德认为，在政体较为安定的城邦中，不同阶层的力量大体是平衡的，但是，一旦因为某种原因导致城邦的政治力量发生变化，旧有均衡被打破，便有可能产生政体的变革。例如，在伯罗奔尼撒战争期间雅典的大量贵族阶级在前方战死，城邦中的平民成为绝对多数，从而导致了政体的变化。

虽然城邦中两种对立的政治力量的内讧是导致政体变革的一般原因，但是，亚里士多德认为，每一种政体之所以不能继续存在下去，均有各自的原因。例如，寡头政体内部的某些寡头派浪费资财或生活豪奢，贵族政体和共和政体偏离了建国时期所奉行的“正义”，君主政体下君主为了个人的私利而实行专制统治等，都可能引起政体的变革。亚里士多德认为，每一种政体都存在着可能导致不稳定的因素。他从每一种政体的具体情况出发，探讨了每一种政体实现稳定的条件。

亚里士多德认为，在一个城邦之内，要想实现政体的稳定，至为关键的是，在城邦中，“维持其政体的部分必须强于反对这一政体的部分”③。要使城邦中维持政体的部分强于反对政体的部分，最有效的办法就是将中产阶级的利益纳入城邦的法制之中。这是因为，富人与贫民之间是尖锐对立的，但是富人与贫民联合在一起反对中产阶级的情况却不会发生，所以在一个城邦中，如果中产阶级的人数超过了其他两部分，就可以使城邦的政体实现稳定。

亚里士多德把稳定城邦政体的希望寄托于中产阶级，还有一个理由，即在城邦中，那些有志于建立贵族政体的富有的公民，不仅会给予有产阶级更多的实权，而且还往往欺蒙平民。而自由的贫民一旦当政，也可能侵凌富民的利益。只有中产阶级才能兼顾到城邦中各种利益的平衡，保证城邦的正义。在有些时候，亚里士多德也把他的重视中产阶级的观点概括为“中庸之道”。

从政体的稳定性出发，亚里士多德甚至认为由中产阶级执政的政体是最好的政体。“最好的政治团体必须由中产阶级执掌政权，凡是城邦内中产阶级强大，足以抗衡其他两部分而有余，或至少要比任何其他单独一个部分为强大”④ 的城邦，就可能组成优良的政

① 亚里士多德．政治学．吴寿彭，译．北京：商务印书馆，2009：346－347.

② 同①242.

③ 同①213.

④ 同①210.

体。当一个城邦的公民贫富极度分化，一些人家资巨万，另一些人贫无立锥的时候，这样的城邦就有可能趋向极端，或者成为绝对的平民政体，或者成为单纯的寡头政体，而绝对的平民政体和单纯的寡头政体都有可能演变成为僭主政体。中产阶级执政的政体就很少出现这种演变。

亚里士多德用利益冲突的观点解释政体变革的原因，是有一定道理的。他通过“中庸之道”解决城邦内利益阶层的极端的冲突、保护政体的稳定，反映了他的理论对于政治生活中现实性和可操作性问题的关注。他对中产阶级的认识是比较深刻的，其思想至今还影响着各国民主的实践。

四、保全政体的方法

针对政体发生变革的原因，亚里士多德认为，保全政体主要有以下一些方法：

第一，在政治秩序相对稳定、各种政治力量之间的平衡较好的政体中，必须绝对禁止一切违反法规的举动，统治者应该使自己的一举一动都符合法律的规范。

第二，城邦的统治者在执政的过程中，在任何时候都不能有欺瞒人民的举动，因为任何一种欺蒙人民的方法都不利于政体的稳定和城邦的政治秩序。

第三，为了实现城邦的长治久安，统治者应该着力于扩大自己的统治基础。无论是实行贵族政体还是实行寡头政体的城邦，能够长治久安的一个重要条件，就是政府官员能够得到统治阶级和被统治阶级的一致拥护。为了做到这一点，城邦的官员应该以正义的原则对待城邦的被统治者，不得侵凌被统治阶级的财产，同时，政府官员也应该和统治阶级中那些没有掌握权力的人保持良好的关系。为了扩大统治者的社会基础，亚里士多德特别赞同城邦官员轮流执政。他认为，“使同等的人们能够有更番担任职官的机会，可说是一个公道而有益的措施”①，并且主张以六个月为周期轮换城邦的执政人员。

第四，为了保持政体的稳定，执政官员应该经常不断地制造警报，动员民众，使民众常常处于戒备状态，这样，可以使城邦中的公民把注意力转移到城邦的外部，缓和城邦内部的矛盾。

第五，在以财产资格确定任职官员的政体（如寡头政体）中，城邦应该定期评估城邦公民的资产，调整担任城邦官员的财产资格，从而避免因为城邦公民财产状况的变化而导致城邦政体的变革。

第六，制定适当的法制，有效地约束城邦中每一个公民的权力和地位，使任何人都不能因为财产及其他原因获得特殊的权力。因为如果一个人获得了特殊的权力和地位，就有可能危害整个城邦。

第七，一切政体都应实行法治，城邦的公职人员，不能凭借自己手中的权力营求私利。特别是实行寡头政体的城邦，对于公职人员的贪污问题应该尤其重视。为了防止城邦的公职人员以权谋私，城邦应该确定一个有关公民担任公职的原则。对于平民政体的

---

① 亚里士多德．政治学．吴寿彭，译．北京：商务印书馆，2009：271.

城邦来说，比较合适的原则是城邦的全体公民都可以担任公职；对于贵族政体来说，担任公职的人员都应该是著名的人物。无论是在什么样的政体下，公职都不能够成为用来赚钱的职业。

第八，监督城邦公民的私人生活。在城邦中设立专门的职司，监察那些私人生活与城邦的政体不相协调的人。如，谁在寡头政体中不遵守寡头政体的常态，哪些人的私生活不符合城邦的一般习俗，通过对这些不适应城邦政体生活的人进行限制，可以避免由于这些人势力的发展而导致的政体变革的危机。

第九，尽可能地照顾被统治阶级的利益，以便缓和城邦中统治阶级与被统治阶级的矛盾。其具体方法是，在平民政体中，尽量保护富民，不仅不瓜分他们的产业，而且应该保证他们从产业中所获得的利益。在富民当政的寡头政体中，则要保护贫民的利益，严格禁止富民侵凌贫民。在政治上，除城邦的最高治权外，使政治权利较小的阶级获得一定的优先权。以此求得城邦中各个阶级之间的平衡。

第十，按照政体的精神实施公民教育。亚里士多德认为，公民教育是保全政体的最重要的措施，而这一措施正是当时希腊各城邦普遍忽视的。他指出，一个城邦即使建立了完善的法制，如果城邦的公民的情操和教化不符合政体的基本精神，城邦的政体也终究无法保持下去。公民教育的宗旨是“按照政体的精神教育公民，并不是说要公民学习寡头党人或平民党人的本领。应该培养公民的言行，使他们在其中生活的政体，不论是平民政体或者是寡头政体，都能因为这类言行的普及于全邦而收到长治久安的效果”①。通过公民教育，使城邦的公民能够自觉地遵守城邦的生活规则，自觉地约束自己的行为。

在亚里士多德的观念中，每一种政体的存在都有其合理性，即使是最不好的政体，也有可能通过城邦统治者自身的努力而得以保全。例如，在君主政体中，“凡采取温和谦恭政策的君王常常能够维持他们的名位”②。僭主政体如果要保全其政体，僭主则应该“示人以威重而不露严酷”。这充分体现了亚里士多德科学实用的思想方式。但是，既然亚里士多德承认了每一种政体存在的合理性，同时也为每一种政体谋划了保全政体的方法和途径，就难免有一些手段趋于恶劣，这主要表现在亚里士多德阐述的保全变态政体的方法上。例如，亚里士多德说，僭主政体如果要保全自己的政体不至于堕败，就需要禁止一切“足使民众聚合而产生互信和足以培养人们志气的活动”③，甚至不惜在“臣民间散播并培养不睦和疑忌”，“摧毁臣民的精神”④。由此可见，亚里士多德是完全站在城邦的统治者的立场上探讨政体问题的。虽然亚里士多德也曾说过，一个城邦的政体只有与城邦的具体情况相适应才能存在，但是，在如何保全政体、免于政体变革这一问题上，亚里士多德又走到了问题的另一面，即不是使政体适应城邦，而是使整个城邦适应政体的需要。

---

① 亚里士多德．政治学．吴寿彭，译．北京：商务印书馆，2009：281.
② 同①296.
③ 同①297.
④ 同①301.

第五节　法治思想

亚里士多德认为，城邦虽然是由公务团体管理的，但是，城邦的最后裁决权应该属于法律，即城邦治权的所有者必须按照法律的精神治理城邦。在亚里士多德生活的时代，人们就法治与人治的问题曾经有过十分激烈的争论。一些主张实行君主制的人认为，对于城邦的管理来说，法律只能制定一些通则，当有关国家政治生活的具体情况发生变化的时候，法律并不能发布政令，所以，“完全按照成文法律统治的政体不会是最优良的政体”①。针对这一观点，亚里士多德指出，法律虽然在处理某些它所涉及不到的政治事务的时候无能为力，但是，必须注意到，在任何一个统治者的心中实际上都是存在着通则的，城邦的统治者总是按照一定的通则治理国家。在某些时候，那些凭感情因素治理城邦的统治者虽然可以处理一些偶然性的事件，但是，“不凭感情因素治事的统治者总比感情用事的人们较为优良。法律恰恰正是全没有感情的”②。因此，即使是在一人为治的君主政体下，城邦的一切政治事务也都应该以法律为准绳。

虽然亚里士多德曾多次指出由贤良掌握城邦治权的重要性，但他的主导思想还是强调法治。他极力反对个人的意志凌驾于法律之上，在他看来，即使国家的政治事务在某些时候需要个人的才智，但是，个人的才智只能是在应用法律的时候才能使用，城邦最高统治者的权力应该成为法律的监护官的权力。

亚里士多德也承认，法律确实在遇到某些具体事件时因为法律本身的内容没有涉及而无能为力，这时就需要统治者个人的才智发挥重要的作用，但是，个人的才智只能是作为法律的一种补充，而且个人才智的运用在任何时候都不能违反法律的基本精神。同时，亚里士多德又指出，对于某些事例，法律虽然规定得不周详，无法做出决断，但是，在遇到这些事例的时候，个人的才智也未必能够做出正确的决断。统治者只有遵循法律的基本精神，才能对法律所没有涉及的事例做出公正的处理和裁决。实际上，法律正是人的理智的体现，它可以避免人们在处理国家的政治事务的时候产生偏向。反之，如果把国家交给一个人来统治，“这就在政治中混入了兽性的因素”③。因为任何人都不能完全消除兽欲，即使是贤良也是如此。

亚里士多德认为法治包含立法和守法两方面的含义，因此实行法治有两方面的意义，即“已成立的法律获得普遍的服从，而大家所服从的法律又应该本身是制定得良好的法律”④。人民可以服从良法，也可以服从恶法，因此，实行法治的重要前提之一，就是制定符合正义的法律。亚里士多德认为，法律存在着好的法律与不好的法律的区别。判别好的法律与不好的法律的标准就是“正义”。一个城邦的法律是否合乎正义，在根本上决定于城邦的政体，“法律必然是根据政体（宪法）制定的；既然如此，那么符合于正宗政

---

①② 亚里士多德．政治学．吴寿彭，译．北京：商务印书馆，2009：166.

③ 同①172.

④ 同①202.

体所制定的法律就一定合乎正义，而符合于变态或乖戾的政体所制定的法律就不合乎正义”①。也就是说，一个城邦要树立法律的最高权威，必须首先建立符合正义的政体，然后才有可能实行法治。

亚里士多德主张法律是统治者和被统治者都应遵守的，这个思想是很深刻的。实行法治，就是统治者不能依据自己的意志随意处理国家的政治事务，“法律应在任何方面受到尊重而保持无上的权威”②。无论是在什么样的政体下，只要没有法律的最高权威，统治者不遵循法律的基本精神治理国家，这样的国家就不会有好的政治，甚至不能说已经建立起了政体，“凡不能维持法律威信的城邦都不能说它已经建立了任何政体”③。即使是实行平民政体的国家，虽然统治阶级的人数众多，也不能用群众的命令代替法律的权威。

实行法治的另一个前提，就是法律本身应该具有一定的稳定性。亚里士多德反对轻易地变更法律的做法，他指出：“人们倘使习惯于轻率的变革，这不是社会的幸福，要是变革所得的利益不大，则法律和政府方面所包含的一些缺点还是姑且让它沿袭的好。”④因为民众遵守法律的习惯是需要经常培养的，而法律一经变更，就会降低法律在民众中的威信，民众守法的习惯也将因此削减。如果一个城邦的法律必须变革的话，在对法律进行变更之前，必须对变更的利弊进行评估，从而决定是对于法律的局部还是整体做出变更。

亚里士多德强调法律作为国家政治生活中最高权威的思想，与希腊时期的社会历史背景是分不开的。特别是在曾长期实行民主政治的雅典，法治是社会政治生活的第一需要。历史的正反两方面经验充分证明，只有法律成为最高权威的时候，社会政治生活才会有较高的质量。因此，亚里士多德实行法治、反对人治的思想主张是其政治思想的精华，是非常光辉的思想。

当亚里士多德承认有好的法律与不好的法律之分的时候，他把判断法律是否正当的标准确定为“正义”，这仍然没有超出他的老师柏拉图的影响，还坚持着道德善的目的。但是他们在对法律的具体认识上存在着一些重大的差别。在柏拉图那里，法律只是实现其理想国家形态的权宜之计，而亚里士多德把法律看作有道德和文明生活之城邦的一个不可或缺的条件。亚里士多德从人性的角度论证了法律的存在对于政治生活中一些弊端的防范；同时他还注意到，法律的实施有助于体现对公民政治权利的尊重。亚里士多德认为，法治意味着对自愿臣民的统治，其中包括了公民的自由和权利，从而区别于仅仅靠武力支持的专制统治。在亚里士多德这里，法律服务于人性及国家的根本目的，它已经变成了一个具有优良的政治生活的国家的一部分。“人类由于志趋善良而有所成就，成为最优良的动物，如果不讲礼法、违背正义，他就堕落为最恶劣的动物。”⑤

① 亚里士多德．政治学．吴寿彭，译．北京：商务印书馆，2009：151.
②③ 同①195.
④ 同①82.
⑤ 同①9.

第六节　亚里士多德政治思想的评价和影响

黑格尔指出：“如果真有所谓人类导师的话，就应该认为亚里士多德是这样一个人。”[①] 就政治理论而言，作为西方政治学的开创者，亚里士多德在西方政治思想史上占有极其重要的地位。

从苏格拉底、柏拉图，到亚里士多德，古希腊政治思想发展的线索和脉络清晰可见，而三者之间明显的师承关系为之提供了强有力的注解。在柏拉图的笔下，苏格拉底述而不作，但他对于政治生活的探求和追问却直指政治理论的核心问题：人类政治生活的本质是什么？在苏格拉底的影响下，柏拉图形成了自己的理念论哲学，并以哲学思辨的风格和逻辑演绎的方法，提出了人类社会政治生活的理想形态和构建这一理想国度的具体蓝图，开创了西方政治理想主义和理性主义的传统。柏拉图临死之时，并没有把主持阿卡德米学园的责任交给亚里士多德，然而，这并不妨碍亚里士多德成为柏拉图最为杰出和最具历史影响的学生。在思想上，亚里士多德受柏拉图的影响良多，但又没有完全囿于老师的学说，而是秉着“吾爱吾师，吾更爱真理”的信念和执着，批判地继承和发展了老师的思想，并最终形成了自己特有的理论主张和整体风格。可以毫不夸张地说，亚里士多德的政治思想是对古希腊历史上众多政治观点最好的理论总结，代表了古希腊政治理论发展的最高成就。

然而，这一优秀的理论成果并非产生于一个和平繁盛的时代。亚里士多德的一生，正是希腊城邦分崩离析、日益走向没落的时期。伯罗奔尼撒战争结束后，昔日辉煌一时的雅典城邦迅速陷入了衰败的境地。战争严重破坏了城邦的农业、手工业和商业，战后日益严重的贫富对立、富人和穷人之间的矛盾、冲突，对城邦的安宁和秩序造成了很大的威胁。雅典如此，其他城邦亦然，整个希腊都受到来自北方的马其顿的武力威胁。

面对希腊社会的重重危机和城邦制度的迅速衰落，亚里士多德和他的前辈一样，试图为分崩离析的城邦寻找一剂治病良方，改变现实生活中城邦几乎是必然败亡的命运，恢复城邦辉煌。从理论本质上来讲，亚里士多德与柏拉图之间的差别实际上并没有他自己所理解的那样大，而是有着极大的一致性或相似性。柏拉图认为，导致城邦制度现实状况的根本症结在于城邦政治生活中美德的缺失。人们不是把美德而是把财富、健康或私利等作为自己追求的目标，这样既不能实现个人的幸福以使灵魂无所烦忧，也难以明确社会各阶级在城邦中的地位和职分而实现和谐与正义。因此，解决问题的根本途径在于把城邦政治生活建基于伦理道德之上，使道德成为个人和城邦生活的根本目的，从而消除现实生活中人们思想混乱和行为失当的深层根源。在《理想国》中，柏拉图真诚地提出使道德理念和公共权力合而为一的哲学王设想，并坚持认为这一理想是解决现实问题的关键所在。亚里士多德进一步指出，个人和城邦本质上就是一种道德目的性的存在，个人实现美德与城邦实现正义是相通的。亚里士多德虽然在某种程度上通过对伦理学和

① 黑格尔．哲学史讲演录：第2卷．贺麟，王太庆，译．北京：商务印书馆，1960：380.

政治学的分别论述以及明确其各自的研究领域，从而使二者在体系上相对地分离，但从根本上讲，他的政治学仍然是以伦理学为依归的，他所坚持的仍然是伦理政治观。

在如何使道德理想在现实政治生活中得以实现这个问题上，亚里士多德与柏拉图存在根本的分歧。亚里士多德认为，不能为了苛求与理念世界的绝对统一，就忽视人、人类社会的自然本性以及实践的价值。理想无疑是美好的，但它若要真正对人们的政治生活有所裨益，就必须具有现实的可能性。亚里士多德认为，政治组织的理想体制有两种：一类是在人类现实社会可能实现的最高理想，一类是在人类理想社会才可能实现的最高理想。而对现实中的人们来说，可能实现的理想才是有意义的，才值得追求，"最优良的生活应当寓于各邦在现实情况下所可达到的最优良政体中"①。可见，亚里士多德并没有追随老师的学说走向过分的理想主义，而是主张尊重现实事物之间的差异及其存在的合理性，强调政治学研究和现实可行性结合的必要性，从而开创了西方政治现实主义的传统。

从现实角度出发，亚里士多德指出，现实城邦世界存在不同种类的政体，并且各自有不同的宗旨，即不同政体的公共道德标准也必然不同，而个人的道德标准却只有一个，举世皆同。所以，在现实中公共道德与个人道德是可以相对分离的：好公民并不必然都成为好人。但是在理想的轮番为治的城邦，对作为统治者的公民来说，二者必然相同，好公民等同于好人，公共道德和个人道德的统一就会实现。但是，这种统一是以牺牲个人为代价的。首先，城邦在逻辑上先于个人。个人为满足其需要组建家庭、村坊，最后乃至城邦，虽然时间上个人优先，但城邦却是其最终目的，个人的本质是从城邦中获得的。其次，城邦生活是实现个人道德的唯一途径。避世清修，归隐自适，虽然也算一种可以选择的人生态度，但这只是极少数哲学家的生活方式。对于大多数普通公民而言，只有积极参与城邦公共生活，在实现城邦美德的同时才能实现个人的优良生活，公共道德和个人道德才能实现统一。个人之于城邦，正如大树上的一片叶子，城邦失去个人，仍然不失其本质，而个人脱离了城邦，则像一片孤零零的叶子，本身毫无意义。这样，亚里士多德又重新回到了柏拉图主张的整体主义政治观。

在研究方法的选择上，亚里士多德首先批评了柏拉图的方式。他认为，像柏拉图那样过分崇尚理性，脱离人的经验和各种现实条件去寻求绝对永恒的客观理性标准，必然会造成理想和现实的割裂而不能解决任何真正的问题。实际上人生的价值理念并不在人们的日常生活之外，而恰恰正在其中。现实世界并不是理念世界的摹本而是真实的存在，宇宙是一个有秩序、有目的的整体，而人则犹如一个宇宙，理性和美德是其目的，人的感受、欲望并不可鄙，而是合理的存在，它们和理性、美德是可以和谐的。亚里士多德主张，经验和感觉是一切知识的真正基础，个别限于一般，一般存在于个别之中。由此出发，亚里士多德把归纳分析作为自己政治学研究的主要方法，并和学生们一起对当时希腊 150 多个城邦的具体情况以及相应的整体特点、相互差异等进行了深入的、经验的、历史的研究，从中总结出城邦制度的一般性理论和规律。这种经验分析方法对后世的政治学研究产生了很大的影响。

---

① 亚里士多德．政治学．吴寿彭，译．北京：商务印书馆，2009：344.

亚里士多德的政治思想博大精深，涵盖范围十分广阔，诸如国家的起源与性质目的、政体的划分标准及变革与保存问题、法治与制度安排问题等，他在前人的基础上都有进一步的研究，是古希腊文明的集大成者，使古代政治思想达到了系统化，代表了古代政治思想的最高发展成就，并且对一直到近现代的政治思想都产生了极其深远的影响。例如，他基于对人的本性认识而提出的命题——“人是天生的政治动物”，与从中世纪以来，在基督教影响下的自由主义传统对于人本性幽暗的认识形成了强烈的对比，成为人类政治思想史上关于人性认识的不可替代的思想资源；他的中庸思想和中产阶级有利于政体稳定的认识，看上去理论略显粗糙，但是这其中所蕴含的原则，对于当今许多国家的民主政治实践，都有着巨大的指导意义；而其他一些思想，如：自然法与法治思想、监督公共权力的权力分立的思想、国家的自然、历史起源说、政体的划分及阶级经济分析等都是近代政治思想发展的重要来源。亚里士多德政治思想所涉猎的范围之广、洞察之深，以及他本人渊博的知识和高尚的品格都值得后人钦佩和景仰。

进一步阅读书目

1. 亚里士多德．政治学．吴寿彭，译．北京：商务印书馆，2009.

2. 亚里士多德．尼各马可伦理学．廖申白，译．北京：商务印书馆，2017.

3. 亚里士多德．雅典政制．日知，力野，译．北京：商务印书馆，1959.

4. 劳埃德．亚里士多德：思想的发展和结构．聂敏里，译．北京：人民出版社，2019.

5. 沃格林．柏拉图与亚里士多德．刘曙辉，译．南京：译林出版社，2014.

6. 施特劳斯，克罗波西．政治哲学史：下．李天然，等译．石家庄：河北人民出版社，1993.

7. 聂敏里．20 世纪亚里士多德研究文选．上海：华东师范大学出版社，2010.

8. 罗，斯科菲尔德．剑桥希腊罗马政治思想史．晏绍祥，译．北京：商务印书馆，2016.

第三章

奥古斯丁与托马斯·阿奎那的政治思想

阅读与思考

任何宗教，虔敬和皈依的是神祇，关怀和教化的是人心。《忏悔录》描绘了奥古斯丁皈依基督教的艰难心路，《论自由意志》主要是对恶的来源问题进行阐释，表达了人自身应该为世俗罪恶承担道德负责的观点，《上帝之城》则从神学角度对世俗的人、社会、历史和政治进行了全面解释。奥古斯丁神学政治理论的一个根本立场是，政治生活不仅是世俗而非神圣的，而且在价值上是不值得的（当然也是必要的）。如果说奥古斯丁的教父哲学奠定了中世纪政治思想的理论基础，那么托马斯·阿奎那则试图在自然、恩典、理性和信仰等重大关系上进行调和，从而在一定程度上肯定了哲学和理性在神学体系中的存在价值。他的《神学大全》所致力于的是那个时代基督教神学的一个重大命题，即如何实现对亚里士多德世俗哲学的神学改造并使之为神学服务。后世从中所摘录出的阿奎那关于国家、政治和法律的主要观点，形成了《阿奎那政治著作选》一书。在这本书中可以看到，阿奎那审慎地承认了国家存在的正当性、合理性及其手段的必要性，同时也按其固有的神学立场全面论述了国家在功能、目的和手段方面的有限性，从而为近代国家观念提供了富有启发性的思想因素。

关键词

信仰　理性　教权　王权　国家

第一节　中世纪政治思想概况

中世纪——从罗马帝国瓦解到15世纪文艺复兴——不论从哪个方面来看，都是一段极为特殊而又复杂的历史。在思想领域，基督教的神学世界观占据统治地位，把《圣经》作为信仰的绝对权威、判断是非的唯一标准。一切权力来自上帝，人和国家被看成是上帝的产物，教权与王权的争执贯穿了中世纪大部分时期。这段时期的政治思想也是围绕着这些问题展开的。

5 世纪到 10 世纪这一阶段的政治思想，主要是维护早期基督教的哲学和制度。罗马帝国灭亡后，日耳曼人建立了若干封建王国。在这期间，日耳曼人的原始民主和习惯法与希腊、罗马的政治法律制度相结合，产生了诸如法律属于人民，人民要服从法律，国王依法统治，国王与其大臣之间有一种契约关系以及个人自由、地方自治等政治思想。与此同时，基督教力量不断壮大，逐渐摆脱世俗权力对宗教事务的干涉而日趋独立。5 世纪到 7 世纪产生了教父学。教父们为了统一教会思想，确立信仰的地位，从《圣经》出发，论证了信仰的神圣性和教会权力的自主性、合理性。其代表是奥里留·奥古斯丁。教父学奠定了中世纪政治思想的理论基础。

从 11 世纪开始，教会内部兴起了旨在净化的改革运动，教会试图由此实现教会与国家的理想。这是中世纪政治思想的新开端。教权和王权之争成了政治斗争的中心内容，其焦点在于：宗教统治者与世俗统治者之间是否存在着界限明确的权力分配。当教会势力在经济、政治，尤其是思想上成为一个强大的力量后，教会便依据教父们的理论，提出教会拥有自治权，王权来源于教权、从属于教权，上帝把统治人的权力授予教会，教会把精神统治权留给了自己，而把世俗统治权委托给国王等观念。其理论代表是格列高利七世、卜尼法八世。与此相对，王权派如亨利四世亦从《圣经》出发，认为王权来自上帝，只对上帝负责，教会不应干预王权统治。法学家阿库索斯等认为君主的地位是神圣的，享有最高权威，不可剥夺，对王权的指责就是对神明的亵渎。

如果说在中世纪早期，柏拉图与斯多葛派的影响十分巨大，那么，在 10 世纪之后，随着阿拉伯文化的传入，亚里士多德的思想得到传播。基督教教会开始对亚里士多德的学说采取敌视和排斥的态度，后来随着亚里士多德思想影响的扩大，神学家们也不得不加强了对它的研究，并极力将其纳入神学的范围。特别是经院哲学的发展，在 13 世纪产生了系统的神学政治理论，使亚里士多德的思想适应了基督教的需要。其代表是托马斯·阿奎那，他改造了早期的教父学和亚里士多德的思想，调和了信仰和理性之间的矛盾，将中世纪思想推向一个富于启发性的新高度。

从 12 世纪起，在神学、基督教会和民间的教科书中可以看到的关于合法性、主权的根源、义务的本质、反抗的权利、权力范围等重大理论问题的争论，已显露出近代政治学理论的端倪。因此，中世纪的政治思想是整个西方政治思想史不可或缺的重要部分。

第二节　奥古斯丁的政治思想

一、生平与时代

奥里留·奥古斯丁（Aurelius Augustinus，354—430）这位“中世纪真正的导师”[①]，出生于北非努米底亚省底塔加斯特（今阿尔及利亚的君士坦丁地区），父亲是异教徒，母亲是基督徒。他从小就有志于做一名修辞学家、拉丁文学教授。在迦太基求学时，他为摩尼教团体所吸引，大约有 10 年的时间，他曾为摩尼教的慕道者。他对摩尼教逐渐失望之后，认为在宗教问题上，西塞罗式的学术怀疑主义应该是正确的态度。后到米兰做修辞学教师，因受大主教安布罗斯的影响，成为基督教的一位慕道者。

在米兰，奥古斯丁读到了新柏拉图派著作的译本，这为他从理智上接受基督教开辟了道路。但新柏拉图主义不仅是使他通向教会的桥梁，而且深入他的宗教情感，对奥古斯丁的思想产生了持久而全面的影响。不仅如此，他在道德生活方式上也发生了重大转变：彻底抛弃世俗的生活而皈依上帝。在《忏悔录》中，他描述了自己皈依基督教的过程——来自天启的“花园里的奇迹”[②]。从此，他义无反顾地走向了信奉上帝的道路，灵魂从肉体的情欲中“解脱”出来了。387 年的复活节，奥古斯丁在米兰接受洗礼，正式加入基督教。此后他放弃教职，返回家乡，隐居 3 年多，于 391 年被推举为努米底亚省希波城教会的执事，395 年升任主教。在任职期间，他以极大的精力从事著述、讲经布道和组织反异教等活动，他所在的修道会也成为北非教会的中心。他晚年目睹汪达尔人的入侵，死于汪达尔人兵临希波城之际。这一天是 430 年 8 月 28 日，此后，8 月 28 日也就被定为参拜祭礼日。

奥古斯丁是教父哲学的集大成者，他的著作是神学的百科全书，其中最重要的代表作有《忏悔录》《论秩序》《论三位一体》《上帝之城》。作为政治理论的代表作是《上帝之城》，在一定程度上还包括《论自由意志》一书。

奥古斯丁生活在古代社会向中世纪社会过渡的历史转折时期。他目睹了罗马帝国的衰落和蛮族入侵，经历了基督教取得统治地位的过程。他自己接受过当时科学和宗教运动的各种观点，所以他的精神生活被看作各种传统、信仰和学说相互影响的缩影。“他不仅将基督教和新柏拉图的思想路线，与欧利根和普罗提诺的概念联结在一起，他还以创造性的精力集中了当代关于救世的需要以及教会实现这种需要的整个思想。他的学说就是基督教哲学。与此同时，他以严格的统一性，制定了一种体系，使之成为科学地训练欧洲民族的基础；并以这种形式，罗马民族和日耳曼民族开始走上继承希腊文明的道路。”[③] 作为一名罗马人，他继承并为自己的时代介绍了由柏拉图创立的政治哲学；而作为一名基督徒，他又修正了这一哲学使其适合信仰的需要。

二、理性与信仰

在奥古斯丁所处的年代，哲学和宗教的区别并不像现今这样明显。“哲学”一词在罗

---

① 文德尔班．哲学史教程：上卷．罗达仁，译．北京：商务印书馆，1987：354.

② 奥古斯丁自述道：有一天他正为信仰彷徨，在花园里百思不得其解，耳边突然响起清脆的童声：“拿起，读吧！拿起，读吧！”他信手翻开身边的《圣经》，只见上面写道：“不可荒宴醉酒，不可好色邪荡，不可争竞嫉妒，总要披戴主耶稣基督，不要为肉体安排，去放纵私欲。”他即将此与自己放荡的生活对照，觉得此话正击中要害，“顿觉有一道恬静的光射到心中，驱散了阴霾笼罩的疑云”。这段经历就是基督教史上著名的“花园里的奇迹”。

③ 同①355.

马帝国后期成为“幸福生活指南”的代名词。奥古斯丁将基督教看成是“真正的哲学”，因为基督教是向人们提供到达幸福生活的唯一正确途径。在他看来，一般人所谓的哲学视理智为幸福，将希望寄托于个人的认识能力。但实际上这是不可能的。因为思辨不仅难于得到真理，而且常常造成观念论争的状态——这恰好又是非幸福的状态。基督教认为，人的幸福是上帝所赐予的，人只有认识和信仰上帝才能获得幸福。在价值观上，基督教认为幸福存在于来世，古典哲学则认为幸福就在现世。因此，奥古斯丁认为基督教和古典哲学的区别不是宗教与哲学的区别，而是“真正的哲学”与“现世哲学”之间的区别。他对古典哲学尤其是柏拉图的思想极为重视，认为其是上帝的恩赐，并采用《圣经》的标准去进行评价。

奥古斯丁认为：“并非一切思想都是信仰，因为人们常常为了拒绝信仰而思想；但是，一切信仰都是思想。”因为，信仰即“以赞同的态度思想”[①]。理性与信仰并非对立的、非此即彼的两极，而是存在着联系的交叉关系。他看到，对思想或思想对象持批判否定态度或持赞同态度，都是合乎理性的。任何怀疑与批判都从某些不可怀疑的前提出发，这样的前提恰好就是信仰的对象。同时，信仰并不是无思想的盲从，这是以相信权威为前提条件的思想；若无被信仰这个前提，便不会有对其做进一步思想和理解的可能。在人的思想过程中，理性与信仰是彼此交叉的。据此，奥古斯丁提出三种不同类型的思想对象：像数学公理之类的原则既要相信又要理解；诸如历史事实这类对象则是只能相信、不能或不需要理解的东西；而关于上帝的道理却是要先信仰，然后才能理解的对象。需要指出的是，对上帝先信仰而后理解不是无条件的。一方面，信仰要求理性为其做适当的准备，比如对语言的理解；另一方面，信仰为理性开辟道路，信仰不是精神生活的终点，而是一个新起点，“让我们把信仰看作迎接与追求理性的序曲，因为如果我们没有理性的灵魂，我们甚至不能信仰”[②]。实际上，信仰为理性打开了仅凭理性自身无法进入的领域。信仰与理性的关系在实质上并无绝对的先后次序。在信仰之前，亦要求有某种程度的理解，否则难以用赞同的态度去思想；在信仰之后，更要求对信仰做更深入的理解。

历史地看，奥古斯丁关于理性与信仰的思想对中世纪产生了重大的影响。积极的一面表现为他用这一模式有效地保存和发展了古代哲学的某些方面；消极的一面表现为他据此压制了中世纪时期哲学应有的怀疑和批判精神。就政治思想而言，这些主张为政治思考提供了某种既定的框架。

三、基督教伦理与国家

在近代以前，几乎所有政治理论家都在同一种意义上使用国家和社会这两个概念。奥古斯丁将国家或社会定义为“通过对正确的共识和利益的一致性而联合起来的人群”[③]。

---

① 赵敦华．基督教哲学 1500 年．北京：人民出版社，1994：143.

② 同①144.

③ 施特劳斯，克罗波西．政治哲学史：上册．李洪润，等译．北京：法律出版社，2020：214.

在这里，他是用公道这个伦理范畴去理解国家，这与希腊古典理论家们尤其是柏拉图的正义国家观是一脉相承的。他们认为人天生是社会的动物，只有在社会中，人才会得以完善。人成为公民的条件就是人去服从国家的公共利益，这一美德即是正义。只有借助于正义，通过正义去调节人们之间的关系，去维护和平和秩序，社会或国家才得以存在和繁荣。正义即意味着对“公道和利益的一致性”的服从的美德，这是国家建立的基石。因此，奥古斯丁的思想表现出与希腊伦理政治观的相同趋向。

不仅如此，奥古斯丁的思想又表现出了中世纪的神学特征。他更强调正义的美德与基督教伦理的一致性。在他看来，希腊思想家们虽然承认正义的必要性，但他们通常只是在口头上讨论，而无法将此美德变为现实。国家（城邦）要求正义，但正义很少或从来没有在城邦中存在过。换言之，国家（城邦）从来没有真正成为国家（城邦），因为其成员未能表现出一致性。

奥古斯丁认为这正是世俗理论的无效性和非实践性。既然正义在实践上有某种局限性，那么就只能以更高、更纯正形式的正义来补充人类正义。在奥古斯丁看来，从启示的前提出发，从基督教的最高正义出发，去完善人类之正义美德，就该是不言而喻的事情了。他像柏拉图一样，从形而上学的角度去推导这一逻辑：灵魂统治肉体，理性统治欲望，而上帝统治理性。直言之，这一正义美德只能来自上帝。

在奥古斯丁看来，如果人们坚持了这一原则，实践这一美德，社会或国家应该是和谐的。但人的贪欲将此和谐加以破坏。这种人性对美德的背叛根本上源于人对上帝的背叛，即原罪。其结果便是人在追求善的时候所享受的自由和幸福让位于由恶带来的压制和强迫。像奴隶制、私有财产，甚至政府本身都是人性恶的必然产物，是人堕落的必然结果。它们并不来自最高正义，而只是暂时作为阻止人们趋向恶的手段。所有的统治都表现为强迫，故所有的统治又都是暴虐和专制。整个政治社会在实质上成为惩罚性和补救性的工具，是一种必要的恶。在本质上其作用是消极的，即用暴力来防止和惩治人们的罪恶。这种工具性的社会不可能自己走向善，至多可以通过控制人的行为而维持相对的秩序。要实现真正的正义美德，符合国家之本质规定，必然要用基督教加以拯救。

客观而论，奥古斯丁的国家论仍然是伦理性质的国家观念，只不过是用基督教的伦理原则去解释的。把它放在特定的历史时期来考察，不难发现其思想性的不足。因为它认为人类正义的获得最终必须要由天启的力量而不是靠人自身。但又不可否认，在整个思想史上，这种伦理性的国家观念还是有其意义的，奥古斯丁在现实社会上树立了一个至上的、绝对的伦理标准，让人们去追求、去认识、去模仿，无疑用另一种方式——宗教的方式——奠定了道德对于政治活动的意义。而这一点正是古典政治理论的精髓。因为没有伦理道德原则为指导的政治一定是黑暗的政治，是人类真正的末日。伦理道德原则可以给人们以某种精神指导和力量。他所指出的现实中的国家是一种必要的恶的思想，对近代思想家有重要的启发作用。他认识到现实国家的不完善性及其功能的有限性。

四、法律与正义

奥古斯丁认为有两种法：“一种是永恒的法，它是正义的最高标准；另一种是世俗的或人类的法，它使永恒的法的共同原则适应特殊社会之变动不羁的要求。永恒法被界定为‘一切事物借以处于完美秩序’的法，这样的法等同于上帝的意志和智慧，正是上帝的意志和智慧引导一切事物达于它们各自的目的。”① 不仅如此，永恒法构成了正义和公道的神圣源泉，正义和公道从中流溢出来而渗透到其他的人类法。因此，永恒法及其原则体现了法的精神，所有的人都能认识法，而且在任何时候都能服从法。另外，永恒法是永远同一而没有任何例外和变化的。

与永恒法相反，世俗法则随时随地在变化。世俗法之所以被称为法，是因为它维护公共利益，体现了公正的原则，而法不公正就不是法。但世俗法毕竟是人类理性模仿永恒法的产物，一定会有许多方面仍然是不完善的。如果说永恒法的存在是为了向善，使崇尚正义的人们去努力追求永恒的利益；那么，世俗法的存在则是为防止不完善的人、有贪欲的人去为恶，是强迫人们去从事正义的行为。奥古斯丁认为，永恒法的功效来自人们对上帝、对善和正义的崇尚，而世俗法的功效则来自人们对财物的向往。世俗法之所以能控制人们，只是缘于人们是财物的奴隶。虽然依据严格的正义标准，只有正当使用财富的人才有资格去占有财富，但世俗法为了和平而对人性弱点做出让步，允许了私有财富的出现。世俗法通过威胁剥夺不正当地占有的财富，作为对其越轨行为的惩罚，最后达到相对的公正。换言之，世俗法是用一种较小的恶去防止更大的恶。施特劳斯认为奥古斯丁的世俗法思想的最大特点在于“它巧妙地利用人的反常行为以实现和维持社会中有限程度的正义”②。

即使如此，在奥古斯丁看来，世俗法也常常无法实现其本来的意图。因为人们即使做了错事，有不正义的行为，如不被发现便不受惩罚，即使被发现，聪明的好法官也容易犯错误。最重要的是，世俗法所禁止的是人们的外在行为，对人们的内在动机无法防范。在严格的意义上，真正的善要求一个人不仅有行为的正当性，而且还要有动机的正当性。动机与行动一致的正当性才能构成真正的善。所以，世俗法无法向人们灌输善，就像国家无法实现善一样，只有借助于永恒法，才能真正约束和规范人的内在动机和外在行为而向善。

从整个西方政治法律思想史来看，奥古斯丁关于永恒法的论述继承了西塞罗的自然法思想，强调法应是正义的体现。不同的是，奥古斯丁将正义的最终源泉归于上帝。

不仅如此，奥古斯丁以此为据，对罗马社会进行了批判。在他的眼中，不管是共和时代的罗马，还是帝国时代的罗马，无一例外的是不够完善的社会。罗马“从来都不是一个共和国，因为真正的正义和法律从来未在其中存在过”③。他甚至认为罗马社会不过是一个巨大的不义的盗窃。奥古斯丁的这一论述影响很大，直到文艺复兴时期，人们才通过奥古斯丁的批判真正认识到罗马社会的精神实质。

---

① 施特劳斯，克罗波西．政治哲学史：上册．李洪润，等译．北京：法律出版社，2020：218.

② 同①220.

③ 同①224-225.

五、上帝之城与世俗之城

在《上帝之城》一书中，奥古斯丁表述了他对人类历史和社会生活的见解。虽然这部书是源于对罗马史的重新评价，但其中却包括了一个完整的国家与社会学说。

在奥古斯丁看来，社会（即城）是由人所组成的群体。但这一群体不是无序的组合，而是有着内在美德与品质的凝聚。他说："一个人的群体是一群有理性的存在者就他们所爱的事物达成共同协议而结合在一起。因此，为了知道一个群体的性格，我们只需了解什么是他们所爱。"以此为标准，奥古斯丁指出："两种爱组成两座城，爱自己甚至藐视上帝者组成地上之城。爱上帝甚至藐视自己者组成天上之城。前者荣耀自己，后者荣耀上帝。"① 依据爱这一伦理标准，不同的人组合为不同的社会（即城）。他认为，国家的目的是"提供现世生活所需要的利益，即使得我们能够在现实生活中享受健康、安全与人类友谊的世间和平"。但和平意味着秩序，"一切事物的和平都是秩序的平衡"。依此，他进而论述道："身体的和平在于各部分之间和比例的排列，非理性灵魂的和平是欲望的平静与和谐，理性灵魂的和平是知识与行动的和谐，身体与灵魂的和平是有序与和谐的生活及生命物的健康，人与上帝的和平是信仰服从永恒法的秩序，人与人的和平是有序的合作，家庭和平是当权者与从属者的有序合作。社会和平是公民间类似的合作。神圣之城的和平是以完善的秩序与和谐的方式欢悦于上帝，以及在上帝之中人与人之间的彼此欢悦。"② 总之，地上的和平即世俗之城的和平是与事物的"使用"有关，而上帝之城的和平是"享用"正当的对象的结果。如果我们依据"使用"和"享用"两个词的意义上的区别，可以将上帝之城理解为人之精神生活群体，而世俗之城则可理解为人之物质生活群体。

奥古斯丁认为："实际上，这两座城在现世相互交织、混合，直到最后审判才把两者分开。""天上之城和地上之城在世间的进程自始至终交织在一起。……双方享有同样的世间利益，或被世间邪恶所折磨，但伴随着不同的信、望与爱。"③ 就像精神生活与物质生活是一个社会彼此不能分离的两部分，上帝之城与世俗之城也不是断然独立的两个群体。在历史与现实中，无法找到任何外在的标准来区分上帝之城与世俗之城，而只能求助于内在的态度。不同的爱将自己归于不同的群体。虽然他在《上帝之城》一书中把"地上之城"称为另一个巴比伦，即异教徒国家，但他从来没有讲过上帝之城就是教会国家或教会。相反，他倒是明确说过，有些人虽然参加了教会的圣事，但却没有永久保持圣徒的精神。圣事于他们只不过是佩戴的徽章，而不是真诚地信奉上帝的表现。上帝之城只是真正虔诚的基督徒朝拜的目标，不等于教会。不仅如此，上帝之城也不是与世俗政权分庭抗礼的另一个政权。他依据《圣经》认为，基督徒应该服从世俗的权力与法律，承担世俗社会的义务。但世俗统治者和基督徒一样，应服从上帝的法律，以上帝之城为最高、最终的朝圣目标。因此，不能从"上帝之城"优越于"世俗之城"而得出教会应

---

①② 赵敦华．基督教哲学1500年．北京：人民出版社，1994：176.

③ 同①177.

统治国家的结论。历史地看，教会与国家之间的争斗在奥古斯丁时代还未出现。他的目的是要求基督徒不要将信仰与希望寄托于现世国家。所以两种社会群体的划分更多地意味着政教分离，而不是教会对国家事务的积极干预。

从某种意义上讲，两种社会群体的划分反映了善恶的区别，即真正的基督教的善与人之恶之间的差异。因此，一个人究竟是属于哪一个群体，不是看其种族或地位，而是凭他追求的目标以及他最终服务的目的。上帝之城是由真正的上帝的崇拜者所构成的，其整个生活完全受上帝的教导，从而能达到最完善的状态。相反，世俗之城的特征则是自爱和享乐等属于物质层面幸福的东西。实际上，两种类型生活的划分，是向人们阐明何种生活是有意义的，何种生活是应该去努力追求的。他所做的是价值比较。正如列奥·施特劳斯所讲，奥古斯丁虽然为人类提供了解决人类社会生活矛盾的基督教办法，但却无法实现。与古典哲学家的解决方式一样，是超政治的，只是途径不同。但从政治思想的意义来看，这一区分，实际上指出了世俗权力的有限性。这个世界只有超验的上帝的权力是无所不能的，其他所有的权力——包括国家的权力在内，都具有有限性。

第三节 托马斯·阿奎那的政治思想

一、生平与著作

托马斯·阿奎那（Thomas Aquinas，约1225—1274）出生于意大利那不勒斯附近的洛卡塞卡城堡。13世纪的欧洲，对基督教来说，正是从鼎盛走向衰落的时期。基督教世界开始分化，出现了伊斯兰文化和阿拉伯哲学。“十字军东征”在给欧洲带来巨大财富的同时，也带来了希腊文明的复兴。整个基督教世界面临着极大的威胁和挑战。阿奎那出生的时候，正是各种思想文化和政治势力互相较量的年代。他的家乡位于罗马与那不勒斯之间，这一地区正好是基督教思想和世俗思想、教皇势力与国王势力一较高下的地方。

托马斯5岁时，被父亲送往蒙特·卡西诺的大本尼狄克修道院上学，并由父亲代为许愿，父亲希望他成为一名隐修士，终生为教会服务。14岁时，他进入那不勒斯大学。那不勒斯大学以思想开放、学术自由的学风而为人们所瞩目。阿奎那正是在那里开始阅读亚里士多德的著作。

1244年阿奎那参加了多米尼克修会，宣誓永做教会的忠实卫士，绝对服从教会的领导。此举引起其父母和亲属的强烈不满和反对。因为，加入多米尼克派，不仅意味着他日后将与贫困为伍，而且还会影响家族同不断壮大的王权弗里德里希二世的关系。阿奎那在被教派送往巴黎学习的途中，被其兄长绑架，并被软禁在家中。在此后一年多的时间里，阿奎那抵御了各种诱惑，用其真诚、执着感动了他的母亲，终于回到了多米尼克修会。

1248年至1252年，阿奎那到了科伦，就学于著名的大阿尔伯特。从他那里，阿奎那学会了如何欣赏亚里士多德的著作。他的勤奋好学、惊人的辩才在此得以充分展示。

但其行动迟缓、性格沉稳，寡言少语，再配之魁梧身材，常被同学们戏称为“哑牛”。但大阿尔伯特知道，“这头哑牛的吼声将响彻全世界”①。其后，阿奎那被推荐进入巴黎大学神学院，并于1256年春天完成学业。但他未能立即获得学位。在教皇亲自干预的情况下，阿奎那于当年秋天在卫兵的护送下获得了神学硕士学位。从此，阿奎那开始了其教学生涯。

1256年至1265年，阿奎那在巴黎大学任教，讲授《箴言书》。这期间，他完成了其代表作《反异教大全》，其内容是用基督徒和异教徒共同认可的理性来说明基督教信仰的真实性，故又被称为“真理大全”“哲学大全”。另外，他还完成了《论真理》。之后，他受修会委托创办罗马大学馆，阿奎那将馆址设在圣萨比的修母院，并讲授神学。从1267年起开始写作另一部代表作《神学大全》，目的是清除以吉拉尔（Gerard）为首的巴黎大学世俗学者反对托钵僧势力造成的不利影响。阿奎那同时在两条线上参与论战。他既要反对艺学院的激进的亚里士多德主义，就此他写成了《论独一理智——驳阿维洛伊主义者》，又要反对神学院的以法兰西新会学者为代表的保守的奥古斯丁主义。在围绕着亚里士多德主义的争论中，他深感正确理解原典的重要性。为此，他对亚里士多德的《物理学》《政治学》《伦理学》等著作进行了评注。

1272年4月，阿奎那受修会委托建立全修会的学术中心。他将中心的地址选在那不勒斯。阿奎那同时在中心和那不勒斯大学讲学。两年后，他病死于前往里昂参加主教会议的途中。1323年，阿奎那被教皇追誉为圣徒。

阿奎那生活在文艺复兴的前夜，正是基督教产生危机的年代。欧洲思想的发展也处于十字路口。阿奎那将其一生奉献给了基督教的神圣事业，成为中世纪思想的集大成者。他的哲学成为教会唯一正确的哲学。阿奎那一方面继承了教父哲学的某些原则，以维护信仰的神圣性，另一方面又深受亚里士多德哲学的影响，在信仰与理性的结合处，形成了自己的神学体系。“他研究政治的方法却基本上是理论性的。它不是从任何实际政治问题产生的。哲学的影响是决定性的因素。他对国家和政府的见解是在形而上学的前提下推论出来的。”②

二、理性与信仰

哲学与神学、理性与信仰的关系问题是中世纪思想家们必须回答的基本问题。教父哲学中的理性辩护主义与信仰主义的矛盾、经院哲学中的派别论争都是围绕这一问题展开的。经过争论，正统的神学家成功地把理性变成信仰的驯服工具，将哲学变成神学的附庸。奥古斯丁主义那种混淆哲学和神学的观念已广泛为人们所接受。早期的经院哲学也倾向于把神学当成真正的哲学，或者把哲学当成神学的理性内容与论证方法。13世纪亚里士多德哲学的重新发现使上述观念受到挑战。因为亚里士多德哲学显然不属于神学体系，但并不因此而影响其地位。即使是那些不赞成亚里士多德观念和主张的神学家，

---

① 肯尼．阿奎那．黄勇，译．北京：中国社会科学出版社，1987：7.

② 阿奎那．阿奎那政治著作选．马清槐，译．北京：商务印书馆，1963：5.

也不得不承认亚里士多德哲学的博大精深。大阿尔伯特提倡用公正的态度理解亚里士多德哲学，这实质上已将它作为不同于神学的学问来研究。阿奎那在新的思想背景下，极力调整哲学与神学的关系，一方面他明确地区分了哲学和神学，指出它们是两门不同的科学；另一方面他又坚持神学高于哲学的基督教立场，杜绝哲学批判神学的可能性。他选择了折中的立场，虽然他重申“哲学是神学的婢女”的信条，但含义却有些新意：哲学更像有独立人格的婢女，为神学主人服务但又不依附主人。阿奎那说：“基督教神学来源于信仰之光，哲学来源于自然理性之光。哲学的真理不能与信仰的真理相对立，它们确有缺陷，但也能与信仰的真理相类比，并且有些还能预示信仰真理，因为自然是恩典的先导。”① 阿奎那不完全否认双重真理的说法，但对其所做的解释是新颖的。“我说关于神学对象的双重真理，在上帝方面，却无双重真理，它是单一、简单的真理，只是在对应于神圣真理的人类知识多样性之中，才有双重真理。”② 在他看来，所谓双重真理，只不过是达到真理的不同认识路径。

阿奎那在《神学大全》中指出，区分科学的标准不在于研究对象，而在于研究方式，同样的对象可以以不同的方式被认知。神学和哲学有着共同的对象，但哲学以理性认识对象，而神学靠天启认识对象，两者彼此独立。既不能因为哲学研究神圣对象而将其归入神学，也不能因为神学依赖理性而否认它的独立性。“我们必须牢记在心：有两种科学，有些科学靠自然理性之光认知的原则，如代数、几何……神圣科学接受上帝揭示的原则。”③ 实际上，关于哲学与神学的争论，其焦点仍是理性与信仰之争。一方面，在阿奎那的观念中，人人都可能通过自然赋予的理性能力去认识上帝，但真正能发挥这种认识能力的人极少。因为理性活动是必须付出艰苦努力才能得以充分发挥的，况且人之理性本身并不完善，难免产生错误。所以，哲学是少数人的艰苦历程，要靠哲学来拯救人类，是不可能的。“既然人只能在上帝之中才能获得完全的拯救，这取决于对上帝的真理的认识……因此，除了理性研究的哲学科学之外，还必须有一门通过启示的神圣科学。”④ 他因此而维护神学地位。另一方面，他又极力维护哲学的权利。他有一句名言：“恩典并不摧毁自然，它只是成全自然。”⑤ 人的理性属于自然，人首先是通过自然理性去认识。固然人要靠信仰和天启来帮助，但这种赐予是以自然理性为基础的。直言之，自然和恩典的相辅相成、理性和信仰的彼此独立是哲学与神学存在的根本原因。阿奎那在中世纪第一个肯定了哲学有独立于神学的地位，从而为理性的发展开辟了道路，在研究其思想时，这一点应该受到重视。

三、国家的性质

阿奎那以亚里士多德的城邦学说为基础，阐明了他的有关国家的理论。

阿奎那认为，与所有其他动物相比，人尤其是政治的和社会的动物。社会对人来说是自然的，是人的本性所自然倾向的，是人之本性的完善所必需的东西。人是自然界中

①②③　赵敦华．基督教哲学1500年．北京：人民出版社，1994：365.

④⑤　同①367.

杰出的生灵，但最初却处于比其他动物更为悲惨的境地——一无所有、贫困、孤独。但自然赋予人以理性、语言和双手，人可以借助这些东西去自给自足。但是，严格地讲，人要获得生存的一切，单靠个人的力量是远远不够的。人同样天生需要他人的帮助。所以，人属于社会，没有社会他就不能生存，更不可能生活得好。

人所属的第一个社会是家庭，家庭生活的目的是设法获得生活的必需品。但其缺陷是，家庭不能独自提供人所需要的一切，更不能将其成员引向道德的完善。真正能满足人的生活需要和道德需要的人类社会形式只能是城邦（国家）。城邦或国家是人类理性实践的最完善的产物。因为，可以这样说，只有在城邦的结构中，人才能达到生活的完满。阿奎那套用亚里士多德的话，说一个离群索居的人如不是像动物一样缺乏人的完善，就是已经超越人之完善而达到神的状态。总的来看，阿奎那认为，国家起源于人的需要。权柄是出自神之手，但比起单纯的神创论来说，阿奎那的解释无疑要合理一些。

国家既然是人性的产物，那么，国家也像人一样，是由许多不同的部分构成的，其中每一部分都有自己独特的作用和功能。在国家结构中，每一个个体或部分的行为动机都是出于各自不同的欲望和激情，所以是靠不住的。对一个国家来说，最紧要的是应该有一个统一的权威，依据它来保护整体的利益，并维持各个部分之间的秩序。因此，政治权威是国家构成要素中最为关键的要素。在他看来，一个没有统一权威的国家，恰如一个没有灵魂的身体；如果还能称之为国家，那也是名不副实的。在这个意义上可以说，国家不可少的政治权威也是自然的，同样是人之本性的产物。因为政治权威是以自由人或公民对自由人或公民的统治，它以全体公民的利益为自己的目标。阿奎那的结论是，国家高于其部分之总和，国家的整体利益高于部分特殊利益之总和。国家是公共的共同体，具有公益的性质。他依据亚里士多德的逻辑，指出整体重于、先于部分，国家先于、重于个体，国家的目的即公共利益具有至上性，比个体利益更神圣。而个体要是离开了整体，也就不成其为完整的个体。所以，国家之公共利益本身就应该是公民自身的利益，当公共的整体利益与个体公民的私利发生矛盾时，公利自然应重于私利，个体公民当然应服从整体国家。

国家的目的首先是要维护各构成部分的秩序与和平。但这只是其最低目的，即是其存在的最低条件。除此之外，国家的目的是促使公民过一种有德行的生活。阿奎那说："既然朋辈共处对于人类来说是十分自然的和必需的，那么同样必然可以推断的是，在社会之中必须要有某种治理的原则。"① 这一原则就是："一个人的德行由他的同胞通过舆论来加以证实"②，而一个社会的目的就在于"过一种有德行的生活。人们结合起来，以便由此享受一种各人在单独生活时不能得到的生活的美德；而美满的生活是我们按道德原则过的生活"③。

那么，什么样的生活是有德行的生活呢？阿奎那认为有德行的生活是有高低层面之

---

① 阿奎那．阿奎那政治著作选．马清槐，译．北京：商务印书馆，1963：45.

② 同①65.

③ 同①84.

分的。低层面的德行生活是指人们“服从同样的法律，并受单一政府的指导以求生活充盈”；而高层面的德行生活是指人们普遍享受上帝的快乐。“盛德之士注定要达到一个较高德目的”[①]，这个目的就是享受上帝的快乐。社会的最终目的就是不仅要满足低层面的德行要求，让人们普遍守法，而且要争取达到高层面的德行生活标准。他认为，要达到这一目的，必须依靠神恩、天启。单纯依靠人之理性、人之美德是不能获得的，必须借助于启示的力量，在信奉上帝的努力中才可获得。

为了实现这一目的，国家必须具备一定的职能。亚里士多德认为，为了实现有德行的幸福生活目的，国家应该在法治的基础上建立一个正义的政治秩序。阿奎那认为，一方面，在现实生活中，人们认为自己取得的一切特殊的利益，如财富、收益、健康、技能和学问等，都必然导向幸福的社会生活。为此，国家的职能就是建立一个正义的政治秩序。另一方面，要靠其成员的普遍善举。他讲：“无论就一个人对他自己或就人们之间的关系而言，任何有益的行动和善行都涉及作为正义的目标的公共幸福。从这个意义上说，只要正义能够引导人们致力于公共幸福，一切德行都可以归入正义的范围。”[②] 国家职能既是一种保障制度，也是提倡基督教伦理道德的手段。

至此，阿奎那就国家存在的正当性、合理性及其手段的必要性做了说明。可以看出，他肯定了国家的地位，国家有相当的独立性，恰如哲学并不完全依赖于神学。阿奎那的这一思想有着深刻的时代原因，教会与国家、神权与王权几经较量，彼此消长。到阿奎那生活的年代，更是斗争激烈。阿奎那认为，王权与神权之争的关键是确定二者的权力界限，而不是简单地用一方去压倒另一方。一般意义上，在现实生活中，世俗王权就世俗事务中有关幸福问题进行统治，教会则就精神生活进行引导。与早期的教父学相比较，阿奎那的主张有政教分离的倾向。从思想史的角度分析，其意义有三：第一，与中世纪普遍为人所接受的全能的上帝观不同，在承认上帝时，他审慎地确定了国家的合理性，用人的要求而不是用神的绝对旨意去说明国家，世俗权威的地位因此而被确定。通过对国家目的层次的限定，他全面论述了国家的有限性。第二，与古希腊时期的全能主义国家观不同，阿奎那认为国家的功能、目的和手段都是极其有限的。古希腊思想家们认为，城邦的生活是最高的善，城邦的生活能让人们实现最大的快乐。公民在城邦结构中，应该是无所不能的。阿奎那不这么认为，尽管他的学说在本质上仍然是一种伦理政治主张，但表述方式已有不同。国家只能实现人的部分的、属于尘世的快乐，而无法获得最高的快乐。换言之，国家不但不是万能的，而且是有所不能的。比如，对于个人的伦理道德生活，国家的影响力就很少而只能借助于教会。第三，在整个人类思想史的长河中，阿奎那的国家观念为近代国家观念提供了一些富有启发性的思想因素。在他那里，国家是必需的但不是万能的，因此，国家就只能以有限的姿态出现。这不仅意味着国家的目的、功能的有限性，而且还表明，其所行使的权力也应该是有界限的。在阿奎那提出的问题的基础上，近代思想家在这个问题上做出了全新的回答和解释。

---

① 阿奎那．阿奎那政治著作选．马清槐，译．北京：商务印书馆，1963：84.

② 同①139.

四、政体学说：最好的制度与法治

为了实现国家目的，就必须选择最恰当的政治制度，这便是阿奎那政体学说所研究的内容。总的来看，阿奎那的政体思想是在维持神学至上权威的同时，适时地与世俗政权进行妥协。因此，阿奎那的主张中有许多合理的见解。

像亚里士多德一样，阿奎那把国家政体划分为六种类型，即君主政体、贵族政体、平民政体、暴君政体、寡头政体、民主政体。其划分标准是双重的。首先，以政治目的为标准进行政体类型划分。如果一个政体以社会幸福、公共利益为其政治目的和施政纲领，则是正义的统治，即优良的政体；如果违背这一正义目的，为一个人、少数人，或虽为平民多数谋福利却同时压迫富人，这样的政治统治就是不义的，即为不良的政体。其次，依据执政人数多寡为标准进行政体类型划分，将优良政体和不良政体又各分为三种。他说："当一个力求靠他的地位获得私利而置其所管辖的社会的幸福于不顾的人暗无天日地施政时，这样的统治者就叫暴君。这个词是从暴力的概念脱胎而来的，因为一个暴君用暴力压迫人民，而不是按正义的原则进行治理。……另一方面，如果不义的政治不是由一个人而是由几个人结成集团行施的，这样的情况就叫寡头政治或少数人的主张。当少数富人利用自己的财富来压迫其余的人民时，就会发生这种情况；而这种政治与暴君不同的地方，只在于有几个压迫者罢了。最后，不义的政治可以由许多人施行，这就叫民主政治；当平民利用他们人数上的优势来压迫富人时，这种政治就是暴民政治。在这种情况下，整个下层社会变成一种暴君。同样地，我们必须辨别各种类型的正义统治。如果行政管理是由社会上某一大部分人执行，这一般就叫作平民政治，如一支大军治理着一城或一省时便是这样。然而，如果行政管理归人数较少但有德行的人承担，那就叫作贵族政治；这是最优秀的人当政；由于这个缘故他们被称为贵族。最后，如果正义的统治只由一个人掌握，这样的人就被正当地称为君主。"①

可以看出，阿奎那关于政体划分的基本思想出自亚里士多德，不同之处仅在于：亚里士多德以人数标准为第一标准，而阿奎那把政治目的作为首要标准。在六种政体之中，他认为最好的政体是君主制。其理由有四：第一，君主政体最符合自然的原则和自然的本性。阿奎那认为，在自然界，支配权总是在单一个体手中。"在身体的各器官间，有一个对其他一切器官起推动作用的器官，那就是心。在灵魂中有一个出类拔萃的技能，那就是理性。蜜蜂有一个王，而整个宇宙间有一个上帝，即造物主和万物之主。这是完全合乎理性的：因为一切多样体都是从统一产生的。"② 他认为上帝是统一，自然法体现这种统一，由此而产生的世俗政治也应该符合统一标准，其逻辑的结论就是：君主制最能体现这个原则。第二，君主政体最有利于实现公共幸福的施政目的。因为和平与统一是保证社会幸福和繁荣的前提，什么样的政府能更有效地获得和平、统一，它就是最好的。君主政体恰恰是所有政体中最能有效地获得和平、统一的政体，因此，它就是最好的政

① 阿奎那．阿奎那政治著作选．马清槐，译．北京：商务印书馆，1963：46-47.
② 同①49.

体。其根据是“凡是本身是个统一体的事物，总能比多样体更容易统一；……所以由一个人掌握的政府比那种由许多人掌握的政府更容易获得成功”①。第三，从历史经验来看，一个国王统治的城市和省份都是公道盛行，财富充盈，民情欢腾，歌舞升平。相反，并非由一人统治的城市和省份，则纠纷不止，陷于分裂。因此，经验也证明君主政体是最好的。第四，君主制是防止暴君的良策。虽然君主也可能变成暴君，但多数人执政的政体，更容易利用人数上的优势而施行暴政。两相权衡，君主制更安全。

在以上的论述中，阿奎那一方面出于政治经验的考虑，另一方面又是以神学为价值判断的准绳。从根本上讲，他认为君主政体最符合上帝的旨意。值得一提的是，阿奎那的这种带有妥协性的论证，已经超过了中世纪的一般思维方式。他也从人之理性角度、从历史经验角度说明君主政体存在的依据。在欧洲漫长的历史岁月中，阿奎那和其他许多杰出的政治思想家都注意到君主政体是最好的政体，除了君主政体意味着权威、效率外，古代社会的具体条件也是政治思想家青睐君主政体的重要原因。社会经济越是不发达，政治上就越是趋向集权。可供分配的社会资源越少，越是要由一个人来掌握权力。

此外，阿奎那认为，为了保证君主政体的良性运行，最保险的办法就是实行法治。法治在绝大部分情况下是一种实践的需要，因为人治会不可避免地走向滥用权力。与亚里士多德有所相似，阿奎那也希望那些少数的贤明之士进行立法。法律是政治统治的工具，依据法律，统治者可以不通过别的手段去促进社会成员之间的公正与道德完善。但阿奎那认为，法律的好坏是制度设计的结果，能否实现法治只是一个结构问题而不是一个愿望问题。实际上，在阿奎那的观念之中，法治所要求的是统治活动的公正性，这使之成为防范政体变质、堕落的最有力的工具。

在六种政体当中，最坏的政体是暴君政体。阿奎那讲：“一个不是依据理智而是根据情欲行使职权的人实际上与禽兽毫无分别。……所以人们逃避暴君，像逃避凶恶的野兽一样；听任一个暴君摆布，也同听任一只野兽摆布没有什么区别。”② 他对暴君政体的否定是坚决而彻底的。

那么，如何防范暴君的统治呢？阿奎那提出了一个折中的方案。一方面，他主张采取措施限制暴君权力，甚至在必要的时候废黜暴君，推翻暴政。他指出，在一个社会有权力为自身选择统治者的情况下，如果那个社会废黜它所选出的国王，或因他滥用职权行使暴政而限制他的权力，这是正义的行为。“这个社会也不应为了这样地废黜一个暴君而被指责为不忠不义，即使以前对他有过宣誓效忠的表示也是如此；因为这个暴君既然不能尽到社会统治者的职责，那就是咎由自取，因为他的臣民就不再受他们对他所做的誓约的拘束。”③ 另一方面，阿奎那又主张对暴政要忍耐，不可轻举妄动。因为反暴政一旦落空，暴政反而会变本加厉，更加凶残。即使是冒险成功了，也可能由于各种政治派别的政见不同，使新政府的建立变得异常艰难，从而贻误国家大事，让国家陷入无统治的混乱秩序之中，所以，人们必须谨慎从事。

---

① 阿奎那．阿奎那政治著作选．马清槐，译．北京：商务印书馆，1963：48.

② 同①59－60.

③ 同①53.

从历史角度看，在中世纪，关于反暴君的主张大体上有这样几种：一是人民不堪忍受暴政，揭竿而起推翻暴政；二是以反暴君为名，封建割据势力反对主权和国家统一；三是教会以反暴君的名义来削弱王权的权威；四是政治思想家们为了维护长治久安而反暴君。从阿奎那对君主政体的论述中，可以看出他抵制暴君的思想内涵。在阿奎那的反暴君思想中，既有神学家的立场以维护教会的利益，也有对世俗政治秩序的重视，力求长治久安。

阿奎那崇尚混合政体，原因在于，他认为，在君主制度下只有一个人执掌权力，在寡头制度下有一批人依据德行而执掌政府，在民主制度下统治者可以由民众选举产生。这些优良政体各有千秋，若将这些政体的优点适当混合，并运用到一个政体中，那就会塑造一个最好的政体。为此，阿奎那还特意设计了一个方案："当有一个德行高超的人治理着大家，他手下还有其他一些人实行仁政的时候，并且当大家由于具有当选的资格以及参加选举统治者而参与这种政治的时候，一个城市或一个王国的内部就获得了权力的最好安排。"[①] 这表明，阿奎那深受古代的混合政体理想的影响，他认为，混合政体是神法所规定的一种政体，是最好的制度设计。总之，混合政体思想反映了阿奎那对完善的政体形式的追求。

五、法的理论

在西方法律思想史上，阿奎那被认为是中世纪理性主义法学的主要代表人物，对他以后的基督教和西方文化的发展起了巨大的影响作用。现今法学流派中的新托马斯主义，就是以他的思想为基础发展起来的。

1. 法的概念与性质

以"一般的法"为标题，阿奎那论述了关于法的一般问题，主要涉及法的内容、目的以及法的性质。

阿奎那首先明确了法的内涵，指出法是对人们行为的约束力和规范性。在阿奎那看来，"法律是理性为了共同的善而做的安排，由担负共同体的善所颁布"。按照莫内的解释，法律归属于理性，也就意味着某种结构。支配这个结构的是共同体的共同善。不仅如此，法是一种约束规范。阿奎那说："法是人们赖以导致某些行动和不做其他一些行动的行动标准或尺度。"他为此考察了"法"的词源意思就是"拘束"。"因为人们受法的拘束而不得不采取某些行径。"阿奎那为了赋予法更大的权威性，把理性与法联系起来，认为理性有使人从意志发展到行动的能力，对人起主导和指挥作用。"人类行为的准则和尺度是理性"，"正是理性是人类行动的第一原理"[②]。所以，法成为理性的体现，理性是法的基础，唯有体现理性的法才是真正的能够规范人类行为的法。"如果意志要想具有法的权能，它就必须在理性发号施令时受理性的节制。正是在这个意义上，我们应当理解所谓君主的意志具有法的力量这句话的真实含义。在其他意义上，君主的意志成为一种祸

① 阿奎那．阿奎那政治著作选．马清槐，译．北京：商务印书馆，1963：129.

② 同①104.

害而不是法。”[①] 意志与法的纽带是理性，理性是法的本质。客观而论，阿奎那之理性有别于亚里士多德所谓的古典人文意义上的理性观念和近代自然法学家所谓的理性观念，而认为人的自然理性是上帝所赋予的。换言之，君主的意志是在受上帝意志支配和节制并符合教会的意志时才能成为法律。这种理解无疑是神学的思维结果，但是，阿奎那关于法是人们行为准则和尺度的思想，是理性原则的体现，对于法学思想的发展有重要的启示作用。因为从本质上讲，法是合乎人之理性要求的一种规范。

阿奎那继承了亚里士多德有关法的目的在于促进公共幸福的思想观念，认为法必须以整个社会的福利为其真正目标。他说：“严格地说来，法律的首要和主要的目的是公共幸福的安排。”并且，“公布目的的人也就是公布用以达到目的的手段的人”[②]。既然安排公共幸福的事务是整个社会或代表整个社会的某一个人的任务，那么，法律的制定和公布就是整个社会或政治上负有保护公共幸福的责任的人的事情。所以，法不外乎是对于种种有关公共幸福的事项的合理安排，由任何负有管理社会之责的人予以公布。只有这样，法才具有正当性。

2. 法的分类

阿奎那把法律分为四种：永恒法、自然法、神法和人法。

上帝的永恒法是“最高统治者的施政计划”[③]。永恒法起源于神的智慧，是神的意志的体现，是上帝统治和支配整个宇宙的大法。因为如果世界是由神治理的话，宇宙就是由神的理性支配的。“所以上帝对创造物的合理领导，就像宇宙的君主那样具有法律的性质。……这种法律我们称为永恒法。”[④]

尽管人们不能知道永恒法的全部真理，但可以借助于上帝赋予他的理性部分地理解它。阿奎那将这种理性动物参与的永恒法叫自然法。自然法只不过是不完全、不充分地反映神的命令，但它至少能使人们知道永恒法的某些原则。“所以他们在某种程度上分享神的智慧，并由此产生一种自然的倾向以从事适当的行动为目的。这种理性动物之参与永恒法，就叫自然法。”[⑤] “我们赖以辨别善恶的自然理性之光，即自然法，不外乎是神的荣光在我们身上留下的痕迹。所以，显然可以看出，自然法不外乎是永恒法对理性动物的关系。”[⑥]

在阿奎那的思想中，自然法是较普遍和抽象的原则体系，应有必要的命令补充。这些命令来自上帝，即由神法来完成。神法是上帝通过《圣经》来启示的法律，都记录在《新约全书》中，以此来指导人们应如何行事处世。

人法即“对种种有关公共幸福的事项的合乎理性的安排，由任何负有管理社会责任的人予以公布”[⑦]，像亚里士多德那样，阿奎那将理性纳入他的有关法律的定义之中，“人

---

① 阿奎那．阿奎那政治著作选．马清槐，译．北京：商务印书馆，1963：104.
② 同①105.
③ 博登海默．法理学．张智仁，译．上海：上海人民出版社，1992：26.
④ 同①107.
⑤ 同①106.
⑥ 同④.
⑦ 同③28.

类的推理也必须从自然法的箴规出发，仿佛从某些普通的、不言自明的原理出发似的，达到其他比较特殊的安排。这样靠推理的力量得出的特殊的安排就叫人法”①。

阿奎那对法律类型的划分，显示出其神学的思维特征。在这个体系中，永恒法是首要的，自然法也从古希腊罗马的崇高地位，降为次要的分有永恒法部分的从属地位。神法来自上帝的启示，补充自然法和人法之不足，从而引导人们达到永恒之幸福，其地位优越而特殊。

3. 自然法的原则与性质

在阿奎那看来，自然法作为人们行为的理性法则，其基本原则就是“行善戒恶”。凡是依照合理的本性所企求的事，必然是善的。因为每个人身上存在一种与一切实体共有的趋吉向善的自发倾向。“每个人都是自然地倾向于按照理性来行动，这就是按照善行来行事。因而可以认为，一切善举都是自然法规定的：因为每个人的理性都天然地命令他去行善。”② 据此，他提出了自然法的四条原则：第一，人的自然本能是自我保存，“包含着一切有利于保全人类生命的东西，也包含一切反对其毁灭的东西”③。简言之，自我保存。第二，异性之间相互吸引，希望延续后代，教育后辈。第三，人都天然地渴望知道有关上帝的真理，并且具有一种驱使其摆脱无知的倾向。第四，人都希望过社会生活，因而他自然地避免去伤害那些他必须与之共处的人。这些原则是自然法的普遍原则，永远不会改变。因为它们是自然理性之内在规定，故人人必须遵守。法因此而具有普遍的权威性。

在强调自然法原则的普遍约束力的同时，阿奎那指出，在个别情况下，自然法也容许例外。“就理性的一般原理而论，不论那是思辨理性还是实践理性，对于每一个来说都存在着一个真理或正义的标准，并且还是同样为人们所熟悉的。至于谈到思辨理性的个别结论，……真理的标准不是同样为人人所熟悉的了。”④ 而实践理性的个别结论，就更不同了。不仅没有同一的真理或正义标准，而且也不是人人都熟悉的。所以，无论作为一种标准还是范围而言，“自然法可以容许例外”⑤。

阿奎那强调自然法原则的不变性，又指出两种特殊情况会导致自然法发生改变。一种情况是自然法已经有了某些附加内容，另一种情况是自然法已经删除了某些内容。对于前一种情况，“没有理由认为它不应当改”，“事实上神法和人法确给自然法增加了很多有利于人类活动的内容”⑥。对于后一种情况，“它的发生改变是可以理解的。比方说，假如以前属于自然法的部分条例不再属于自然法时，便有这种情况”⑦。尽管如此，阿奎那仍然指出：“就第一原理而论，乃是完全不可改变的。”自然法规定为正确的仍然是大多数事例的通则，只是在个别事例中才有所改变，“这是因为某些特殊的原因使人们不可能

---

① 阿奎那．阿奎那政治著作选．马清槐，译．北京：商务印书馆，1963：107.

② 博登海默．法理学．张智仁，译．上海：上海人民出版社，1992：27.

③ 同①112.

④ 同①113.

⑤⑥⑦ 同①114.

绝对遵守自然法”[①]。

阿奎那认为：“我们有两层理由可以说事物是与自然法有关的。第一，如果存在着对于事物的自然倾向，例如，认为伤害邻人是不对的。第二，如果自然并不诱导我们去做相反的行动。所以我们说，人有赤身露体的天然权利，因为，既然自然没有供给他衣穿，他就不得不为自己裁制衣服。”[②] 在他的观念中，从本源意义上讲，事物的自然倾向性就是自然法。因此，他认为所有的人都共同占有一切物品并有同等的自由权是符合自然法的。像私有权这类权利不为自然法所规定，只是为人类生活所必需而补增的内容。在这种情况下，自然法不是有所改变，而是有所增益。在此，阿奎那的思想与教父哲学的分歧已然表明，理性在阿奎那的思想观念中占有重要地位。他在理性的指导下，从人的目的意向性和自然倾向出发，去推导自然法的多种规范。在坚持自然法不变的前提下，又承认其可变性。阿奎那是个承前启后的人物，对现代自然法思想的复兴有着重要的影响。

4. 人法

阿奎那对人法（实体法）做了详细的论述，提出了有关人法之必要性、人法的性质等一系列问题。

关于人法之必要性，他认为，法律的制定是为了使人们享受和平，过有德行的生活。固然，向善的自然习性每个人都有，但人们只有实行“某种锻炼”，遵照某些规范，才能使这种德行臻于完善。并且，按人之本性，能够自觉地从事这种锻炼的人非常少，必须加以帮助指导。对于那些性情乖戾、易于作恶的人而言，因为忠言感化不了他们，所以只好用压力和恐吓手段让他们不做坏事，以恶制恶，以恶致善。这种迫使人们畏惧的东西就是法纪。他再次强调法这个规范在社会秩序建立中的意义。更为重要的是，法律最终能使人们放弃邪恶，改善欲念和残暴行为。换言之，理性在本质上与人向善的愿望是一致的。所以，在这个意义上，法之必要，根本上是符合人之本质，是理性之内在要求，是理性约束力的表现。

法律如何才能有效呢？“法律是否有效，取决于它的正义性”。而任何法律，只有当其“正确地符合理性的法则时，它才可以说是合乎正义的”，而“理性的第一法规就是自然法。由此可见，一切人所制定的法律只要来自自然法，就都和理性相一致。如果一种人法在任何一点上与自然法相矛盾，它就不再是合法的，而宁可说是法律的一种亏损了”[③]。简言之，人法从属于自然法，是自然法之派生和具体化，其正当性是由理性所决定的。所以，对人法而言，正义与人之理性有内在的联系，正义的秩序是与理性的规定相一致的。

关于人法之特点和分类，阿奎那认为，人法的分类应以其特点为依据。人法的第一个特点是它来自自然法，所以，人法可以据此分为万民法和市民法。万民法直接从自然法得出结论，并且是支配买卖以及社会活动的标准。市民法是从自然法中产生的个别标准，它构成城市的特殊需要。人法的第二个特点在于它以城市的公共福利为目的。人法

① 阿奎那．阿奎那政治著作选．马清槐，译．北京：商务印书馆，1963：114.

② 同①115.

③ 同①116.

可以按照对公共福利有专责的人的不同职务加以区分，如祭司、统治者、军人等，每一种法规与之相适应。人法的第三个特点是人法应由市民社会的统治者来颁布。据此，人法可以按照不同的政治制度分类。阿奎那继承了亚里士多德《政治学》中的思想，认为与君主制相适应的法律是君王的律令；与贵族制相一致的法律是执政官法或荣誉法；与民主政治体制相适应的法律是平民法；暴君政治就是没有法的政治；混合政体其法律经贵族和平民一致认可后制定。人法的第四个特点在于它是支配人类行动的法则。这样，法律可依对象不同而分类。

既然法律的目的是公共福利，阿奎那进而指出，法律的制定就不应当只为个别之利益，而应以公民的普遍利益为着眼点。公共福利是一项极为复杂的事业，因此，制定法律应该考虑许多因素，既要考虑眼前利益，又要考虑长远利益。既要有普遍的约束力，又要因人而异。人法为广大公民而制定，应当适应大多数人的接受能力。在分配义务时，法律应注意比例适当。如果法律的规定与人类福利不合，如果法律成为臣民的沉重负担，如果一个统治者制定的法律无关公共利益，而只为个人私欲，如果立法者所规定的法律权限超过了他授权的范围，这些法律与暴力并无二致，不具有合法性。在此，他提出的合法性原则应以公共利益为标准，已具有近代的理性色彩，尽管人法最终不应与神法相抵触，但他仍强调人法的有效性来自其合法性、正当性。

阿奎那认为，法律有两个特点：一是指导人类的行为；二是有强制力。但法律的强制力只对坏人有用，不适用于有德行的人。另外，君主也应自觉地服从法律，从理论上他论证了法律高于权力，法律应支配政治权力。尽管有时君主可以变动法律。

总之，在阿奎那的法律思想中，既有浓厚的神学特点，也有极强的经验理性思维的特征。在对自然法和人法的详细论证中，理性始终占据重要地位。可以说，他是用人的眼光并以服务于人的目的来论证世俗法律的。

六、托马斯·阿奎那政治思想的评价和影响

托马斯·阿奎那是一位在西方历史上产生了并在某种意义上还在继续产生重大影响的思想家。他的著作是基督教神学的经典，他本人亦是经院哲学的权威代表。

历史地看，一直到托马斯·阿奎那身处的时代，被基督教会视为至高无上的理智权威和思想源泉的仍是奥古斯丁。原因在于基督教本身包含着柏拉图主义的崇高精神，《圣经》中的许多思想与柏拉图对话是相吻合的。奥古斯丁的神学理论就是在继承柏拉图的基础上发展起来的。作为一名教徒、神学家，阿奎那对奥古斯丁的神学理论推崇不已；同时作为一个顺应潮流的开明人士，他对亚里士多德同样坚信不疑，而且他认为真正的、本来的亚里士多德与基督教是一致的。基于此，他建立了基督教亚里士多德主义取代了奥古斯丁的基督教柏拉图主义，给沉闷的基督教世界带来了新鲜的空气和生命活力。人们不难发现，阿奎那为理性、世俗政治划出了一定的范围，肯定了理性、世俗政治在各自范围内的作用，从而确认了它们的价值。正是在这个意义上，阿奎那的思想才有革命性的贡献。事实上，直到今天，以这种精神面貌出现的新托马斯主义还影响着西方文化。

客观而论，中世纪并非一无是处的黑暗时期。单就政治思想而言，随着基督教的兴

起，西方政治文化传统因此增加了一些新的内容，并对后来的政治思想产生了重要的影响，成为近代民主思想发展的重要思想来源之一。归纳起来，这些思想资源包含这样一些观念：第一，基督教关于人有原罪的思想，不仅把上帝塑造成了一个至高无上的权威，更重要的是对世俗统治者及其政治活动进行了某种权力界限的规定，使任何现实生活中的人或组织，不论是统治者还是一般居民、个人还是集团，因为自身的原罪和不完善性，在全能的上帝面前都显得能力有限。这样一来，现实的政治就再也不是无所不能的了，而是绝对有所不能。第二，思想家对于上帝之城的信仰，实际上是对世俗国家的限定。他们规定了现实的国家有许多无法实现也不能实现的职能，恰恰是为现实国家划定了活动范围，使得国家摆脱全能主义的国家而走向现代国家。所以，基督教的国家观念是国家发展历程的一个必要过渡。

进一步阅读书目

1. 赵敦华．基督教哲学1500年．北京：人民出版社，1994.

2. 内莫．古典与中世纪政治思想史．张竝，译．上海：华东师范大学出版社，2021.

3. 伯恩斯．剑桥中世纪政治思想史．程志敏，陈敬贤，徐昕，等译．上海：上海三联书店，2009.

4. 施特劳斯，克罗波西．政治哲学史：上册．李洪润，等译．北京：法律出版社，2020.

5. 奥古斯丁．上帝之城．王晓朝，译．北京：人民出版社，2018.

6. 奥古斯丁．忏悔录．周士良，译．北京：商务印书馆，2015.

7. 阿奎那．阿奎那政治著作选．马清槐，译．北京：商务印书馆，1963.

第四章

马丁·路德和约翰·加尔文的政治思想

阅读与思考

马丁·路德和约翰·加尔文的宗教改革思想的首要价值是在天主教内部掀起了对教皇、主教和教义的反叛运动。奥古斯丁早在《上帝之城》中就谆谆告诫基督徒们，千万不要把获得世俗的权力当作真正的胜利。但后来天主教的教皇和主教们却无可挽回地忘记了这个教诲，从而犯下了一个致命的错误：在世俗中追求金钱和权力。因此，无论是在马丁·路德的《九十五条论纲》《致德意志民族的基督教贵族书》《论教会的巴比伦之囚》《论基督徒的自由》中，还是在约翰·加尔文的《基督教要义》中，都充满了对天主教会的世俗化腐败的深切痛恨和强烈批判。在严格意义上，马丁·路德和约翰·加尔文的政治思想只是其宗教改革思想在世俗政治领域的体现和延伸，并不系统，更不全面。但是，他们在新教教义中提出"因信称义"的信仰纯洁性、批评教皇垄断《圣经》的信仰解释权和主张"人人皆可为祭司"的信仰平等性等观点，尤其是教会精神权威和世俗政治权威的政教分离思想，以及在"预定论"基础上肯定世俗生活具有神圣意义的天职思想，对近代资本主义观念的形成和发展提供了思想源泉和伦理论证，其中所蕴含和在一定程度上论述的信仰自由、精神平等和政治反抗等观念对近代西方政治思想具有重要的精神价值。

关键词

教会　国家　世俗权力　政体

第一节　马丁·路德的政治思想

一、生平、著作和时代背景

马丁·路德（Martin Luther，1483—1546），德国宗教改革运动的发起者和领导人。

1483年11月10日，路德出生于德国萨克森州艾斯莱本的一个农民家庭。他的父亲路德·汉斯脱离土地而迁往采矿中心曼斯菲尔德当矿工，后通过经营矿业而发迹，跻身市民阶层，并当选为市政议员。他的母亲玛加丽特·齐格勒出生于市民家庭并对宗教极为虔诚。这种家庭背景使路德从小受到良好的教育，并且能够密切地接触德意志的宗教。1488年，路德进入曼斯菲尔德的一所拉丁文学校，1497年，路德进入马格德堡共命运兄弟会举办的学校，1498年，转入爱森纳赫的圣乔治神甫学校。在马格德堡和爱森纳赫求学期间，路德作为一个穷学生，免费住宿和上学，并可在城市中沿街求食，但必须在教堂的唱诗班里唱诗。1501年，路德进入英国神学家奥卡姆领衔的经院哲学的中心和人文主义者活动的主要场所，即当时德国最著名的大学——埃尔福特大学，1502年获文学学士学位，1505年获硕士学位。1505年5月，路德遵从父亲的意愿学习法律，但两个月后的7月17日，他突然令人惊诧地弃绝尘世，遁入埃尔福特圣奥古斯丁修道院当修士，开始了其宗教生涯。1507年，路德进入埃尔福特修道院，成为奥古斯丁修会的修道僧。1508年，他进入维滕贝格大学讲学，1512年10月12日获神学博士学位，并被任命为维滕贝格修道院副院长和维滕贝格大学神学教授，主讲《圣经》。1513年春，路德在苦思冥想中顿悟《圣经》的真谛，神学思想得到新的发现和突破，史称“钟楼得道”。可以说，在1517年宗教改革运动爆发以前，青年路德在人文主义时代气息的影响下，内心经历了痛苦而激烈的信仰斗争，最后冲破了正统神学的思想羁绊，悟出了上帝与人直接沟通的道理，从而形成了以“因信称义”为核心的神学革新思想，为宗教改革做了思想和理论上的准备。

1517年，罗马教皇利奥十世为筹集修建圣彼得教堂的资金，竭力在德国各地兜售“赎罪券”，从中榨取巨额利润。教皇特使在兜售“赎罪券”的同时还宣称“刻着教皇的红色十字架和基督十字架具有同样的效力”，“金钱落到箱底丁铃作响的时候，灵魂就从涤罪所跳上天堂”。罗马教皇这种露骨的诈骗行径激起了德国社会各阶层的普遍愤慨，也进一步激发了路德反对罗马教会的思想和独立的民族意识。1517年10月31日，正当教皇特使在维滕贝格教堂前推销“赎罪券”的时候，路德在维滕贝格大教堂门上贴出《关于赎罪券效能的辩论》（《九十五条论纲》），对罗马教廷推销“赎罪券”的行为进行强烈指责。他指出，用钱去赎罪本身就是渎神行为，每个教徒只要有真诚的信念，献身于信仰，就可以通过自身虔诚的信仰得到救赎。虽然这种“信仰得救”的观点表面上还不是反对教会本身，只是希望纠正教会内部的不良现象，但它在实际上否定了教堂和教会的权威，反映了市民阶层和新兴资产阶级要求改革天主教会和建立廉价教会的强烈愿望。由于当时德国社会矛盾极其尖锐，处于矛盾焦点的天主教会已经成为众矢之的，路德的论纲就像投入火药桶的火花，点燃了德国宗教改革的火焰。本来是为辩论准备的论纲，却成为团结社会各阶层反对罗马教皇和教会的共同纲领。

路德的论纲及其影响，引起了罗马教会上层的强烈不安和仇视。1519年7月，教皇指使罗马教会的著名神学家约翰·艾克在莱比锡向路德挑战，就教皇至上的神学信条展开公开辩论。这次辩论不仅没有消除路德思想观点的影响，反而使路德声名大振，拥护者与日俱增。1520年6月，教皇发出了开除路德教籍的通谕，下令将他的书籍当众销毁，并下令要他悔过，放弃宗教改革的主张。12月10日，路德在维滕贝格郊外当众把教皇勒令他悔过的诏书以及教皇的圣典、教令和一些天主教卫道士的著作付之一炬，公开与罗马教廷彻底决裂。1521 年 1 月 3 日，教皇利奥十世正式开除路德的教籍，并求助于刚即位的德国皇帝查理五世，而查理五世为了赢得教皇的支持也反对宗教改革。1521 年 1 月至 5 月，查理五世在沃姆斯召开帝国会议，要求路德与会并“忏悔”。由于各地诸侯对教皇的搜刮行为不满，同时也为防止皇权过大而反对皇帝与教皇勾结，他们向教廷提出各种责难，这给路德壮了胆，他在帝国会议上发表了题为《这是我的立场》的精彩演讲，坚决表示不后悔。此后，他为了躲避德国皇帝的逮捕而隐居萨克森选侯的领地，路德开始把圣经翻译成德文，为宗教改革及平民运动做理论准备。

1521 年帝国会议结束以后，德国部分较激进的市民、城市平民和农民不满足运动已经取得的成功而提出了更为激进的宗教改革主张，并自发地冲击天主教会，以闵采尔为首的激进派更是十分活跃。在路德看来，这些群众性的宗教改革活动既不符合他的宗教改革主张，也对其宗教改革构成了新的威胁。于是他撰写《劝基督徒毋从事叛乱书》，并在维滕贝格多次讲道反对群众采取暴力手段强行改革教会的做法，劝说他们服从世俗政权的领导。他亲自到德国各地去平息群众活动，并于 1525 年撰文指责闵采尔依靠暴民而不是依靠合法政权进行宗教改革。与此同时，路德也积极反对天主教教会，抨击罗马教会的错误与教廷的腐败。不仅如此，他还于 1525 年 6 月与一位叛逃的修女卡特琳·冯·波拉结婚，以实际行动反对天主教的独身主义。晚年的路德对天主教会拒绝改革的顽固立场感到完全失望，对天主教会的抨击更加猛烈，病危前还在家乡登台讲道，宣传宗教改革，反对天主教会。1546 年 2 月 18 日，路德在他的出生地艾斯莱本病逝，葬于维滕贝格大教堂墓地，享年 63 岁。

路德一生留下了大量的著作。据历史记载，1520 年出版的德文书籍、文章共 208 册，其中就有 133 册出自路德之手。比较著名的有《致德意志民族的基督教贵族书》《论教会的巴比伦之囚》《论基督徒的自由》等。

路德在《致德意志民族的基督教贵族书》这篇文章里痛斥了罗马教廷对德意志的专横、掠夺，呼吁世俗君主起来领导宗教改革，建立不受罗马教廷控制的廉价的民族教会，以世俗权威取代神权，并提出了“人人皆祭司”的原则。文章的内容充满了民族主义情感和平等观。

《论教会的巴比伦之囚》发表于 1520 年 10 月。路德在文中攻击天主教的圣礼制度，否认化体说。路德指出，圣礼是基督借有形之物赐无形之恩。

《论基督徒的自由》也发表于 1520 年。路德在文中全面论述了“因信称义”说，指出人的获救，只在信仰。人的信仰归属于精神领域，不受任何外来事物的干涉和奴役，凡有信仰者，便是自由、平等和独立的，与基督同享为祭司和为君王的尊荣，从而以信仰的权威取代了对权威的信仰。

马丁·路德的政治思想并没有系统的理论阐述，而是散见于他不同时期的著作、文章、书信和布道词中。除上述三篇外，还有《论世俗的权力》《论自由意志》，以及他在一定意义上有所意译的《圣经》，他的学生和友人记录的他与来往人士交谈内容的《桌边谈话录》等。

二、因信称义

“因信称义”是路德宗教改革思想的核心，也是其政治思想的逻辑起点。所谓“因信称义”即灵魂得到拯救的人在上帝面前被称为义，这个“义”不在于本人自己因善行所积下的功德，而在于上帝对人的恩典和人对上帝的虔诚信仰。

路德认为，人根本不可能依靠自己的努力取得外在的善功来称义、被拯救，但人人都能够领悟上帝的“救赎之恩”，上帝选定谁，就一定会把“救恩”当作恩惠赐给谁。原罪的人的唯一目标就是获得一种纯属被动的信仰，即相信上帝的正义、相信上帝仁慈的恩惠就可能使人得救和称义。

本来，路德放弃原定的律师职业进入修道院，就是希望以中世纪流行的禁食和祈祷等方法苦修来在上帝面前拯救自己，但他并未从中获得安慰。路德发现自己不得不做出渎神的行为，因而怨恨上帝为人制定法律却又使人不能遵守，又因人不能遵守而对其施加名正言顺的惩罚的现状。在经过多年的痛苦折磨之后，路德在研究《诗篇》中“你的正义搭救我”这句话时突然醒悟：上帝的正义并不是指上帝惩罚邪恶的权力，而是指它乐于向原罪的人施加自己的恩惠，用这种方法使之称义，把他们从不义的状态中解救出来。

路德认为，只有信仰才能释罪，因此，原罪的人无论取得什么外在的“事功”或苦修，都不能获得释罪、自由和拯救。他认为，整部《圣经》是由两部分组成的：一部分是箴言，教给我们什么是善，但并不给我们力量去做它，而这些内容之所以被规定下来，是为了使人认识到自己无力为善，并对自己的力量感到失望；另一部分是上帝的约许，宣布上帝的荣耀，给人恩惠、释罪、和平和自由，可以靠人的信仰获得。“所有这些东西，如果你相信，你就都会有；而如果你不相信，你就会没有它们”，“凡有信仰的，便有一切；而无信仰的，便一无所有”[①]。这样，灵魂单凭信仰而无需事功就可由上帝的约许而获得释罪，得到洁净、真理、和平和自由，丰富地拥有每一种好东西，并且真正成为上帝的儿女。信仰有三个优点：第一，就一个基督徒来说，他有信仰就万事俱备了，无需事功，而无需事功就意味着不受法律的约束。在这个意义上，我们的信仰就是基督徒的自由，其功效“并不在于让我们偷闲安逸，或者过一种邪恶的生活，而是在于让人们都无需律法和‘事功’而获得释罪和拯救”[②]；第二，既是信仰的优点又是信仰的任务，“它以极度的崇敬和最高的美名来尊崇它所信仰的上帝，因为它把他看作可信靠的和值得信仰的”[③]，而当上帝见到我们把信实归属于他时，见到在我们内心的信仰里他已受到他所应得的全部尊敬时，作为报酬他将尊重我们，把诚实和公义赋予我们；第三，“它把灵魂和基督结合起来，好像妻子和丈夫结合一样，凭着信仰的奇迹，像使徒教导我们的那

---

① 北京大学国际政治系政治学教研室．西方政治思想史原著选编：上．北京：北京大学国际政治系，1983：20.

②③ 同①21.

样，基督和灵魂便同为一体”[①]。如果这样，那便是基督所有的，有了信仰的灵魂，都可以拿来归属于他自己，并以此为荣誉，就像是他自己的一样。

既然只有信仰是人与上帝沟通的桥梁，那么鉴定是否有信仰的标志又是什么呢？

路德认为，鉴别信仰的权威只有一个，那就是《圣经》。《圣经》是唯一的权威，任何人凭借圣灵的启示都可以对《圣经》做出自己的解释以鉴别信仰的真伪。路德指出，任何东西都不可能限定上帝，因为“他是不可明言的存在，高于、外在于我们所能命名和思考的一切，谁知道我们所称之为‘上帝’的是什么？它超越于我们所能说、听和思考的物质、精神和一切”[②]。那么，世人如何认识和遵从上帝的旨意呢？路德说：“人在基督以外找不到上帝，他即或升到诸天之上或下到地狱里，或天边地极也找不到。”[③] 这也就是说，基督就是上帝的道，认识基督就可以认识上帝。路德认为，上帝之道的展现有几个层次：首先，有一种内在的、隐秘的道，是上帝内在的自我显现，对人是隐蔽的；其次，是可见的道，基督作为上帝意志的肉体化身和历史实体，人们可以通过他获得关于上帝之道的神秘知识；最后，是先知、耶稣和使徒们传讲的语言文字。《圣经》是记录上帝通过基督向人们显示其启示的唯一文献记载，因此在基督升天以后了解上帝及其意志就只能通过《圣经》。人们应“确切相信《圣经》是上帝亲自对我们所说的话。《圣经》虽说是人写的，但不是从人来的，乃是从上帝来的，不是人的书，乃是神的书”[④]。路德认为，《圣经》中有上帝的道、有基督的信息、有他救赎的功能、有对世人罪孽的宽恕和赦免。这样，《圣经》的权威就是上帝的权威，因而《圣经》成为判定信仰的权威。

既然人只有因信才能称义，而判别信仰的尺度又是《圣经》，那么如何以《圣经》为基础来确立信仰呢？路德指出，信仰是人内心对《圣经》的体验，每个信徒都可以依据自己的理性判断对《圣经》做出自己的解释，每个人都是自己信仰的决断者。路德认为，“了解和判断教义是属于每一个基督徒的”，“在我们当中有虔诚的基督徒，这些基督徒是有真信仰、圣灵、悟性、基督的道和意念的。那么，我们为什么要拒绝他们的言语和悟性，而去跟从一个没有信心和圣灵的教皇呢？这是等于反对整个信仰和基督教会”，“我们都是神甫，都有一个信仰、一个福音、一个圣礼，那么，我们对于信仰的真伪，为什么不也都有权去审察和评判呢？……为什么我们不可像没有信心的教皇一样，对哪些是合乎信仰的、哪些是不合乎信仰的，加以分辨呢？”“我们对《圣经》的解释既是本乎信仰，所以我们应该勇敢地以此来考验他们所行或未行的，并迫使他们放弃他们自己的解释，而采取较好的解释……每个基督徒都应该拥护信仰，了解信仰，维护信仰，而且斥责一切错误”，“最好你自己去做判断，不可让别人代你做判断”[⑤]。这样，在路德看来，上帝存在于人的主观性之中，存在于人的信仰之中，有多少信徒，就有多少上帝。“你怎

① 北京大学国际政治系政治学教研室．西方政治思想史原著选编：上．北京：北京大学国际政治系，1983：23.

② 李平晔．宗教改革与西方近代社会思潮．北京：今日中国出版社，1992：62.

③ 同②64.

④ 同②65.

⑤ 同②72－73.

样来信仰上帝，你也就怎样来得到上帝。”①

《圣经》的解释权到了每个信徒的手中，每个信徒都成为自己信仰的裁决者，信仰成为个人的事，成为他人无权干预的个人权利。而人和上帝沟通及获得拯救的唯一途径是信仰，那就意味着一切外在的权威和中介都不存在了。基于此，路德首先指出，真正的教会只是无形的信徒集会，是信徒以上帝的名义组成的一种集会，即信徒皆教士、人人皆祭司。“所有的基督徒都是真正地属于教会阶级的。基督徒们中间，只有职位上的分别，并无其他不同”，因此，“一个传教士在基督教世界中只是一个职位的充任者而已。当他担任某种职位时，他享有较高的地位；当他被免职以后，他仍是一个农民或一个市民，和其余的人并无分别”②。因此，路德认为把教皇、主教、教士和僧侣称为神圣的等级，把诸侯、贵族、工匠和农民称为世俗的等级是谎言和欺骗。因为，所有基督徒是否属于真正神圣的等级并不依据他们在社会中的地位和作用，而只依据他们平等的信仰的能力，这种信仰的能力使他们都可以成为虔诚的基督徒。因此，所有的信徒，而不只是教士集团，在帮助他们的兄弟，为他们谋取精神福利方面拥有平等的权利和义务。其次，也是自然而然地，路德极力贬低有形的天主教教会机构，认为教会的权威在于它介于信徒个人和上帝之间，并使二者相通的天主教传统思想，没有立足之地。“圣经除了把那些现今夸耀地称为教皇、主教和主人的人，称作为执事、仆人和管家（他们是在整个教徒团体中，为了教导信仰基督和教导信徒的自由而为其余的人服务的）之外，圣经并没有把上面所说的两类人区分开来。圣经之所以要这样称呼，也只是因为：虽然我们的确全都是同等的祭司，但不能（而且即使能够，也不应该）都来做执事并当众宣教。”③ 也就是说，被天主教奉为权威的教父们，其实与一般基督徒一样，“一切教团、僧侣和神父的功业，也应该是这样的：每一个做他自己职务里的和分内的工作，并非借它们来获得释罪，而是为了压制自己的肉体，做其他那些也需要压制自己肉体的人的榜样，也为了出于自由的爱而使自己应顺别人的意志”④。显然，路德想要说的是，基督徒的信仰只能是根据《圣经》而做出的独立判断，不存在所谓天主教主张的教会中介作用的问题。

三、教会与国家

路德认为，人类具有双重身份，属于两个王国，即属灵王国和俗世王国。在属灵王国，人是完全自由的。“每一个基督徒凭着信仰被提高超越一切事物到如此的高度，以致在属灵的权力上他完全是一切事物的主人，因而无论什么东西都不能给他任何损害；不

---

① 李平晔．宗教改革与西方近代社会思潮．北京：今日中国出版社，1992：151.

② 北京大学国际政治系政治学教研室．西方政治思想史原著选编：上．北京：北京大学国际政治系，1983：12.

③ 同②29.

④ 同②45.

仅如此，一切事物还都要受他支配，被强迫来为他的救助服务。”① 在俗世王国，人则是受管辖的。二者具有同一的主权者，都是上帝的王国，但二者又是相互完全独立的。

路德认为，要保持这种区分绝非容易的事，因为“魔鬼从未停止过将这双重王国搅在一块”②，以图给世间带来混乱与灾难：一方面，世俗权力可能力求控制教会，并支配该信仰什么和教授什么，而教皇则可能极力宣称所有尘世权力都出自他；另一方面，唯灵论的基督徒力图将福音引入只有法律才能胜任的那些领域。针对后一种情况，路德指出：“一个人若冒险用福音来统治社会或凡俗世界，那么他就变成了这样的一位牧羊人，他把一群狼、狮子、鹰和绵羊赶到一块儿，并且说：‘请随便吃吧，和和气气、平安相处吧；散开吧，遍地都是好吃的；别担心什么狗呀、棍棒呀什么的。’当然，羊群会老老实实地让自己饱餐一顿，然后和和气气、安安静静地相处，然而，它们的命是不会很长的了。”③

不过，路德批判得最多的还是天主教罗马教廷和教会的权威，因为它们企图宣称有超乎国家的优越性和权威。在《致德意志民族的基督教贵族书》中，路德指出罗马教廷方面巧妙地筑起了三道墙来抗拒宗教改革，即宗教权力高于世俗权力、只有教皇才有解释《圣经》的权力和只有教皇才有召集宗教会议的权力：“第一堵墙是：当世俗政权向他们施用压力时，他们便声言：世俗权力没有过问他们的权力，相反地，宗教权力是在世俗权力之上的。第二堵墙是：假使你引用圣经向他们加以指责时，他们便说：只有教皇才有解释圣经的权力。第三堵墙是：假使你要用召集宗教大会来威胁他们时，他们又发明了一种说法，即只有教皇才有召集宗教会议的权力。”④ 路德认为，罗马教廷所言的世俗权力不在精神权力之上，因而管不着它是不是符合基督教教义的，这等于说“无论眼睛怎样痛，但是手不许摸它；一个人不准帮助别人，眼看他走向死亡，也不准加以援助”。路德认为：“世俗权力是受上帝的委托来惩治奸邪、保护善良的。因此，我们应当让世俗政权在整个基督教世界中执行它的任务，不要加以任何阻碍。无论什么人，不管他是教皇、主教、传教士，或是僧侣、修女，世俗权力都有权来管他。”⑤ 在此基础上，路德极力攻击罗马教廷及其代理人为了牟取钱财，把不义变成正义的行为。路德进一步指出，问题的关键不仅仅在于教会滥用了这些权力，还在于教会根本无权要求在基督教社会中拥有任何这类权力。“宗教的法律如此高估牧师的自由、生命和财产，好像世俗的人根本就没有基督徒的心灵那般高尚，或者说他们似乎根本就不是教会中的平等成员。”⑥ 路德指出，教皇之所以要维持对世俗事务的权力，摆脱世俗的基督教政府的制约，唯一的目的就是要自由自在地作恶而不受惩罚。为此，路德甚至主张异端邪说必须镇压，宣传异教必须禁止。无论他的意向如何，这个结论必然导致镇压。他认为，既然教会本身

① 北京大学国际政治系政治学教研室．西方政治思想史原著选编：上．北京：北京大学国际政治系，1983：27.

② 施特劳斯，克罗波西．政治哲学史：上册．李洪润，等译．北京：法律出版社，2020：398.

③ 同②399.

④ 同①11.

⑤ 同①13.

⑥ 萨拜因．政治学说史：下卷．邓正来，译．上海：上海人民出版社，2010：34.

不能纠正缺点，建立净化的教会的希望就落在世俗统治者身上。“但这是最好的而且也是唯一的补救办法——如果国王、王公、贵族、城市和社区本身开始并开辟一条改革之路，那么那些现在感到害怕的主教和牧师们就有理由步其改革之路了。”[①] 不过，路德在这方面主张有限度、有策略地镇压。他指出：“异端邪说从来不能靠强力来消除。为此，我们需要另一种工具，而这就是除刀剑以外的争论和争辩。在这里，必须用上帝的话来进行争论。如果这样做依旧不解决问题，那么一时的强权也是绝对解决不了什么问题的，尽管它能够血染世界。”[②]

这样，路德把属灵王国与教会（这个教会是指路德所说的无形的、以基督耶稣的精神为灵魂的团体，即所有基督徒的集会）、俗世王国与国家政权在很大程度上等同起来，从而说明教会是完全受基督统治的，它的权力完全是精神方面的，因为说到底，真正的基督徒是用不着强迫的。同样，世俗的国家政权也是上帝所建，但却是完全独立的。如果世界上的人都是真正的基督徒或具有真实的信仰，那么刀剑和法律就是不必要的了。世俗政权，即刀剑是一种十分有益的工具。总而言之，一切强制的权力在路德看来都应该是世俗性质的，而教皇或主教只有反复灌输上帝之道的职责，毫无世俗意义上的权威和权力，因此，教皇和教会凭借其职位而行使世俗的司法权的任何权力要求都是对世俗权力的篡夺。当然，路德所批判的教会是当时代表罗马天主教的教会。

在路德这里，王权至上论和教权至上论的争论不存在了，教权与王权平行并统治一切的思想消失了，因为政教是分离的，各有其活动的领域。

四、世俗权力

路德认为，世俗政府行使权力具有其合法性，因为上帝是全能的，它在尘世中的主权也是完整的。世俗的政治权力是上帝委任的，服从并依赖于上帝的主权，世俗的政权在世界上的独立性是直接由上帝的意志来决定的。简言之，所有政治权力都应上帝的要求而来，并将为它服务：“因为没有权柄不是出于上帝的。凡掌权的都是上帝所任命的……他（掌权者）是上帝的差役。”“我们必须牢固地设立世俗法律和宝剑（喻君权），这样无人能怀疑它在尘世间的存在是受上帝的意志和定例所支持的。”[③] 国家是“上帝在尘世中的仆人与用人。它之建立是表达上帝对人们的关怀，是为了惩恶扬善，也是为了教会的福祉”[④]。路德认为，强迫与管束限制并不是世俗政府的最高目标，它之所以存在是为了使人类有可能无限地趋近善的生活。在一个堕落的世界上，它是尘世间对上帝的最高服务机构和最有用的机构，因而甚至可以称为神圣。

路德认为，既然世俗权力是上帝的用人与代理人，具有合法性，那么我们必须服从世俗政治权力，因为服从它也是对上帝的服从。“人们应该服从作为上帝的臣相的掌权柄

---

① 萨拜因．政治学说史：下卷．邓正来，译．上海：上海人民出版社，2010：34.

② 同①33.

③④ 施特劳斯，克罗波西．政治哲学史：上册．李洪润，等译．北京：法律出版社，2020：413.

者，并以全部畏惧和崇敬之心听命于他们，正如听命于上帝本人。”① 因为世俗权力是上帝意志的体现，所以任何对世俗政权的反抗都是对上帝的反抗，即使统治者不公正，反抗也是不应该的。每个人都应承纳他所应得的那种政府：一个善良的统治者体现了上帝的仁慈，一个专制暴君则表现出上帝的惩罚，然而无论什么专制暴君都绝不可能做出比我们的那些罪恶所应得的更大的惩罚。因此，对于一个平民来说，对世俗权力以牙还牙、以恶报恶是非法的，意味着对上帝的裁判权和告谴定罪权的篡夺，会危害自身的灵魂。“受罪无损于任何人的灵魂，它甚至还会增进和改善人的灵魂，虽然它会使肉体和财富承受损失；然而若想干坏事（如进行抵抗），就会有损于灵魂，虽然由此将得到世界的全部财富……世俗权力不可能造成任何危害，因为它与布道、信仰以及十诫中的前三诫毫无干系。”② 路德认为，顺从一个不公正的统治者实际上是人在尘世中必须背负的一个十字架，必须承受的一种苦难。因此，他极力主张服从而反对反抗：“这个世界的王公是诸神，普通老百姓是撒旦，上帝有时通过百姓做些他在另一些时候直接通过撒旦做的事，也就是进行叛乱，作为对百姓犯罪的惩罚”，“我宁容忍王公做错事，也不愿看到百姓做好事”，“对于任何一个要成为基督徒的人来说，把自己置于反对政府的地位，不论这种行为是否正当，都是绝对不合适的”，“服从并侍奉所有作为我们上司的人，乃是最好的德行。因此，与谋杀、不贞、偷窃、不诚实和所有这些可能包含的一切恶性相比较，不服从是更大的罪恶”③。当德国农民在托马斯·闵采尔的领导下发动起义，以基督博爱的名义要求广大群众开展反对贵族、教士和富豪的斗争时，路德认为这不仅违反了福音法和自然法，尤其严重的是违反了世俗法和国家法，而基督是把人的灵魂和躯体置于皇帝和世俗法之下的。于是，路德发表了《反对杀人越货的农民暴徒》这一小册子，宣称“在发生暴动的情况下，每一个人既是法官又是执法人。因此，无论谁都可以暗中或公开地把他们戮碎、扼死、刺杀，而不必担心会被说成像暴徒那样恶毒、凶狠和残暴。……现在是一个反常的时期，一个诸侯杀人比祈祷更能取悦于上帝”④，世俗政权应该采取行动，压制那些暴徒。“假如注定要遭受罪恶，那么从统治者那里受罪总比从臣民那里受罪要好。因为暴民们无法克制、愚昧无知，其每个都甚于五个暴君。那么，从一个暴君，也即统治者那受罪总比从无数的暴君，也即暴民那受罪要好。”⑤ 到这里，政治服从对平民来说已经是绝对的了。而且，路德还主张在服从专制暴君的时候要保持乐观。

同时，路德也认为，由于世俗权力是上帝意志的产物，那么世俗政治权威也要受到上帝限制，即“顺从上帝、不顺从人，是应当的”。路德强调诸侯有责任虔敬地行使上帝授予的权力，必须真心实意地服务于他的臣民，不仅要在他们当中弘扬和坚持真正的宗教，而且要保护和维持他们的和平与富足。路德指出，在两种情形下，抗拒是允许的：第一种情形是世俗权威号召我们去从事一项对他人显然不义的行为时。当统治者扯下那使之成为上帝助手的面具，并指使其臣民做邪恶和渎神之事的时候，臣民决不能服从他，

---

① 施特劳斯，克罗波西．政治哲学史：上册．李洪润，等译．北京：法律出版社，2020：417-418.
② 同①419.
③ 萨拜因．政治学说史：下卷．邓正来，译．上海：上海人民出版社，2010：35.
④ 林赛．宗教改革史：上册．孔祥民，令彪，吕和声，等译．北京：商务印书馆，1992：292.
⑤ 同①415.

即使这事关违抗君命，臣民也必须遵从自己的良心。“因此，如果一个君主热切希望进行战争，而他的理由又显然不义，我们就根本不应跟从他，更不应助桀为虐；因为上帝发出诫命说，汝不应谋杀邻人，汝不应对他人行不义。同样，如果君主吩咐我们作假见证、偷盗、说谎与欺骗等，情形亦然。此时我们应当舍弃资财与荣耀，抛舍身体与生命，这样上帝的诫命才能得到确立。”① 总之，人们没有做错事的义务。第二种情形是当世俗权力超过其正当领域、悖逆于上帝而擅自染指信仰和礼拜事务，“对人类良知和信仰颐指气使、称王称霸，并按照其疯狂的头脑来对圣灵加以磨炼”的时候。路德认为在这种情形下，我们应该对它不屑一顾。但是，虽然抗拒是可以允许的，并且在这种情况下它事实上还是一项义不容辞的职责，然而暴力抵抗却是绝对不允许的，因为用刀剑来反抗会混淆两重王国，所以应该等待上帝做出审判。路德认为，虽然统治者在政治领域可能是一位“神祇”，有权得到人们的顺从和尊敬，但在上帝面前他也是一个罪人，其权威和尊严是假借而来，并非真正属于他，而完全属于上帝。如果统治者自命不凡，上帝的审判或者将在其来生中进行，或者将表现在历史之中。路德说：“它（审判）总会发生，并且对于那些不必要地发动战争并被打得落花流水的人，审判早已发生。”“专制暴君们冒着这样的风险，即出于上帝的律例，其臣民完全可能揭竿而起，挺身反抗……杀死或者撵走专制暴君。”② 而且，虽然平民百姓企图废除既定权威或重铸国制是冒昧放肆的自命不凡的行为，但上帝却在某些时期将这一特殊的天职委托给某些人，这些人直接从上帝那里领受代理权并得到上帝的教导与指引：“不错，先生们，当大卫想打败歌利亚时，人们就教导他；人们为他披上盔甲，并给他装备起来。但大卫却不能穿戴这一盔甲。在他的心里还有着另一个主宰者，并且大卫在他还不知怎么做的时候就将歌利亚杀死。因为大卫不是什么生手，他受过这一技能的训练；他是一个能手，曾在上帝的门下受过这种训练。”③ 路德认为，这个英雄可以不服从世俗的法律和准则而领导一切叛乱，人民则可以正当地随他而起。不过，路德强调，他摆脱法律的束缚以及他创新和复兴的权力并非来自自己，而是来自上帝对他的选择，以及他对上帝的直接依赖，这份权力归属于上帝而不归属于他，是上帝的馈赠而并不会有免除原罪这一污点的意思。因此，他并不是普通百姓的楷模，那些并无来自上帝的特殊感召的人若企图仿效英雄，那就只有受难。

此外，在政治反抗的问题上，路德还网开一面。1530 年年底，当德皇试图以火和剑来征服新教诸侯的时候，路德承认了新教王公诸侯公开反抗皇帝是合法的。路德认为，根据帝国的成文法，在发生臭名昭著的不义之举的情况下，可以用武力去反抗政府，既然皇帝这样来限定自己，武力反抗当然应是合法的了。路德指出，天主教派如果发动战争，那么他们就不再是合法的统治者，他们使用武力是非正义的，因为他们的计划完全建立在武力之上，他们的事业完全依赖于拳头的力量。对他们的反抗不再是对合法的统治者的反叛，而只是以武力反抗不义之武力。后来，路德更为通俗地指出，一名僭越其职权的统治者实际上使自己自动降为了一个罪恶的平民，因而反抗他是合法的。但是，

---

① 施特劳斯，克罗波西．政治哲学史：上册．李洪润，等译．北京：法律出版社，2020：421.

② 同①437.

③ 同①438－439.

一般认为，路德的这种立场是在紧急政治危机的压力下采取的，实际上，其政治服从和不反抗的立场并未真正改变。

五、世俗职业观

路德的“因信称义”说使那些企图获救的人摆脱了一切外在的束缚，获得自由。但是，随着路德所赋予人们的自由和权利而来的，是一种新的责任和义务：人必须对自己负责，以自己的行动来体现人生的价值和意义。这就需要人转向现世生活。

罗马天主教认为，世俗的活动是肉体的事情，尽管它体现了上帝的意志，但在道德上是中性的，而人的精神的完美是以牺牲物质为前提的，灵魂的纯洁是以肉体的献祭为代价的，修道主义才是真正的天职。路德认为，修道士的生活不仅毫无价值，不能成为在上帝面前为自己辩护的理由，而且，选择修道士生活而放弃现世的义务是自私的，是逃避世俗责任。与此相反，履行职业的劳动在他看来是胞爱的外在表现。因为，上帝允许的唯一生存方式，不是要人们以苦修的禁欲主义超越世俗道德，而是要人完成个人在现世里所处的地位赋予他的责任和义务。

路德最早使用的“天职”一词是在他翻译《圣经》时所意译的，即上帝的召唤。上帝要求每一个人在他的职业中为上帝和周围的人服务。职业的价值并不在于它本身，而在于它是为上帝和周围的人服务的媒介。人们从事其职业的意义也不在于这件事本身，而在于人通过自己的职业显示他对上帝的遵从和对邻人的爱。路德指出：“基督徒应该谨慎在良好国家做良好的公民，使他们适合他们所处的环境……不要像修道僧人逃避他们的责任，不做社会上的事业，倒要设法脱离现实……我们并不是要与我们的同伴远离，乃要共同生活，互相帮助，彼此结合起来成为一体，因为这正是上帝的旨意要我们如此团结的。”“人在今生不单是为自己活着，仿佛只为今生一己工作，他乃是为世上一切人活着……因此，基督徒要在今生懒惰，不为他邻舍做工，实不可能。”“基督徒在属世的事务上要彼此服务，尤其是要关怀穷苦无告的人。”① 路德认为，上帝赋予每个人不同的天赋，因此每个人在一个团体中都有不同的天职。每个人的责任就是充分利用天职中的机会，去发挥和实践自己的潜能。每一种职业，不论高低，都是上帝的召唤和旨意，并无贵贱之分。“在这信仰里诸般行为一律平等，彼此相似；行为当中所有的区别都消失，不管他们是大，是小，是长，是短，是多，是少。因为行为之所以蒙悦纳，不是由于它们本身的缘故，而是由于信仰。”② 不仅职业无高低之分，而且从事各种职业者也无贵贱之分：“在他们中间，除了职务不同以外，没有其他的差别。”“在平信徒和神甫，贵族和主教，以及‘属灵的’和‘属世的’之间，实在没有什么差别，他们的所谓差别，不过是职务和工作上的差别，而不是‘阶级’上的差别；因为他们都是同属一阶级……”③ 路德认为，职业的分工，是为了使每个人更好地为社会和他人服务。“每一个人都有他自己

① 李平晔．宗教改革与西方近代社会思潮．北京：今日中国出版社，1992：168.
② 同①168－169.
③ 同①169.

的职务。或是缝鞋，或是打铁，或是耕田。一个献身于宗教事业的人也是如此。每一个人都应该站在自己的岗位上，按照自己的职业，为其余的人服务，所有的人都应该为共同利益而工作，犹如人身各部互相服务一样。”①

正因为从事天职是为上帝和人类服务，所以在基督徒中绝不允许有懒散、乞讨以及依靠他人劳动为生的现象。路德指出：“按照现在的荒谬风俗，有的人游手好闲，以倚靠别人的劳动过活，或牺牲别人的安逸，以求自己发财享乐，这都是不对的；因为圣保罗说：‘若有人不肯做工，就不可吃饭’。”“当今的信徒也应该帮助贫苦的弟兄，但不要帮助懒惰不愿做工的乞丐，或游手好闲的人，以及沿户募化的人。”② 不过，路德后来日益强调上帝意志的作用，认为个人应当永远安守上帝给他安排的身份、职业和地位，把自己的世俗活动限制在生活中既定的职业范围内，把绝对地顺从上帝的意志与绝对地安于现状等同起来。

虽然路德反对禁欲、反对苦修，认为这些行为是违反人性的，但他也反对对于物质和金钱的过度追求，反对以身外之物作为自己生活的目的。但是，路德并不反对致富：“《诗篇》第73篇的作者并没有敢定在今世积蓄财富之人的罪……保罗也只告诉提摩太说要吩咐在今世富足的人不可骄傲而轻视他人；但他并没有禁止人积蓄钱财。”“人若不贪爱钱财，不将金钱专为己用，即便有很大的财产也没有妨碍。”③ 不过，路德对建立在欺诈他人基础之上的掠夺行为毫不留情：“商人中间有一条为他们共同的原则，是他们用刻薄手段营利的准绳和基础。他们说：我卖货的时候要尽量把货价抬高。他们认为这是应该的。看哪，这就给人以贪财的试探，给人开了地狱的门户……‘我不管我的邻舍如何吃亏；只要与我有利，我就心满意足了。我的邻舍，就是十倍地吃了亏也不关我的事。’……若要根据这一原则去经商，就等于抢掠窃取别人的产业。”④ 路德认为，在天职中要体现对上帝和人类的爱，对他人的爱应放在首位，这种爱是无私的、舍己的，它赋予人生意义和价值，因此，它不仅是目的，而且是促使每个信徒在各自的天职中为社会和他人承担责任和义务的推动力。只有当蒙恩的人面对上帝显现在基督身上的无私的爱时，才能萌生对邻人的无私和舍己的爱。换言之，一个真正的基督徒应该表现出对他人的爱。

总之，路德的世俗职业观以人为出发点，但其价值与意义却在于上帝。

六、马丁·路德政治思想的评价和影响

路德生活的时代正是罗马天主教会在欧洲封建社会中占主导地位的时代，教皇不仅是各国国王和诸侯之上的精神权威，而且直接对各国市民阶级、农民及平民进行横征暴敛和政治上的残酷压迫，所以任何对封建制度的反抗都必然把矛头指向罗马教皇和天主教会。路德对罗马天主教会进行的猛烈抨击，激发了广大农民、城市平民及部分小贵族和诸侯对罗马教廷超国家封建神权的统治的怨愤，迎合了新兴资产阶级及下层民众要求

---

① 北京大学国际政治系政治学教研室．西方政治思想史原著选编：上．北京：北京大学国际政治系，1983：12.

② 李平晔．宗教改革与西方近代社会思潮．北京：今日中国出版社，1992：170.

③④ 同②226.

民族独立、统一和建立廉价的民族教会的愿望，恩格斯称其为资产阶级反对封建制度的长期斗争中三次大决战的第一次①，这在当时无疑具有进步意义。

首先，路德的“因信称义”学说排除了人与上帝之间其他外在的权威，蕴含着思想自由、信仰自由的精神。中世纪以后的西方社会，宗教信仰自由是思想自由的前提，思想自由首先表现为宗教信仰自由。路德用信仰否认教会的权威，用信仰取代教会和僧侣在人与神之间的媒介作用，突出信仰的主观性和自由度，从而体现了德国市民阶级独立的阶级意识和民族意识，表达了资产阶级以个人为中心的思想自由和信仰自由的愿望。

其次，路德关于“人人皆祭司”的思想是政治上民主平等的要求通过宗教形式的表达与反映。路德批判罗马天主教的教阶制度，主张基督教信徒中只有职位上的区别并无等级上的高低，教皇把人分为“宗教等级”和“世俗等级”的观念是违背《圣经》的欺人之谈，实际上一个皮匠、一个石匠或裁缝同一个主教同属于一个宗教等级，因为他们都信仰同一个上帝，在上帝面前人人都是平等的。英国学者托马斯·马丁·林赛指出：众教徒皆教士这一原则是新教与中世纪宗教追随者之间的一个显著区别，“宗教改革派的几乎所有的独特原则都与众信徒皆教士这一思想有关”，众教徒皆教士这一原则“使人们摆脱对教士莫名其妙的畏惧，它是启发人们理解完全有必要改进教会的促进剂。它是作为整个宗教改革基础的一项重要原则”②。从另一个层面看，众教徒皆教士的原则既是宗教信仰自由和平等的表现，也是人们追求政治平等在宗教观念上的体现，其政治意义在于否定封建主义的特权等级制，这正是新兴资产阶级的民主平等观点的反映。

再次，路德宗教改革的思想蕴含了对人的价值的认同。路德宗教改革是从人的境况出发，以人为中心，以人为目的的。路德认为，上帝创造世界是为了人，上帝的存在是为了拯救人，人是天地间比所有一切东西都要好的被造物。尤其重要的是，路德强调上帝是《新约》中的上帝，是作为“爱”、奉献和牺牲存在的，而不是中世纪基督教会所宣扬的作为惩罚体现的上帝，基督受难是为了拯救你、我和我们所有的人，基督受难的原因和目标在于为人而受难。既然上帝都是为人而存在的，那么对人的价值也就无从质疑和否认了。

但是，路德本身又是矛盾的，他的这些自由和平等是指基督徒的思想和信仰等精神方面的自由和平等。在世俗的生活中，他又认为人人平等是不可能的。在对待世俗生活的权威问题上，他的人格是扭曲的。尽管他猛烈地反对了罗马天主教会，但又特别强调对世俗权威的服从，对政治反抗持否定态度。当农民战争超过资产阶级所能允许的范围时，他便站到贵族和诸侯一边，指责农民的斗争，“神授君权、唯命是从，甚至农奴制度都由圣经认可了。……这样，路德不仅把下层人民的运动，而且连市民阶级的运动也出卖给诸侯了”③。这必然导致他政治思想上的专制主义色彩，正如恩格斯所说：“路德的宗教改革确实建立了新的信条，即适合君主专制的宗教。”

---

① 马克思，恩格斯．马克思恩格斯选集：第3卷．3版．北京：人民出版社，2012：761-762.

② 林赛．宗教改革史：上册．孔祥民，令彪，吕和声，等译．北京：商务印书馆，1992：381.

③ 马克思，恩格斯．马克思恩格斯文集：第2卷．北京：人民出版社，2009：244.

第二节 约翰·加尔文的政治思想

一、生平、著作和时代背景

约翰·加尔文（Jean Calvin，1509—1564），法国人，继路德之后最著名的宗教改革家，基督教加尔文宗的创始人。

1509 年 7 月 10 日，加尔文出生于法国北部皮卡第的努瓦永。他的父亲是一名律师，曾任主教的秘书，同时为教会和政府工作，后因经济纠纷被革除教籍并失去公职。他的母亲是一家旅店主的女儿，不幸早逝。起初，加尔文在诺扬城一个贵族家庭受启蒙教育。1523 年因当地鼠疫流行而赴巴黎，就读于巴黎大学的马尔奇学院和蒙太古学院。当时，路德的宗教改革之风已在这里引起争议，并有一位支持路德的学生领袖被焚，加尔文深受这一事件的影响。1528 年，加尔文获文学硕士学位，迫于父命放弃神学而进入奥尔良大学研究法律，受到人文主义的影响。但他仍钟情于神学。1531 年 5 月，加尔文的父亲去世以后，他重返巴黎攻读神学。1533 年 11 月，加尔文的一位密友在巴黎大学演讲时引用人文主义者伊拉斯谟和路德的话为自己的信仰辩护，巴黎当局怀疑加尔文是起草人而下令追捕他，加尔文只好逃离巴黎。大约在 1534 年，加尔文被路德主义的新的神学理论折服，主动放弃了天主教会的圣职俸禄，成为新教徒。1534 年 10 月，加尔文逃到巴塞尔，化名卢卡纽斯，继续研究路德派的著作和《圣经》，于 1536 年年初出版《基督教要义》。同年 7 月，加尔文赴意大利访问，因战争而绕道日内瓦，见到好友纪尧姆·法雷尔。本来加尔文不愿意放弃学术生涯而参与现世的宗教改革活动，但刚刚在日内瓦夺取政权的法雷尔劝说加尔文留下，并要求他参与宗教改革："你为你所研究问题的重要性辩护。我以全能的上帝的名义宣告，如果你拒绝帮助上帝工作，追求尘世事务而不追随基督的话，上帝将诅咒你。"① 于是，1536 年 8 月，加尔文开始了其宗教改革生涯。1537 年 1 月，加尔文向日内瓦议会提出新的市政方案，但未获批准。1538 年，日内瓦市政府发生更替，加尔文被迫移居斯特拉斯堡。1540 年支持法雷尔的一派重新掌权，加尔文在稍微犹豫之后又于 1541 年 9 月重返日内瓦，从此在日内瓦度过了其宗教改革实践的后半生。

加尔文的著作主要是《基督教要义》，最早成书于 1536 年，但全书的完成总共历时 20 多年，前后出版了 5 版，每版再版时都有修订和补充。从第一版到第五版，全文由原来的 6 章扩充到 80 章，篇幅扩大了 50 倍。全书共分四大卷：第一卷是对圣父上帝的论述，包括对上帝的认识、宗教信仰中《圣经》的绝对权威、三位一体的学说、上帝对世界的创造和管理等问题；第二卷是对圣子耶稣基督即对于体现在基督身上的救赎主上帝的论述，包括自由意志、道成肉身、十诫、基督的神人二重性及其在人与上帝之间的中介作用等问题；第三卷是对圣灵在被选召者心中的作用即信徒与基督结合的保证的论述，

① 茨威格．异端的权利．赵台安，赵振尧，译．北京：生活·读书·新知三联书店，1986：26.

包括因信称义和预定论问题；第四卷是对“大公教会”及“圣徒相通”的论述，包括新教教会的管理和基础、教会法规、圣礼、政教关系等问题。

二、预定论

同路德一样，加尔文也持因信称义的观点，强调人人皆可为祭司，强调《圣经》的至上权威，强调人人都可以阅读和理解《圣经》，强调每个信徒都能独立地依据《圣经》判别信仰，而人是凭信仰获救的。但是，加尔文进一步建立了有他自己特色的预定论和选民说。

加尔文认为，上帝意志先验地把世人分为必获拯救和必遭惩罚的两类。“上帝照他所愿意的，在人还没有生以前，拣选了他们，将他所决定赐给他们的恩典预留下来，作为他们之用”，而人的善功对人获救来说是无所助益的，“主明白说明他在人身上找不出什么能吸引他施行恩慈的原因，一切都出自他自己的慈悲怜悯；因此，神对他百姓的拯救乃是他自己的作为”。“一个人之蒙拣选和另一个人之被弃绝，都在他们未曾行善和作恶的时候；这可以证明神的预定的基础并不在乎善功。”“凡上帝所不拣选的，就是他所弃绝的，他们之所以被排除，无非只是因为他决定把他们从他所预定为他的儿女所承受的产业中排除出去。”“任何人都不可否认，在上帝创造他之前，上帝就预知他未来最终的命运。上帝知道它，因为它是被上帝自己的法令成就的。”总之，人的被救或被罚的命运是人的意志所不可抗拒和选择的，“神的旨意是不能为人的意志所拒绝，或加以阻挠的，因为他照他所喜悦的来控制人的意志”。人不仅不可能选择命运，而且也不可探究命运的原因：“人之追究神的旨意是何等佞妄的事！因为神的旨意就是，也理当是造成一切情况的原因”，“一切他所愿意的都必须被算为公正，只因为他如此愿意”①。

这样，加尔文强调上帝先在地预定获救的选民和遭罚的弃民，必然给人带来新的精神焦虑，因为人获救依靠的是上帝不可理喻的意志，甚至信仰也只能居于其次的地位。“信心诚然是和拣选相连的，但须居于次位。”② 这样，人无法确证自己究竟是选民还是弃民，必然陷入对遭罚的恐惧之中。加尔文为此指出，人在现世的成功是选民的标志，因为人心中要确信自己是上帝的选民即有信仰之后才能有恒忍的耐力去履行上帝的诫命和呼召，从而成功和获救。在这里，加尔文否认天主教以善功为获救之本的同时，把善功作为获救的外在标志。他认为，善功包括人生在世的各项活动，主要有三种形式：首先履行宗教传道和为神命做见证的义务，唤醒沉迷于罪孽之中的人；其次是遵守十诫，将其贯穿于日常生活的每一领域，不仅个人应遵守，而且相互之间有迫使他人遵守的义务；最后，热忱地从事天职，通过天职为上帝和他人服务。

加尔文认为，人类的活动、人类的职业之所以神圣，在于它是响应上帝的召唤，具有神圣的、显示上帝尊严的目的。“主的召唤是一切正当行为的原则和基础”，“神的特别

① 李平晔．宗教改革与西方近代社会思潮．北京：今日中国出版社，1992：208－209.
② 同①212.

拣选本来是隐藏着的，却由他的呼召表明出来，因此，这个呼召，可称之为拣选的证据”①。这样，人的整个生命历程就是响应上帝召唤的历程，一个人在天职中尽职，就是对神的召唤的回答，而人在天职中的成功与失败，便成为选民或弃民的标志。那么，为了证明自己是上帝的选民，基督徒就应当有信心、有恒心，通过天职的成功来证明自己未被上帝弃绝。在加尔文看来，上帝不是为人类而存在的，相反，人类的存在完全是为了上帝。一切造物只有一个生存意义，即服务于上帝的荣耀与最高权威。因此，做好天职，不仅证明自己获救，而且是一个基督徒的责任和义务。所以，在这个意义上，安于职守还不够，人还应当努力改善自己的地位，争取和利用上帝所给予的每一个获利升迁的机会，以自己事业上的成功和竞争中的胜利来荣耀上帝并证明自己被选蒙召。“凡欲于来生在天国得光荣的，在世上必须斗争，而斗争的胜利必须经历无数困难及克制敌人，始能获得。”② 这样，加尔文鼓励人们以积极进取的精神去从事每一项工作。为此，他放弃了中世纪对赚钱理论的贬斥，放弃了禁止高利贷的教会法，承认贷款取利在社会生活中是正常而不可避免的，交付利息就像交付地租一样合理。贸易也一样，“为什么从贸易的收入就不能比从土地的收入更大？商人的利润若不是来自他的勤奋和努力，那么会来自何处？”③ 在这里，加尔文的观点显然具有功利主义色彩，强调世俗的成功和财富的积累，使基督教道德理想的实现同现实社会财富积累的实践统一起来。不过，加尔文反对享乐，认为物质享受是对物质的崇拜，有违对上帝的崇拜，提倡每个基督徒在其一生中做个修士，采取一种世俗的或入世的禁欲主义。他说：“假如天堂是我们的家乡，那么尘世就不会是我们的乐土了。假如脱离尘世到完全的自由，肉体岂不是一座监狱吗？假如与上帝同在是天上的幸福，不与上帝同在岂不是悲惨吗？可是，除非我们挣脱人世，我们便‘与主相离’了。所以，如果把尘世的生活和天上的生活做一比较，尘世的生活当然毫无价值。”④ 在实践上，加尔文不仅自己的一生是舍弃现世享乐的一生，而且把整个日内瓦市变成了一座大修道院，禁止人们跳舞、唱歌，禁止妇女穿漂亮的衣服、戴漂亮的首饰，人们生活中每走一步碰到的都是“禁止”，而且充斥着密探，使得人人自危。

三、教会和国家

同路德一样，加尔文也认为人类属于两个王国：“让我们来仔细观察一下，对人类而言，政府是双重的；一个是属灵的，通过它，良知得以养成虔敬和对神圣的崇拜；一个是俗世的，通过它，个人被委以作为个人和公民必须履行的那些义务。一般以属灵的和俗世的管辖权这些不恰当的名称来指称这两种政府形式，以表现前一种类型与属灵的生命有关，而后一种类型则同现世生命的事务有关，亦即不仅同衣食住行有关，而且也同法律的制定有关。法律要求个人与他的同伴们心地纯洁、富有尊严并有节制地生活在一

① 李平晔．宗教改革与西方近代社会思潮．北京：今日中国出版社，1992：170.

② 同①171.

③ 同①173－174.

④ 同①228－229.

起。前者在灵魂中占有一席之地，后者则仅仅掌控外部行为。我们称其一为属灵王国，称另一为俗世王国。”① 加尔文指出，两重王国是不同的：“有些人一听到福音所应许的自由，是要人唯独服从基督，不注重人间的君王或长官，他们便以为若见到有任何凌驾于他们之上的权柄，就不能享受自由了。因此，他们以为除非改造整个世界，废除一切的法庭、法律和长官，以及任何被他们认为足以妨害自由的事，什么都不会好转。但是，凡能区别身体与灵魂、今生与永生的人，就不难了解基督属灵之国和属世的政府，乃是完全不同的事，而且彼此相距天壤。”②

加尔文同路德一样坚持教会和国家的各自独立性，及其相互协调和配合。一方面，世俗制度是教会的福祉；另一方面，“所有人都承认，任何一个国家，如果没有把虔敬作为其第一关怀，它是不可能成功地建立起来的”。“教会与国家，正如希波克拉底的孪生儿：当一个病了，另一个也患起病来，它们要健康就得一同健康。”③ 但是，加尔文认为，真正的教会的组织形式正如真正的教义，只能在《圣经》中寻求，而且《圣经》也为基督徒的外部行为提供了积极的指导。对外部伦理道德的控制绝不能完全听任于国家，教会也必须运用它所特有的法令，对其成员实施惩戒，即便是世俗领域中的行政首脑或统治者，他们作为基督徒也必须服从教会的教规。正如加尔文初到日内瓦时在市行政会上所说的：“这里详细说明教会授予传教士们的权力。由于他们被任命为神之旨意的管理人和公布人，他们必须冒各种危险；必须随时迫使尘世的权贵屈膝于上帝并为上帝服务。他们毫无疑问要统治最高贵者和最低贱者；他们毫无疑问要在此尘世实施上帝的意愿并摧毁撒旦的王国，保卫羊群、消灭恶狼；他们毫无疑问要告诫和指示驯服者，诅咒和消灭桀骜者。他们能张能弛；他们能挥动闪电击溃雷鸣。所有这一切均照《圣经》办事。”④ 加尔文认为，教会不仅有权力而且有责任要求所有的人服从，必要时可使用武力，并像惩罚公开的反抗一样惩罚那些持冷漠态度的人。“别人可能有其他的想法，使我自己不相信我们的职责仅局限于如此狭窄的范围之内，以至于认为，当我们宣讲了训诫，我们就已尽了我们的全部责任，便可以袖手旁观让事物自行发展了。”⑤ 这样，加尔文实质上已经把教权置于世俗权力之上。本来，加尔文在原则上是反对政教合一的，但是这样做的理由并不是要求国家摆脱牧师和教会的影响，而是恰恰相反。“教会必须自由确定自己的有关教义和道德的标准，而且也必须得到世俗权力的充分支持，以便对不服从者实施惩戒。”⑥ 因此，世俗权力的主要职责是对教会的裁决的执行施加影响，世俗权力的指导权归属于牧师而不是世俗的统治者，其结果必然是教权对人民生活和信仰的全面控制，正如他在日内瓦的政治实践一样。

---

① 施特劳斯，克罗波西．政治哲学史：上册．李洪润，等译．北京：法律出版社，2020：396.

② 北京大学国际政治系政治学教研室．西方政治思想史原著选编：上．北京：北京大学国际政治系，1983：94.

③ 同①403.

④ 茨威格．异端的权利．赵台安，赵振尧，译．北京：生活·读书·新知三联书店，1986：27.

⑤ 同④29.

⑥ 萨拜因．政治学说史：下卷．邓正来，译．上海：上海人民出版社，2010：37.

四、政体思想

加尔文认为，政体可以分为三种：一是君主政体，即由一人掌权，元首被称为君王、公爵或其他；二是贵族政体，由国家中的主要人物掌权；三是民主政体，或平民政治，政权属于全体民众。他认为，君主政体容易变为独裁政治，贵族政体不难变为少数党的寡头政治，但民主政体则容易转为叛乱。加尔文指出，贵族政体，或者贵族政体与民主政体相配合，要优于君主政体。因为，如果君主一人掌权，他就很难约束自己，使其意志不符合公正和正直，而且他也难以做到慎思明辨。所以，由于人本身的罪恶和不完善，只有使政权掌握在许多人手中，让他们彼此帮助、相互规劝，若有人越权，别人就可能监督并约束其野心，这样比较稳妥。不过，在一种政体内，若自由与适当的约束相调节，而且是建立在一个巩固的基础上，就是一种好政体。这种政体中的人民也最愉快，保守这种政体则是他们的天职。当然，为了达到这个目的，官吏更要全力以赴，不让他们受上帝之托应加以保卫的自由被减损或破坏。如果漠不关心，就是不忠于职守，等于背叛国家。但是，如果上帝安排的是另一种政体，他们就不应夺取政权，因为这样做是愚妄无效和完全违法的。加尔文认为，实际上在上帝的安排下，不同的国家是以不同的政体来治理的。组成国家的成分不同，统治的方法也就必然不同。

实际上，虽然加尔文认为贵族政体或其与民主政体相结合是最好的，但归根结底政体又是上帝的安排，人不能选择和改变。

五、世俗权力的合法性及其职责权限

加尔文认为，世俗政府的存在是上帝的意志。“因为属灵的统治在地上使天国多少在我们心内开始了，并在这暂时的今生中将多少不朽的永生之福赐予我们。但是政府乃是为我们活在世上时所设立的，为要维持对神的外表崇拜，保存纯正的教义，维护教会的组织，并约束人的行为，使之符合社会的要求，遵守国家的法律，彼此和睦，维持治安。倘若现在那在我们心中存在的神的国把今生终止了，我承认这一切就都是多余的。但是倘若神在我们渴望那真实之国时，仍要我们在地上做客旅，而且倘若这些帮助乃是我们做客旅所必需的，那么凡把这种帮助取消的，就是剥夺人的本性。”① 上帝之所以要在俗世设置政权，是因为它对人类社会是必要的。“若想废弃政权，乃是野蛮不近人情的；它对人类是如面包和水、阳光和空气一样重要，而且更为优越。因为它不仅供应这种东西，使人得以呼吸、饮食、存活（政府使人群共处，确是包括这一切的事在内），而且使偶像崇拜、对神之名的亵渎、对神之真理的侮辱，以及别种冒犯圣教的事，都不敢公然产生或传播在人民中间；使治安不受骚扰；使每人能享受他的产业，而不受侵犯；使众人共同交易，而可免于欺诈不义；使正直与谦恭可培植于人间；总之，使共同的宗教能以维

---

① 北京大学国际政治系政治学教研室．西方政治思想史原著选编：上．北京：北京大学国际政治系，1983：95.

持于信徒中间，且使人道能以维持于人间。”① 这就是说，世俗权力的存在既是上帝的旨意，又是现实的需要，因而其存在合理合法。

君主和官吏是世俗权力的主体，因此加尔文首先考虑官吏问题。他认为，“主不但宣布官吏的功能是他所赞许所接纳的，而且用极尊荣的称号来向我们推崇官吏”②。所以，官吏之职不但是圣洁合法的，而且在人生中是最神圣尊荣的。不仅一般人对此不应当怀疑，而且官吏更应这样认识。只有这样，才会促使他们忠于职守，并可在他们行使职权面临艰巨的困难时得到安慰，因为凡是知道自己是施行神之公义的人，应当会追求正直、谨慎、仁爱、节制和清白。“他们若知道他们的法庭，即是活神的宝座，他们怎敢在法庭上容纳邪恶呢？他们若知道他们的口，即是宣扬神真理的工具，他们怎敢不公平定案呢？他们若知道他们的手，是被派书写神的命令，他们怎能签署邪恶的法令呢？”③ 正是在这个意义上，加尔文认为指责神圣的政治与宗教及基督徒的虔敬不相融洽的人是对上帝的侮辱，因为指责他所委任的统治就是指责了他。

加尔文认为，官吏的首要责任是促进宗教信仰。因此，长官在位，要维护人民的清白、廉正和安宁，增进大家的安全与和平。但是，如果长官不能使善人脱离恶人的侵害和救助被压迫的人，就不能完成上帝所委派的事务，所以他们必须拥有权力来压制邪恶和严厉惩罚扰乱治安的人。

官吏施刑不是出于本身，只是执行上帝的判断，因而与信德是一致的。本来上帝教导不可杀人，但杀人者不能不受惩罚，因此需要施刑来处置犯罪的人。伤害毁灭本来与信徒的品性不相符，但是奉神的命，为义人申冤，既不是伤害，也不是毁灭。在这方面，长官不受一般律法的管制，因为上帝虽然借助律法来约束一般人，但并不拘束他自己的公义，这公义是他借官吏的手来实行的。“倘若拔剑追讨恶人乃是真的公义，那么当横行无忌的恶人刀上染满了血时，你若收刀入鞘，不去追讨，这种容忍，不但不能赞美为善良和公义，反而是最大的不义。”当然，不能过于残忍而没有仁慈。因此，长官在履行职责而动用权力时，要避免两方面的错误：一方面不可过于残酷，以至于伤害甚于医治；另一方面不可过于宽厚仁慈，以至于姑息恶人、贻害大众。

加尔文指出，官吏是神所任命的，靠他的权柄，人们可免于恶人的恶意和伤害，平安稳妥地度日。这是官吏的职责，也是百姓可以从官吏那里得到的利益。如果人们不利用官吏的帮助，官吏便失去其作用，人们向官吏求助，是符合福音的。但人们求助于官吏的方式及官吏履行职责的方式是诉讼，因此，加尔文进一步论述了他关于诉讼的观念。他认为，存在两种对诉讼缺乏正确认识的人，即过于好讼的人和指斥一切诉讼的人。第一种人好诉讼，不与他人诉讼就不快乐，而且在诉讼时存有恨人之心和报复之心，力图使对方趋于毁灭而不求和解，或者恐怕被人看作行了不义，因此以求得公道为借口而掩饰自己的刚愎。加尔文认为，一个人固然可以通过诉讼取得公道，但作为一个基督徒却没有理由去仇恨对方、蓄意伤害对方，或者不存怜悯之心逼迫对方。因为，诉讼对于使

---

①② 北京大学国际政治系政治学教研室．西方政治思想史原著选编：上．北京：北京大学国际政治系，1983：96.

③ 同①98.

用得当的人来说才是合法的。加尔文指出，诉讼的正当用法应该是：对原告来说，如果其自身或财产受了损伤，要求官吏保护，就可提出控诉，要求公道赔偿，但不要心存报复或愤恨，宁可准备放弃权利、遭受损失也不可仇恨对方；对被告来说，被告要按期出庭，尽力用最好的理由为自己辩护，只能存有一个维持自己正当权利的念头。如果在诉讼中心存恶意、忌妒、报复以至减少爱心，那么诉讼就成为邪恶的事了。官吏的援助是上帝的圣洁恩赐，人不应当使它被我们的过失所玷污。至于后一种人，加尔文认为他们指斥一切诉讼实际上是指斥上帝的命令，是指责使徒保罗犯罪。他认为，通过诉讼而由审判官所施的报复，不应当视为人的报复，而是上帝的报应，因为上帝正是借用官吏来为我们施行报应的，所以诉讼并没有违背基督所谓"不要与恶人作对，有人打你的右脸，连左脸也转过来由他打；有人想要告你，要拿你的里衣，连外衣也由他拿去"的吩咐和禁令。虽然基督徒应在此事上宁可让步而不涉及诉讼，因为一涉及诉讼，心中就难免不对弟兄动怒怀恨，但是一个人若能不损爱心来保护他的财产，而且假如损失对他太严重了，他就可以进行诉讼。总之，加尔文认为，问题的关键不在于诉讼本身，而在于进行诉讼时所应遵循的原则：凡不按爱心或没有爱心的诉讼都是不公平和不虔敬的，凡有爱心的诉讼都是正当合法的。

加尔文认为，世俗政府和君主还有进行战争的权力。因为他们既经接受保卫领土安宁、绥靖叛乱、解救民国、惩罚罪行的权力，那么，他们执行权力就应该击退那足以扰乱个人安全和国家治安的暴行、背叛、压迫和残暴等种种不法的事。因此，按照天理和职务的性质来说，君主武装，不但是要用公义的惩罚来制裁个人的罪行，而且是要用战争去保护领土、抵抗侵略，这种战争是合法的。但是，长官应当谨慎，不能情感冲动而过激。他们即使要用武力来对付一个武装强盗般的仇敌，也不应该轻易寻找机会，甚至机会来临时也不应主动利用，除非是迫不得已。总之，他们行使作战的权力必须以大众的利益为前提。正是因为有作战的权力，所以驻戍、联盟和军备才算合法。驻戍即驻扎军队于城市，保卫一国的边疆；联盟即邻近国家的君主彼此订盟，若有骚乱兴起就彼此援助，联合起来抗御人类公敌；军备即用来作战的各种武器装备。

此外，加尔文认为，世俗政权还有收取赋税的权力。"贡赋和税收乃是君主的合法财源。"这项财源，君主可以而且首先应该用来支付公费，但也可用来维持皇家的豪华，因为这与政府的尊荣密切相关。由于君主所居的职位，使用公款并不算背叛虔诚。但与此同时，君主自己应当谨记，国家的财源并非他们私人的收入，而是全体人民的收入，所以不能浪费，否则就是违反公义。"他们理当视此项财源为人民之膏血，若不加爱惜，乃是极大的残暴不仁；各项赋税只应当视为补助国家的需要，若无缘无故增加人民的这种负担，即是暴虐的抢夺。"[①] 因此，君主收取税赋的权力是有限度的。不过，君主即使超过普通生活的限度，百姓也不应当鲁莽放纵地去批评。

加尔文指出，官吏是借助法律来履行其职责的，亦即世俗政权要受法律节制。他认为，法律是国家政制的神经系统，是国家的灵魂。没有法律，官吏无从存在；反之，没

① 北京大学国际政治系政治学教研室．西方政治思想史原著选编：上．北京：北京大学国际政治系，1983：107.

有官吏，法律就没有力量。法律是不言的官吏，官吏是展言的法律。加尔文认为，法律有三种形式，即道德律、礼仪律和裁判律。所谓道德律是纯正的道德和圣洁生活的永久标准所不能或缺的法律，它包含两重意义：一是命令人们用纯洁的信心和虔诚崇拜上帝，二是吩咐我们用至诚的爱对待别人。道德律是有关正义的真实而永恒的法律，是为万世万国凡愿意顺服上帝旨意的人而定的，因为上帝的旨意就是既要我们都崇拜他，也要我们彼此相爱。裁判律是给人们作为政治上的宪法，为的是教导人们一些公道和正义的规则，以使他们和平无害、彼此相处。礼仪虽然属于虔诚，但与虔诚本身有别；裁判律虽然是为了保存上帝的道德律所要求的爱，但与爱本身也有区别。因此，礼义律可以作废，但并不破坏或损伤虔诚；裁判律虽然可以取消，但爱的规律和本身仍须永远遵行。加尔文认为，各国都可以按照爱的道德自由地制定适合本身的法律，虽然形式上不同，但有着同一目的。不仅制定法律要具体问题具体分析，而且在执行法律时也要因时间、地点和国家而异。加尔文说："倘若一个国家为骚动所扰乱，由这种骚动所产生的邪恶，就须以新的法案来纠正之。战争时期，干戈扰攘，若不以胜于通常的惩罚，使人生畏惧之心，则一切人道行将被遗忘。当饥荒瘟疫时期，若不施行更严厉的处置，则万事将趋于混乱。"[①] 这就表明，加尔文把道德律作为立法原则，认为它是不可改变的，而礼仪律和裁判律可以因条件不同而加以变更。

六、政治服从与政治反抗

加尔文认为，百姓对于官吏，首先应对他们的职司有最尊敬的心，把它看作上帝所委托给官吏的权柄，把官吏看作上帝的仆人和代理人。他指出，有些人对官吏的顺从虽然是因为他们知道官吏对于公益是必要的，但却把官吏本身当作必不可少的恶，这是不对的。他认为，百姓理当顺从君王和官吏，不仅是因为惧怕他们的权柄，而且是因为对君王和官吏的服从就意味着对授权给他们的上帝的服从。加尔文特别强调，顺从不是对官吏个人，而是对职分本身。因此无论是谁来做治理者，只要拥有相应的职位，就应该得到尊敬与顺从。

百姓对官吏的尊敬和顺从，主要是应听从命令、缴纳赋税、履行义务、负担有关国防的责任，并遵守其他法令。不仅如此，百姓为了表明他们的服从不是虚假而是充满诚意的，应当在上帝面前为治理他们的长官祈祷祝福。在这一点上，人不能自欺，因为抗拒官吏就是抗拒上帝。虽然对一个没有武力的长官似乎可以轻视，但是上帝却有能力对那蔑视他的人施行报应，以儆效尤。而且，加尔文认为顺从官吏还包含个人对公务应有的自制，在他们未得到奉命的时候，就不应当干涉国家的事、贸然擅取官吏的职务或承担任何公务。即使国家在行政上有事必须予以纠正，百姓也不能自己动手，只能告知官吏，因为只有官吏有权纠正公事。

加尔文进一步指出，不仅对那些以正直诚信来治理的君王要服从，而且对一切掌权

① 北京大学国际政治系政治学教研室．西方政治思想史原著选编：上．北京：北京大学国际政治系，1983：110.

者，甚至对不尽职的政府，也应当服从。因为上帝虽然证明官长是他宽仁所赐的保障人民安全的殊恩，并向官吏自己规定了本分的范围，但他也同时宣布不管官吏的品格如何，他们的政权都是从上帝而来的。那些为公众的福利进行治理的政权，是上帝恩慈的镜子和雏形，但那些以残暴不仁来治理的政权，也是上帝用来惩罚百姓的不义的，因此，他们都拥有上帝赋予一切合法权威的神圣尊严。即使是品格最坏和最不配受尊敬的人，若拥有政权，就拥有了上帝赋予他的施行判断和公义的尊贵的神权，百姓对这种官吏也应当用敬重贤君的那种礼仪来表示服从。加尔文说："每一个具有正常理解力的人都相信，假如可以通过任何手段摆脱不公正和专制暴虐的统治的话，那么甘受此类统治显然是极为荒谬的。而且在人们之中盛行这样一种观点：若想耐心地忍受它，这属于某种既卑下可怜又奴性十足的思想，而挺身反抗则是属于某种勇敢而高尚的思想。事实上，在哲学家们看来，报仇雪耻并不是罪恶。但是，上帝却谴责这种过于高傲的精神，而命令其人民忍耐下去，而人类则把忍耐看作极丢脸的举动。"① 也就是说，政治服从是上帝的旨意，不应违背。

尽管加尔文极力主张对君主和官吏应最大限度地服从，但也留有余地，即存在政治不服从和反抗的可能性，因为"我们臣服于统治我们的那些人，但只臣服于那些按照上帝的意志统治我们的人"②。

加尔文认为，政治服从是对上帝的服从，因此，这种服从不能离开对上帝的服从。他指出："但是我们在服从政府权威一事上，首先应有一个为我们所应注意的例外，那就是说，我们不当被诱惑而不服从神，因为神的旨意，乃是一切君王所当服从的；神的命令，乃是君王的一切命令所当屈服的；神的尊荣，乃是君王的一切王权所当顺从的。"③ 如果服从统治者不虔敬的意旨，反倒会被神定罪。加尔文指出："当世俗君主起而反抗上帝时，便放弃了他们的全权，并且，不值得在人类中得到承认。当他们是这样的不安分并妄图篡取上帝的权力之时，我们宁愿唾他们的头而不愿服从他们。""虽然他们拷打我们的肉体，暴虐和残酷地对待我们，我们必须承受这一切，正如圣保罗所说的。但是，当他们反对上帝时，必须取缔他们，就像弃绝穿破的鞋子，无须任何说明。"④ 那么，在这里，就有一个标准：我们若情愿忍受任何苦难，而不离弃虔诚，我们就是真正履行了神所命令我们的服从，但我们不能服从使人败坏的命令，更不能服从官吏对上帝的不虔诚。不过，在这里，加尔文还未提及反抗，仅谈论了不服从。

那么，这里就有一个难题：对于一个政府总是力图迫使他不顺从上帝的人来说，他该如何作为呢？加尔文的回答是，他可以逃走，而且抗拒也是可以的，因为抗拒是对特殊的成命而言的，但反抗不行，因为反抗是对权威的废除。但一般说来应乞求于上帝，因为他掌握一切君主的心和国家的变迁。而且，上帝最终会毁坏暴君血腥的王权，推翻专制的政府："他假手于埃及人，征服推罗的狂傲；假手于亚述人，征服埃及人的骄纵；

① 施特劳斯，克罗波西．政治哲学史：上册．李洪润，等译．北京：法律出版社，2020：431.

② 同①420.

③ 北京大学国际政治系政治学教研室．西方政治思想史原著选编：上．北京：北京大学国际政治系，1983：122.

④ 李平晔．宗教改革与西方近代社会思潮．北京：今日中国出版社，1992：231.

假手于迦勒底人，征服亚述人的凶暴，并在古列王征服玛代人后，假手于玛代人和波斯人，征服巴比伦的自恃。”① 但是，我们应当极其谨慎，不得轻视或冒犯长官的权威，因为纠正暴政是上帝所施的报应，并没有交给百姓。

不过，加尔文还进一步探讨了民选行政长官以人民的名义进行反抗的可能性。他指出：“这样，如果有些人今日被选为行政官员，被委任来节制君主们的放荡不羁（正如长老议事会一度被用来制衡斯巴达国王，或者像护民官们被用来制衡罗马执政官，或者像德莫议事被用来制衡雅典元老院）（如今的三大社会阶层在每个领域，无论何时召开显贵会议，所使用的权力都是一样的），那么，我根本犯不着阻止他们按照其法定权能抗阻君主们残暴。反倒如果他们无能地纵容君主们对最下层平民的压迫和欺侮，那么我就会宣告他们犯有背信之罪，因为他们不老实地出卖了人民的自由，他们本知道自己被任命做自由的神圣保卫者。”② 值得注意的是，加尔文把有权进行反抗的行政长官称为“民选”而非“下级”长官，强调他们是为节制国王们的权力而被任命的，如果他们对穷凶极恶的国王们不进行反抗，就是一种罪恶的欺骗性背叛，因为这是对人民选举权的一种欺骗性背叛。

七、约翰·加尔文政治思想的评价和影响

加尔文是继路德之后最有影响力的宗教改革家，其政治思想更具有资产阶级色彩。

首先，加尔文的职业观适应了资本主义经济发展的要求。恩格斯指出：“但是，在路德失败的地方，加尔文却获得了胜利。加尔文的信条正适合当时资产阶级中最果敢大胆的分子的要求。”③ 他的预定论基础上的职业观，为资本主义自由竞争和原始积累做出了充分的论证。恩格斯说：“他的宿命论的学说，从宗教的角度反映了这样一件事实：在竞争的商业世界，成功或失败并不取决于一个人的活动或才智，而取决于他不能控制的各种情况。决定成败的并不是一个人的意志或行动，而是全凭未知的至高的经济力量的恩赐；在经济变革时期尤其是如此，因为这时旧的商路和中心全被新的所代替，印度和美洲已被打开大门，甚至最神圣的经济信条即金银的价值也开始动摇和崩溃了。”④

其次，加尔文主张教会的共和化和民主化，他规定废除教皇和主教制，神职人员由选举产生，并从世俗教徒中选举教会管理人员，由教士代表议会管理宗教事务。这种共和倾向，对政治发展的意义是巨大的。恩格斯指出：“加尔文的教会体制是完全民主的、共和的；既然上帝的王国已经共和化了，人间的王国难道还能仍然听命于君王、主教和领主吗？当德国的路德教派已变成诸侯手中的驯服工具时，加尔文教派却在荷兰创立了一个共和国，并且在英国，特别是在苏格兰，创立了一些活跃的共和主义政党。”⑤

但是，加尔文在实践中的表现却与其理论存在着极大的反差。当法国国王先后颁布迫害新教徒的法令，一部分新教徒主张实行武装反抗并已经与天主教徒发生冲突后，加

① 北京大学国际政治系政治学教研室．西方政治思想史原著选编：上．北京：北京大学国际政治系，1983：121.

② 施特劳斯，克罗波西．政治哲学史：上册．李洪润，等译．北京：法律出版社，2020：422－423.

③④⑤ 马克思，恩格斯．马克思恩格斯选集：第3卷．3版．北京：人民出版社，2012：762.

尔文闻讯后写信表示反对；当著名苏格兰新教领袖诺克斯在日内瓦发表文章批评英国政治，提出用政治革命的手段达到宗教目的是合法的时，加尔文立即禁止他的文章在日内瓦发行；当法国宫廷内部的一些新教徒打算通过政变方式消灭把持朝政的天主教集团时，他断然拒绝支持，并在政变失败后予以谴责。这就是加尔文在现实中的表现：他不但反对私人反抗，而且还反对宗教领袖和宫廷贵族领导的反抗。

此外，加尔文本人具有独裁倾向。在日内瓦，他实际上建立的是神权政治。尽管他反对罗马天主教教皇和教会，但他却又把自己创立的宗教教义绝对化，实际上成了新的教皇，从而抛弃了路德从因信称义中得出的思想自由和信仰自由的自由精神，并以此为基础残酷地迫害不同意他的教义的异端，其中最著名的事件是处死塞尔维特。塞尔维特是西班牙科学家，他发现了血液在心肺之间的微循环，因不赞同加尔文的神学观点，而针锋相对地出版了自己的《基督教真义》小册子，遭到加尔文的日内瓦政权的追捕，最后被加尔文主导下的日内瓦当局用文火烤死，这种残酷手段即使在中世纪也是罕见的(中世纪的火刑一般先绞死或让死囚失去知觉后再用火焚)。在加尔文的统治下，日内瓦人民相互监督和告发，每一个人对其他人都抱着怀疑态度与仇意，很少有仁爱的精神存在。在加尔文死后的两个世纪，日内瓦不仅没有出过知名的科学家，而且没有出过世界闻名的画家、音乐家和艺术家。这不能不说是一个巨大的悲哀！

进一步阅读书目

1. 马克思，恩格斯．马克思恩格斯文集：第2卷．北京：人民出版社，2009.

2. 马克思，恩格斯．马克思恩格斯选集：第3卷.3版．北京：人民出版社，2012.

3. 路德，加尔文．论政府．吴玲玲，译．贵阳：贵州人民出版社，2004.

4. 加尔文．基督教要义．钱曜诚，等译．北京：生活·读书·新知三联书店，2010.

5. 北京大学国际政治系政治学教研室．西方政治思想史原著选编：上．北京：北京大学国际政治系，1983.

6. 李平晔．宗教改革与西方近代社会思潮．北京：今日中国出版社，1992.

7. 施特劳斯，克罗波西．政治哲学史：上册．李洪润，等译．北京：法律出版社，2020.

8. 林赛．宗教改革史：上册．孔祥民，令彪，吕和声，等译．北京：商务印书馆，1992.

9. 茨威格．异端的权利．赵台安，赵振尧，译．北京：生活·读书·新知三联书店，1986.

10. 萨拜因．政治学说史：下卷．邓正来，译．上海：上海人民出版社，2010.

第五章

马基雅弗利的政治思想

阅读与思考

历来研究马基雅弗利（又译马基雅维里、马基雅维利）的学者，总是希望知其人而解其意，从其生平、品性之中了解其政治思想的逻辑和线索。如果仅仅通过马基雅弗利的政治生涯来解读其《君主论》的真意，恐怕会得出“文如其人”的结论。但如果同时研读他的《论李维》，又可以看到他对共和主义精神的推崇和向往。阅读马基雅弗利的《佛罗伦萨史》，可以从中发现他一贯注重从历史和经验中思考和研究政治的分析方法。他的戏剧名篇《曼陀罗》中，则充满了对基督教伪善道德的无情嘲弄和讽刺。需要关注和思考的是，马基雅弗利是一位极具现实主义情怀的思想家，他基于现实主义的认知方式分析政治权力，一针见血地指出了人类社会关系中最本质的一面，即人性恶引起的利益冲突，以及其“目的证明手段正确”的论断对以往政治哲学的极大挑战。马基雅弗利在西方政治思想史上的作用不可替代，他在中世纪晚期预示了近代政治思想的来临，使政治理论摆脱了道德和神学，揭开了政治思想史上新的一页，被马克思、恩格斯称为文艺复兴时代的“巨人”；如果没有马基雅弗利，就难以真正理解近代乃至整个现代西方政治生活的精神根基——从历史和经验中强调人的自然属性，进而肯定人的自然欲求的合理性，确定了以利益和权力为核心的政治生活的世俗性而非神圣性。这个西方近代政治思想的逻辑起点，是由马基雅弗利确定的。

关键词

人性　君主　权术　共和　政治　道德

第一节　生平、著作和时代背景

一、生平和著作

尼科洛·马基雅弗利（Niccolò Machiavelli，1469—1527），文艺复兴时期意大利著名的政治思想家、政治活动家和历史学家，是近代资产阶级政治思想的奠基人之一。

马基雅弗利出身于佛罗伦萨的一个没落的贵族家庭，父亲是一名律师，他有弟妹三人。家境的贫寒使马基雅弗利不能像其他富家子弟那样投奔名师学习，而主要以自学为主，而自学的经历使他独立思考的能力得以充分发展，摆脱了当时囿于经典著述、不求创新的学习风气。在当时的意大利，学习希腊文和拉丁文成为风尚。马基雅弗利也通过自学掌握了拉丁文，在12岁时他已经能用拉丁文写作，并接受了古典著作中非神学的世界观，这对他的政治观点的形成有重大影响。马基雅弗利曾在佛罗伦萨大学得到了一些人文主义学者的训练和指导，接受了当时的新教育。这些经历为他日后投身于政治外交活动奠定了基础，也对其政治思想的形成起到了重大的指导作用。

马基雅弗利的政治生涯与佛罗伦萨共和国重建和再度覆灭相始终。马基雅弗利早年充任政府的一般官员。1494年，法国国王查理八世入侵意大利，佛罗伦萨美第奇家族的皮耶罗向法军投降。这一举动激起了佛罗伦萨人民的强烈反抗，佛罗伦萨人民在多明尼克修士萨沃纳罗拉的领导下趁机起义，重新建立了共和国。1498年，29岁的马基雅弗利因与法国政府交涉有功出任佛罗伦萨共和国"自由与和平十人委员会"秘书，主管军政和外交工作，任职直到1512年佛罗伦萨政权覆灭。在14年的政治生涯中，马基雅弗利与行政当局内层的密切关系使他获得了实际政治运作的第一手资料。作为佛罗伦萨共和国外交事务的负责人，马基雅弗利在任职期间先后到国外进行了多次的外交活动，与法国国王路易十二、德意志神圣罗马帝国皇帝马克西米利安一世都有过接触。这些丰富的外交经验使马基雅弗利深刻了解到当时尔虞我诈、钩心斗角的国际交往和许多国家统治者外表冠冕堂皇、实际却阴险狡诈的本质，真实的观察和经验的分析构成了他所阐述的政治思想的现实依据。

1512年，美第奇家族在西班牙的支持下卷土重来，颠覆了共和国政府，重新统治了佛罗伦萨。马基雅弗利被捕，受了四次刑罚，获释后他回到了自己的圣卡西亚诺庄园，过着隐居的生活。在此期间马基雅弗利潜心研究古代历史，观察思考政治现象，探索治国之道，完成了体现其政治思想的两部重要政治著作：《君主论》和《论李维》（又译《论蒂托·李维前十本（罗马）史书》）。隐居期间马基雅弗利屡屡上书，愿为国出力，终不为所用。1527年美第奇家族再度被推翻，马基雅弗利试图恢复旧日地位，但因为他一度追随美第奇家族政权而再次遭到新政府的拒绝。1527年，马基雅弗利在郁闷中去世。

恩格斯在《自然辩证法》中说："马基雅弗利是政治家、历史编纂学家、诗人，同时又是第一个值得一提的近代军事著作家。"[①] 马基雅弗利著述颇多，主要著作有《君主论》

① 马克思，恩格斯．马克思恩格斯选集：第3卷．3版．北京：人民出版社，2012：847.

《论李维》《佛罗伦萨史》《兵法》等。《君主论》是马基雅弗利被免职以后的第一部著作。在《君主论》中，他集中论述了其君主政体理论和君主统治术思想。《君主论》是马基雅弗利意欲敬献给美第奇家族首领小洛伦佐的一部关于君主统治术的小册子，其资料来源是马基雅弗利在政治、外交、军事实践中的积累。《君主论》完成后并没有获得统治者的垂青。直到马基雅弗利死后五年，这本书才在教皇克雷芒七世的赞助下得以发表。二十年后《君主论》被列为禁书。书中所体现的人文主义思想、经验主义视角及其对道德的冷漠，对权力的关注和对法律、财产的论述都为近代资产阶级政治思想奠定了基础，也正是这些思想使马基雅弗利赢得了近代资产阶级政治学奠基人的美誉。与《君主论》相比，《论李维》是一部大部头的著作，此书比《君主论》大四倍。书中主要对作者理想的政治体制，即以古罗马共和国的政治体制为楷模的政体模式予以阐述，并抒发了他的爱国热情和希望统一意大利的热切愿望。《论李维》是《君主论》的姊妹篇，这两部著作的完成时间大体相同，但在这两部著作中似乎体现了作者对于国家和政府的不同的政治倾向。后世的一些思想家甚至认为这两部著作体现了作者前后矛盾的政治观。其实如果具体考虑作者当时的写作环境和当时意大利内忧外患的状况，我们就会发现作者写作这两部著作的目的是一致的。马基雅弗利最关心的问题是治国之道、兴邦之术、强国之策和衰国之虞，这两部著作集中论述了国家兴衰的原因和政治家维持统治的手段这一主题，只有把两部著作结合起来才能充分理解马基雅弗利的政治思想。

二、时代背景

15—16 世纪的欧洲正处于由封建社会向资本主义社会转变的过渡时期。在这期间政治思想领域发生了许多深刻的变革，它象征着中世纪神学政治观的结束，近代以权力为核心的法学政治观的开始。这些变化与其说是政治观念自身的变化，不如说是由现实的社会、政治制度转变而导致的结果。马基雅弗利正是处于这样一个变革的时代，资本主义生产关系普遍萌芽，近代专制主义民族国家产生，文艺复兴运动和人文精神得到弘扬，这些政治、经济、思想领域的变化无一不对其思想产生了重大的影响。

(一)资本主义生产关系的普遍萌芽

资本主义生产关系的萌芽最早可以追溯到 13 世纪中叶意大利的农奴解放时期。农奴制度作为促成封建关系形成的重要元素，它的废除意味着封建庄园经济的彻底解体和庄园制度的没落。与之相对应，由于当时城市的发展，城市国家不仅需要大量的农产品源源不断地运入城市，而且需要扩充新的人口，一些工业发达的城市国家还需要大量的自由劳动力。于是那些富庶的城市国家和政治权力日益强大的国家就掀起了农奴解放运动。农奴制废除使得农产品可以毫无阻碍地进入城市，由于各种原因获得自由的农民也不断涌入城市，成为城市国家发展最为需要的廉价劳动力。随之而来的一种新的工业生产形式——工场手工业诞生了。工场手工业是资本主义产生的出发点，“以分工为基础的协作或工场手工业，最初是自发地形成的。一旦它得到一定的巩固和扩展，它就成为资本主义生产方式的有意识的、有计划的和系统的形式”[①]。

随着农业和手工业的发展，劳动工具和生产技术的革新（当时出现了水力和风力牵引的机器，脚踏纺车、织布机以及熔铁炉等生产工具。中国的三大发明——火药、指南针、造纸术也传入西欧），社会分工的扩大，以及美洲新大陆和亚洲新航路的发现，欧洲的商品生产不断增长，世界贸易得到了极大的发展。“美洲的发现、绕过非洲的航行，给新兴的资产阶级开辟了新天地。东印度和中国的市场、美洲的殖民化、对殖民地的贸易、交换手段和一般商品的增加，使商业、航海业和工业空前高涨，因而使正在崩溃的封建社会内部的革命因素迅速发展。”[②] 这个革命因素的主体和代表是城市中等阶级即资产阶级。资产阶级的产生意味着中世纪以来的社会结构发生了根本的变化，这一变化必然带来政治制度和政治思想领域相应的改变。“政治思想和政治实践方面的上述变化反映了欧洲社会整个基础性结构的变化。尽管这方面的变化在各地都带有不同的地方色彩，但是这些变化在各地却又都是一样的。到 15 世纪末，多年来不断展开的经济变革积累在一起便导致了对中世纪各种制度的革命性重构。”[③]

（二）近代专制主义民族国家的产生

当时所谓的民族国家（national state）就是指使用同一语言的人民在同一政治组织下生活的国家。如果在许多地方政权之上建立起统一的政权，能把地方政权纳在统治之下，肃清地方主义，这便可以称作民族国家。民族国家的形成在当时是一种不可逆转的历史潮流，推动这一潮流的既有语言、教会与文化的作用，又有生产力发展这一主要动力。首先，在语言方面，13、14 世纪的西欧，许多不同语言的发展，渐渐促成了各民族特性的形成。凡是使用同一语言的人彼此之间都有一种亲切之感，这十分有助于民族国家的成长。其次，当时各地的教会虽然承认基督世界的统一性，但他们也渐渐由于各种原因认识到了民族性的重要，因此非基督徒的统治组织也能以民族组织的楷模形式存在。最后，中世纪后期古代罗马法治精神复活，这对于加强国王力量是十分有利的。

生产力的发展是社会进步的主要动力。中世纪末期，随着生产力水平的不断提高，资本主义生产关系的兴起，对于扩大贸易、统一市场和结束战争的呼声响遍了整个欧洲大地，封建专制制度和教会统治已完全不适应社会发展的需求。君主和人民的力量大大抬头，近代专制主义民族国家作为中世纪封建领主制与近代国家之间的一种过渡的政治形式应运而生。近代专制主义民族国家的形成过程始终伴随着两对矛盾斗争。那就是：代表先进生产力和社会发展方向的资产阶级与代表封建庄园经济的教会与贵族的斗争，以及希望日益扩大自身权力的君主与教会势力的斗争。

到了 15 世纪，西欧的封建制度已经呈现出逐渐衰败的状态。新兴资产阶级为了发展市场经济，扩大交换贸易的规模，希望迅速结束封建领主经济四分五裂的状态，结束封建领主之间毫无意义的战争，建立统一的民族国家与市场。而封建贵族为了维护自身的

---

① 马克思，恩格斯．马克思恩格斯选集：第 2 卷．3 版．北京：人民出版社，2012：216.

② 马克思，恩格斯．马克思恩格斯选集：第 1 卷．3 版．北京：人民出版社，2012：401.

③ 萨拜因．政治学说史：下卷．邓正来，译．上海：上海人民出版社，2010：4.

统治地位和行将灭亡的特权，更加紧了对劳动民众的压迫和剥削，千方百计地阻碍和破坏统一的民族国家和市场的形成与发展。这样新兴的资产阶级与罗马教廷等反动势力之间便形成了一对尖锐的不可调和的矛盾。当时新兴的资产阶级虽然具备日益增长的经济实力，而且逐渐积累了组织和管理经验，聚集了一批优秀人才，提出了新的国家和社会理想，但是由于它们刚刚登上历史舞台，在政治上的力量还很薄弱，要与当时还十分强大的封建贵族和教会势力作战，它们不得不依靠国王的力量，与之联合。“自罗马帝国以降，欧洲社会中第一次出现了一个既有钱又掌握企业的人数相当可观的阶级。由于显而易见的理由，这个阶级是贵族的天敌，也是贵族所造成的分裂和失序的天敌。他们的利益倒向了无论是在国内还是在国外都属于‘强’政府（strong government）的一边。因此，国王成了他们天然的政治盟友。就当时的情形而言，他们乐于看到国王的权力得到加强，因为这能够打破束缚中世纪君主之手脚的种种制约和限制。当时，他们还不能奢望用控制议会的方式来对抗贵族的影响，因而他们乐于使代议制置于君主的支配之下。”①

中世纪末期，欧洲国家普遍发生了政治体制上的重大转型，集中体现就是各民族主权国家相继确立起来，并且由等级代议君主制过渡到君主制。英国民族国家的成长开始于13世纪初，完成于15世纪末。经历了1337年至1453年的百年战争后，英国和法国分离开来。接着经过了玫瑰战争后，亨利七世统治的开始意味着都铎王朝的专制主义统治正式确立。在法国，虽然封建贵族的势力十分强大，但经过百年战争，那些威胁王权的中世纪机构遭到了严重的打击，国王在平民和新兴城市的支持拥护下得以建立强有力的国家政府，王权得到巩固。1439年，国王通过议会掌握了国家全部的军权和征收国税的权力。到15世纪结束之前，几个最为强大的封建领主都俯首称臣。法国成为欧洲最统一、最和谐、最团结的国家。西班牙在13世纪时就已经具备了民族国家的形式，发展到16世纪已经较为强大了。1492年，国王斐迪南二世把伊斯兰入侵者的最后阵地格拉纳达收复，西班牙的国土完全回到西班牙人手中，到查理五世即位时，西班牙已成为坚实统一的民族国家。此外，瑞典、波兰和匈牙利也于15世纪之前建立了统一的民族国家。民族国家的建立、君主专制的加强在客观上实现了国家的领土统一并保证了领土之内的秩序，国内统一的市场逐步形成。凡阻碍工商业发展的种种制度都被予以扫除，以保护工商业的发展，因而，城市工商阶级，即早期的资产阶级，在专制政府的保护下壮大起来。

由此可见，虽然君主专制制度仍是封建阶级最大限度强化统治权力的政体形式，但它的存在可以扫除阻碍资本主义发展的封建割据势力，为资产阶级最后夺取政权做了必要的准备。“随着路易十一世在法国、亨利七世在英国，斐迪南和伊莎贝拉在西班牙先后登台，君主的权力在力量和声望上都达到了前所未有的高度，并且在他们的继承人的统治下得到了进一步的加强。尽管这些不同的君主国之间的差异是巨大的，但它们本质特征上的相似性都证明，这种演进在上述各国都是符合不可抗拒的社会趋向的。”② 恩格斯也指出：“在这种普遍的混乱状态中，王权是进步的因素，这一点是十分清楚的。王权在

① 萨拜因．政治学说史：下卷．邓正来，译．上海：上海人民出版社，2010：4-5.

② 马斯泰罗内．欧洲政治思想史：从十五世纪到二十世纪．黄华光，译．北京：社会科学文献出版社，1998：13.

混乱中代表着秩序，代表着正在形成的民族［Nation］而与分裂成叛乱的各附庸国的状态对抗。在封建主义表层下形成的一切革命因素都依赖王权，正像王权依赖它们一样。”①

（三）16 世纪的意大利

到了 16 世纪，尽管西欧的资本主义生产关系已经普遍萌芽，统一的民族国家在许多地区得到了建立和巩固，但是历史的进步并不是对每一个国家都整齐划一，当绝对君主制在法国、西班牙和英国都已大功告成时，最早出现资本主义生产关系萌芽的意大利却还是封建割据状态，邦国林立。

由于世界贸易中心由地中海沿岸向大西洋沿岸的转移，16 世纪的意大利经济发展受到了严重的影响。经济上发展缓慢，政治上四分五裂、分崩离析、腐败不堪。当时的意大利半岛上有南部的那不勒斯王国、北部的米兰侯国、东北部的威尼斯、中部的佛罗伦萨共和国和罗马共和国五个国家。这五个国家互相抗衡，不断发生纠纷。这样的意大利国内经济联系十分薄弱，每个国家都在国境上设立关税壁垒，甚至禁止一些货物的输入，根本没有可能形成统一的国内市场，这严重阻碍了地区经济的自由发展。与此同时，落后的意大利还经常遭受法国和西班牙等国家的侵扰。“在意大利，没有一种力量强大到足以统一整个半岛的程度。意大利人忍受了暴政所带来的所有屈辱和压迫，但却从中几乎没有得到丝毫的补偿。暴君之间的分裂，又使得这块土地变成了法国人、西班牙人和日耳曼人的牺牲品。”② 这样的混乱分裂状态与意大利的经济发展产生了极大的矛盾。作为最早产生资本主义生产关系萌芽的意大利，具有资本主义性质的手工工场和商业已经有了一定的发展，特别是威尼斯和佛罗伦萨出现了更多的资本主义工商业，这对国家统一提出了迫切的需求。这些统一的需求与现实的尖锐矛盾集中体现在马基雅弗利的政治思想当中。

（四）文艺复兴与人文精神

14 世纪末到 16 世纪初，随着生产力的发展，欧洲封建社会逐渐解体，资本主义生产关系逐步形成，新兴资产阶级逐步登上历史舞台。作为由封建社会内部产生的进步性革命力量，随着自己经济力量的壮大，资产阶级必然要求用自己的世界观改造社会。因此，15、16 世纪在思想领域，新兴资本主义和没落封建势力之间的矛盾斗争在整个欧洲以一场思想文化革命的形式出现了，这就是历史上著名的文艺复兴运动。

文艺复兴发端于意大利。从词源上看“renaissance”一词源于意大利语“rinasaita”，是再生、新生的意思，字面意义为古学复兴或再生。也就是说，文艺复兴运动就是一场代表新兴资产阶级的思想家搜索、整理、发掘、翻译古代著作并从传统文化中寻找自己的思想资料的过程。古希腊的世俗文化突然成为人们关注的焦点。难道这场史无前例的文艺复兴运动只是古典文化的再现，只是文艺复兴巨匠在发思古之幽情？答案是否定的。代表新兴资产阶级的思想家是在以古鉴今，借古讽今。在复兴古典文化外衣的掩护下，

① 马克思，恩格斯．马克思恩格斯全集：第 28 卷．2 版．北京：人民出版社，2018：234.

② 萨拜因．政治学说史：下卷．邓正来，译．上海：上海人民出版社，2010：9.

利用古希腊哲学中的唯物论思想和无神论传统来反对禁锢人们思想千余年的宗教神学；利用罗马法的某些原则来为新兴资产阶级的要求提供依据；利用古代人类学中的以人为中心的现实主义风格来反对以神学为中心的腐朽的封建文化。因此，文艺复兴并不是古典文化的简单再现，而是资产阶级进行的一场反封建的巨大的政治思想和文化教育的革命运动。

文艺复兴运动发轫于13—14世纪的意大利，后来迅速波及欧洲其他国家，其波及范围之广、影响领域之大可谓史无前例。“这是一个需要巨人并且产生了巨人的时代，那是一些在学识、精神和性格方面的巨人。这个时代，法国人正确地称之为文艺复兴，而新教的欧洲则片面狭隘地称之为宗教改革。”① 当时几乎在所有思想文化领域都有体现文艺复兴思想的巨匠。除诗人但丁外，还涌现出了意大利的薄伽丘、彼特拉克、彭波那齐、瓦拉；尼德兰的爱拉斯谟；法国的蒙田、拉伯雷；英国的莎士比亚等。除了文学家和艺术家之外，文艺复兴运动还在政治法律思想领域产生了重要的代表人物马基雅弗利和博丹。就连教会本身也在德国的马丁·路德和瑞士的加尔文的影响下点燃了改革的烈焰。可以说，文艺复兴在整个欧洲的思想文化界掀起了一场意识形态领域的洪波巨澜。

文艺复兴是新兴资产阶级同封建宗教势力展开的一场意识形态领域的大搏斗，其目的便是建立属于资产阶级自身的思想体系，其中最能体现当时资产阶级思想体系内核，也最能反映文艺复兴运动实质的便是人文主义。它是体现在不同领域的文学艺术创作的一条基本主线。

人文主义是文艺复兴运动的主体。它的鲜明特点是以“人和自然”这两个范畴为核心，强调人与自然的和谐，要求重视人、爱惜人、赞美人。如果说欧洲古代的“实在”是自然，中世纪的“实在”是神的话，那么自文艺复兴时代开始的近代资产阶级的“实在”就是人。“如果说15世纪的人文主义在不同文化中心表现有别的话，那么它却有某些共同的特征。这些特征作为已经完全变化了的对人的了解和看法，向各处渗透，所到之处深刻而彻底地革新着那里的面貌。”② 针对中世纪以来以神为中心贬低人的地位、蔑视人的尊严、轻视世俗生活的主张，人文主义提倡“个性解放”“个人幸福”，反对封建束缚和禁欲主义，肯定人的尊严、人的伟大，肯定人能充分发展其智慧、知识和力量，肯定个人的努力能揭开宇宙的秘密，并为人类谋求幸福等。人文主义的核心内容体现为：

首先，人本代替神本。人文主义思想最核心的内容就是以人性代替神性，人本代替神本，强调人的理性作用，以此来反对教会权威和信仰主义。在漫长而黑暗的中世纪，基督教神学和教会鼓吹宗教信仰和盲目服从，强迫人们承认教会是人们世俗生活和精神生活的权威。人文主义者却尖锐地指出天主教的全部罪恶就在于鄙视人的存在。人是有理解能力、自制能力和辨别是非善恶的能力的。要全面理解人的价值，就应该把人与野兽进行比较，而不要把人与全知全能的上帝进行比较。但丁曾说过：“人的高贵，就其许多的成果而言，超过了天使。”英国戏剧家莎士比亚在其剧作《哈姆雷特》中说：“人是

---

① 马克思，恩格斯．马克思恩格斯选集：第3卷．3版．北京：人民出版社，2012：843.

② 加林．意大利人文主义．李玉成，译．北京：生活·读书·新知三联书店，1998：3.

多么了不起的一件作品。理性是多么高贵，力量是多么无穷，仪表和举止是多么端正，多么出色。论行动，多么像天使，论了解，多么像天神！宇宙的精华，万物的灵长！”人是有理性的动物，这一命题最早在古希腊时期亚里士多德便提出过，文艺复兴的思想家们重新阐释这一命题，其目的是弘扬人性，借此反对宗教权威，抵抗神性。

其次，个性解放代替封建桎梏。人的理性使人类区别于动物而成为一种高贵的存在。那么人的理性究竟是什么？人的理性又在哪里？人文主义者认为人的理性就存在于人的自然本性当中。这种自然本性的具体体现就是意志的自由和个性的解放。神权最大的不合理和罪过就是为了神而牺牲了人，泯灭了人的理性，扼杀了人的意志自由和个性的解放。在文艺复兴时期的人文主义者看来，人具有按照自己的判断选择自己的生活道路、克制自己的欲望的能力。人是有理性的，因而人是自由的，人的意志和个性都不应受到限制。在拉伯雷的《巨人传》中，作者设计了一个自由平等的理想社会——德廉美修道院。在这里，互相信任代替了尔虞我诈，自由平等代替了清规戒律。修道院里唯一的一条原则就是“想做什么就做什么”。从以上资产阶级人文主义者的呼声中，我们可以看出他们对打碎封建等级桎梏和建立一种新的能代表资产阶级自由平等原则的社会规则的强烈渴望，这便是近代早期个人主义自由思想的最初萌芽。

最后，以世俗伦理反对禁欲主义。在中世纪神权关于理想国家的政体与社会模式的理论中，最核心的就是人应无条件服从神祇、人法应服从神法的观点，其具体的现实表现便是禁欲主义。人文主义者把眼光从神转向人，从天堂转向尘世，以人为起点观察和解释事物。中世纪神权所主张的禁欲和天国幸福的论断，在人文主义者看来是泯灭人性的，人文主义者提出了现世幸福和世俗享受的主张，提出了“灵”与“肉”的一致性主张。彼特拉克认为人应该首先认识自己，不认识自己就不能认识上帝。他说：“我不想变成上帝或者居住在永恒中，或者把天地抱在怀抱里。属于人的那种光荣对于我来说就够了。这是我祈求的一切。我自己是凡人，我要求凡人的幸福。”人文主义对现世幸福、世俗伦理的颂扬打破了中世纪神权认为现世物质生活即是罪恶的传统。这种把人作为一切出发点和归宿的主张在当时无疑具有极大的历史进步作用。此外，人文主义还初步表达了某些民主思想，提出了私有财产神圣不可侵犯，发展教育、尊重科学等主张，从而建立了以人文主义为基础的一整套反对神权和封建专制主义的思想体系。

人文主义思想作为文艺复兴运动的核心，其历史进步意义无疑是巨大的。这种以人性代替神性、以个性解放代替封建桎梏、以世俗伦理代替禁欲主义、以人的自由意志和自由奋斗代替宗教宿命的思想，无疑把神支配人、教会支配凡间社会这一颠倒了的中世纪原则又重新颠倒过来，恢复了人和世俗社会的统治地位。人们的眼界打开了，思想解放了，对于上帝和天堂的信念动摇了。思想牢笼一旦冲破，呼吸到自由的新鲜空气的人们所焕发的力量和热情是不可限量的。文艺复兴在思想解放上所起的历史作用是难以估量的，这一思潮是新兴资产阶级世界观的反映，是指导其与封建贵族斗争的思想武器，也是资产阶级对人类思想的一次伟大贡献。

当然，由于历史和阶级的局限，也由于思想家们自身知识结构的原因，人文主义不免带有一定的局限性，如人文主义从资产阶级抽象人性论出发，把人仅看成是自然的理性的动物，而忽视了人与人之间的以生产关系为基础的社会关系，没有真正揭示人的社会属性。再如，人文主义虽然反对宗教权威，但是并没有实际脱离宗教神学的影响和束缚，反对神学的斗争具有不彻底性。

第二节 人性论基础

在西方政治思想史上，从柏拉图到中世纪，大多数的政治学家都本着政治道德化、人性本善的观念，用道德掩盖政治，使政治从属于道德。到了中世纪，神学政治论更是使政治沦为神学的婢女。马基雅弗利一反以往的研究方法与固有观念，毫无顾忌地大肆宣扬性恶论，并以此为基础构筑自己的整个政治学理论体系，从而成为近代第一个使政治学与伦理学彻底分离的思想家。

作为文艺复兴蓬勃发展时期的人文主义代表人物，马基雅弗利从来都是以人的眼光而非神的眼光来观察事物，以历史和现实的方法来看待政治问题。他认为，要解决现实问题必须以历史经验为依据，而历史和现实之间之所以相似是因为历史的发展中有一条贯穿始终的主线，这就是人的本性。“马基雅弗利关于政治策略的几乎所有的观点都是以这样一项假设为依凭的，即人的本性在本质上是自私的，因而政治家所必须赖以为凭的有效动机也是利己主义的（egoistic），比如说，民众对安全的欲求以及统治者对权力的欲求。”① 马基雅弗利认为，人类天生都是自私自利、见利忘义的。人类的一切行为都是为了满足人自私的欲望，并且人的欲望总是无止境的，它总是超越了人自身的能力所及。欲望无穷而能力有限，这一对不可解决的矛盾总是困扰着人类。从古至今，所有人都无一例外地受到利欲的驱使，所有人都毫无道德可言，“除非形势使然，人永远不会行善；反之，如果有自由选择的空间，混乱脱序立刻如影随形”②。人性是邪恶的，这是马基雅弗利对人性的总体评价。正是基于人类的普遍利己主义，马基雅弗利提出了私有财产神圣不可侵犯的主张，提醒君主们“务必不要碰他人的财产，因为人们忘记父亲之死比忘记财产的丧失还来得快些”③。

此外，人类还是诈伪轻浮的，他们见利忘义，但又不知感恩图报，他们是如此计较个人的得失，以至于欺骗和背叛成为人们常用的伎俩。“因为关于人类，一般地可以这样说：他们是忘恩负义、容易变心的，是伪装者、冒牌货，是逃避危难、追逐利益的。当你对他们有好处的时候，他们是整个属于你的。正如我在前面谈到的，当需要还很遥远的时候，他们表示愿意为你流血，奉献自己的财产、性命和自己的子女，可是到了这种需要即将来临的时候，他们就背弃你了。”④ 人是不可信的，人民服从君主也只是出于不得已，一旦自己不受压迫，他们就企图压迫别人，一遇到可能，他们就会倒戈推翻君主的统治。因此，君主如果完全信赖人们而缺乏其他准备的话，他就难免灭亡的命运。

马基雅弗利关于人性本恶的结论一改古希腊罗马人性善的观点，这与其所处的历史

---

① 萨拜因．政治学说史：下卷．邓正来，译．上海：上海人民出版社，2010：15.

② 马基雅维里．论李维罗马史．吕健忠，译．北京：商务印书馆，2017：19.

③ 马基雅维里．君主论．潘汉典，译．北京：商务印书馆，1985：81.

④ 同③80.

时代和当时意大利的社会状况有着十分密切的联系。他不太关心作为一般人类动机的恶和利己主义，而是更关注这种利己主义在意大利的泛滥。在当时的意大利，马基雅弗利看到了社会腐败的典型，国民的社会道德趋于败坏，公民缺乏道德和献身精神，宗教信仰失落，谎言欺诈充斥社会，人们目无法纪，暴力事件层出不穷，财富和权力分配严重不均等。这些现象对马基雅弗利性恶论的得出有着重大的影响。马基雅弗利虽然认为人性本恶，但他不是一元论式的性恶论者，并不是对人性不抱有任何希望。人性虽恶，但人又很怯懦。他不能把自己的背信弃义、自私自利完全付诸行动并推至极点。因此，人不是像天使一样完美至极，但也不是像魔鬼一样一无是处。人类的善恶在某种程度上受国家和社会环境的影响，社会组织和领袖们可以在某种程度上改变人们的本性。人类在某种情势下具有合作的可能性，尤其是当人类面临逆境、生命受到威胁时，人们可以表现出勤勉、德行、勇敢和自制力等优良品性。马基雅弗利在论述人性恶的时候也给人类的自然需求和欲望赋予了合理性内涵。对于权力、名誉、财富的追求是人类必须和应该从事的事业，这种欲望无可非议。这对于中世纪禁欲主义道德观无疑是巨大的打击。

人性恶的观点虽然并不是由马基雅弗利首创的，但他却是将人性恶说引入近代政治原则的第一位思想家。他认为，在人类社会中世俗生活的最基本内容是人们为了生存以及满足自身的各种自然要求而进行的经济生产活动，是人们围绕着现世社会的各种利益而展开的冲突和斗争。在这种冲突和斗争中，人与人之间的争斗是阴险而残酷的。正是在这个意义上，人的自然属性又构成了人类恶之本性的天然基础。又由于人的世俗生活是人类最基本的生活，所以人的世俗生活中最基本的活动原则，也正是基于人的这种恶的本性而产生的。所以由人的某种善良本性而推导出来的道德生活原则绝不能作为社会生活的基本原则。“就马基雅维利本人而言，他对道德问题的看法无疑还是非常清晰的。我们已经看到了他的价值表格；而且也已发现，他从不试图把道德置于实在的必要性与权宜性之上。”[①] 中世纪社会生活的伪善性，正是源于它将基督教的伦理道德理念作为社会生活的基本原则。马基雅弗利的性恶论以及人类社会生活由人性本恶所推动的观点，不仅从人性论的角度为他的政治观奠定了基础，而且，从更深刻的意义上讲，这种观点破天荒地对人类的精神领域和世俗事物领域做出了明确的划分。也正是在这个基础上，他将政治的概念严格地限定在人类的世俗生活之中，使其成为与道德毫不相关的独立社会活动和研究对象。

马基雅弗利的性恶论与后世的霍布斯关于人性的论述有相似之处，但二者分析人性的出发点却迥然不同。霍布斯是从人的心理出发来推演论证，而马基雅弗利却是个纯粹的经验主义者。他的性恶论几乎都是从其自身的亲眼所见和亲身经历所得出的。从这个角度看，马基雅弗利不能被称作一个纯政治理论家。“马基雅维利的政治论著与其说属于政治理论，不如说更属于外交文献的范畴。”[②] 这种从经验得出的人性本恶的论断构成了马基雅弗利政治思想的前提，也成为近代政治理论非道德政治论的逻辑起点。

---

① 沃格林．政治观念史稿：卷四：文艺复兴与宗教改革（修订版）．孔新峰，译．上海：华东师范大学出版社，2019：106.

② 萨拜因．政治学说史：下卷．邓正来，译．上海：上海人民出版社，2010：11.

第三节 政治思想的主要内容

一、政治权力论

在近代西方政治思想史发展的历史脉络中，《君主论》是一部具有奠基意义的作品，因而被后人视为近代政治学说的起点。其根本原因在于马基雅弗利在这本书中提出了一种完全独立于传统伦理道德体系的新的政治哲学，即基于人性恶观念之上的权力哲学。近代政治思想也正是在这个逻辑起点上展开了一种新的理论体系。

政治的核心命题是国家。古往今来，任何一个政治思想家的政治思想无一不是以国家为出发点和落脚点的。古代和近代政治学者的分野主要是对政治和国家的认识有所不同。在古希腊罗马时期，思想家们把追求善作为人类社会的最高价值目标。政治和国家自然应服务于这一道德目标，也就是说国家因道德而存在。到了中世纪，政治与宗教结下了不解之缘，但是善仍然是政治的目标，只不过这个目标从人间被搬到了天国，上帝成为最高的善。马基雅弗利挣脱了古代伦理政治观和中世纪神权政治理论的束缚，从人性恶出发，创立了自己的非道德、非神权的政治观，即权力政治观。

既然国家是由人组成的共同体，那么人的本性必然对国家的产生、国家的本质有重大的影响。马基雅弗利认为国家之所以会产生，其根源是人类邪恶的本性。他说人类最初和动物没有任何差别，也像动物一样分散活动，他们没有组织，没有国家，处于一种原始的无序状态。后来由于人口的增加，更重要的是由于人们有着无穷无尽的追求财富和权力的欲望，这种欲望占有和吞噬着人类，使人类反复无常，忘恩负义、贪婪狡诈。这样人与人之间的斗争就不可避免了。如果让人的本性自由发展，那么人类将陷入一场毁灭性的自相残杀的战争状态。为了更好地保护自己，人类自愿联合起来，从自己的队伍中选举领袖，服从其领导，制定并颁布法律与刑罚，禁止欺凌，通过权力来确保人们的性命和财产。马基雅弗利通过实证的方式对有史以来的人类社会生活的真实图景予以揭示和总结，尖锐地指出政治绝非人类社会的一种道德活动，而是一种因人与人之间的利害关系而引起的社会冲突，是由人的各种欲望而引起的斗争。人们围绕权力而展开的斗争和统治者通过权力进行的政治统治，实质上是人在社会中围绕利益而进行的角逐和强者对弱者的欺骗和压迫。可见，在马基雅弗利看来，国家与政治的产生不仅与道德无关，而且恰恰是人类非道德的产物。“像马基雅维利那样直言不讳地宣称，政治上要成功，就必须心狠手辣，不惜违反适用于私人生活的一切道德观念，这在基督教欧洲是从未有过的。”① 正是人与人之间的利害关系而引起的社会冲突和人的欲望引起的各种斗争才产生了国家。国家的产生和存在的价值与目的不是那种先验的正义与道德的良善，更不是救赎所谓堕落的人类。既然政治的目的与道德无关，那么政治活动中的行为规律也绝不是什么道德原则在起作用，它是一种人与人之间实力的较量。只有不择手段地使自

① 瑞安．论政治：上卷．林华，译．北京：中信出版社，2016：475.

己增强实力并取得权力，才能在这种斗争中成为强者，取得胜利。政治本身就是恶的，其手段也必然为恶，由此也可以推论：作为政治活动核心的公共权力也必定是一种恶的产物。判断一种政治行为是否得当，不是根据行为者的道德意图，而是根据这种行动所产生的社会和政治后果，凡是有利于达到政治目的的就是正当的。在马基雅弗利的国家理论里，不是国家权力为道德和宗教目标服务，而是道德和宗教为国家权力服务。只要对国家权力的巩固有利，就不会产生是否符合道德的问题。

马基雅弗利国家学说的最大特点就是其世俗的价值取向，这种取向在马基雅弗利之前就已经存在。亚里士多德曾探讨过如何使国家继续存在而不谈国家的好坏。早在 14 世纪初期，意大利的思想家马西略就曾对社会政治共同体的世俗性质进行过论述，他把社会看作一个自给自足的政治实体，社会从自身中产生管理、控制现世事物的各种功能，而道德或宗教对现世事物的影响则在社会的控制范围之内。马西略认为信仰和理性各有其应然的对象。信仰提供来世前景，但却不为理性所理解；信仰涉足现世则必须服从社会法则。马西略关于政治世俗化的主张对马基雅弗利产生了很大的影响，但马基雅弗利的政治世俗主义倾向却远远超出他的任何一位前辈。这与马基雅弗利对基督教原则的深刻理解和其对现实教会行径的敏锐观察不无关系。对于中世纪教会长期用虚伪道德欺骗人民，而教皇本人虚伪自私的本性，马基雅弗利给予无情的揭露。关于基督教，马基雅弗利认为“这种生活形态使世界变得文弱，使它成为恶徒予取予求的猎物，因为信众为了来日荣登天国，遭受打击时心里想的是如何忍辱负重，而不是如何报仇”[①]。基督教使人的性格缺乏独立性，甚至形成一种卑屈驯服的奴隶性格，基督教甚至比不上古代一些更强有力的宗教。“我们的宗教认为最大的幸福就是谦逊、恭顺以及对世俗事物的轻视，而其他宗教却相反，认为至上之善是灵魂的崇高、体魄的强健以及令人望而生畏的种种素质。……在我看来，基督教的这些原则会使人变得软弱，使他们更易落入恶人之手。这些恶人知道，大多数人因为想升入天堂而宁愿忍受伤害，也不进行报复，因此这些恶人便可以更加牢牢地控制他们了。”[②] 可见正是中世纪黑暗的教会统治使马基雅弗利对教会宣扬的道德乃至古希腊的道德价值重新审视，并将其排除于政治之外。以上便是马基雅弗利关于道德与政治、宗教与政治关系的主要观点。在这其中，有两点值得我们注意。

首先，马基雅弗利是一个非道德论者而不是反道德论者。他认为政治应该脱离道德的束缚，但他并不一般地反对道德，他更不否认道德对生活的约束意义。马基雅弗利不是提倡道德败坏的人。相反，他认为道德和宗教对社会政治生活会产生很大的影响。一个道德败坏的民族不会有良好的统治。“马基雅维利对于芸芸众生的道德和宗教对社会生活和政治生活的影响并不是漠不关心。他赞同统治者用不道德的手段去达致某种目的，但是他却从不怀疑一个民族的道德败坏会使善政变得完全不可能。”[③] 马基雅弗利钦佩古罗马人和当时瑞士人的公民道德，他认为这些道德源于家庭的纯洁和人们生活的独立，源于生活方式的简朴以及履行公共职责的忠诚和可靠。但是，从意大利的现实出发，意

---

① 马基雅维里．论李维罗马史．吕健忠，译．北京：商务印书馆，2017：188－189.

②③ 萨拜因．政治学说史：下卷．邓正来，译．上海：上海人民出版社，2010：13.

大利的统一需要残忍、暴力、欺骗甚至背信弃义的君主。即使是这样，马基雅弗利也没有完全放弃道德的准则，他在论述阿加托克雷获取统治权的过程中这样说道：“他的野蛮残忍和不人道以及不可胜数的恶劣行为，不允许他跻身于大名鼎鼎的最卓越的人物之列。”① “屠杀市民，出卖朋友，缺乏信用，毫无恻隐之心，没有宗教信仰，是不能够称作有能力的。以这样的方法只是可以赢得统治权，但是不能赢得光荣。”② “一位君主必须有一种精神准备，随时顺应命运的风向和事物的变幻情况而转变。然而，正如我在前面说过的，如果可能的话，他还是不要背离善良之道，但是，如果必须的话，他就要懂得怎样走上为非作恶之途。”③ 可见，马基雅弗利不是一味地反对和排斥道德，而是对道德的一种冷漠。其思想核心是改变政治以道德为目的的理论，希望以此来推进意大利的统一进程。“马基雅弗利坚称，道德的要求与政治实践的要求相抵触。此言甚确，但令人难以接受，因为马基雅弗利挑明了这种抵触，却没有建议任何调和的方法。”④

其次，马基雅弗利虽然对神学政治论予以否定，并且对罗马教会的恶劣行径深刻鞭挞，但他并不反对宗教和教会本身。宗教的话题在《君主论》中几乎没有涉及，但在《论李维》中占据了重要地位。虽然马基雅弗利个人并没有深厚的宗教经验，对宗教的神秘成分更是毫无热情，但是他认为，宗教可以作为统治者对臣民施加统治的工具。他把宗教看成是穷人伦理道德的综合，因而，有宗教的地方比较容易使用武力和维护纪律。宗教对于统治者的价值在于他可借助于它使人民循规蹈矩地整合起来，尊重宗教和教会是统治者必须遵循的策略。由此可以看出，马基雅弗利对宗教的态度是实用主义的，它把宗教看成是政治的调和剂，作为政治统治的工具。他对斐迪南以宗教为借口进攻非洲、意大利和法兰西大为赞赏，并且认为罗马城邦统治的秘密就是利用宗教手段来激励和恐吓民众，使他们为共同的幸福而奋斗。“研究罗马史的人都明白宗教运用在指挥军队、激励平民、使人向善、使恶人知耻的功能有多大。”⑤ 因此，马基雅弗利反对的不是宗教本身，而是政治服从于宗教的观点。他的所有政治理论都建立在宗教服从于政治、宗教事务服务于世俗事务的观点之上，宗教的作用不可小觑，但不应夸大宗教的功效。

对于国家的本质，马基雅弗利更是与古代的伦理政治观和神权政治观完全划清了界限，在他的思想中再也看不出宗教神学的蛛丝马迹。马基雅弗利的国家学说与古代罗马的政治传统也分道扬镳，显示了鲜明的近代色彩。古希腊罗马的政治家们把政治的核心问题归结为道德伦理，视正义为政治和国家的出发点和归宿，国家的本质就是为了追求“至高无上的善”。为此，人们自然而然地要求政治生活。马基雅弗利却认为政治源自人的恶的本性，是一种恶的存在。它应重视权力的维护而不是什么道德的良善。权力是政治的核心内容，国家的根本问题就是统治权的夺取和保持。没有权力的约束，变化无常、忘恩负义的人们就会去追求他们狭隘的目的而危害社会的稳定，没有权力就没有统一的秩序，权力是政治稳定的基本需要。马基雅弗利认为权力既是政治研究的对象又是政治

---

① 马基雅维里．君主论．潘汉典，译．北京：商务印书馆，1985：41.
② 同①40－41.
③ 同①85.
④ 瑞安．论政治：上卷．林华，译．北京：中信出版社，2016：475.
⑤ 马基雅维里．论李维罗马史．吕健忠，译．北京：商务印书馆，2017：48.

追求的目标，攫取权力本身就是目的。对于这些论点，马基雅弗利没有予以理论的充分论证。因为他相信，就政治理论而言，重要的不是确立原则，而是提供有益的经验。他认为，现实中教权与王权、王权与王权的斗争已充分显示了这一点。

权力是政治的核心问题，那么，权力如何获得？权力如何保持？所谓权力就是实力，也就是《君主论》中经常提到的能力。马基雅弗利断言，任何一个拥有权力的人都想拥有更大的权力，国家一经建立就面临着对内部敌人的不停镇压和与邻近诸国的反复较量，只有统治者足够强大和实力最为雄厚的时候，才可以防止国内的无政府状态和国外的威胁，建立良好的秩序。那么，国家实力与君主能力的基础是什么呢？马基雅弗利认为法律和军队是君主政权的基础。作为君主，应该懂得世界上有两种斗争的方法：一种方法是运用法律，另一种方法是运用武力。第一种方法是属于人类特有的，而第二种方法是属于野兽的。一切国家，无论是新的国家、旧的国家还是混合国，其主要的基础乃是良好的法律和军队。在《君主论》中，马基雅弗利重点论述了军队、武力的重要性及其对意大利统一的重大影响。“任何一个君主国如果没有自己的军队，它就是不稳固的”，“君主除了战争、军事制度和训练之外，不应该有其他的目标、其他的思想，也不应该把其他事情作为自己的专业，因为这是进行统帅的人应该有的唯一的专业”①。这是马基雅弗利采取了一种夸张的表述，但强调了君主掌握军队的重要性。对于法律的作用，马基雅弗利论述得不多，但是他坚定地认为好的法律会使这个国家昌盛和强大起来。在论述意大利历次革命和战役失败的原因时，马基雅弗利说：“这并不是什么怪事，因为它的旧制度不好，而且从来没有人懂得怎样制定新制度。因此，要使一个新近当权的人能够获得巨大的荣誉，莫过于由他创制新的法律和新的制度。”② 在《论李维》中，马基雅弗利也强调了法治的重要性，“共和国或王国的保障不在于有个生前审慎治国的君主，而是在于有人规划长治久安的制度”③。可见，马基雅弗利十分重视法律在国家政治生活中的作用。他看到在一个治理得井井有条的国家中，制定一部出色的法律是十分重要的。总之，权力就是军队和法律，是君主统治权获得的基础，是国家秩序稳定的最可靠保证。马基雅弗利对人类的能力充满信心，能力的提高不依赖于上帝的赋予，而在于人类自身。人的能力有时甚至可以代替上帝，上帝能做到的事人类也能做到。在谈到摩西、居鲁士、罗慕路斯、忒修斯等人获取权力的时候，马基雅弗利认为摩西的成功是受上帝的托付，因而他是伟大的。但是居鲁士和其他人获得权力则完全凭借的是自己的能力，他们是值得人们钦佩的。上帝不会包办一切，“命运是我们半个行动的主宰，但是它留下其余一半或者几乎一半归我们支配”④。如果人们富有远见卓识，审时度势，明察秋毫，采取与命运变化相协调的措施，就不必害怕命运并能获得成功。“当命运正在变化之中而人们仍然顽强地坚持自己的方法时，如果人们同命运密切地协调，他们就成功了。”⑤ 马基雅弗利对命运与德行的立场体现了文艺复兴时期人文主义者的基本特征，“文艺复兴时期道德家所

① 马基雅维里．君主论．潘汉典，译．北京：商务印书馆，1985：68－69.
② 同①124.
③ 马基雅维里．论李维罗马史．吕健忠，译．北京：商务印书馆，2017：50.
④ 同①118.
⑤ 同①121.

复活的正是‘道德’与‘命运’的这种古典的并列——并伴之以‘勇者成功’的信念”①。人文主义者借助古典信念，对人的美德进行了一种令人鼓舞的陈述，认为人具有创造性力量，能够改变自己的命运，并按照他自己的意愿改造现实世界。尽管人文主义者们就“德行”与“命运”的观点之间存在争议，但人以其能力、德行与命运斗争是那个时代人们理解政治危机的基本视角。“命运”在马基雅弗利的著作里频频出现，无论是自己的命运还是意大利的命运，马基雅弗利都有着深切的体验和感慨。但马基雅弗利深信人的能力，无论是何种命运，都给人类抵抗命运留下了可能性，为人类彰显其独立性提供了机会。

权力是马基雅弗利政治思想的核心。正是这种以权力为核心的国家理论，使其不同于古希腊罗马的政治学家，更不同于中世纪的神学政治家。以往对权力的认识都是将其隐藏在道德伦理和宗教的外衣下，掩盖在探究权力合法性的探讨之中。马基雅弗利则把权力本身作为客观认识的对象，对权力自身的起源、运作、目标等构成要素予以分析，从而形成了一套关于权力自身的理论体系。马基雅弗利抛弃了伦理宗教的外衣，从权力的角度来看待政治，看待国家，割裂了伦理与政治的联系，使政治以其本身的面目凸显出来。

马基雅弗利权力论的另一个显著特征是它没有为权力的起源假定一个先验的原则，也没有一个关于“自然状态”的观念。这是它与其他近代政治思想理论的重要区别。马基雅弗利的权力论从某种意义上讲是经验的而不是科学的。它带有浓厚的经验主义色彩和现实主义色彩。他关于权力的论断来源于西欧和佛罗伦萨几百年的历史及他个人的亲身经历。“马基雅弗利的政治哲学是科学性的经验学问，拿他对事务的亲身经验做基础，力求说明为达到既定目的所需用的手段，而不讲那目的该看成是善是恶这个问题。”② 中世纪之后，把民族国家视为一个自足权力实体的民族国家论发展起来，民族国家产生的现实和当时意大利的政治状况也构成了马基雅弗利权力论坚实的经验基础。只有深入看到这一基础，了解马基雅弗利写作的时代背景和真正动机，才能深刻体会马基雅弗利的权力政治论和由此引出的权术理论。

二、权术论

权力是政治的中心，攫取权力本身就是目的。权力的主体是君主，那么君主如何获得权力，如何保持权力，即君主的统治权术是马基雅弗利政治学说的另一主要部分。马基雅弗利的权术论是其性恶论、非道德政治观的逻辑推演，这一理论也将其核心思想表现到了极致。他献给小洛伦佐的《君主论》中提供了一整套统治术，后人称之为“马基雅弗利主义”。

马基雅弗利是一位现实主义的思想家，他强调不论研究问题还是制定策略，都应该

---

① 斯金纳．近代政治思想的基础：上卷：文艺复兴．奚瑞森，亚方，译．北京：商务印书馆，2002：155-156.

② 罗素．西方哲学史：下．马元德，译．北京：商务印书馆，2020：17.

从实际存在的生活出发，而不应从空洞的道德原则出发。既然人性是邪恶的，政治的终极目的是社会的实利与幸福，那么君主要实现意大利的统一，维持稳定，必须善于运用权术来统治邪恶的人们，达到政治的目的。他在《君主论》中曾说道："如果没有那些恶行，就难以挽救自己的国家的话，那么他也不必要因为对这些恶行的责备而感到不安，……某些事情看来好像是好事，可是如果君主照着办就会自取灭亡，而另一些事情看来是恶行，可是如果照办了却会给他带来安全和福祉。"① 如何来判断君主的政治行为正当与否呢？在这个问题上，马基雅弗利集中体现了他的实用功利主义，他认为判断一种政治行动是否得当，不是根据行动者的道德意图，而是根据这种行动所产生的社会和政治效果。凡是有利于达到政治目的的就是正当的。"一位君主，尤其是一位新的君主，不能够实践那些被认为是好人应做的所有事情，因为他要保持国家，常常不得不背信弃义，不讲仁慈，悖乎人道，违反神道。"② 统治者为了达到自己的政治目的应当完全摒弃道德约束，可以不择手段。这就是"目的总是证明手段是正确的"著名理论，这一思想贯穿于马基雅弗利权术思想的始终。

马基雅弗利的权术就是指统治者在统治过程中运用的统治技巧，具体说就是君主在治理国家内部事务和抵御外敌时所应遵循的基本原则、方法与策略。这也是在《君主论》中论述最多的内容。马基雅弗利也因为他对君主统治术的论述而成为思想史上褒贬不一、最有争议的一位思想家。

马基雅弗利认为，君主的政治行为不应受道德规范的束缚而应完全以实效为原则，凡是有利于政治统治及权力巩固的事都是可行的。"一个君主如要保持自己的地位，就必须知道怎样做不良好的事情，并且必须知道视情况的需要与否使用这一手或者不使用这一手。"③ 君主如果表现出一些优良的品质是值得褒扬的，但是由于人类自身条件的限制，君主既不能全部具有这些优良的品质，也不能完全地保持它们。所以，君主应有足够的明智远见，知道怎样避免那些使自己亡国的恶行，但是，如果没有那些恶行就不能挽救自己的国家的话，那么君主也不要因为对这些恶行的责备而感到不安。对于道德，马基雅弗利认为道德有双重标准，即对于统治者有一个标准，对于普通民众又有一个标准。对于统治者来说，道德的标准是统治和扩大权力。如果能达到这个目的，无论什么行为都可以成为道德的；而对于普通百姓，是否有道德就要看他的行为对社会所起到的影响和作用，看他们是促进还是阻碍君主各项措施的实行。这个双重道德标准看似不合情理，但其中却蕴含着马基雅弗利关于法律、道德、权力、君主的政治哲学逻辑。人如果生来就是自私的，那么就只有国家和维护法律的暴力是凝聚社会的唯一力量。道德上的义务最终还是由法律和政府来决定的，也就是说道德应服从法律和政府的决定，那么作为法律和政府主宰的君主应高于法律、超出道德，所以君主的行为不受道德约束也在情理之中。正是以此为依据，马基雅弗利提出了关于君主统治术的具体原则。

第一，关于慷慨与吝啬。马基雅弗利认为慷慨不如吝啬好，虽然慷慨是一种良好的

---

① 马基雅维里．君主论．潘汉典，译．北京：商务印书馆，1985：74－75.

② 同①85.

③ 同①74.

品质，但是它却可能招致人们的憎恨。“因为如果你有道德地并且正当地慷慨行事而不见知于人，你就逃避不了与此相反的恶名。”[①] 一个人如果保有慷慨的品质，他就免不了会奢侈，如果因此而使君主耗尽了自己的财物，那么为了获取金钱，他只能向人民征以重税，巧取豪夺。这样必然引起人民的憎恨，甚至葬送自己的事业。如果君主先是慷慨而后意识到此举的危害而试图改变的时候，那么他将获得吝啬的恶名。反之，如果君主平时节俭谨慎，他的收入就会越来越丰盈，国库会日益充裕，因而他就能在战争中更好地进行防御。这样他既能建功立业，又不加重人民负担。随着时间的流逝，人们将会认为这位君主越来越慷慨。“为了不去掠夺百姓，为了能够保卫自己，为了不陷于穷困以致为人们所轻蔑，为了不致变成勒索强夺之徒，君主对于招来吝啬之名亦不应该有所介意，因为这是他能够统治下去的恶德之一。”[②] 而慷慨则不同，因为当你慷慨时，你就失去了使用慷慨的能力，不是使自己非常贫穷、被人轻视，就是使自己为了避免贫穷而变得贪得无厌、遭人憎恨。因此，“明智之士宁愿承受吝啬之名，因为它虽然带来丑名但是不引起憎恨，追求慷慨之誉，则必然招致贪婪之名，而贪婪之名则使丑名与憎恨两者俱来”[③]。

第二，关于仁慈与残暴。在马基雅弗利看来，仁慈自然是好的，每个君主都应该让人看成是仁慈的而不是残暴的。但是马基雅弗利也劝告君主治理国家时不要过多地考虑仁慈、善良、宗教之类的东西，尤其是不能过分仁慈、滥用仁慈，这样会使国家的安全和秩序不保，会危害许多人。君主为了使自己的臣民团结一心、国家繁荣稳定就不应对残酷的恶名有所介意，因为残酷对统治者来说是必要的，对比那些坐视混乱、凶杀、劫持而不理以显示自己仁慈的君主来说，残酷能带来秩序、和平和团结。一个君主只有不顾虑被谴责为残暴之人，以严刑手段来对付少数人才能够维护子民对其的效忠。马基雅弗利还告诫君主，在心怀凶狠残忍的同时，表面上必须装出一副慈悲、仁慈、公正、忠实的样子。“如果具备这一切品质并且常常本着这些品质行事，那是有害的；可是如果显得具备这一切品质，那却是有益的。”[④] 君主必须知道如何像野兽一样行为，狐狸和狮子是君主效法的对象，“君主必须是一头狐狸以便识别陷阱，同时又必须是一头狮子，以便使豺狼惊骇”[⑤]。即君主要像狮子一样凶猛，要像狐狸一样狡猾，这样才能使自己获得成功。

第三，关于爱戴、畏惧与憎恨。马基雅弗利认为一个理想的君主应该既为人所爱戴又为人所畏惧，但是要想二者兼而有之却是一件十分困难的事情。那么，如果必须在两者间有所取舍的话，受人畏惧比受人爱戴要安全得多。因为人们对得罪自己畏惧的人比得罪自己爱戴的人有更多顾及，况且人性本恶，忘恩负义、虚伪狡诈是人固有的品质，对于这样的人类，恩义爱戴这条纽带在人的利益和恶性面前是无比脆弱的，而畏惧则由于人们对惩罚的害怕而永远保持着效力。

让人畏惧和让人憎恨是两回事。一个君主如果不能博得人的爱戴，无论如何也不能

① 马基雅维里．君主论．潘汉典，译．北京：商务印书馆，1985：76.

② 同①77.

③ 同①78.

④ 同①85.

⑤ 同①84.

让人憎恨。使人畏惧而不遭人憎恨是君主应当遵守的基本原则，君主应尽量避免受到所有人的憎恨，如果不可避免要在某些人当中引起憎恨时，马基雅弗利认为首先应避免受到广大人民的怨恨。对于君主来说，争取民心是至关重要的，因为君主治理国家的困难主要来源于国家内部的臣民和国家外部的势力，而抵御这些困难的最好武器就是争取民心、不为人民所憎恨。“君主最好不过的堡垒就是不要被人民憎恨。因为即使你拥有堡垒，如果人民憎恨你，任何堡垒都保护不了你，因为当人民一旦拿起了武器的时候，外人就帮助他们，这是少不了的。”① 对于国内发生的叛乱，君主应用不为人民所憎恨的方式来应对。不想遭到人民的憎恨，“君主必须考虑怎样避免那些可能使自己受到憎恨或者轻视的事情。如果他能避免这些事情，他就尽到自己的本分了，即使有其他丑行也不会有什么危险”②。这些事情包括：君主不侵犯公民的财产，不玷污妇女，不杀戮无辜，不横征暴敛。

第四，关于守信与无信。马基雅弗利认为，人能言而有信、行为正直是值得称颂的，但是他所生活的时代带给他的经验却表明，政治成功的背后总是伪善和诡计。“我们这个时代的经验表明：那些曾经建立丰功伟绩的君主们却不重视守信，而是懂得怎样运用诡计，使人们晕头转向，并且终于把那些一贯守信的人们征服了。”③ 因此，当遵守信义反而对自己不利的时候，或者原来使自己做出诺言的理由不复存在的时候，一位英明的统治者绝对不应当遵守信义。君主实际上应本着无信的处世原则，但在表面上还是要把自己打扮成一个守信义的人，如果事情一旦败露就可以把责任外推，一位君主不会缺乏正当的理由为其背信弃义涂脂抹粉。但是，“君主必须深知怎样掩饰这种兽性，并且必须做一个伟大的伪装者和假好人”④。

第五，君主应该效法前人，吸取历史经验，提高个人能力，善于用人。马基雅弗利在认真分析总结历史和现实政治经验后得出结论，君主应当吸取历史经验，学习效法历史上圣明君主、伟大人物的所作所为。他认为一个明智的人总是应该追踪伟大人物所走过的路的，并且效法那些已经最卓越的人，即使自己的能力达不到他们那样强，但是这种效法总是有好处的。善于用人是君主应具备的重要能力之一。君主必须表明自己是一个珍爱才能的人，他应任用有才能的人，向各行各业的杰出人物给予荣誉。对于身边的大臣，君主应该有能力进行鉴别，君主应做到亲贤臣、远小人。马基雅弗利建议君主让一些有识之士享有对君主讲真话的自由权。君主对其关心的问题进行询问并且谁敢直言，谁就受到鼓励。防止谄媚要求君主本人是贤明的，因为“一切良好的忠言，不论来自任何人，必须产生于君主的贤明，而不是君主的贤明产生于良好的忠言”⑤。

以上是马基雅弗利为君主统治术设计的一般原则。这一套完整的统治术也是被后人所熟知并遭到众人抨击的“马基雅弗利主义”。为了使君主能争取和保有其政治权力，马基雅弗利依据其政治经验做出了缜密细致的思考，并且“马基雅维利心目中的君主，是

---

① 马基雅维里．君主论．潘汉典，译．北京：商务印书馆，1985：104.

② 同①87.

③ 同①83.

④ 同①84.

⑤ 同①115.

机智与自律的完美化身：他能够充分地利用好自己的美德和恶行；这只不过是他对16世纪的意大利暴君所做的一种理想化的描绘而已。这种君主乃是对那种在暴君统治时代被抛到政治生活前沿的人的一种真实写照，尽管有点被夸大了"①。马基雅弗利作为一位极具时代特征的思想家，他的政治思想无疑带有鲜明的时代印记。针对当时混乱落后、屡遭欺凌、内忧外患的意大利，马基雅弗利就像一个面对重症病人的医生，他本着一种医生对待疾病一样的冷静客观态度来对待国家、对待君主，希望君主能成为自己理想中的全知全能的人物。他注重的是技术的规则，而不是道德的因素。虽然《君主论》一书有讨好当权者之嫌，但我们在考察其思想时仍然能看到马基雅弗利忧国忧民，热切盼望意大利统一的爱国主义情怀。至于马基雅弗利那些推崇残忍、狡猾等具有片面性和局限性的观点被后来的暴君、法西斯主义作为其实行暴政的理论原则，这也是马基雅弗利始料未及的。

就马基雅弗利的权术论（即"马基雅弗利主义"）的内容本身而言，其中确实有一些违背道德原则甚至推崇为人所不齿的阴谋诡计和凶残暴戾的内容。但这些既是从马基雅弗利的政治生活经验中得出的，又是对中世纪道貌岸然的政治法律思想家所进行的一种矫枉过正的批判。作为代表新兴资产阶级利益的思想家，在特定的历史条件下，"马基雅弗利主义"是作为反对封建没落势力的策略原则而被提出的，是一种对陈旧、衰亡的封建道德的极端否定，并且这些手段的实施对象是罗马教会、封建贵族、各地暴君和外国势力。"马基雅弗利主义"也可以被称为一种面对强大敌人所设计的激烈应对方法。另外，马基雅弗利的权术论本身不乏一些合理的内容，如要求君主注重实际而不图虚名；要求君主不能一味慷慨而加重人民负担；要求君主要不断提高自身能力而不要依赖命运等。

就政治哲学而言，马基雅弗利权术理论中的核心原则"目的证明手段正确"也是对以往政治哲学的极大挑战。"马基雅维利是这样一位独树一帜的政治思想家，人们通常用他的名字来指称一种政治学理论，但这种政治学理论已经独立于他的影响而存在，并将继续存在下去。"② 在马基雅弗利之前，政治与伦理没有区分开来，道德是政治的合法性基础，手段也随之被赋予了道德性。人们不能通过非道德的手段来实现政治的道德目的，道德目的要求与其一致的道德手段。这时，政治的目的是道德的，是一个价值对象，而实现价值对象的手段即政治行为无论如何都是一个事实过程。在马基雅弗利之前的政治哲学要求经验事物与先验事物一致起来，要求事实符合价值、前提包含结论。马基雅弗利则从人自身的政治经验出发把政治的道德目的变为极其现实的权力目的。并且在他看来，只有目的才是一切，手段原本只有工具价值。因此，马基雅弗利试图在目的与手段之间建立一条客观有效的判断标准。但在这种努力中马基雅弗利似乎遇到了事实与价值、实然与应然之间的二元对立问题。如他在论述西西里暴君阿加托克雷的成功时提到的，阿加托克雷的成功主要是由于他在政治权力角逐中运用了残暴和不人道的手段，这符合马基雅弗利的"目的证明手段正确"原则，但这种做法并没有得到马基雅弗利的认可，

① 萨拜因．政治学说史：下卷．邓正来，译．上海：上海人民出版社，2010：20.

② 施特劳斯，克罗波西．政治哲学史：上册．李洪润，等译．北京：法律出版社，2020：358.

他认为这种做法不能获得人们的尊敬。由此我们可以看出在政治论中的道德问题是不会被完全消解的。理论上如此，实践上也是如此。另外，在马基雅弗利对君主提出要求时，这种矛盾也体现出来。如他指出君主应乐善好施、言而有信、纯洁自持，但他又主张君主不应完全具有这样的品质，因为这有可能会招致亡国。马基雅弗利的目的手段论是联系事实与价值的尝试，这种尝试也构成了其理论中的一切矛盾性与复杂性。

马基雅弗利的权术论在一定意义上反映了他对人的理性的一种完全不同于古代政治学说的认识。在西方政治思想史的发展过程中，自古希腊开始到近代为止，人的理性能力包含两种意义：在人与自然的关系方面，理性意味着人类所独自具有的认识自然和改造自然的一种特殊的能力；而在人与人之间的社会关系方面，理性则意味着人类所具有的道德情感和在这个基础之上的认知和行为能力。也就是说理性意识是道德意识的同义语，理性作为人的动物性本能的对立面存在并获得了其价值意义。而从以上对马基雅弗利权术论的叙述中，我们再也看不到理性中道德的影子。在马基雅弗利笔下，人的道德能力逐渐被人的谋算能力所取代，理性已经从约束和控制人的欲望的手段转化为服务于人的欲望的工具。马基雅弗利的政治理性观念完全抛弃了传统政治观念中的道德内容，而将政治理性仅仅限定在功利性的计算范畴之内。他认为人的政治活动中，理性的作用体现为如何处理人与人之间的利害关系，如何通过理性谋算来实现自己的最大利益。马基雅弗利的理性政治观已经完全冲破了以往的以道德为基础的理性观，具有了鲜明的近代色彩。

三、政体思想

马基雅弗利《君主论》的开篇之语是："从古至今，统治人类的一切国家、一切政权，不是共和国就是君主国。"[①] 在马基雅弗利看来，共和政体是一个国家最为理想的政体。与亚里士多德一样，马基雅弗利认为国家的政体有三种形式，即君主政体、贵族政体和共和政体。这三种政体也有可能发生变形，变成三种非正常的政体，即暴君政体、寡头政体和群氓政体。在诸多政体中，共和政体是国家理想的政体。在他看来，鼎盛时期的罗马共和国是国家统治形式的楷模，这在他的《论李维》中得以体现。在此书中，马基雅维里列举了共和政体的诸多优点。

首先，共和政体有利于保证私有财产的稳定性，防止国家财产落入一个人手中。共和政体有利于促进人民的福利，有利于实现自由平等，易于取消封建政权，促进社会经济的繁荣和发展，迅速增加私人和公共的财富并能缓和由财富不均而引起的社会矛盾。并且，自由平等有助于发展人的才能，有助于培养公民的美德和对公共事业的热爱。

其次，只有共和政体才能产生真正自由、公平的法律和健康的宗教。维护一个国家同建立一个国家不同，当一个国家真正建立之后，自由、公平的法律和健康的宗教是十分必要的。"维护国家的生存取决于法律的完善，因为它是其公民的所有美德的渊源。"[②] 即使在一个王国当中，政府保持稳定的首要条件也在于法治。"马基雅维利坚持认为，为

① 马基雅维里．君主论．潘汉典，译．北京：商务印书馆，1985：3.

② 萨拜因．政治学说史：下卷．邓正来，译．上海：上海人民出版社，2010：21.

了防止非法暴力的发生，必须使用法律手段来制约官员们滥用权力的做法，并指出统治者目无法纪的行为和荒唐的扰民政策会引起政治危机。”[①] 古罗马的共和政体就是以优异的法律为基础的。这样的政体既能约束贵族的专横，也能恰当地约束人民使其坚定、精明、文雅。优良的共和政体可以避免群氓政体和暴君政体的弊端。

最后，共和政体有利于人民在统治过程中发挥作用。马基雅弗利认为，参政者众多的政体更为稳定，因为人民比较精明和坚定，具有比君主更好的判断力。“尽管他们不能对错综复杂的政策问题做出有远见的判断，但是在他们有能力了解的问题方面，比如说在评价地方官员的名声方面，他们的判断要比君主的判断更谨慎和更合理。”[②] 马基雅弗利认为人民的声音就是上帝的声音，大众的意见对事态的预言是非常灵验的。

总之，深深崇拜古罗马共和国和在佛罗伦萨长期受到共和制度熏陶的马基雅弗利认为共和制是国家最好的政体，在这样的国家包含着市民和统治者双方的德行。市民能相互协调一致，统治者能牺牲自我而为公共福利和国家的目的去献身服务，从而造就了政治上、军事上的惊人业绩和经济上的繁荣景象。马基雅弗利表现出了强烈的共和主义和自由主义倾向，明确阐述了权力的“制约和均衡”的思想，认为君主、贵族和平民应在宪法中各占一份，这样彼此就可以相互制约。罗马共和政体是好政体的原因也在于元老院和平民之间的牵制关系。这些共和、自由、制衡的思想被后来的思想家继承，成为资产阶级政治思想基本原则的基础。

共和政体是马基雅弗利的理想政体，但是同时马基雅弗利对君主制的提倡可以说到了无以复加的程度。这看起来似乎是前后矛盾、不可理解，但是仔细考察马基雅弗利所处的时代环境和其对政体思想的阐述，我们就会发现二者并不矛盾。因为建立统治和维护统治是不同的，要实现理想的共和国是需要一定的条件的，只有这些条件具备时才能实现。他认为这种共和国的统治组织在瑞士和德意志诸邦等地域或许有实现的可能，但在当时的意大利，实现这种政体是十分困难的。因为共和政体要以人民的德行和秩序作为前提，而意大利的人民群众已被宠坏，市民德行颓废，社会已陷入腐败和混乱之中。马基雅弗利在他的《论李维》中说道：“因为那里的人民的道德如此彻底败坏，以致法律无力去约束他们，这就有必要由一位皇族去建立具有完全的与绝对的某种权力。这个最高权力像给马口中带上‘口嚼’，才可以羁勒住它那过分的野心和严重的道德败坏。”马基雅弗利认为建立任何类型的秩序，都只能有一种办法，这就是建立君主制的政府，因为在人民主体已完全腐败的情况下，法律是无力加以约束的。必须建立某种高高在上的政权，这一政权凭借君主之手、依靠完全而绝对的权力，才可以限制权贵极大的野心和腐化堕落。在当时的意大利，国家统一问题是首要问题，而统一的出路就是建立绝对的君主专制，通过强有力的君主来克服分裂，消灭或抑制贵族的野心，激发人民的德行，恢复社会的秩序，繁荣经济，使国家强大。

马基雅弗利对建立秩序与维护秩序的不同认知，反映了他作为资产阶级思想家的战略眼光，他看到了资产阶级革命必须分两步走。首先是结束混乱和割据，抵御外敌，解

① 萨拜因．政治学说史：下卷．邓正来，译．上海：上海人民出版社，2010：21.

② 同①22.

放意大利，清除内患，使其摆脱宗教束缚，在此基础上再建立共和国。马基雅弗利拥护的君主制度与封建等级君主制有着本质的区别，反映了新兴资产阶级的要求。这种建立君主专制的方法也不失为医治当时意大利痼疾的一个较好方案。

第四节　马基雅弗利政治思想的评价和影响

任何一位思想家的思想都是其所处历史时代的产物，对于正处于由封建社会向资本主义社会转变这一历史转型期的马基雅弗利更是如此。新兴资产阶级的诞生及其需求，意大利文艺复兴的蓬勃发展，人文主义思潮的盛行，意大利的四分五裂、内忧外患，每一现象都几乎淋漓尽致地反映在马基雅弗利的政治思想当中。“席卷整个欧洲的如此激烈的变化，当然在政治理论方面也引发了同样激烈的变化。在16世纪初，这种变化集中在一位令人难以捉摸，甚至可以说是充满矛盾的人物即马基雅维利的身上。在他那个时代，没有任何人能够像他那样清楚地洞见到欧洲政治演化的方向。”①

马基雅弗利是西方政治思想史上最有影响的思想家之一，但是他的为人和思想一直是后人争论的对象。萨拜因在他的《政治学说史》中说：“马基雅维利的性格以及他哲学的真实含义一直是现代史上的大谜之一。”② 人们把他看成是一个过于世俗化的玩世不恭的人、一个满怀激情的爱国人士、一个强烈的国家主义者、一个政治谋略家、一个彻底的民族主义者、一个无耻的吹捧暴君之徒、一个非道德的相对主义者、一个唯权力主义者等等。莎士比亚称他为“凶残的马基雅弗利”，政治评论家称他为“罪恶的导师”，由他的名字命名的“马基雅弗利主义”成为政治上不择手段、背信弃义的代名词。然而正如萨拜因所说：“上述看法中的任何一种不论是对马基雅维利还是对他的思想的描述都是极不全面的。”③ 马基雅弗利的政治理论代表了一种复生的异教精神对基督教的最大挑战。无论其思想是好是坏，后人是褒是贬，有一点是毋庸置疑的，那就是马基雅弗利是政治思想史上最有影响的思想家之一。“马基雅维利作为思想家殊难定位，因为他远不止（又远不算）是‘政治理论家’。”④ 他在西方近代政治学说的许多方面都开了先河，在整个西方政治思想史上起到了承前启后的作用。在今天西方政治理论、政治生活的基本原则中，我们也可以看到许多马基雅弗利思想的印记。马基雅弗利作为西方近代资产阶级政治思想的奠基人，他的思想影响主要体现在以下几个方面：

第一，马基雅弗利的人本主义政治观是近代资产阶级政治思想的理论起点。任何一种历史形态的社会，都有其特定的价值理念系统，它既是对该社会生产方式和基于这种生产方式而形成的人与人之间的社会关系的合理性诠释，也是对维护这种生产关系和社会结构的政治制度进行合法性论证的逻辑基础。近代人本主义是欧洲资本主义生产方式兴起之后，新兴的资产阶级为了摆脱中世纪封建神学专制的束缚，要求人格的独立与平

---

① 萨拜因．政治学说史：下卷．邓正来，译．上海：上海人民出版社，2010：7.

②③ 同①25.

④ 瑞安．论政治：上卷．林华，译．北京：中信出版社，2016：473.

等，追求现世幸福，实现自我解放而出现的意识形态。它弘扬人的自身价值，肯定人的价值在于人的现世幸福以及这种价值观念在道义上的合理性。作为欧洲文艺复兴时期的政治思想家，马基雅弗利以人本主义的价值理念看待个人、政治活动和国家，并把这一人本主义原则引入近代政治哲学领域，奠定了西方近代政治思想以人类中心主义和个人主义为内核的自由主义思想原则的逻辑起点。

在马基雅弗利笔下，他所颂扬的理想人的形象是为了在世俗生活中取得财富、权力和荣誉而不择手段和忘我奋斗的人，取得成功，获得财富、权力和荣誉才是人生的首要目的，人的德行不过是有助于实现这个目标的工具。马基雅弗利的这种新时代的价值观不仅肯定了人的感性欲求的合理性，而且在揭示人类社会世俗生活真实内容的基础上，提出了一种新的生活准则。人类作为一种既具有伦理观念、精神追求和理性能力，同时又是一种感性存在的高级动物，他一方面需要在一种特定的人伦秩序中生活，并对这种生活赋予价值意义，同时更需要过一种满足自身感性要求的世俗生活，并且后者才是前者所赖以存在的基础。从这个角度而言，只有满足了人的感性需要，才可能有精神的存在，人类的世俗生活才是人类最基本和最现实的生活。人类社会的发展史无非就是人与人之间为了实现其各自的欲望和利益而彼此争夺和斗争的历史。“从哲学上看，马基雅维利伦理观存在的问题不是别的，正是对于此一基本事实的体认：人类的生存负载多种价值的冲突。”① 中世纪的道德之所以不合乎人性，根本原因就在于它无视人的自然欲望是人类生存的基本动力。

马基雅弗利关于应该正视人的感官欲望和承认世俗生活中的功利原则之合理性的看法，为近代新的道德价值原则奠定了基础。近代意义上自由和平等的理念以及建构在这一理念基础之上的民主政治原则都是在这个基点上引申出来的。这种关于肯定人的尊严和强调人追求现世幸福生活之合理性的观点，实际上正是近代资产阶级所要求的，以肯定人的自然欲望之合理性为内核的自由价值原则。它不仅仅是对中世纪宗教神学的批判，从更深刻的意义上讲，更是建立了一种符合新兴资产阶级需要的新的人生观、价值哲学、政治哲学，从而为建立新的社会制度做了理论上的准备。在逻辑上，对人的尊严和世俗幸福的弘扬与肯定必然推导出个人主义的理念和以此为基础的一种新的伦理价值体系及政治哲学体系。这就是后来出现的以个人主义为核心的自由主义、功利主义以及在政治领域的表现形式——近代民主主义。人本主义的兴起标志着西方社会开始从传统阶段进入近代阶段，在这一伟大的历史进程中，马基雅弗利是在政治思想领域引入具有近代意义价值体系的重要分水岭式的人物。

第二，马基雅弗利的权力政治观确立了近代西方资产阶级政治思想的理论核心。作为近代资产阶级政治思想的奠基人，马基雅弗利最重要的理论贡献之一就是划定了政治活动的具体范围——世俗生活，确定了政治活动的核心内容——权力。

在马基雅弗利以前的政治研究中，政治一直是被作为道德手段而赋予其价值意义的。马基雅弗利作为文艺复兴以来新时代精神的倡导者，以人性本恶为理论起点，通过将人

---

① 沃格林．政治观念史稿：卷四：文艺复兴与宗教改革（修订版）．孔新峰，译．上海：华东师范大学出版社，2019：105.

类精神生活与世俗生活加以明确区分的方式，将政治活动严格限定在世俗社会生活领域，将政治界定为一种源自人的属恶本性而产生的、与人类的道德领域无关的活动。政治活动的目的不是道德而是利益，其手段自然也不受道德约束而受权力支配。政治的核心就是围绕着权力而展开的冲突活动。权力的原则也就是政治活动的基本原则。纵观西方政治思想的发展史可以清楚地看到，无论是在近代资产阶级启蒙学者还是在当代的政治学研究中，权力问题一直作为政治学的核心问题而存在。而最先把政治活动中的伦理与道德剔除，使权力成为政治活动和政治研究核心的思想者正是马基雅弗利。

马基雅弗利这种把基于利益冲突的权力作为政治活动的核心，把道德排除在政治领域之外的理论，还可以推演出许多具有划时代意义的新的政治原则。一是马基雅弗利的性恶论与公共权力的防范。性恶论是马基雅弗利思想理论的逻辑起点。人类的世俗生活是基于人的恶的本性而产生的，因而政治生活、公共权力都是性恶论的产物。所以任何一种政治制度设计的目的不仅是调节由于人性恶而产生的各种冲突，也要对由人性恶而产生的公共权力加以防范，马基雅弗利的这些思想为以后资产阶级分权原则的提出提供了重要的思想资源。二是公共权力的范围与个人权利的产生。马基雅弗利认为政治活动是围绕着公共权力而进行的斗争，权力的产生是由于人们之间的利益冲突，那么权力作用的范围也只能被限定在处理人们之间利益纷争而引起的矛盾之内。这实际上暗示着这样一个原则，即现实生活中的每个人实际上都生活在两个世界当中，一个是具有利害冲突的世俗世界，在这个世界中，人们为了各自的利益和欲求而陷入了激烈的纠纷和斗争。这些矛盾导致了国家的出现，国家的任务就是以暴力为后盾，以强制方式调节和解决这些矛盾，使社会能够继续存在和运行，这是一个公共权力得以存在的世界。而在另一个世界里存在着与人们之间利害冲突毫无关系的个人生活领域。这里每个人的思想、价值判断和行为都是一种属于个人生活的私人事务范畴。每个人都可以按照自己的价值判断来决定自己的生活方式和行为准则。在这一领域公共权力没有用武之地。也就是说马基雅弗利在确立了权力在世俗生活领域的核心地位的同时也将其限定在世俗领域之中，这就从根本上限定了公共权力的职能范围。公共权力因此被排除在人们的私人社会领域之外，这给作为近代资产阶级政治思想根基的个人权利以生长和发展的空间，进而为近代自由主义政治思想的形成和发展奠定了基础。三是马基雅弗利的权力政治观与国家和社会的分离。在西方政治思想史的发展过程中，无论是在古希腊社会，还是在中世纪，政治一直是被作为道德手段而赋予其内涵的。国家作为最高的善调节着社会生活的各个领域，这时的国家和社会是混为一谈的。马基雅弗利的权力政治观在把政治与道德领域分开，把权力作为政治核心问题的同时也把公共权力的载体——国家的作用范围限定在世俗生活领域，明确划出了国家与社会之间的分野，进而从根本上改变了西方思想史上自古希腊时代以来的社会与国家混为一体的基本命题。这种世俗生活领域与私人生活领域的划分不仅为近代资产阶级自由主义政治思想奠定了基础，而且在当代的政治学研究中也是十分重要的理论原则和依据。

第三，马基雅弗利政治思想的现实主义奠定了近代资产阶级政治思想的基本原则。从认识论角度讲，所谓现实主义首先指的是一种观察事物的态度和方法，它放弃了理想主义的形而上的推理与演绎，完全是一种经验的判断。是理想主义还是现实主义，这是区分古代政治思想和现代政治思想的重要标准之一。理想主义在西方政治思想史上的渊源可以追溯到古希腊时代。柏拉图所提出的理念论是最典型的代表，中世纪的神学政治思想则可以说是一种披着神学外衣的理想主义政治学说。理想主义在政治思想上的根本特征，在于它在设定人与人之间社会关系的价值基点时，强调了人的精神性对于人的自然性的超越意义，并将这种精神上的超越性视为其政治学说的逻辑基点。因此也就必然在逻辑上否定了人作为一种感性存在所具有的自然要求。这种政治思想形成的个人道德规范以禁欲和自我约束为核心。然而，就其根本性质而言，人所生活的世界是一个物质和感性的世界，人的生存离不开人的自然需求和物质生活，也正是对这种自然物质的需求和欲望从根本上成为推动人类经济和政治生活不断发展的动力。以禁欲主义为原则的政治思想，其根本的荒谬之处在于它不仅否认了人的自然要求的合理性，而且通过政治和法律的方式把道德强制化，造成了整个社会的虚伪化。近代政治思想要从根本上脱离以禁欲主义为极端形式的古代政治思想，首先要抛弃其理想主义的认知方式，确立现实主义的政治原则，而现实主义政治原则的近代社会奠基者就是马基雅弗利。

马基雅弗利是一位极具现实主义情怀的思想家。他的思想直接源于其对现实生活和现实经验的思考和观察。马基雅弗利的现实主义吸收了自己大量的外交和政治经历。在近代政治思想史上，马基雅弗利首次以实证主义的方式，基于他对人类社会政治生活所观察和总结的实际经验，剥去了此前披在政治生活上的道德面纱，证明了国家神圣起源说纯属子虚乌有，那些神学论与泛道德论只能使政治生活变得日益缥缈和虚无。他一针见血地指出了人类社会关系中最本质的一面，就是人性恶引起的利益冲突。这种现实主义的认知方式把原本伸展到社会所有层面的政治权力控制在世俗生活的领域之中，赋予了个人更多的自由生活权利和自我选择权利。马基雅弗利基于现实主义产生的这种政治与道德分离的研究理路成为近代资产阶级政治学说的开端。从此，关于权力和国家，人们都从一种崭新的视角来对待和分析。马基雅弗利的现实主义认知原则为近代资产阶级政治思想的各种政治观点和政治建构确立了理论上的基本认知方式。

马基雅弗利是代表近代资产阶级利益的思想家，他的思想内容体现着新兴资产阶级的要求，代表着社会发展的进步潮流，对后世的政治理论及政治生活实践有着极其深远的影响。马基雅弗利为近代政治思想做出的最大贡献就是他彻底划分了政治与宗教、政治与道德的界限，使政治学以政治本身为研究对象。马基雅弗利关于民族国家的界定、关于自由意志的论述、关于分权制衡的观点都在后世的思想体系中得到系统阐述，并成为近代资本主义国家政治生活的基本原则。同时，马基雅弗利是近代民族主义的先驱之一，是历史上第一个伟大的实用主义者，是他把政治思想从中世纪的经院哲学中挽救出来的。后世对马基雅弗利的政治学说给予了相当高的评价。马基雅弗利是第一个真正的近代政治思想家。他不仅首先用“国家”一词去指世俗的政治体，而且还创立了建立在对政治制度的经验考察和理性分析基础上的近代政治学。没有人质疑马基雅弗利的政治理论在整个政治思想史上的重要地位，但关于马基雅弗利本人和其思想的评价一直是争论不断。其中，施特劳斯学派和剑桥学派围绕马基雅弗利的争论值得我们关注。

在18世纪之前多数学者将马基雅弗利视作暴政的倡导者，施特劳斯及其信徒一直坚持传统的评价，认为马基雅弗利是“邪恶的教唆者”。施特劳斯在其《关于马基雅维里的思考》一书中，反复强调一个最简朴的判断，认为马基雅弗利是在传授“邪恶”，他反对把马基雅弗利诠释成一位爱国人士或者政治科学家。但以斯金纳、波考克为代表的剑桥学派建立的则是一个正大光明的马基雅弗利形象，并对马基雅弗利进行了共和主义解读，通过关键观念的再诠释，特别是自由与德行两个观念，试图阐释马基雅弗利是古典共和主义的代言人。斯金纳认为：“要把马基雅维里与其同时代人之间的分歧说成是政治的道德观点与政治和道德分开的观点之间的分歧，是不恰当的。最主要的差别倒是在于两种不同的道德之间——对于最终应该做些什么这个问题所存在的两种对立的和不可调和的看法。”① 马基雅弗利虽然反对基督教的伦理学，但在其思想中内含着公共道德。斯金纳认为马基雅弗利的思想是一种消极自由学说，这种自由观内含着公民参与的必要性以及共和德行，从而反映了古典共和主义公民学说的核心要素，因此，其在共和主义历史脉络中的重要性不容忽视。波考克的《马基雅维里时刻》则试图描绘出共和主义的历史谱系，这一谱系始于亚里士多德，经过佛罗伦萨的布鲁尼、马基雅弗利，再到英美。波考克对马基雅弗利进行共和主义解读的一个核心关键词是“德行”，借助此概念波考克将马基雅弗利置于共和主义传统之中。斯金纳在其《近代政治思想的基础》中说道：“迄今为止，我们已经倾全力以实例说明在多大程度上可以把马基雅维里的《论集》说成是对共和政治思想的悠久传统的一种比较正统的贡献。”② 近半个世纪以来，斯金纳、波考克等人对马基雅弗利的共和主义解读成为西方学术发展最引人瞩目的成就之一。对于马基雅弗利的形象描述，施特劳斯学派和剑桥学派存在截然对立的两种立场，施特劳斯学派认为马基雅弗利背离了传统的政治哲学，而剑桥学派则认为马基雅弗利承续了亚里士多德的共和主义传统。两种立场对马基雅弗利的思想进行了完全不同的阐释，两派的争论仍在继续。“事实证明，马基雅维里比其他任何政治理论家都有魔力，人们没法抵抗住诱惑，没法不追到坟墓的另一面，去总结和评判他的哲学。他刚辞世，这一过程便开始了，今天仍未结束。”③

当然，任何一位思想者的思想理论都会带有其所处时代和所属阶级的局限性。马基雅弗利也不可避免，尤其是他只注重英雄人物在历史进步中的作用，无视人民群众在社会进步中的决定性力量。这种把国家统一和民族强盛的希望寄托于英雄豪杰身上的观点便把他定位在唯心史观和资产阶级的视野与境界之内。但我们评价任何一位思想家都应注重他在整个人类思想链条上留下的原创性成果。就这一点来讲，马基雅弗利作为人类对政治领域进行预知性探索的先驱者，确实是一位出色的政治理论家，无愧于“近代政治学奠基人”的美誉。

进一步阅读书目

1. 马克思，恩格斯．马克思恩格斯选集：第3卷．3版．北京：人民出版社，2012.

① 斯金纳．近代政治思想的基础：上卷：文艺复兴．奚瑞森，亚方，译．北京：商务印书馆，2002：213-214.

② 同①280.

③ 斯金纳．马基雅维里．李永毅，译．南京：译林出版社，2014：94.

2. 马克思，恩格斯．马克思恩格斯选集：第1卷．3版．北京：人民出版社，2012.

3. 马克思，恩格斯．马克思恩格斯全集：第28卷．2版．北京：人民出版社，2018.

4. 马克思．资本论：第1卷．北京：人民出版社，2018.

5. 萨拜因．政治学说史：下卷．邓正来，译．上海：上海人民出版社，2010.

6. 瑞安．论政治：上卷．林华，译．北京：中信出版社，2016.

7. 斯金纳．近代政治思想的基础．奚瑞森，亚方，译．北京：商务印书馆，2002.

8. 斯金纳．马基雅维里．李永毅，译．南京：译林出版社，2014.

9. 沃格林．政治观念史稿：卷四：文艺复兴与宗教改革（修订版）．孔新峰，译．上海：华东师范大学出版社，2019.

10. 马斯泰罗内．欧洲政治思想史：从十五世纪到二十世纪．黄华光，译．北京：社会科学文献出版社，1998.

11. 加林．意大利人文主义．李玉成，译．北京：生活·读书·新知三联书店，1998.

12. 罗素．西方哲学史：下．马元德，译．北京：商务印书馆，2020.

13. 施特劳斯，克罗波西．政治哲学史：上册．李洪润，等译．北京：法律出版社，2020.

14. 马基雅维里．君主论．潘汉典，译．北京：商务印书馆，1985.

15. 马基雅维里．论李维罗马史．吕健忠，译．北京：商务印书馆，2017.

16. 马基雅维利．兵法．袁坚，译．北京：商务印书馆，2012.

第六章

霍布斯的政治思想

阅读与思考

关于霍布斯的政治思想，人们所熟知的是他以《圣经》中力大无穷的巨兽“利维坦”作喻，表达了建立强大国家权力的政治主张。在他的自传中，霍布斯曾戏说自己还有一母所生的另一个孪生兄弟叫作“恐惧”(fear)。那么，霍布斯究竟恐惧的是什么？或许在他的另一部著作《比希莫特》(Behemoth，《圣经》中传说的另一种巨兽）中可以看出端倪，他所担心的可能是长期国会期间及后续一个时期英国的内乱状态。在社会动荡和政治乱局中产生的对政治秩序的强烈诉求，可能正是霍布斯要求建立专制权力的根本原因。唯此之故，无论是他翻译的古希腊名著《伯罗奔尼撒战争史》，还是内战前夕发表的《自然法与政治法的基本原理》，以及在《利维坦》《论人》《论社会》《论公民》等著作中，都始终贯穿着对陷入丛林法则的无政府状态的深切担忧和要求确立政治秩序与权威的思想主张。然而，在西方政治思想史上，决定霍布斯的突出贡献和历史地位的或许并不在于他主张政治专制主义的理论结果，而是在于其从经验的理性分析方法出发，按照人的本性—自然权利—社会契约—强权国家的严整逻辑，建构起来的论述近代政治权威的来源和政治服从正当性基础的理论体系。正是由于这个原因，霍布斯才被看成是西方近代政治哲学的真正奠基人。

关键词

自然权利　社会契约论　权威与服从　专制主义

第一节　生平、著作和时代背景

一、生平与著作

托马斯·霍布斯（Thomas Hobbes，1588—1679），英国近代启蒙运动时期著名的思想家、哲学家。在世界历史上，17 世纪是一个风起云涌、革旧立新的时代，英国爆发的那场具有划时代意义的资产阶级革命，开辟了人类社会发展迈向近代史的新篇章。革命的年代在欧洲尤其是英国，造就了一大批向旧制度冲击、为新制度呐喊的思想家，霍布斯无疑是其中最重要，也是最具争议的一位。在现实政治中，霍布斯对英国王室的同情、主张专制权力的立场，使得有人将他称为为旧势力张目的“专制辩护士”。与此同时，霍布斯在政治理论中与为王权专制论证的神学立场彻底决裂，从人的自然权利出发对政治权威的来源、服从的正当性等问题的重新论证，则使他的政治理论具有了显著的近代特征。从某种意义上讲，西方近代政治哲学的真正基础是由霍布斯奠定的。

1588 年，霍布斯出生于英国威尔特郡马姆斯伯里的乡村。父亲是一个乡村牧师，鲁钝不学，声名不彰。母亲是一个普通的农妇。由于家境贫寒，霍布斯的教育是由他的伯父——一位殷实商人和市参议员资助完成的。霍布斯生性聪颖，好学深思，14 岁就已通晓希腊文和拉丁文，15 岁时进入牛津大学攻读古典哲学和经院派逻辑。毕业后经校长推荐，霍布斯担任了大贵族威廉姆·卡文迪许伯爵的家庭教师。终其一生，霍布斯与这个家庭建立了长期而密切的关系。1610 年，霍布斯陪同学生首次游历欧洲大陆，先后访问了法国、德国和意大利等国，学会了法语和意大利语，并亲眼看到了伽利略和开普勒新科学成就的巨大影响。回国后，霍布斯结识了著名的弗兰西斯·培根，两人在机械唯物主义思想方面的观点不谋而合，交往颇深。1629 年到 1637 年，霍布斯又先后两次与学生周游欧洲大陆，其间，和伽利略、伽桑狄、梅森等许多科学家和思想家建立了广泛的联系。伽利略的新科学对霍布斯的机械唯物主义论哲学思想的发展起了重要的作用，而同梅森的友谊促使他开始研究笛卡儿的著作。霍布斯还专门研读了数学、物理学，并考察了威尼斯共和国的议会制度，读过马基雅弗利、博丹、格劳秀斯等人的政治学著作，这些都对霍布斯的哲学观、政治观产生了重要的影响。1628 年，他翻译的古希腊名著《伯罗奔尼撒战争史》出版。在这本书的序中，霍布斯已经开始对民主制可能造成的无政府状态表示担忧和反感，并对作者修昔底德称赞君主制、鄙视民主制的态度深表赞同。1640 年，霍布斯一本题为《自然法与政治法的基本原理》著作手稿开始流传，书稿中提出维护王权以求和平的观点，引起国会派势力的不满。后英国革命爆发，霍布斯与王党分子逃到巴黎，并担任流亡法国后来成为英国国王的查理二世的数学老师。1651 年，霍布斯在巴黎写成生平“体系最完备、内容最充实、论证最严密、学术价值最高、影响最大”[①]

① 霍布斯．利维坦．黎思复，黎廷弼，译．北京：商务印书馆，1985：Ⅳ．

的政治哲学著作《利维坦》。霍布斯以《圣经》中力大无穷的巨兽“利维坦”作喻，表达了建立强大国家的强烈主张。由于书中完全摒弃了君权神授学说并对教会权力进行贬抑，从而遭到王党分子和法国政府的强烈反对，霍布斯被迫悄然返回英国，表示服从当政者克伦威尔的统治，但对克伦威尔提出让他担任行政部长的邀请婉辞不就。1655 年和 1658 年，霍布斯的另两部著作《论物体》《论人》先后出版。斯图亚特王朝复辟之后，霍布斯重新受到查理二世的欢迎和关照，但这仍然不能平息教会、保守派等对他的愤怒与攻击。1666 年，有人提交了一份议案给议会下院，要求判定是否应该以无神论或者异端邪说的罪名起诉霍布斯，但最终霍布斯在国王的庇护下安然无恙。1675 年，霍布斯永远地离开了伦敦，隐居于卡文迪许家的乡间庄园。1679 年 12 月 4 日，经过长期疾病困扰后的霍布斯去世，享年 91 岁。尽管在他的著作中，霍布斯一再强调，死亡是最大的恶，但在其各种版本的自传结尾处，霍布斯都写道：“死神就站在我跟前，对我说：‘不要害怕。’”①

二、时代背景

霍布斯长寿的一生使他见证了英国历史上的伟大时代，而这个时代也在他的思想中留下了深深的印迹。对英国人来说，17 世纪是一个收获巨大的时代。15、16 世纪欧洲文艺复兴运动的影响早已扩散到这里，文学巨人莎士比亚的笔调优雅而清新，内容厚实而思维敏锐，他的作品中毫无任何中世纪的陈腐气息而充满新时代盎然勃发的人文主义精神；大陆科学家、哲学家伽利略和笛卡儿的新科学与几何学的成就让每一个人都兴奋不已，自然现象并不神秘，一切都可以用数学的语言、几何的逻辑分析得清清楚楚。同时，著名哲学家培根创立的举世闻名的归纳法，把英国经验主义哲学发展到一个新的阶段。在社会经济政治领域，持续了一个多世纪的圈地运动和资本主义工商业经济的发展已然成果不菲，由此引发的社会结构变化更加清晰可见，新兴的资产阶级和资产阶级化了的新贵族凭借其雄厚的财富希望自己也能争取到政治权力，从而促使国家成为为自身利益服务的便利工具。这时，主张君权神授和君主专制的斯图亚特王朝自然成了实现这一目的的最大障碍。通过流血的内战和不流血的光荣革命，英国的资产阶级和新贵族处死了一个专制的国王，又重新树立起一个驯服的君主。新的政治权力出现了，但它的基础却远未得到说明。长期的战争、动荡、流血和夺权，近代社会政治生活自身始终无法回避的主题越来越清晰：在抛弃了中世纪的神权和专制以后，人们服从政治权威的目的是什么？新兴的资产阶级要建立的是一种什么样的政治权力？它的法律基础在于哪里？

文艺复兴以来，马基雅弗利和博丹是首先关注和思考这一问题的思想家。马基雅弗利满怀蔑视地揭示了笼罩于整个中世纪的基督教道德的虚伪、陈朽和卑微，坚持从历史与经验出发，把政治看成是纯粹的权力，而且目的可以证明权力运作本身就是合理的，根本不需要道德的说明。在西方政治思想史上，马基雅弗利把道德从政治中彻底分离出去，从而把政治建立在现实主义的基础之上，但他还只是从经验的角度对新的政治现实进行总结，还没能用系统的理论对之进行全面的分析和论证。博丹试图弥补这个缺陷，

① 马尔蒂尼．霍布斯．王军伟，译．北京：华夏出版社，2015：23.

“他系统地阐述了一种国家观，其中集中研究了主权问题。他把主权视为国家的基本因素”①，这成为以后政治哲学发展的方向。但博丹的主权理论还是缺乏坚实的法律基础，难以回答政治权威的深层要求——如何使人们永不间断地服从。前辈遗留的问题正是霍布斯努力的方向，他继承了马基雅弗利和博丹的思想遗产，从经验和现实出发提出了系统而全面的近代政治理论。

第二节　政治思想的理论前提

一、经验的理性方法论

在霍布斯的一生中，有两个时期对其世界观的形成影响最大。第一个时期是 1621—1625 年，作为培根最信任的秘书，霍布斯接受了培根唯物主义思想。他同培根一样，强调哲学的目的在于认识自然、征服自然、造福人类。而哲学是关于物体的学说，其中不包含任何神学的问题。恩格斯因此称霍布斯为“第一个现代唯物主义者（18 世纪意义上的）”②。第二个时期是 1629—1638 年，这段时间大陆科学特别是力学和数学的成就对他产生了重要影响。他相信真理的真理性在于从一个不容置疑的前提出发，通过清晰的步骤进行论证，这种方法成为他后来研究科学和哲学的主要方法。这样，英国经验主义和大陆唯理主义哲学的结合，形成了霍布斯经验主义的数学力学化的研究方法。

17 世纪的启蒙思想家们几乎都是坚定的理性主义者，他们对理性的信仰简直到了迷恋的程度。以数学、几何为核心的理性方法论在物质领域取得了巨大成功，通过把握理性，天上的星空不再神秘可畏、复杂难懂，相反，它们是可以被认识的，理性主义思想家们对此毫无异议。但问题在于：在自然界取得成功的理性方法能否同样适用于社会和政治生活领域，从而使我们对社会科学的了解也可以像自然科学那样精确而客观？霍布斯对此坚信不疑。他认为，物体是哲学的唯一认识对象，包括自然物体和人造物体（国家）两类，二者在本质上并没有什么区别。人造物体（国家）也只不过是像钟表一样用发条和齿轮运行的“自动机械结构”，主权是其发条，官员是其齿轮，赏罚是其游丝。自然哲学和社会哲学遵循同样的规则，因此，以同样的方法来认识它们不仅是可能的，而且是必然的。同时，几何学是哲学认识对象的唯一科学方法，在霍布斯看来，主要是分析和综合的推理方法，即“根据结果的已知原因来发现结果，或者根据原因的已知结果来发现原因时所采取的最便捷的道路”③。为了认识事物的真正本质，必须首先关注其第一原因，即确定的、最初的定义，一旦最初定义能够成立，那么事物的最终性质就可以

---

① 穆霍帕德希亚．西方政治思想概述．姚鹏，张峰，王伟光，译．北京：求实出版社，1984：118.

② 马克思，恩格斯．马克思恩格斯选集：第 4 卷．3 版．北京：人民出版社，2012：612.

③ 北京大学哲学系外国哲学史教研室．西方哲学原著选读：下卷．北京：商务印书馆，1982：387.

通过严格的逻辑推理出来。然而，最初定义不在于事物与其他事物相比具有的特殊性，也不在于从事物本身之外获得的规定性，而在于事物内在的、能够说明事物之所以产生和存在的最初原因。由此，认识人造物体——国家的本质，必须首先探究导致其产生的原因。根据科学的推理方法，“整体的原因是由各个部分的原因所组成的，……在我们能认识整个组合物之前，必须先认识那些将被组合的东西”[①]。国家是由每一个个体的人组成的人造物体，所以必须从人的本性和欲望中去寻求国家产生的第一原因。在霍布斯之前，格劳秀斯同样把人的本性作为其整个政治哲学的预设前提来推演自然法理论，但他将人的本性视为人的天生理性和人是天生的社会性动物，因此人的本性实际上是一种先验的理性。霍布斯则坚持从人的经验中认识人的本性，从而使自己的理性主义具有了更多的经验性质。显然，霍布斯所追求的是一种可以论证的政治。在此意义上，他的方法论引发了一场革命。

二、感觉原理和运动原理

霍布斯运用几何的逻辑推理来建构自己的政治哲学体系，就必然要严格按照逻辑的推演来论证一系列复杂问题。由于他每推理一步都是以前一步为前提保证的，所以整个的逻辑链条最终会追溯到一个根本的逻辑起点：一个简单的公理或不证自明的前提。霍布斯政治哲学体系的逻辑前提是它的抽象人性理论，而他的抽象人性论又是由其机械唯物论基础上的感觉原理和运动原理推导出来的。

霍布斯的感觉原理。霍布斯认为，“个别的来说，每一思想都是我们身外的某一性质或另一种偶性的表象或现象”，而“所有这些现象的根源都是我们所谓的感觉；其余部分都是从这种根源中派生的”。那么，作为知识来源的感觉是怎样产生的呢？他认为：“感觉的原因就是对每一专司感觉的器官施加压力的外界物体或对象。”[②] 感觉不是物体本身的属性，而是感觉主体身体内的运动。“一切所谓可感知的性质都存在于造成它们的对象之中，它们不过是对象对我们感官施加不同压力的许多不同的物质运动。”[③] 外界物体的运动对人的感觉器官产生压力，引起器官的内部运动，这种运动经过神经传到大脑和心脏，在那里产生“抗力”，抗力的作用是向外的，于是显现外物的影响，这种影响就是感觉。霍布斯进一步指出，感觉经验的发生不仅取决于认识的对象，而且也来源于认识者的生理结构，它是主体与客体相互作用的结果。我们看到鲜艳的花朵，鲜艳不是花朵本身的性质，而是我们的感官基于花朵的作用产生的主观感觉。一事物在人的感官上引起的感觉，经过人的斟酌，形成人的意志，意志是最后的欲望，决定人的行为。既然意志是斟酌后的最后欲望，那么斟酌时的价值标准是什么呢？其价值标准在不同的人之间有没有共同的内容呢？如果把斟酌看作以个人好恶为标准的选择过程，必然导致个人主义；如果放弃这种个人主义，把斟酌看作以社会价值为依据，这又成了以感觉为基础的理性

① 北京大学哲学系外国哲学史教研室．西方哲学原著选读：下卷．北京：商务印书馆，1982：388.

② 霍布斯．利维坦．黎思复，黎廷弼，译．北京：商务印书馆，1985：1.

③ 同②4－5.

主义，在理论上背离了他的感觉主义意志论。霍布斯认为，单纯的感觉并不是科学，科学的知识在于把复杂的事物分解成可理解的因素，并确定这些因素组成的规律，也就是了解彼此间的因果关系。可见，霍布斯并没有将感觉绝对化，而是承认了理性思维的作用。然而他所说的理性思维仅仅是指按数学的方式来计算，也就是进行加减和连接。他把理性思维看作对观念、名称的加减连接，并将其推广到一切领域。由此，霍布斯的理性推理还是被归结为感觉认识了。在感觉论的基础上，他把认识的复杂过程看作简单的几何学、算术学的运算，从而进行了一系列推论。

霍布斯的运动原理。霍布斯认为，动者恒动，物体一旦处于运动之中（除非受到他物的阻挡），就将永远运动。他认为，人的运动分为两类：一种是与生俱来的、与有机体相始终的生命活动，包括血液循环、呼吸、消化、排泄等；一种是动物活动，又称“自觉运动”，如行走、言谈等。生命运动是纯生物的功能，而自觉运动则需要借助想象和外在刺激才能发生，虽然前者也是人类得以生存的必要条件，但只有研究后者才能真正解释人的本性。人的自觉运动，根源于外物引起的人体内部感官的运动，“人体中的这种运动的微小开端，在没有表现为行走、说话、挥击等可见的动作之前，一般称之为意向”，而“当这种意向是朝向引起它的某种事物时，就称之为欲望或愿望”，“而当意向避离某种事物时，一般就称之为嫌恶”[①]。欲望的意向会引起人的喜爱之情，同时也会给人带来欢乐，人们就希望得到它、接近它。嫌恶的意向引起人们的反感，人们就会憎恶它，会想方设法摒弃它或离开它。这样，以促进生命运动的快乐和阻碍生命运动的痛苦为基础，人类的全部情感可以归结为在不同环境下对不同物体的欲望与嫌恶。经验表明，人类总是希望得到给自己带来快乐的物体，而避开给自己带来痛苦的物体。因此，人的本能或自觉活动，都是为了趋乐避苦，这样才有利于保存生命本身。

三、自然主义的性恶论

就政治哲学的规定性而言，它不仅与现实政治问题密切相连，而且与人类政治生活的终极目的和价值等政治道德问题有关，而对这些理论问题的关切和解答不可避免地将建立在对人类自身本质及其价值的认识之上。故此，某种形式的人性理论必然构成相应政治哲学的基本前提。如果没有对人类自身的完整认识，政治哲学的理论大厦就缺乏坚固的基石，其对人类政治社会现实的洞察力、解释力、建构力也将随之大打折扣。“没有对人类质料的深切了解，谁能在它的基础之上为社会和政治组织制定出大政方针？”[②] 对于人性的基本认识，霍布斯既没有采取像当时的神学政治观，即从人的先验目的论角度来认知人的本质，也没有像格劳秀斯那样诉诸人的社会属性，而是坚持把人视为一种自然之物，从经验和现实角度抽象地认识人的本性。

霍布斯认为，人的好恶都是以是否有利于自我保存为转移的，这是人的活动的基本规律。在这个意义上，人的本性是自利的或者说是自私的。他说：“在人类的天性中，我

① 霍布斯．利维坦．黎思复，黎廷弼，译．北京：商务印书馆，1985：36．

② 邓正来．布莱克维尔政治学百科全书．北京：中国政法大学出版社，1992：333．

们发现有三种造成争斗的原因存在。第一是竞争，第二是猜忌，第三是荣誉。第一种原因使人为了求利，第二种原因使人为了求安全，第三种原因则使人为了求名誉而进行侵犯。在第一种情形下，人们使用暴力去奴役他人及其妻子儿女与牲畜。在第二种情形下，则是为了保全这一切。在第三种情形下，则是由于一些鸡毛蒜皮的小事，如一言一笑、一点意见上的分歧，以及任何其他直接对他们本人的藐视。或是间接对他们的亲友、民族、职业或名誉的藐视。"[①] 由于人的自私本性，权势、财富、知识、名誉、攀附名门贵族、赢得他人的尊重就成了个人追求的重要内容。霍布斯认为，权势欲、财富欲、知识欲、名誉欲是人的第一欲望，"得其一思其二，死而后已，永无休止"，这是"全人类共有的普遍倾向"。霍布斯从社会原因和心理原因两个方面探讨了人的这种贪欲本性。从社会角度看，"他不事多求就会连现有的权势以及取得美好生活的手段也保不住"，所以它必须为了保持现状而不断地去追求。从心理角度看，人有适应性，他喜新厌旧，当他"办到这一点之后，新的欲望又随之而起"。虽然霍布斯认为人性是恶的，但他并没有把这种"恶"视为道德上的缺失，而是一种自然的、无辜的"恶"，"人类的欲望和其他激情并没有罪"[②]，它们只是无可非议的、人类的自然倾向，就像做出过错行为的肉体本身无罪一样。这与当时毫无根据的基督教的原罪说是对立的。人的自然主义的欲望是合理的，不是道德上的罪恶；相反，整个道德伦理体系只有以是否符合人的自然欲望为标准才是正义的。进而，以人的本性推导出来的政治权力本身也不应该是道德上的恶，而是符合人之本性的必要的、正当的存在。

霍布斯指出："旧道德哲学家所说的那种终极的目的和最高的善根本不存在。欲望终止的人，和感觉与映象停顿的人同样无法生活下去。幸福就是欲望从一个目标到另一个目标不断地发展，达到前一个目标不过是为后一个目标铺平道路。所以如此的原因在于，人类欲望的目的不是在一顷间享受一次就完了，而是要永远确保达到未来欲望的道路。因此，所有的人的自愿行为和倾向便不但是要求得满意的生活，而且要保证这种生活，所不同者只是方式有别而已。"[③] 也就是说，在霍布斯看来，人的终极目的是不存在的，人的目的就是追求自然欲望之满足，而对欲望之追求是没有终点的。人是自然之物，自然属性是其本性的核心所在。像自然中的其他动物一样，人也有自然的肉体欲求、苦乐感觉，除了自己的苦乐感觉和利益需要，他的行为没有任何先在的道德目的，这是自然的规律，亦无所谓善恶。既然基于肉体欲求本身没有善恶，那么以追求这种自然欲求之满足为目的的行为就是合理的、正当的，就是人自然的"权利"，即人有权利这样做，或者说人这样做本身就无可厚非。

按照自然主义的人性论，人本身就是一团自然的欲望，但重要的不是人是否有自然欲望，而是这种自然欲望在何种环境下才是正当的，怎样才能保证对此自然欲望之追求能够实现。对此，霍布斯通过假设的自然状态进一步予以阐释。根据霍布斯的描述，自然状态与国家状态（或社会状态）相对应，在国家成立之前人处于自然状态之中，没有

---

① 霍布斯．利维坦．黎思复，黎廷弼，译．北京：商务印书馆，1985：94.

② 同①95.

③ 同①72.

法律，没有权威，每个人都是独立的存在，且人人平等。这种平等表现在：（1）人与人之间在体力和智力上大体相等；（2）一切人对一切事物都有同等的权利。他指出："自然使人在身心两方面都十分相等，以至于有时某人的体力虽则显然比另一人强，或是脑力比另一人敏捷；但这一切总加在一起，也不会使人与人之间的差别达到使这人能要求获得人家不能像他一样要求的任何利益。"[①] 与此同时，在自然状态下，人人又都是自由的。这种自由是不受任何限制的自由。它最主要表现在人的自我保全上，每个人都按照自己所愿意的方式运用自己的力量保全自己的生命。而人的本性又是自私的，只顾保全自己。那么，在自然状态下会是一种什么样的情形呢？结果只能是"每个人对每个人的战争"状态，这是霍布斯对自然状态终局的概括。因为首先是由于人的能力的平等，然后是"由这种能力的平等出发，就产生达到目的的希望的平等"，这样，"任何两个人如果想取得同一东西而又不能同时享用时，彼此就会成为仇敌"。人们的目的主要是自我保全，要达到保全自己的目的，必然企图运用伤害别人的手段；要保全自己，就必然要先发制人。平等的人住在一起，"自保之道最合理的就是先发制人，也就是用武力和机诈来控制一切他所能控制的人，直到他看到没有其他力量足以危害他为止"[②]。他认为，在自然状态下，人与人之间是你吃掉我，我吃掉你的关系，人与人像狼一样地弱肉强食。"人们不断处于暴力死亡的恐惧和危险中，人的生活孤独、贫困、卑污、残忍而短寿。"而人的本性，"使人们如此彼此互相离异，易于互相侵犯和摧毁……"[③] 在没有法律、没有权威的威慑的情况下，凭着人的本性和欲望就会出现这种可怕的状态。那么，人类社会为什么没有陷入自然状态这种可怕的战争状态？或者从理论上曾经陷入这种状态，又是怎样摆脱的呢？霍布斯认为人类是凭借自然法也即人的理性的力量摆脱自然状态而进入了国家状态。在更深层次，人之所以要且必须摆脱自然状态而进入国家状态的理论问题是，尽管在自然状态下人拥有"自然权利"，但孤立的个人权利对他人并不形成义务，别人没有为了你的权利而约束自己的义务。因此，这种孤立的个人所拥有的自然权利实际上并无切实保障。为了保护这种满足自身自然欲求的正当权利，人们需要进入政治社会，运用政治权力来保证个人权利的实现。最终，霍布斯表达了显然具有纯粹近代特征的理论取向：个人是首要的、原生的，国家是次要的、派生的。孤立的个人先于道德和社会而存在，他既不由先在的道德目的所决定，也不可能从社会整体中获得自身的任何性质。相反，社会的性质是从个人的性质中获得的，人的政治义务是由其自由权利派生出来的。

四、自然法理论

霍布斯认为，免于陷入战争状态或者要摆脱战争状态，其根据也在人的本性之中。按照霍布斯的解释，在自然状态下，"是和非以及公正与不公正的观念在这儿都不能存

---

① 霍布斯．利维坦．黎思复，黎廷弼，译．北京：商务印书馆，1985：92.

② 同①93.

③ 同①95.

在。没有共同权力的地方就没有法律，而没有法律的地方就无所谓不公正。暴力和欺诈在战争中是两种主要的美德。公正与背义既不是心理官能，也不是体质官能"，"它们是属于群居的人的性质，而不是属于独处者的性质"①。由此而产生的后果就是，"没有财产，没有统治权，没有'你的''我的'之分；每一个人能得到手的东西，在他能保住的时期内就是他的"。而要超越这种恶劣的状况，"一方面要靠人们的激情，另一方面则要靠人们的理性"②。

霍布斯认为，人的本性由最主要的两部分组成：情感和理性。就情感而言，人类最大的情感莫过于惧怕死亡，每个人都会本能地反对死亡、寻求安全，而人人为敌的状况随时给人的生命带来危险，造成人类的极大恐惧。因此人在情感上存在一种摆脱相互为敌的自然状态的强烈愿望，这就是激情。在产生这种激情的条件下，人的理性"便提示出可以使人同意的方便易行的和平条件"，这种理性所揭示的就是"自然律"或"自然法"。"自然律是理性所发现的戒条或一般法则。这种戒条或一般法则禁止人们去做损毁自己的生命或剥夺保全自己生命的手段的事情"③，其实质是禁止人们自残，并禁止人们不去做人们自己认为最有利于生命保全的事情。霍布斯说："著作家们一般称为自然权利的，就是每一个人按照自己所愿意的方式运用自己的力量保全自己的天性——也就是保全自己生命——的自由。因此，这种自由就是用他自己的判断和理性认为最适合的手段去做任何事情的自由。"④ 这就是说，自然法促使人们要求摆脱"自然状态"，以便过和平幸福的生活。他认为，只要遵守自然法的基本原则，人们是能够做到这一点的。通过详细的分析和考察，霍布斯列举或"制定"了 13 条自然法，其中最基本的是前三条，它们阐明了自然法的基本原则。

第一自然法，也是基本的自然法："每个人只要有获得和平的希望时，就应当力求和平；在不能得到和平时，他就可以寻求并利用战争的一切条件和助力。"⑤ 即寻求和平、信守和平以及利用一切可能的方法保全自己。

第二自然法："在别人也愿意做的条件下，当一个人出于和平与自卫的目的认为必要时，会自愿放弃这种对一切事物的权利；而在对他人的自由权方面满足于自己让他人对自己所具有的自由权利。"⑥ 简单地说，如果愿意的话，让渡的权利必须与得到的权利相等。

第三自然法："所定信约必须履行。"⑦ 没有这一条自然法，则所有的契约都会无用，徒具虚义。而所有的人对一切事物的权利也会仍然存在，他们也就会仍在战争状态之中。这条自然法包含着正义的源泉。

根据这三条原则，自然法的基本精神就是谋求和平和信守契约。这些自然法表达的基本价值观念是：正义和公平。霍布斯把它们看作对个人利益有效、合理的保护，其核心是等价原则和公利原则。例如，他在阐述第二自然法关于放弃自然权利而订立契约时说："当一个人转让他的权利或放弃他的权利时，那总是由于考虑对方将某种权利让回给

①② 霍布斯．利维坦．黎思复，黎廷弼，译．北京：商务印书馆，1985：96.

③④ 同①97.

⑤⑥ 同①98.

⑦ 同①103.

他，要不然就是因为他希望由此得到某种别的好处。因为这是一种自愿行为，而任何人的自愿行为都是为了某种对自己的好处。”① 这里，霍布斯所理解的自然法和传统的自然法理论与格劳秀斯所理解的不同。传统的自然法首先是指一种先于人类意志并独立于人类意志的客观秩序、准则和尺度，是具有普适意义的价值理念，人类的理性、法律只有符合这种客观理念才是符合正义的。近代以来的自然法理论不是从自然理性而是从人类理性出发，不是评判而是解释新的政治权力的价值基础。格劳秀斯是近代西方自然法理论的创始人之一，他虽然把人类的理性当作整个政治生活的基础，却还是从人的社会性这种天赋的本性上说明自然法的先验存在，从而将人的理性看作一种普遍的、纯粹的理性。霍布斯则把自然法看作人的经验理性的产物，从人的经验可以体察的无可非议的主观诉求（自我保全）出发，逐步推导出人类社会政治权力的必然性质。“这种主观诉求完全不依赖于任何先验的法律、秩序或义务，相反，它本身就是全部的法律、秩序或义务的起源。”② 理性只是一种权衡和选择行为原则的能力，而不是任何先验的价值标准。霍布斯没有说明这种能力的产生和发展机制，显然是把它当作了人的天赋能力，但它的选择标准确实是人的自我保全的需要，这种生存需要本身则只能由经验来确定。

第三节　政治思想的主体

一、社会契约论与国家的产生

17 世纪和 18 世纪的政治哲学家几乎普遍关注：本性如其所是的个人为什么会进入政治状态？他们怎样进入了政治状态？霍布斯的解释是，这是因为“他们的终极动机、目的或企图是预想要通过这样的方式保全自己并因此得到更为满意的生活；也就是说，要使自己脱离战争的悲惨状况”③。而理性是实现这一目的的唯一途径或手段。通过认识理性法则，人们不仅人为地建构了一种社会秩序，使人可以在其中追求利益，又不至于因对利益的盲目追求而毁灭了自身；更为重要的是，通过理性建构社会和政治秩序的过程，人们发现了政治权威的正当根据——同意，正是人们基于自身利益而表达的同意构成了政治权威的合法性基础。换言之，理性既人为地建构了政治秩序，又揭示了这一秩序的道德根据。

霍布斯指出，自然法是理性法则，也是道德法则。就理性法则而言，人类是通过对自然法则的认识被告知，只有放弃自然的自由及其手段（因为它会导致生命处于危险之中），才能够真正实现保全自我的欲望。就道德法则而言，自然法则申明：“和平是善的，同样地，为和平而采取的所有必要措施也是善的，因此谦逊、公正、善良和怜悯（我们

① 霍布斯．利维坦．黎思复，黎廷弼，译．北京：商务印书馆，1985：100.

② 施特劳斯．霍布斯的政治哲学．申彤，译．南京：译林出版社，2001：2.

③ 同①128.

前面已经证明这些是和平所必不可少的东西）都是善的生活方式［mores］或习惯，也即善的德行。故此，就自然法则教给人们和平所需的手段而言，它也教给人们善的生活方式或德行，它也因此被称为道德的。”[①] 霍布斯强调，正义是建立在人的利益（自我保全）之上，并由理性判定的。但施特劳斯发现，在霍布斯的学说中与其说是理性所发现的道德法则使人们愿意服从权威，还不如说是人们对死亡的恐惧导致他们不得不放弃自然的自由。虽然这种恐惧的作用后果是理性的，但就其起源和实质而论，它是先于理性的[②]。也就是说，理性不过是由人们畏惧死亡所激发的更强烈的求生欲望导致的后果，那么，这就会引发疑问：如果理性只是一种更强烈的欲望，那么，人到底是理性的还是非理性的呢？理性究竟能够在多大程度上约束其他欲望呢？人的理性能否使他摆脱非理性的欲望？能否使他为了将来的长远利益——生命之保存——而放弃眼前的利益？“要是人们像他们最初所说的那么野蛮而不合群，他们就永远也不可能建立起政府。要是他们有足够的理智建立政府，他们就决不会过去一向是没有政府的。”[③] 实际上，霍布斯对人的理性也是心存疑虑的。他认为，人并不总能摆脱不合理的自然欲望的诱惑，也不可能总是就道德的内涵达成一致的意见。也即，政治的道德是相对的：“每当有人不喜欢另一人的善举时，他就会用某种相应的恶名来说它。类似地，某种邪恶让人愉悦时，人们就会用某种美德的名目来说它。这种结果造成了为一方所褒扬并称之为美德的行为却被其他人所批评并被看成是一种恶。哲学家迄今为止还找不到补救这种困境的办法。”[④] 既然单凭理性不足以保证对权威的普遍服从，那么就不可避免地需要其他的力量来支持权威。“如果没有对某种强制力量的畏惧心理存在时，就不足以束缚人们的野心、贪欲、愤怒和其他激情。”[⑤] 显然，霍布斯关于专制强权的国家主张已经呼之欲出了。

在霍布斯的政治思想中，这种强权国家的主张是在社会契约中产生的。处于自然状态中的人们，其欲望和价值标准常常变动不居甚至相互矛盾。但无论如何他们的行为都遵循一个目的：生命的保存。这种共同的欲望促使人们超出自然状态而避免死亡的威胁。理性所揭示出的自然法要求人们相互之间订立契约，组成国家，进入和平的社会状态。霍布斯认为，以谋求和平和信守契约为基本精神的自然法，“在内心范畴是有约束力的”，即作为内心范畴，人们会自发地约束自己的欲望。自然法来自人的内心，因而是永恒的、普遍的，遵守自然法就是正义，研究自然法的科学才是真正的道德哲学。但是“在外部范畴中，也就是把它们付诸行动时，就不永远如此”[⑥]。自然法作为外在范畴时，它的自发约束力就将不复存在。一个人如果谦恭善良，在其他人不履行诺言的情况下仍然履行自己的诺言，他就会成为别人的牺牲品，这与一切使人保全自己的自然法原则相违背。同时，如果一个人知道别人都会遵守自然法，而他自己就会寻求战争以欺善凌弱，满足

① 霍布斯．论公民．应星，冯克利，译．贵阳：贵州人民出版社，2003：39.
② 施特劳斯．霍布斯的政治哲学．申彤，译．南京：译林出版社，2001：21.
③ 萨拜因．政治学说史：下册．刘山，等译．北京：商务印书馆，1986：524.
④ 同①.
⑤ 霍布斯．利维坦．黎思复，黎廷弼，译．北京：商务印书馆，1985：103.
⑥ 同⑤120.

私欲。“没有武力，信约便只是一纸空文，完全没有力量使人们得到安全保障。”[①] 因此，必须有某种权威使人们遵从，才能使人们的安全得到保障。权威的产生是通过人们之间相互签约达成的。为了寻求和平和安全，在理性的指引下，人们根据协定自愿放弃自己的一切权利，把它交给一个人或由一些人组成的会议，这个被授权的个人或会议就作为社会的最高权威，由其保障人们的和平和安全。国家就是这样产生的，是通过契约产生的。在契约中人们根据协议自愿放弃自己的一切权利而把它转让给一个最高权威（主权者）。在霍布斯的契约论中，达成契约的方式是通过人们（所有的人）都放弃自己的一切权利实现的。

霍布斯的社会契约论的特点是：（1）在订立契约时每一个人都把自己的一切权利交了出去，一个权利也不留，全部转让了出去，没有任何人例外。（2）人们把转让出去的权利交给了主权者，主权者可以是一个人或者一些人，主权者作为第三者，没有参加契约。因为主权者不是契约的签订者，而是契约的结果，所以他不受契约内容的约束。（3）主权者得到的是专制的全权，不受订约者的制约，也没有任何道德上的限制，安全和生命所需要的秩序本身就具有道德的正当性。只要主权者认为是维护个人的生命和安全所必要的，甚至剥夺某些人的生命都是允许的。要注意的是，在霍布斯的契约论中，不是人们与主权者订立契约，而是人们之间相互订约。订约的方式就好像是人人都对每一个其他的人说：我承认这个人或这个集体，但条件是你也把自己的权利拿出来授予他，并以同样的方式承认他的一切行为。那么人们为什么愿意交出他们的所有权利？人们之所以交出他们为所欲为的一切权利，是因为要保全自己的生命，为了和平与安全，这是契约的宗旨。霍布斯认为，契约是等价交换，是“权利的互相转让或交换”。因为我让出了权利，条件是你也让出权利，我用我的权利换来了安全，大家都让出了自由权利，得到了安全，就好比安全是互相转让的。

然而，霍布斯并不认为授权者已经毫无保留地失去了他们的全部权利，人们交出的只是随意侵害他人的权利。契约被看作人们的一种自愿行为，而任何人的自愿行为，“都是为了某种对自己的好处”，而人们一切权利和好处的享有都是以生命的存在为前提的。因此，霍布斯认为，为保护自己的生命安全而抵抗他人侵害的权利是不能放弃的，人们立约建国的宗旨就是生命的保全。

二、主权理论——国家的本质

霍布斯是继博丹、格劳秀斯之后，又一个明确提出主权学说的思想家。主权学说是霍布斯政治学说的重要内容。霍布斯认为，国家的本质就是一个人格，是全体理性的人格，承担着这一人格的就称为主权者，主权者拥有主权。社会上全体人民的人格集中在主权者的人格中，每一个人都成为这个人格一切行动的授权者，为的是让他来保证他们的和平与安全。霍布斯对国家的限定是，国家是“联合在一个人格里的人群”。要建立国家必须赋予主权者无限的权力，而这一点已经包含在霍布斯的契约论之中：授权者交出

① 霍布斯．利维坦．黎思复，黎廷弼，译．北京：商务印书馆，1985：128.

的是“全部的权利与力量”，被授权者的权力是至高无上的。

霍布斯把主权者看作国家的本质，实际上是强调主权是国家的本质。因为在他那里，“主权者”“人格”不过是国家权力的抽象化、人格化。他指出，主权是给予国家“整个机体以生命和运动的灵魂”。

关于霍布斯的主权理论和国家本质定义，有几点需要注意：第一，霍布斯把主权者看作国家的本质，并且认为主权者是全体人民的人格，这表明他把国家的本质看作一种普遍的意志，这种普遍意志必须由主权者的意志来体现。第二，主权者的权力来自人民的契约。这表明霍布斯认为权力是国家的本质特征。主权者之所以能成为国家的本质，不是因为他最有道德、最有智慧，更不是因为他是上帝的代表，而是因为他掌握了人们在立约时交出的权力。第三，主权是至高无上的、不受限制的、决断的权力。因为主权是全体个人权力与力量的总和，因此它高于任何个人或团体的权力。主权者的权力也不受法律的限制。第四，主权者的权力产生于人们的同意，是人们为了自身的安全谨慎选择的结果。主权的适用范围旨在保卫和平和公共的防御方面。保护人们的生命安全是立约的宗旨，主权者不受契约的内容约束，但要受契约的宗旨限制。第五，主权是不可分割、不可转让的。一切权力都必须由主权者掌握。霍布斯反对分权主张，他认为政府的一切必要权力，诸如立法权、执法权、使用武力权以及组织行政管辖区的权力，都应一概委之于主权者。

在霍布斯这里，主权是一种专断的权力。首先，已经按照契约建立一个国家的人们，由于受契约的束缚必须承认某一个人的行为与裁断，不得到这个人的允许便不能在彼此之间订立新契约，在任何事物方面服从任何另一个人。因此，一个君主的臣民，不得到君主的允许，便不能抛弃君主政体，返回乌合之众的混乱状态，也不能将自己的人格从承担者身上转移到另一个人或另一个集体身上。其次，主权者的行为只是由于臣民彼此间的契约所授予的，而不是由于主权者和他们之中的任何人的契约所授予的，因此，在主权者方面就不存在违反契约的情况，所以他的臣民便不能以任何借口逃脱对他的服从。再次，主权者所做的任何事情对任何臣民都不可能构成侵害，而臣民中任何人也没有理由对他不义，因为一个人根据另一个人的授权做出任何事情时，在这一桩事情上不可能对授权者构成侵害。因此，臣民以任何方式惩罚主权者都是不义的。显然，这是霍布斯认为主权者应该拥有无限权力的根据。

在博丹、格劳秀斯提出主权是国家的本质特征的观点后，霍布斯进一步指明了国家是一个纯粹权力的组织，即拥有主权的权力组织的国家是保护人们安全的工具。这是霍布斯对近代国家观念的一个重要贡献。

三、政体理论——国家的形式

霍布斯认为国家有三种政体形式：君主政体、贵族政体和民主政体。他与博丹等人同样认为这三种政体形式的划分是根据主权的归属。在这三种政体中，他认为最好的是君主政体。

为什么君主政体最好？在论证君主政体的优越性时，霍布斯主要还是以他的人性恶理论为前提。他认为君主政体能够达到公私利益的最紧密结合。他指出，主权者不是超人，也是一个普通人或一些普通人。主权者的行为也受人的本性所支配。因为人性本身是自私的，所以主权者也受私欲支配。掌权者都要谋求自己、家属和亲友的利益。而在君主政体中，国家属于君主个人，君主的私利就和公益结成一体，公益同时也是君主的私利。也就是说，君主政体能实现公私利益的最紧密结合。“公私利益结合得最紧密的地方，公共利益得到的推进也最大。”[①] 而在贵族政体和民主政体中，国家的公益和主权者的私利结合得不是那样的紧密，所以掌权者议会或少数贵族对公益的关心就远不如君主。因此，在霍布斯看来，任何形式的国家，掌权者都是为了自身的私利而侵害人民的利益。他之所以认为君主政体最好，不过是认为一个自私的人比起一些自私的人掌握国家权力，给予臣民的危害要小一些而已。他的这个观点曾遭到洛克和卢梭的反对。但是在对剥削阶级国家实质的认识上，霍布斯的观点显然更加坦率一些。

霍布斯虽然拥护君主制，但是也不反对贵族制和民主制。在他看来，三种政体并没有本质的区别。他强调，不管是哪一种政体，最高权力都必须集中在主权者手里。所以，在政府性质上，霍布斯主张集立法、司法、行政大权于一身的专制政治制度。这种专制的政治主张已经孕育在他的自然状态、自然法、社会契约等理论中。他的自然状态、自然法、社会契约等理论是他专制主张的导言，根据他的这些理论必然得出极端专制的结论。可以说，霍布斯的国家理论是为其专制主义政治主张服务的。首先，霍布斯把自然状态解释为一切人反对一切人的可怕战争状态。人们要摆脱这种状态，使自己得到和平与安全，唯一的出路是把自己置于一个绝对权威的控制之下。在霍布斯看来，要么是无政府状态，要么是专制的绝对权力，没有中间道路。其次，他提出人们在缔结契约时交出的是自己的全部权利和自由，而主权者没有参加契约，他作为第三者，高居于契约之上，享有最高权力而不受任何限制。这样，在霍布斯契约论下建立的政府就必然是绝对专制的政府。

四、臣民的自由与法律

霍布斯通过对臣民自由的讨论，提出了个人在国家中的权利问题。霍布斯认为，“自由一词就其本义说来，指的是没有阻碍的状况”，人的自由“指的是人在其力量和智慧所能办到的事物中，可以不受阻碍地做他所愿意做的事情”，即“他在自己具有意志、欲望或意向去做的事情之中不受阻碍”[②]。畏惧和自由是可以相容的。一般说来人们在国家之内——由于畏惧法律而做的一切行为都是行为者有自由不做的行为。由此，霍布斯对法律和自由的关系做了讨论。他认为，法律和国家是同时产生的。在国家产生之前，人们主要是以自然法来处理人们之间的关系；国家产生之后，在自然法之上加上主权者的权威，以此来处理人际关系，这种形式以语言文字表示出来就是法律。所以，自然法和法律二者是相容的，遵守法律就是遵守自然法，它们的目的都是限制人的自然权利。他说，

① 霍布斯．利维坦．黎思复，黎廷弼，译．北京：商务印书馆，1985：144.

② 同①162－163.

法律是“国家以语言、文字或其他充分的意志表示命令他用来区别是非的法规”[①]。也就是说，法律是统治者的意志。“法律的权威与强力都是从国家的意志中得来的。也就是从代表者的意志中得来的。”法律是一根人为的锁链。“臣民的自由只是相对于这些锁链而言的自由”，自由绝不是“免除法律的自由”。人们在国家中必须按照法律规定的一切去行动，而法律并不能规定人们的一切言论行为，“在法律未加规定的一切行为中，人们有自由做出自己的理性认为最有利于自己的事情”。法律未加规定的行为包括：“买卖或其他契约行为的自由，选择自己的住所、饮食、生业，以及按照自己认为适宜的方式教育子女的自由等。”[②] 霍布斯把人们的经济活动说成是“法律未加规定的行为”，认为经济生活的自由是不受法律限制的。这样，霍布斯虽然把主权者的权力抬到至高无上的地位，并剥夺了人民的任何权力和权利，但他并没有把主权者的权力扩及一切领域，而是把它限制在政治生活和国家安全的范围内，从而把经济领域留给了资产阶级。霍布斯在西方政治思想史上第一次明确提出以个人权利作为主权的限制，第一次把主权权力限制在政治活动的领域，而主权者的根本义务就是保卫人民的安全，即保证资产阶级的人身和财产不受侵犯。这表明了新兴的资产阶级对近代政治国家的根本要求。

霍布斯认为，自我保全是臣民在任何情况下都应保留的自由，这是一种国家不能侵犯、不能剥夺的权利。因为保全自己的生命是每一个人订立契约的动机和建立国家的宗旨。主权者虽然不受契约内容的限制，但必须受国家的宗旨的约束。因此，主权者的命令若是有害于个人的生命安全，则“个人有拒绝服从的自由”，以至有抵抗的权利。主权者若是不能再保护他的臣民，则臣民有权利将自己对主权者的服从转移到新的主权者身上。看起来霍布斯的这一思想是很带有革命性的主张，其实并非如此。他虽然允许个人在主权者的命令危及自身安全时，可以不服从乃至抵抗，但他却提出，人若为他人而反抗主权者那是不能允许的，因为“这会使主权者失去保护我们的手段”。实际上，霍布斯给予臣民的只是个人的自卫权利，人民若是联合起来反抗主权者是不被允许的。在握有生杀予夺大权的主权者面前，个人的任何抵抗都是无济于事的。个人虽然有不服从的自由，而主权者却有任意处死臣民的自由。不过在理论上，霍布斯的这一思想却有积极的、反封建的意义。在中世纪思想家们的一切著作中，个人是没有任何权利的，格劳秀斯虽然提出个人在自然状态下拥有自卫的自然权利，但是这一权利在国家中并没有被保留下来。霍布斯通过自然状态、自然法和契约理论等在理论上对个人不可剥夺的自然权利做了论证，承认个人为了自身的利益而反抗主权者不是违法的，而是可以允许的和正义的行为。尽管霍布斯的这一思想并没有革命的色彩，但他为近代天赋人权思想的提出奠定了理论基础。从这个意义上说，霍布斯是天赋人权思想的理论奠基者。

根据人民在国家中的基本权利，霍布斯规定了主权者的义务。义务是根据人民赋予主权者主权时所要达到的目的——安全决定的。为此，主权者必须做到：

第一，主权者必须保护自己权力的完整。权力是主权者履行自己职责的最重要、最基本的工具，没有权力，主权者就无以保证人民的安全，国家就会解体，人民就会

---

① 霍布斯．利维坦．黎思复，黎廷弼，译．北京：商务印书馆，1985：206.

② 同①165.

重新回到自然状态中人人为战的可怕境况。因此，主权者不能把任何权力授予或转让他人。

第二，教导人民。霍布斯把对人民的教育当作国家的一项重要职能。他认为，进入国家状态之后，人民往往会因各种偏见或流言的诱惑而产生很多认识上或行为上的谬误，如羡慕邻国的政府形式而对本国主权者加以非议，因私仇而对他人施以暴力等，这些会对国家的存在和稳定构成某种威胁。为了免除这样的威胁，主权者必须加强对人民的教育，使他们能够发自内心地效忠君主，领会到服从君主对保全自己生命的重大价值。国家承担重要教育职能是霍布斯全能国家的必然要求。

第三，制定良法和公平执法。对霍布斯而言，国家由契约产生时的合理性已经赋予了法律正当性。因此，良法并非要求法律本身的公平和正义，而是指能够实现主权者目标的最佳法律形式。由于任何法律都是人民委托的主权者制定的，所以任何主权者所制定的法律就不可能违反人民的利益，就不可能不正义。"良法就是为人民的利益所需而又清晰明确的法律。"[①] 要使这种良法能实现主权者的目的，就必须进行公平的执法，必须对各等级的人平等对待。

此外，霍布斯还赋予主权者任用贤能、鼓励经济、赏罚公正等其他义务。

五、国家解体理论

根据主权者的职责和义务，霍布斯得出这样的结论：一旦主权者失职，不能保障安全，反抗的事实是会发生的，因为保障安全是臣民归顺的唯一理由。因此，要是反抗成功了，主权者失去了他的权力，根据这一事实他就不是主权者，他的臣民也不再是臣民了。这时，他们除了靠自己努力自我保护之外别无他法，从而可以有理由去归顺一个能保护他们的新的主权者。臣民对主权者的义务只存在于主权者拥有能够保卫他们的权力的时期。

那么导致国家衰弱或解体的因素是什么呢？霍布斯认为，国家解体的原因有三个：第一，国家的"基本制度"不完善，"统治者没有获得足够的权力"。这是由于"人们在取得王国时，有时对于保障和平与国家的防卫所必需的权力即使不足也表示满足"[②] 的结果。第二，各种蛊惑人心的谬论的流毒所造成的国家疾病。例如，"每一个平民都是善恶行为的判断者"，"具有主权的人要服从民约法"，"主权可以分割"等，都是与民约社会不相容的。第三，邻邦不同政府的榜样也常常促使人们想更改既定的政府形式。他认为，这是由于"人类天性的素质就是见异思迁的"[③]。另外，国家在急需时难以筹款以及城市过大、自治市过多，也是值得注意的国家疾病。因此，霍布斯认为，国家不是由于外界暴力而是由于内部失调而解体的。

---

① 霍布斯．利维坦．黎思复，黎廷弼，译．北京：商务印书馆，1985：270.

② 同①250.

③ 同①251－254.

六、反宗教神学的立场

霍布斯站在近代资产阶级立场上，对神学世界观进行了深刻的批判。反神学思想是其政治思想中富有光彩的重要部分。

对宗教产生的根源，霍布斯认为：一是由于探究原因是人的自然本性，人们无止境地追求终极原因，直到某种最后永恒的终极原因即上帝为止；二是由于人们对某些偶然事物无知，产生对不可见力量的恐惧，妄以为有某种外在力量向人们昭示吉凶祸福，从而对其乞求膜拜；三是由于宗教教育；四是由于统治者为了统治人民而利用宗教。他强调，统治者为了使人民服从自己，应设法使臣民把自己看作神意的代表，把他的统治看作实现神的使命，而把他对人民所造成的痛苦与不幸归咎于人民的渎神，这样，就会使人民安于统治而不反抗。霍布斯的这个观点是深刻的，因为宗教是封建统治的精神支柱，"它给封建制度绕上一圈神圣的灵光"①。

在教权与王权的关系问题上，霍布斯针对基督教理论宣扬俗权应当服从灵权、灵权是国家的灵魂的观点，尖锐地指出主权是国家的灵魂。进而认为，教会无权独立于国家之外，更无权凌驾于国家之上。教会只有在国家存在的情况下才能存在。教会附属于国家，只有得到国家的批准才能成立。国王有权宣讲宗教经典、任免教职、管辖教会信徒。只有在基督教的首领同时是国王时，才拥有王权，否则，"基督的使者无权在今世发号施令"，无权要求人们服从。一般情况下，教皇必须服从国王。但是他又认为世俗王权的根据是"神权"，不过他所谓的"神权"就是自然法，他认为自然法是符合神的意志的。这样，教权的合理与否并不取决于它自身是否神圣，而是依赖于它服务国家的效果。

霍布斯进一步指出法律高于教义，"立法权除世俗主权者以外任何人都不能具有"②，教皇的圣谕和宗教会议的决议即使是尽善尽美的规范，也不能使之成为法律，而世俗统治者的命令就是法律。如果在世俗主权者之外还有人能制定法律，那么整个国家以及整个和平和正义必然归于毁灭。任何非主权者的法规都只能是一种忠告或劝诫，遵守或不遵守都不为过。而世俗的法律是根据自然法制定的，任何人都必须服从，教徒也不例外。基督教没有立法权，只有自己服从并教导别人服从法律的义务。宗教教义必须符合本国的法律。

霍布斯对传统基督教的虚伪和罗马教会对世俗政权的侵犯也进行了揭露和批判。他对《圣经》进行考证，指出它所记载的不是上帝的教谕，而是不同作品的汇集。其中有先有后，有真有假，有的互相矛盾，前后不一，难以令人置信，根本不能启示人。他斥责罗马教会和教皇、僧侣假仁假义，贪污腐败，愚昧无知，是骗子的联盟，为了统治人间，他们用黑暗荒谬的说教来扑灭人心中自然的天赋的光明。如果教会势力极盛，人间的黑暗也就达到了极点。

当然，霍布斯并不是一个彻底的无神论者，他不主张消灭宗教，反而认为宗教植根

---

① 马克思，恩格斯．马克思恩格斯选集：第3卷．3版．北京：人民出版社，2012：761.

② 霍布斯．利维坦．黎思复，黎廷弼，译．北京：商务印书馆，1985：423.

于人性深处，永远不能消除。他只是主张，应该建立一种适宜于统治者需要的公众一致信仰的宗教，利用宗教为政治服务，以教义作为法律的补充，使神法、自然法和国法合为一体。显然，这也是为他建立强大国家的政治主张服务的。

第四节　霍布斯政治思想的评价和影响

在霍布斯的政治哲学中，我们看到他以严密的逻辑思维和精辟的论证第一次试图以近代的方式为社会政治生活秩序寻求一种系统说明的努力。无论是在方法上还是在思想上，他都为西方政治思想史带来了革命性的变革。

"在霍布斯的学说中，大概没有什么成分，不能追溯到他的这个或那个前人那里……但是，只有在霍布斯那里，这些此前孤立地浮现出来的因素，才能找到它们独特的近代性质的统一存在形式。"[①] 霍布斯雄心勃勃，给自己设定的使命是要创建一种全新的近代政治哲学，从而使之可以和伽利略所创立的自然理论一样具有科学性质。而为了完成对近代政治哲学的构建，他必须首先与整个中世纪传统做彻底的决裂。亚里士多德以后，欧洲政治思想几乎丧失了对政治权威基础的探讨：政治权力基于什么而成为正当的？人们为什么要服从政治权威？在基督教神权政治理论中，答案被最终归之于永恒存在的上帝，人类政治生活只不过是上帝所决定的目的论式的宇宙秩序的一个组成部分，并且只有通过《圣经》和神启才能得到合理的解释。因此，人类政治思维的中心问题应该是通过信仰而认识到人类自身在整个上帝构造的宇宙中的地位和作用，从而明了人类存在的意义，而不是离开上帝去寻求政治权力的所谓基础。尽管整个中世纪的思想家也常常在教权与王权的问题上彼此纠缠不休，但神学作为政治权力的基础地位并没有因此而丝毫动摇。中世纪后期的马基雅弗利或许并不认同这种传统，但他表达这一观点的方式却是对政治中的神学问题小心翼翼地避而不谈，还没有彻底地拒绝神权。霍布斯则不同，他所生活的时代使他更加深刻地体会到这个世界的近代特征。近代科学革命强调，自然世界脱离上帝而有自己的语言和逻辑，对其认识的最好方式是数学。任何试图为人类社会政治生活寻求根据的努力，不能诉诸以思辨为特征的形而上学和经院神学，而只能以近代的、经验的和人的方式来进行。在此基础上，霍布斯认为，政治哲学不应当从上帝的宇宙计划、永恒秩序中去寻找，而应当在人自身、人的生理结构和心理结构即人的本性中合乎逻辑地推导出来。因此，霍布斯的政治理论不仅完全抛弃了中世纪的传统，而且以纯粹近代的方式来展开了。

霍布斯不仅把政治哲学建立在理性方法之上，而且他还紧紧围绕近代社会政治权力的正当基础问题，又重新拾起了西方政治哲学久已失落的传统：权威与服从问题。在他看来，社会政治生活的核心在于稳定和秩序，而唯一能够保证这种稳定和秩序的可靠力量只能是绝对的政治主权。由于人类的本性"恶"的不可避免，由此而产生的冲突、纷争也将不可避免，最终人类社会将陷入动荡、混乱以至毁灭。这种状况对每一个人而言

① 施特劳斯．霍布斯的政治哲学．申彤，译．南京：译林出版社，2001：1.

都是不愿面对的，因为那将意味着每个人的生命财产处于威胁之中，人类的整个文明成果也会丧失殆尽。为了避免人们的生命、财产以至整个人类的文明成果遭到毁灭，人们就必须寻求一种绝对的权威，由它来保护人们的生命和财产。每个人都要服从这一权威，这是他得到和平与安全所必须付出的代价。服从国家不是一时的冲动，而是人们经过理性地权衡利弊最后得出的必然结论。国家是由契约产生的，缔结契约的同时人们表达了服从的意愿。这里，权威与服从又重新回到了人类政治思维的中心。

在对自己的政治哲学展开论证时，霍布斯采用了当时颇为流行的自然状态学说，从自然状态中人的永恒本性推出国家权力的必然性及其正当基础。这显然是一种反历史的虚构，但对霍布斯来说，问题的关键在于逻辑的合理性而非历史的真实性。他认为，尽管历史对哲学很有用，可它只不过是以经验和权威为依据的，不能提供有关事物的因果关系，它所能表明的是对政治权力的有效性需求，而不能解释其正当性基础。因此，求证政治权力的起源就不能苛求历史的真实，而只能从逻辑的合理性出发。只要逻辑前提（尽管可能是虚构的）是合理的，则经过严整的推理所得出的结论必然是正确的。那么，如何证明自己的逻辑前提的合理性呢？霍布斯通过对自然状态中人性的分析来解答这一问题。他认为，人的本性是永恒不变的：自私、好斗，追求生命的自我保全。无论是在国家状态下还是在国家产生之前，这始终是人性的根本特征。虽然霍布斯并不否认，自然状态中人人各自为战的状况可能并不是一种真实的存在，但从“在一个和平政府之下生活的人们往往会在一次内战中堕落到什么样的生活方式这种活生生的事实中可以看出，在没有共同权力使人畏惧的地方，会存在什么样的生活方式”①。也就是说，尽管自然状态可能是虚构的，但我们还是可以从现实和经验中了解到的人的本性中得出权力存在的必要性。因此，只要自然状态的假说能够符合人的本性，就可以完全保证逻辑前提的合理性，因为人性是永恒的。进一步，只要基于人的本性的逻辑前提是合理的，那么以这个逻辑前提为起点，经过严格的逻辑推理、论证所得出的逻辑结论就是合理的，就可以充分地解释和规范现实的政治权力和秩序。可见，霍布斯所关心的是“分析的问题而不是历史的问题。他们是在逻辑的意义上而不是年代意义上，来理解‘起源’这个术语的。他们所追求的并不是国家的开端，而是国家的‘原理’，即它的‘存在理由’”②。

霍布斯政治哲学的近代性还体现在他思想主体的一些重要的理论预设上。首先，霍布斯的契约论带有强烈的个人主义色彩。“霍布斯的契约乃是自利的个人试图摆脱自然状态下朝不保夕的风险而产生的结果，他们的自我利益为秩序和政治权威提供了一种持续的基础。”③ 在霍布斯看来，社会根本不是整体性的先验存在，而是由各自相互独立、原子式的个人组合在一起的集合体。每个个体的行为都只为自己的利益服务，契约只是在每一个个体之间签订的，是个人与个人之间的相互行为。正如萨拜因所指出的：“这种个人主义是霍布斯学说中彻头彻尾的现代因素，也是他以最明确的方式所把握住的下一个时代的特征。”④ 近代自由主义最为核心的特征——个人主义正是在霍布斯的理论中得到

---

① 霍布斯．利维坦．黎思复，黎廷弼，译．北京：商务印书馆，1985：96.

② 卡西尔．国家的神话．范进，等译．北京：华夏出版社，1999：212.

③ 卢克斯．个人主义．阎克文，译．南京：江苏人民出版社，2001：75.

④ 萨拜因．政治学说史：民族国家：上．邓正来，译．上海：上海人民出版社，2015：199.

了最早的说明。其次，霍布斯的契约是自由而平等的个人为了保护和实现自己的利益而做出的理性行为。缔结契约首先要求作为缔约各方的个人是自由而平等的，他们任何行为的目的只是维护自我。除非征得别人的同意，否则任何人都不得对他人行使权威。主权者是在每个人缔结契约时所表达的同意的基础之上而行使其政治权威的。这里，霍布斯不仅彻底告别了亚里士多德、阿奎那等坚持的人与人之间先天不平等的传统，而且还使我们看到了近代自由主义民主理论的同意说的最早萌芽形式。再次，权力和国家的存在是为了保护每个人的生命安全而具有其合理性的，个人利益才是目的，国家和权力只不过是达到这一目的的手段而已。这样，国家、权力就只具有工具的价值，而在其之上还有更高层次的目的存在——利益。最后，国家及其权力仍然是有限制的。霍布斯虽然主张强权，但他所主张的主权者并非像中世纪"朕即国家"式的君主那样，拥有全能主义的绝对权力。主权者也是人，和其他自然人一样，他也畏惧死亡，也要努力服务于契约的宗旨以避免失去权力的危险。而且，还有一些个人的领域是主权者不应该干涉的。这更是近代以来政治理论的题中应有之义。英国保守主义思想家欧克肖特这样强调霍布斯对近代自由主义的贡献："尽管霍布斯本人并不是一个自由主义者，但他的哲学比大多数自由主义的公开倡导者的学说包含更多的自由主义成分。"[①]

霍布斯将个人权利作为其自然法的核心，并以此作为他整个国家学说的基础。然而，以人的自由权利为开端，他却最终得出了专制的结论。而他的专制主义在当时或以后的英国并没有受到欢迎，这是霍布斯所始料不及的。

首先，霍布斯专制主义思想形成的一个主要原因是他的社会关系给予他的影响。霍布斯出身于一个贫苦的乡村牧师家庭，但是他从小就得到有钱人的接济而受到良好的教育。大学毕业后，因做了德文郡伯爵的家庭教师而长期栖身于贵族队伍之中。在英国革命前夕，通过伯爵的家庭关系，霍布斯和一些温和派的领袖结识，并经常和他们就一些政治问题展开讨论。这些贵族既反对资产阶级所采取的激烈对抗形式，又不满意国王的外交、经济和宗教政策。他们的态度对霍布斯很有影响。在巴黎流亡期间，霍布斯和王党分子互相往来，在一段时期还担任流亡的威尔士王子（后来的查理二世）的家庭教师，与王子建立了良好的私人关系。这一切都对霍布斯产生了重要的影响。一方面，他对王室和旧制度怀有感情，成为君主制度的拥护者，反对资产阶级所采取的革命行动；另一方面，他又反对国王所执行的政策，支持资产阶级新贵族的经济要求，希望国王实行有利于经济发展的政策。霍布斯的这种矛盾态度反映在他关于君主专制的政治主张中。

其次，霍布斯的专制思想也受到他的前辈们的影响。早在16世纪，随着以君主专制制度为标志的近代民族国家的出现，也产生了以马基雅弗利、博丹为代表的早期资产阶级政治思想家希望通过加强君主权力以实现和巩固国家的统一、发展资本主义的政治理论。他们的理论反映了早期资产阶级把其经济利益托庇于专制君主的愿望。正当欧洲的君主专制制度处于发展的顶峰而仍有利于资本主义发展的时期，在英国却由于资本主义较早的发展、资产阶级新贵族力量的不断壮大，使封建君主专制制度的生存受到威胁。这时君主便和封建贵族联合起来对付资产阶级新贵族，而王权便成为封建势力的堡垒和

① 李强．自由主义．北京：中国社会科学出版社，1998：47.

资本主义生产关系发展的障碍，从而导致了英国资产阶级革命的爆发。霍布斯在这时提出专制制度的主张，已经不符合资产阶级的利益。恩格斯指出，“当专制君主制在整个欧洲处于全盛时期，并在英国开始和人民进行斗争的时候”，霍布斯“是专制制度的拥护者”[①]。恩格斯的这一分析，深刻地揭示了霍布斯专制主义思想产生的时代背景。在欧洲，君主专制制度是随着“封建贵族的衰落”和“资产阶级的成长”，以及商品货币经济联系的加强而产生的，并且是靠着在市民资产阶级和封建贵族的相互斗争中充当“表面上的调停人”而确立起专制权力的。所以，它从诞生的时候起，为了取得市民资产阶级的支持以加强自己的实力，一般都实行扶植工商业的重商主义政策和一些有利于资本主义生产关系发展的措施。在英国，从亨利七世起一直到伊丽莎白时代，君主专制制度都促进了英国工商业和资本主义农业的发展。欧洲的君主专制制度在其形成和发展时期，不但不阻碍资本主义的发展，而且有利于资本主义的发展。“在封建主义表层下形成的一切革命因素都依赖王权，正像王权依赖它们一样。”[②] 从各方面看，这一时期的政治思想都是和资本主义必须依附于君主专制这一历史事实相联系的。霍布斯的专制主义思想正是产生于欧洲君主制度的鼎盛时期，它在一定程度上是资本主义发展尚须依附于君主专制政体的思想表达，但是由于英国的特殊历史条件，这一主张具有明显的反人民的性质。

再次，认识论和方法论上的原因。在霍布斯的机械唯物论下，他把国家简单化为一个物体，尽管他是从现实社会中去寻找国家产生的原因，但是原因却被他归纳成为抽象的概念或几何公理。霍布斯平生的志向是要做一名新政治哲学的奠基人，他要凭借几何学这一“唯一科学的方法”，即理性的研究方法达到他的目标。这样，他便使他的学说成为一个靠几何学的逻辑建立起来的严密体系，而他的结论就受到这种“理智所特有的无所顾忌的全部彻底性”[③] 的限制。霍布斯的理性研究方法的特点在于：它的每一步论证都必须以前面的论证为前提，而最基本的前提就是不证自明的公理或定义。只要最基本的前提一经确立，它便成为其一切步骤论证的决定性前提，离开这一前提，后面的一切证明便都不存在。在霍布斯的国家学说中，最基本的前提就是其根据对现实的人的经验观察所得出的人性原则——自我保全原则。

在这个前提下，霍布斯又把自然状态下的人描绘成自由的具有平等权利的人，那么自然状态就必然成为一切人反对一切人的战争状态；人在自然状态中的根本要求就转变为对安全的需要；而对安全的需要又必然转变为对一种超乎一切人之上的无限权力的要求。于是，人对安全的要求和人对公共权力的要求便成为相互联系、相互制约的矛盾的两个方面统一在一起了。其中，人对安全的要求是矛盾的主要方面，霍布斯的全部政治学说就在这一矛盾的基础上建立起来：主权者的权力和权利是绝对的，但是其权力的目的在于保护人民的安全；人民对主权者的服从是无条件的，但这是为了个人的安全和经济自由的权利。借助于这种理性方法，霍布斯的出发点和他的结论之间的对立，便在他的国家学说中有机地结合起来。这样，在霍布斯的方法下，由最基本前提决定的一系列

① 马克思，恩格斯．马克思恩格斯选集：第 4 卷．3 版．北京：人民出版社，2012：612.

② 马克思，恩格斯．马克思恩格斯文集：第 4 卷．北京：人民出版社，2009：220.

③ 马克思，恩格斯．马克思恩格斯选集：第 3 卷．3 版．北京：人民出版社，2012：754.

前提的限制下，主权者的绝对权力成为个人的安全保障，君主被抬到国家的顶峰。

霍布斯的政治学说形成于英国近代历史的伟大变革时代，那个时代经济与政治生活的深刻性质造就了霍布斯政治哲学的复杂性。他以近代政治哲学之父的胸襟和抱负极其认真地努力创建近代社会政治理论体系，其理论内容深刻、逻辑严谨。由于方法论、认识论和本人的社会背景原因，他得出了专制主义的错误结论。但是，霍布斯学说中鲜明的反封建、个人权利和自由平等的近代思想特色，却对后来的许多思想家产生了极其重要的影响。在一定程度上，霍布斯是在继承前人的基础上展开其政治思想的，同样，他所留下的遗憾也应该由他的后人来完成。洛克、卢梭等人所代表的西方政治思想的自由主义、民主主义传统正是在霍布斯的影响下形成的。

进一步阅读书目

1. 霍布斯．利维坦．黎思复，黎廷弼，译．北京：商务印书馆，1985.

2. 霍布斯．论公民．应星，冯克利，译．贵阳：贵州人民出版社，2003.

3. 施特劳斯．霍布斯的政治哲学．申彤，译．南京：译林出版社，2001.

4. 施特劳斯．自然权利与历史．彭刚，译．北京：生活·读书·新知三联书店，2003.

5. 萨拜因．政治学说史．刘山，等译．北京：商务印书馆，1986.

6. 施特劳斯，克罗波西．政治哲学史：下．李天然，等译．石家庄：河北人民出版社，1993.

7. 罗素．西方哲学史：下卷．马元德，译．北京：商务印书馆，1976.

8. 卡西尔．国家的神话．范进，等译．北京：华夏出版社，1999.

9. 麦克里兰．西方政治思想史．彭淮栋，译．海口：海南出版社，2003.

10. 周辅成．西方著名伦理学家评传．上海：上海人民出版社，1987.

第七章

约翰·洛克的政治思想

阅读与思考

洛克生活的年代比霍布斯稍晚，但其政治经历和思想观点同样也深深地烙上了那个特定时代的印记。与霍布斯的政治主张不同，洛克是以西方近代自由主义的代表和捍卫“光荣革命”后的政治成果而名垂青史的。《人类理解论》强调的一切知识和道德观念都是从经验中获得的，坚持了从经验而非先验角度阐释人的本性的唯物论主张；《论宗教宽容》阐述政教分离和信仰自由的原则，为清教徒反对宗教迫害和政治压迫的斗争提供了论据；《政府论：上篇》运用明确清晰的逻辑驳斥了菲尔默的君权神授学说；《政府论：下篇》提出的“天赋权利”的思想、个人权利让渡成为政府权力的来源、政府拥有的权力本身就是有限的，以及通过权力分置来限制暴政的政治观点和主张，深深影响着西方近现代政治思想的发展以及后来法国革命时期和美国独立革命时期的思想家。阅读洛克的政治著作，需要关注和思考的是，尽管他极其透彻地洞见到了17世纪英国政治所涉及的许多问题并煞费苦心地想把它们融合在一起加以解决，但是其理论却并不具有足以包括如此复杂之问题的逻辑结构和内洽性。就政治理论而言，霍布斯逻辑推理严整却在后来的政治实践发展中逐步湮没，而洛克的理论逻辑内在冲突却成为西方近代政治思想的精神主流，这种关于政治生活的哲学思考和实践影响的历史“吊诡”现象，在西方政治思想发展过程中还会反复出现。

关键词

自然状态　天赋权利　分权　有限政府

第一节　生平、著作和时代背景

一、生平与著作

约翰·洛克（John Locke，1632—1704），英国近代著名的哲学家和政治思想家。

1632 年 8 月 29 日，洛克出生于英国西南部萨默塞特郡威灵顿村的一个清教徒家庭，他的父亲是一位乡村律师和小地主，内战期间曾在国会方面的军队中任过骑兵队长。洛克在回忆自己幼年时期，即在斯图亚特王朝复辟后的短暂平息时期时写道："我一察觉到自己活在世上，就发现自己处于暴风雨中。"[①] 但是，政治上的不安宁并没有严重干扰他的教育进程。1646 年，14 岁的洛克在著名的威斯敏斯特中学接受古典文学的基础训练，1652 年转入牛津大学的基督教会学院学习，接受逻辑学、道德哲学、几何学等方面的系统教育，于 1655 年获得文学学士学位，1658 年获得文学硕士学位。毕业后洛克留校任教，主讲希腊文、修辞学和哲学。当时的校长是欧文，对洛克自由主义思想的形成有很大影响。在牛津期间，他阅读了当时一些著名哲学家和科学家诸如笛卡儿、培根、玻意耳、牛顿等人的著作，研究哲学、自然科学和医学，并结识了玻意耳、牛顿等新兴学科的代表人物，这无疑对他唯物主义世界观的形成发挥了重大作用。1665 年，洛克作为驻勃兰登堡使馆的秘书出国工作。1667 年，洛克以高超的医术挽救了当时最负盛名的政治家阿希莱勋爵即后来的辉格党创始人和领袖舍夫茨别利伯爵，并从此开始担任舍夫茨别利伯爵的医生、家庭教师和秘书，进一步涉足政治、经济、宗教、国家事务等领域。1675 年，舍夫茨别利被贬，洛克的公职生涯告一段落。他旅居法国，对法国的政治、经济特别是纺织工业进行考察。1679 年他返回英国，但不久因舍夫茨别利伯爵反对詹姆士二世的斗争失败而受到怀疑，于 1683 年流亡荷兰，成为英国政府要求从荷兰引渡的 24 名政治犯之一。流亡期间，洛克与欧洲大陆学界名流广泛交往，拓宽了眼界和思路，初步完成了其大部分著作；同时，洛克还积极参加当时流亡荷兰的辉格党人和威廉·奥伦治公爵反对英国王室的政治活动。"光荣革命"后的 1689 年 2 月，洛克与玛丽女王同乘一条船返回故土。1689 年 5 月，他被任命为上诉法院法官；1696 年至 1700 年，担任负责贸易和殖民事务的大臣。1691 年，他开始长期定居于乡下一个朋友家中，以便有更多时间从事著述，直至 1704 年 10 月 28 日去世。洛克主要著作的发表集中在 1689 和 1690 两年，包括：《论宗教宽容》、《政府论》上下篇和《人类理解论》。在《论宗教宽容》中，洛克阐述了政教分离和信仰自由的原则，为清教徒反对宗教迫害和政治压迫的斗争提供了论据；在《政府论》上篇中，他运用明确清晰的逻辑驳斥了菲尔默的君权神授说；在《政府论》下篇中，他提出了一套自己的政治思想和主张。

洛克在《人类理解论》中阐述的唯物主义经验论是其政治理论的哲学基础。与霍布

---

① 索利．英国哲学史．段德智，译．济南：山东人民出版社，1992：110.

斯一样，抽象的人性论也是洛克思考社会政治问题的基本出发点，但不同于霍布斯将人性恶作为人所固有的一种本质特征的看法，洛克认为对人性的认识不能仅仅依赖于观察人在特定环境中的外在行为表现，还应该着重思考人获取知识的途径及其理智能力等因素对其行为道德性的影响问题。洛克继承和发展了培根、霍布斯的唯物主义经验论，反对笛卡儿的唯心主义天赋观念论，认为人并不存在某种先天的善、恶观念，人的心灵最初就像一块白板，一切知识和道德观念都是从经验中获得的。通过归纳和演绎的思维活动对经验材料进行加工，人就可以获得关于事物的知识和观念。洛克在关于认识起源的研究中，第一次提出并论证了理性是人自身经验的产物这一思想观点，给中世纪以来的神学世界观以及作为其在政治思想领域中重要表现的君权神授论以致命的打击，政治观念中上帝的意义和价值被从它所占据的最后一个角落里清除掉了，这在当时极具革命精神。而且，洛克的经验论认为，真理是无悖于人的经验的，但人与人之间的经验并不完全相同，因此意见也不会完全相同，但经验为人人所有且价值相等，不能说甲的经验比乙的经验更具权威性，这无疑蕴含着自由主义的精神。当然，洛克的经验论并不是彻底的唯物主义，他将人的内部经验即反省也看作认识的一个原初的源泉，认为要是没有这种具有内在性特征的经验，就没有一个字写在心灵的白板上，要不是透过经验和反省之窗，就不会有一缕光亮进入理智，这种把主观意识作为知识的根本来源的观点又掺杂着唯心主义成分。

二、时代背景

洛克的一生是与英国资产阶级革命紧密联系在一起的。16、17 世纪，海外拓殖和掠夺给英国新兴的资产阶级带来了巨大的经济利益。随着海外贸易的发展，在巨额利润的刺激下英国国内也发生了“羊吃人”的圈地运动，迅猛地推动了资本原始积累的进程，使新兴资产阶级和从封建贵族内部不断分化出来的资产阶级化的新贵族的经济势力日益增大，从而动摇了封建制度的经济基础和封建阶级的政治统治。在这种情况下，以国王为代表的、已经走向没落的封建阶级为挽救其统治地位，推行阻碍资本主义发展的政策。资产阶级和新贵族为了自身的利益同封建势力展开了激烈的斗争，最终导致资产阶级革命。这场革命具有这样几个特点：第一，革命的领导阶级是资产阶级和新贵族。新贵族从经济利益来看与资产阶级是一致的，他们的土地经营方式已经资本主义化，而且在经济上和政治上都比新兴的资产阶级具备更大的优势，是革命领导力量中的主导部分。但是，他们毕竟是从一个没落阶级中脱胎出来的，在许多方面与封建贵族势力有着难以割舍的联系，因而在某种意义上仍是封建统治势力的一部分。这决定了英国资产阶级革命具有保守的特点，存在着向封建贵族妥协的倾向。第二，革命的主要内容是确认资产阶级私有财产权，反对国王任意征税。新兴的资产阶级虽然有强大的经济实力，但由于他们在政治上处于无权的地位，其经济利益很难得到保障，处在随时被封建王权侵夺的危机之中，所以他们要求建立自己的政权。资产阶级化的新贵族尽管由于阶级渊源并不要求从根本上消灭王权，但也希望在一定程度上限制王权，使他们的经济利益不因国王任意征税而遭到侵害，使国家权力成为保护而不是侵夺其私有财产的工具。因此，反对封建国王任意征税，保护新贵族和资产阶级私有财产权成为革命的主流。第三，革命的主要形式是议会斗争。议会是英国一个古老的政治机构，它在中世纪作为辅佐国王执政的机关，一直是封建贵族与国王分庭抗礼的场所，通过税收权力在财政上牵制国王。新兴资产阶级和新贵族在16、17世纪随着自身经济实力的增强而逐渐使其代表在议会中占据多数，从而能够以此为阵地与以封建国王为代表的封建势力展开复杂的斗争，以保卫自身的经济利益和财产权利。第四，革命的结局是建立了限制王权的君主立宪制度。由于革命的领导阶级具有保守性的特点，历时40多年的英国资产阶级革命几经反复，最后通过实质上是宫廷政变的“光荣革命”而确立了君主立宪制。世袭君主制被保留下来，代表资产阶级和新贵族利益的议员通过国会下院这一政治舞台制约国王的权力，以维护其所属阶级的经济利益。这场英国资产阶级革命对洛克的政治思想产生了深刻的影响。由于革命触及一系列的现实问题和理论问题，几十年间理论上的争论是复杂而激烈的，形成了多派政治思想，如菲尔默的君权神授论、弥尔顿的共和论、哈林顿的两院论、李尔本的平等民主主义、温斯坦莱的空想社会主义，以及霍布斯的君主专制论等。洛克生活在这种特定的政治社会环境中，他的政治、哲学著作试图对革命中各种思想观点进行清理和理论总结，并力图为新制度奠定理论基础。

第二节　政治思想的主要内容

一、国家的起源、性质和目的

洛克指出，君权神授说是荒诞的，王位世袭制也是没有根据的。因为：第一，亚当并不基于父亲身份的自然权利或上帝的明白赐予，就享有对他的儿女的那种权威或对于世界的统辖权；第二，即使他享有这种权力，他的继承人也没有权利享有这种权力；第三，即使他的继承人享有这种权力，但是由于没有自然法，也没有上帝的明文法来确定在任何场合谁是合法继承人，也就无从确定应该由谁来掌握统治权；第四，即使继承权已确定，但是谁是亚当的长房后嗣，早已无从查考，这就使人类各种族和世界上各家族之中，没有一个比别的更能自称是最长的嫡系后裔而享有继承的权利。因此，洛克要寻求另一种关于政治权力的起源、性质的理论，主要是自然状态说和社会契约论。

1. 从自然状态到国家

洛克也认为在国家的产生之前存在过自然状态，但与霍布斯把自然状态描绘为一切人反对一切人的战争状态不同，洛克把自然状态描绘成一种和平状态。这种状态具有以下特征：第一，自然状态是“完备无缺的自由状态”。人们在自然法即人类理性的范围内，按照他们认为合适的办法来决定自己的行动、处理自己的财产和人身，不必征得任何人的许可或听命于任何人的意志，“完备无缺”意味着人们在其个人的事务领域是自足的，“自由状态”意味着人们的意志和行为不受他人的任何限制。第二，自然状态是“平等的状态”。一切权力和管辖权都是相互的，没有一个人享有多于别人的权力，这种“权力”的平等指的是人们的“能力”上的大体平等。第三，自然状态“不是放任的状态”。

在自然状态中存在着起支配作用的自然法，即理性，指引着有意遵从理性的人类不侵害他人的生命、健康、自由或财产。

洛克认为，自然状态下的人们在理性即自然法的支配下生活在一起，人人都享有生命、自由和财产等基本权利。其中，财产权是其他权利的基础，是最基本的权利。洛克是用“劳动起源论”来论述人所享有的财产权利的。他认为，每个人一出生就享有生存权利，也就可以享用肉食和饮料等大自然所提供的能维持人生存的一切物品。从这个角度来说，任何人对任何自然物都享有财产权。但是，没有人对处于自然状态下的东西生来就具有排他的私人所有权，因而需要某种拨归私用的方式，才能对某一个人有用处或好处。洛克指出，虽然土地和一切低等动物为一切人所共有，但是每个人对他自己的人身享有一种所有权，这是排他性的，除他以外的任何人都没有这种权利。那么，通过他的身体所从事的劳动和双手所进行的工作，是正当地属于他自己的。因为，只要一个人使任何东西脱离它的自然状态，他就把自己的劳动掺进了自然物品里，在这上面加入了他自己所有的某些东西，从而排斥了其他人的共同权利，使其成为自己的财产。“谁把橡树下拾得的橡实或从树林的树上摘下的苹果果腹时，谁就确已把它们拨归己用”①，“虽然泉源的流水是人人有份的，但是谁能怀疑盛在水壶里的水是只属于汲水人的呢?”② 洛克认为，“正是劳动使一切东西具有不同的价值”③，人通过劳动从共有的东西中取出任何一部分使其脱离自然所安置的状态，就有了对其的财产权，而无须其他共有人的明白同意。“我的马所吃的草，我的仆人所割的草皮以及我在同他人共同享有开采权的地方挖掘的矿石，都成为我的财产，毋需任何人的让予或同意。”④ 显然，洛克是从抽象的个人权利出发来论证劳动在其财产权理论中的核心地位的。但他所说的“人”没有包括广大的贫苦人民，他们的劳动也不能使他们享有财产权，正如仆人割的草皮归其主人而不归他自己。虽然洛克也提出了这种财产权形成方式的限度问题，指出“财产的幅度是自然根据人类的劳动和生活所需的范围而很好地规定的”⑤，“但上帝是以什么限度给我们财产的呢? 以供我们享用为度。谁能在一件东西败坏之前尽量用它来供生活所需，谁就可以在那个限度内以他的劳动在这件东西上确定他的财产权，超过这个限度就不是他的份所应得，就归他人所有”⑥。但是，洛克也同时指出，像金属货币这些“结实耐久的东西，他喜欢积聚多少都可以。超过他的正当财产的范围与否，不在于他占有多少，而在于是否有什么东西在他手里一无用处地毁坏掉”⑦，这又是对资产阶级经营关系和准则的辩护。因为，在17世纪的英国，资产阶级的崛起是历史的必然，资本主义精神只要运用得合法，赚钱就是职业美德与能力的结果和表现。

洛克指出，自然状态是自由、平等而不放任的。在自然状态中，人们享有生命、自

① 洛克．政府论：下篇．叶启芳，瞿菊农，译．北京：商务印书馆，1964：19.
② 同①20.
③ 同①2.
④ 同②.
⑤ 同①23.
⑥ 同①21.
⑦ 同①31.

由、财产等天赋人权，在自然法的支配下生活。自然法在自然状态中是交由每个人去行使的，每个人都有权以制止违反自然法为限度惩罚那些违反自然法的人。但是，自然状态也存在不安全、不方便的缺陷：第一，“在自然状态中，缺少一种确定的、规定了的、众所周知的法律，为共同的同意所接受和承认为是非的标准和裁判他们之间一切纠纷的共同尺度”①。虽然自然法对有理性的动物而言是明显而易理解的，但总会有些人由于利害关系而心存偏见，或者由于对自然法缺乏研究而茫然无知，会出现不遵守自然法的情况。第二，“在自然状态中，缺少一个有权依照既定的法律来裁判一切争执的知名的和公正的裁判者”②。因为，在自然状态中，每个人都是自然法的裁判者和执行者，但这种人人充当自己案件的裁判者的状况会导致混乱。人的自私心理、情感倾向和报复心理等容易使人丧失公正的态度而偏袒自己和亲友，过度惩罚他人，而疏忽和漠不关心的态度又会使他们对于别人的事情过分冷淡。第三，“在自然状态中，往往缺少权力来支持正确的判决，使它得到应有的执行”③。因为，凡是因为不公正而受到损害的人，只要他们有能力，总会用强力来纠正他们所受到的损害，而反抗往往会使惩罚行为发生危险，使那些企图执行惩罚的人遭受损害。正是因为自然状态存在这些不便，所以人们“甘愿各自放弃他们单独行使的惩罚权力，交给他们中间被指定的人来专门加以行使；而且要按照社会所一致同意的或他们为此目的而授权的代表所一致同意的规定来行使。这就是立法和行政权力的原始权利及这两者产生的缘由，政府和社会本身的起源也在于此”④。洛克认为，人们受理性支配而生活在一起，不存在拥有对他们进行裁判的权力的共同尊长，他们就是处于自然状态之中。但是，如果一个人对另一个人的人身用强力或表示企图用强力，而又不存在人世间可以向其诉请救济的共同尊长，这就是战争状态。避免战争状态是人类组成社会和脱离自然状态的重要原因。因为人间如果有一种权威、一种权力，可以向其诉请救济，那么战争状态就不会再继续存在，纠纷就可以由那个权力来裁决。这个权力就是国家。

2. 政治权力的性质

洛克认为，人类天生都是自由、平等和独立的，如不得到本人的同意，不能把任何人置于这种状态之外，使其受制于另一个人的政治权力，而任何人放弃自然自由并受制于政治社会的唯一方法，是同其他人协议组合成为一个共同体，以谋求他们彼此之间舒适、安全与和平的生活，防止共同体以外任何人的侵犯。这表明，洛克认为国家或政府是人们相互订立契约的结果。

洛克的社会契约论与霍布斯相比较有几点明显不同：第一，霍布斯认为在订立契约时每个人把自己的一切权利都转让出去，没有例外的人和权利；而洛克主张，人们在订立契约时交出的唯一权利是自然状态下所享有的解释和执行自然法、惩罚犯罪的权利，人们所具有的生命、自由、财产的权利是不可放弃、不可转让的。第二，霍布斯认为，人们把转让出去的权利交给了主权者，这个主权者作为第三者没有参加契约的签订，是契约的结果，不受契约的约束，权力不受限制；洛克主张，被授予权力的人也是契约的

① 洛克．政府论：下篇．叶启芳，瞿菊农，译．北京：商务印书馆，1964：77.

②③④ 同①78.

参加者，必须受契约内容的限制，按照社会全体成员的委托来行使权力。第三，霍布斯认为，契约一经达成便永远生效，必须永远信守，不得违背和毁约，除非主权者同意；洛克主张，当被授予权力的人违背契约内容时，人们有权废除旧的契约而订立新的契约。在此基础上，洛克认为，政府权力在性质上是有限的。

洛克指出："政治权力是每个人交给社会的他在自然状态中所有的权力，由社会交给它设置在自身上面的统治者，附以明确的或默示的委托，即规定这种权力应用来为他们谋福利而保护他们的财产。"① 这表明：首先，政府接受的权力是有限的，是人们在自然状态中所拥有的权力，但并不是人们在自然状态中所拥有的一切权利，而只是在自然状态下所享有的执行自然法、惩罚犯罪的权力。洛克指出，政府的权力仅此而已，绝无专断的统治权。这是因为，政府的权力既然是受托的，它就不能多于那些参加社会以前处在自然状态中的人们所曾享有的和放弃给社会的权力。没有人能把多于自己所享有的权力转让给别人，也没有人享有对自己或其他人的一种绝对的专断权力，尤其是用来毁灭自己的生命或夺去另一个人的生命和财产。一个人不能使自己受制于另一个人的专断权力，在自然状态中也不享有支配另一个人的生命、自由或财产的专断权力。他所享有的只是自然法所给予的那种保护自己和其余人类的权力，这也就是他所放弃或能放弃给国家的全部权力。其次，政府是契约的参加者，其权力要受契约内容的限制。人们在把权力授予政府时是附有条件的，即规定这样的权力只能用来为他们谋福利和保护他们的财产。也就是说，政府受到人们把权力委托给它时的那些条件的限制，这些条件就是保护人们的生命、自由，特别是财产权。一旦政府权力的行使偏离了这一目标，超越了它应有的范围，人们就有权废除原先的契约而建立新的政府。能否有效地保障人们的天赋权利，是评判政府价值的唯一标准："除了保护社会成员的生命、权利和财产以外，就不能再有别的目的或尺度。"② 再次，政府权力受到同意原则的限制。洛克指出政治权力"起源于契约和协议，以及构成社会的人们的相互同意"③。"任何政府都无权要求那些未曾自由地对它表示同意的人民服从。我们决不能假定他们表示这种同意，除非他们是处在一种可以选择他们的政府和统治者的完全的自由状态中……或者至少他们具有他们自己或他们的代表自由地表示同意的经常有效的法律……"④ 这表明，洛克在其对政治权力性质的理解中，强调同意的原则。在洛克看来，政府是人们自愿选择的结果。其实，霍布斯也这样主张，但他同时认为政府一旦建立人们就再无选择的余地，即以同意开始以强迫告终。洛克则认为，人们的同意不仅在建立政府时是必要的，而且是影响人们服从政府的持久条件。一旦人们认为政府不再保护他们的天赋权利，人们就有权废除政府，即政府的建立和活动均需得到人们的同意。即使一个人出生于某个政府的辖地，只要他放弃根据它的法律属于他的权利和那些由他的祖先传给他的财产，他是可以不承认出生地国家的合法政府，从而不受其管辖的。洛克的同意原则是其自由主义的重要纲领，在洛克之后成为资产阶级政治学的核心。当然，洛克是一个经验主义者，他并没有陷

---

①②③　洛克．政府论：下篇．叶启芳，瞿菊农，译．北京：商务印书馆，1964：105.
④　同①117.

入这种抽象的同意原则，而是从实践的需要出发提出了多数决定的原则和默认同意的原则。

洛克认为，当人们同意建立一个共同体或政府而结合起来组成国家时，那里的大多数人便享有替其余的人做出行动和决定的权利。这是因为“当某些人基于每人的同意组成一个共同体时，他们就因此把这个共同体形成一个整体，具有作为一个整体而行动的权力，而这是只有经大多数人的同意和决定才能办到的。要知道，任何共同体既然只能根据它的各个个人的同意而行动，而它作为一个整体又必须行动一致，这就有必要使整体的行动以较大的力量的意向为转移，这个较大的力量就是大多数人的同意。如果不是这样，它就不可能作为一个整体、一个共同体而有所行动或继续存在，而根据组成它的各个个人的同意，它正是应该成为这样的整体的；所以人人都应根据这一同意而受大多数人的约束”①。罗素曾指责洛克：“他未经适当考虑就横加上服从过半数的准则”②。实际上，洛克是把这条原则作为人们建立国家时所订契约的一项内容，作为人们获得公民身份的一项条件。他认识到，如果大多数不能替其余的人做出决定，他们便不能作为一个整体而行动，其结果只有立刻重新解体。因为，整体的行动取得每一个人的同意是不可能的：有许多人会因病、因事不能出席公共集会，而且意见的分歧和利益的冲突在任何人的集合体中都是难免的。所以，洛克指出：“凡是脱离自然状态而联合成为一个共同体的人们，必须被认为他们把联合成共同体这一目的所必需的一切权力都交给这个共同体的大多数，除非他们明白议定交给大于大多数的任何人数。只要一致同意联合成为一个政治社会，这一点就能办到，而这种同意，是完全可以作为加入或建立一个国家的个人之间现存的或应该存在的合约的。因此，开始组织并实际组成任何政治社会的，不过是一些能够服从大多数而进行结合并组成这种社会的自由人的同意。这样，而且只有这样，才曾或才能创立世界上任何合法的政府。”③

洛克认为，同意是个人服从政府的前提。那么，怎么才算同意呢？洛克指出，除了明示的同意以外，还有默认的同意。他认为：“只要一个人占有任何土地或享用任何政府的领地的任何部分，他就因此表示他的默认的同意，从而在他同属于那个政府的任何人一样享用的期间，他必须服从那个政府的法律。”④ 不仅国籍的选择采取默认的原则，对立法机关以多数决定所通过的法律，不明白表示反对者也可以视同默认。显然，洛克是试图用默认的理论来将其同意原则贯穿起来，以达到逻辑上的一致。

归纳起来，洛克主张政府的权力要受到契约的方式、目标以及人们同意的限制，要以人们的同意为基础。

3. 政府的目的

政府的性质与目的是紧密相连的。洛克主张的政府受制于明确而特定的目标，即保护人们的生命、自由和财产。洛克特别强调财产权。他认为：“人们联合成为国家和置身

---

① 洛克．政府论：下篇．叶启芳，瞿菊农，译．北京：商务印书馆，1964：66.

② 罗素．西方哲学史：下卷．马元德，译．北京：商务印书馆，1976：166.

③ 同①61－62.

④ 同①74.

于政府之下的重大的和重要的目的，是保护他们的财产。”① 他强调指出，最高权力“未经本人同意，不能取去任何人的财产的任何部分”②。洛克认为，保护财产是政府的目的，也是人们加入社会的目的，这就必然要求人民应该享有财产权。如果别人可以不经过我的同意而有权随意取走我的所有物，我对这些东西就确定不享有财产权了。因此“不论由谁掌握的政府，既是为此受有使人们能享有和保障他们的各种财产的这一条件的委托，则君主或议会纵然拥有制定法律的权力来规定臣民彼此之间的财产权，但未经他们的同意，绝不能有权取走臣民财产的全部或一部分”③。洛克进一步指出，即使是为了维持政府活动征收人们应当缴纳的赋税，也必须得到人民的同意。不过这里的同意是多数决定方式的同意，即“由他们自己或他们选出的代表所表示的大多数的同意”④。事实上，主张“政府的目的是保护人们的财产”并不是洛克最先提出来的，马基雅弗利、博丹、格劳秀斯等人都有论述，但洛克在这一点上表现得最为突出和明显，将其推向极致。尽管他并不认为除了财产权之外就没有别的天赋权利，但他在“泛指任何权利的时候，往往用‘财产’一词”⑤ 的提法表明，他最重视的是财产权。洛克主张财产权是其他两项权利的基础，进而认为财产权实际上包括了生命权和自由权。在他看来，有了财产权人才能生存，人的生命权只不过是为了保障财产权不受侵犯，而人的自由权也不过是为了保障每个人都有随意处置自己全部财产的权利。这样，他就把财产权抬到神圣不可侵犯的高度。这当然是一个缺陷，正如罗素所指出的：“从现代观点看，洛克及其信奉者的重大政治缺点是财产崇拜。”⑥ 但从当时来看，却无疑具有现实的进步意义。当时英国资产阶级的目的归根结底是维护他们的经济利益和私有财产，代表新兴资产阶级的国会与封建统治者的王权之间的斗争都是围绕财产问题而展开的。1628 年的《权利请愿书》和 1689 年的《权利法案》都提出了保护私有财产权的规定。洛克之所以反复论证政府的目的是保护私有财产，正是反映了当时英国资产阶级的诉求。

二、法治与自由

洛克认为，自由是一项天赋权利，无论是在自然状态下，还是在政治社会中，都是不可剥夺或侵犯的，政府的目的之一就是保障公民的自由权利。一方面自由与法律的约束相关，另一方面，政府保障公民自由的主要方式就是制定法律和维护法律的实施。

洛克说：“凡是在自然状态中想夺去处在那个状态中的任何自由的人，必然被假设为具有夺去其他一切东西的企图，这是因为自由是其余一切的基础。同样地，凡在社会状态中想夺去那个社会或国家的人们的自由的人，也一定被假设为企图夺去他们的其他一

① 洛克．政府论：下篇．叶启芳，瞿菊农，译．北京：商务印书馆，1964：77.
② 同①86.
③ 同①87.
④ 同①88.
⑤ 萨拜因．政治学说史：下册．刘山，等译．北京：商务印书馆，1986：590.
⑥ 同①180.

切，并被看作处于战争状态。”① 虽然自由是不可剥夺的，但它总是与某种约束相联系，这种约束在自然状态中是自然法，在政治社会中则是人定法。“人的自然自由，就是不受人间任何上级权力的约束，不处在人们的意志或立法权之下，只以自然法作为他的准绳。处在社会中的人的自由，就是除经人们同意在国家内所建立的立法权以外，不受其他任何立法权的支配；除了立法机关根据对它的委托所制定的法律以外，不受任何意志的统辖或任何法律的约束。”② 可见，洛克主张的自由，并不是个人不受任何法律约束的那种自由，而是自然状态中在自然法的约束下的自由、政治社会中在立法机关制定的法律约束下的自由。“处在政府之下的人们的自由，应有长期有效的规则作为生活的准绳，这种规则为社会一切成员所共同遵守，并为社会所建立的立法机关所制定。这是在规则未加规定的一切事情上能按照我自己的意志去做的自由，而不受另一个人的反复无常的、事前不知道的和武断的意志的支配，如同自然的自由是除了自然法以外不受其他约束那样。”③

在将自由与法律相联系的基础上，洛克进一步指出，自由必须以法律为保障，政府制定法律的目的不是废除或限制人们的自由，而是保护和扩大人们的自由。他写道：“不管会引起人们怎样的误解，法律的目的不是废除或限制自由，而是保护和扩大自由。这是因为在一切能够接受法律支配的人类的状态中，哪里没有法律，那里就没有自由。这是因为自由意味着不受他人的束缚和强暴，而哪里没有法律，那里就不能有这种自由。”④当然，洛克所言法律保护和扩大的自由是“在他所受约束的法律许可范围内，随其所欲地处置或安排他的人身、行动、财富和他的全部财产的那种自由，在这个范围内他不受另一个人的任意意志的支配，而是可以自由地遵循他自己的意志”⑤；他所说的法律，“按其真正的含义而言与其说是限制还不如说是指导一个自由而有智慧的人去追求他的正当利益，它并不在受这法律约束的人们的一般福利之外做出规定。假如没有法律他们会更快乐的话，那么法律作为一件无用之物自己就会消灭；而单单为了使我们不致坠下泥坑和悬崖而做的防范，就不应称为限制”⑥。在这个意义上，洛克认为法律是自由的保障，二者是统一的，而这又导源于洛克将法律与理性相联系，主张法律之所以能保障自由，主要是理性的力量在发挥作用。他认为，“人的自由和依照他自己的意志来行动的自由，是以他具有理性为基础的，理性能教导他了解他用以支配自己行动的法律，并使他知道，他对自己的自由意志听从到什么程度”⑦，“支配亚当的法律就是支配他的所有后裔的法律，即理性的法则。……一个人不能受不是对他公布的法律的约束，而这个法律既是仅由理性公布或发表的，那么他如果还不能运用理性，就不能说是受这个法律的约束；亚当的儿女既不是一生下来就受这个理性法则的约束，他们一时还不是自由的”⑧。这表明，洛克认为人定法是以理性即自然法为基础的，法律之所以可以保障自由，正是因为理性

---

① 洛克．政府论：下篇．叶启芳，瞿菊农，译．北京：商务印书馆，1964：13.

②③ 同①16.

④⑤ 同①36.

⑥ 同①35－36.

⑦ 同①39.

⑧ 同①35.

即自然法的作用。

既然法律是自由的限度和保障，洛克就十分重视和提倡法治，并提出了一些具体主张：首先，政府必须以正式公布和长期有效的法律来进行治理。洛克认为，正是因为在自然状态中缺少确定和众所周知的法律，自然法往往被人错误地引用而失去了应有的作用，导致人们之间的纷争，人类才联合成为社会，以便用整个社会的力量来保障他们的财产，并以经常有效的规则来加以限制，从而使每个人知道什么是属于他自己的。如果不是为了保护生命、自由和财产，如果没有关于权利和财产的经常有效的规则即法律来保障人们的和平与安宁，他们的权利就会像在自然状态中一样不稳定，他们也不会舍弃自然状态的自由而加入社会并且甘受它的约束。所以，无论国家采取何种形式，政府都应以正式公布的和被接受的法律而不是以临时的命令和未定的决议来进行统治。如果把公共的集体力量给予政府，并迫使人们服从其根据心血来潮或直到适用时还无人知晓、毫无拘束的意志而发布的临时命令，那么人类就会处于比自然状态还要坏的状态中。洛克指出："政府所有的一切权力既然只是为社会谋幸福，因而不应该是专断的和凭一时高兴的，而是应该根据既定的和公布的法律来行使。这样，一方面使人民可以知道他们的责任并在法律范围内得到安全和保障；另一方面，也使统治者被限制在他们的适当范围之内，不致为他们所拥有的权力所诱惑，利用他们本来不熟悉的或不愿承认的手段来行使权力，以达到上述目的。"① 其次，制定的法律应该被执行。洛克指出："法律不是为了法律自身而被制定的，而是通过法律的执行成为社会的约束，使国家的各部分各得其所、各尽其应尽的职能；当这完全停止的时候，政府也显然搁浅了，人民就变成了没有秩序或联系的杂乱群众。"② 洛克相信，一个国家只有用法律手段治理才能顺利运转，没有它国家就不能存在，就不成其为国家了。他说："如果法律不能被执行，那就等于没有法律；而一个没有法律的政府，我认为是一种政治上的不可思议的事情，非人类的能力所能想象，而且是与人类社会格格不入的。"③ 再次，洛克强调公民在执法、守法方面应该一律平等，无论是统治者还是被统治者、贵族和平民、贫者和富者都是一样的，任何人都逃避不了法律的约束。他指出，人们建立政治社会的目的就是要使政府"用明确不变的法规来公正地和同等地对待一切当事人"④。所以，"每一个个人和其他最微贱的人都平等地受制于那些他自己作为立法机关的一部分所定的法律。法律一经制定，任何人也不能凭他自己的权威逃避法律的制裁；也不能以地位优越为借口，放任自己或任何下属胡作非为，而要求免受法律的制裁。社会中的任何人都是不能免受它的法律的制裁的"⑤。最后，洛克也认为法律的执行应有灵活性。他指出，对于与公众利益有关的偶然事故和紧急事情，法律不可能预见也不可能都加以规定，而且有时严格和呆板地执行法律反倒可能有害，所以对于法律所没有规定的许多特殊事情，应让执行者在相当范围内有权自由处理，灵活地运用法律。当然，目的只能是为公众谋福利。

从上述思想出发，洛克极力反对君主专制制度。他指出，在君主专制政体中，君主

---

① 洛克．政府论：下篇．叶启芳，瞿菊农，译．北京：商务印书馆，1964：86.

②③ 同①132.

④ 同①53.

⑤ 同①59.

不是凭借正式公布的法律来进行统治的，而是以个人意志为转移、根据心血来潮或毫无拘束的意志而发布临时的命令来实行统治。再加上没有可以作为他们行动的准绳和根据的法律规定，人们的处境就会比自然状态还要坏。因为在自然状态下，“人们享有自然法的一切权利和利益”，并且“自然享有一种权力”来保护自己的生命和财产的自由[①]；而在君主专制下，当人们的财产受到君主的意志和命令的侵犯时，不但没有申诉的权利，而且被剥夺了裁判或保卫自己天赋权利的自由。对于君主专制制度，洛克不仅反对暴君的专制，而且反对“贤君”的专制。他认为，最贤明的君主享有最大的特权，因为人们注意到他们行动的整个倾向是为增进公众福利，所以往往并不计较他们没有法律根据但与以上目的相关的行动，即使他们的行动与之稍有出入，也加以默认，从而使贤君随意扩大他们的特权，这就会导致危险：因为如果贤君的继承人不具备超人的智慧和善良的品德，就会将贤君所有的权力变为残害人民的特权，所以贤君也同样可以导致暴政。正是在这个意义上，洛克指出，君主专制政体“完全不可能是公民政府的一种形式”[②]。当然，这一切都与不实行法治有关，因为“法律一停止，暴政就开始了”[③]。洛克对君主专制制度的批判，是英国半个世纪反对封建斗争的经验总结，也反过来论证了资产阶级法治和资产阶级经济利益之间存在的密不可分的联系。

三、分权学说

为了能最有效地保护人们的生命、自由、财产，实现法治原则，洛克提出了分权学说。他把国家权力分为三种：立法权、执行权、对外权。所谓立法权，是指“享有权利来指导如何运用国家的力量以保障这个社会及其成员的权力”[④]；所谓执行权，是指经常存在的“负责执行被制定和继续有效的法律”[⑤] 的权力；所谓对外权，是指决定“战争与和平、联合与联盟以及同国外的一切人士和社会进行一切事务的权力”[⑥]。

洛克认为，立法权是最高的权力。他说：“在一切场合，只要政府存在，立法权是最高的权力，因为谁能够对另一个人订立法律就必须是在他之上。而且，立法权之所以是社会的立法权，是因为既然它有权为社会的一切部分和每个成员制定法律，制定他们的行动的准则，并在法律被违反时授权加以执行，那么立法权就必须是最高的权力，社会的任何成员或社会的任何部分所有的其他一切权力，都是从它获得和隶属于它的。”[⑦]

洛克认为立法权是最高的，他以立法权的归属作为划分国家政体的标准。“政府的形式以最高权力，即立法权的隶属关系而定，既不可能设想由下级权力来命令上级，也不能设想除了最高权力以外谁能制定法律，所以，制定法律的权归谁这一点就决定国家是

---

① 洛克．政府论：下篇．叶启芳，瞿菊农，译．北京：商务印书馆，1964：53.
② 同①55.
③ 同①123.
④ 同①89.
⑤⑥ 同①90.
⑦ 同①92.

什么形式。”① 根据这个标准，他把国家分为三种形式：一是民主政体，在这种政体下，社会大多数人拥有最高的权力，运用全部权力为社会制定法律，并且通过他们自己委派的官吏来执行这些法律；二是寡头政体，在这种政体下，制定法律的权力属于少数精选出来的人和他们的嗣子或继承人；三是君主政体，在这种政体下，制定法律的权力属于一个人。其中君主政体又分为两种：如果立法权交给君主并传给其嗣子，就是世袭君主制；如果立法权交给君主行使终身，在他死后推定后继者的权力仍归于大多数人，就是选任君主制。洛克并不满意这三种政体形式，他认为，政治社会可以依照这些形式建立复合的和混合的政府形式。

虽然立法权是最高的，但它必须基于人民的同意和授权，因此，立法机关的权力不是绝对的，而是有一定限制的。这个限制主要表现在四个方面：第一，最高权力对于人民的生命和财产不是并且也不可能是绝对专断的；第二，最高权力不能以临时的专断命令来进行统治，而是必须以颁布过的经常有效的法律并由有资格的著名法官来执行司法和判断臣民的权利；第三，最高权力未经本人同意不能取走任何人的财产的任何部分；第四，立法机关不能把制定法律的权力转让给任何他人，或把它放在不是人民所安排的其他任何地方。这些是社会授予他们的委托以及自然法对于各种政体下的每一国家的立法机关的权力所加的限制。

洛克认为，立法权并不需要经常存在，因为持续有效的法律可以在短期内制定，而为了保证公共福利，立法权应属于若干个人而不是集于一人之手。洛克说：“在组织完善的国家中，全体的福利受到应得的注意，其立法权属于若干个人，他们定期集会，掌握有由他们或联同其他人制定法律的权力。当法律制定以后，他们重新分散，自己也受他们所制定的法律的支配；这是对他们的一种新的和切身的约束，使他们于制定法律时注意为公众谋福利。”②

对于执行权，洛克认为它是经常存在的权力，其存在有两种情形。第一种情形，执行权属于单独一个人，这个人也参与立法。洛克认为在这种情况下，他也可被称为至高无上的权力者，不过，这并不是因为他本身握有最高的制定法律的权力，而是由于他参与立法，没有他的同意就不可能制定法律。但是，他这种至高无上、要求别人服从的地位只是因为他被赋有法律权力，必须依照国家的法律所表示的社会意志而行动。在这个意义上，洛克认为实际上他没有意志、没有权力，有的只是法律的意志、法律的权力。如果他离开公共意志而凭他私人的意志而行动，社会成员便没有服从他的义务了。第二种情形，执行权不属于同时参与立法的人，而归属于其他地方。洛克认为，在这种情况下，执行权显然是受立法机关的统属并对立法机关负责的，而且立法机关可以随意加以调动和更换。

洛克认为，对外权是国家的自然权力，它与加入社会之前人人基于自然所享有的权力相当。洛克指出，虽然在一个国家中，社会成员彼此之间的关系是不同的个人，并以这种地位受社会的法律的统治，但是，以他们同其余人类的关系而论，他们构成一个整

① 洛克．政府论：下篇．叶启芳，瞿菊农，译．北京：商务印书馆，1964：81.

② 同①89-90.

体，这个整体作为一个单元同其余的人类社会仍处在自然状态之中。在这个意义上，社会的任何成员与社会之外的其他人之间的纠纷都是由公众来解决的，社会中的一员所受到的侵害也是与社会整体相关的。“整个社会在与其他一切国家或在社会以外的人们的关系上，是处在自然状态的一个整体。”① 因此，对外权是国家的自然权力。

那么，三种权力之间的关系如何呢？首先，三权之中立法权是最高权力，执行权和对外权都从属于立法权。当立法机关把执行他们所制定的法律的权力交给别人之后，他们认为必要时仍有权加以收回和处罚任何违法的不良行政。洛克指出：“对外权的情况也是这样，它和执行权同是辅助和隶属于立法权的，而立法权，正如前述，在一个有组织的国家中，是最高的权力。”② 其次，立法权和执行权应该分开，由不同的机关来掌握，以防止权力的滥用。洛克认为：“如果同一批人同时拥有制定和执行法律的权力，这就会给人们的弱点以绝大诱惑，使他们动辄要攫取权力，借以使他们免于服从他们所制定的法律，并且在制定和执行法律时，使法律适合于他们自己的私人利益，因而他们就与社会的其余成员有不相同的利益，违反了社会和政府的目的。”③ 所以，洛克断定立法权和执行权往往是分立的，不同的人执掌不同的权力，这在“一切有节制的君主国家和组织良好的政府中都是如此”。再次，虽然执行权从属于立法权，但执行权也享有一些特权，例如召集和解散立法机关的权力。洛克认为，立法机关没有经常存在的必要，经常的、非必要的长时间集会对于人民来说是一个负担，有时还会引起更危险的不利情况。但是，最初创建政府的人不可能有先见之明，从而充分意料到未来的事件，能为未来长时期内立法机关集会的召开和开会的期限预定出适当的时间，而有时延期召开立法会议会使公众福利受到威胁，有时立法机关的任务很重，有限的开会时间难以保证其完成工作，公众难以得到应该经过深思熟虑才能得到的法律。洛克认为，在这种情况下，为了避免使社会由于立法机关召集会议和行使职权没有一定时间而随时随地遭到临时发生的这样或那样的事情的干扰，只能把召集立法机关开会的权力委托给执行机关。不过，洛克同时指出，执行机关召集立法机关的权力要受两项限制：一是原来的组织法规定立法机关每隔一定时间集会和行使职权，执行权就只是从行政上发出指令，要求依照正当形式进行选举和集会；二是根据情况或公众的要求需要修改旧法律或制定新法律，在有必要消除或防止威胁人民利益的任何障碍时，执行权可以审慎决定通过新的选举来召集他们，即可解散立法机关。洛克同时强调：“虽然召集和解散立法机关的权力属于执行机关，却并不使执行机关高于立法机关，而只是因为人类事务变幻无常，不能适用一成不变的规定，为了人民的安全而给以的一种委托。……委托给一个经常存在和负责照管公共福利的人，由他来审慎地做出决定。”④ 而且，立法机关可以根据其组织法所规定的时间或在其休会时指定的时间，或者在他们认为合适的时间集会和行使其职权。此外，洛克还认为执行机关还拥有自由裁量的特权。他指出“立法者既然不能预见并以法律规定一切有利于社会的事情，那么拥有执行权的法律执行者，在国内法没有做出规定的许多场合，便根据

① 洛克．政府论：下篇．叶启芳，瞿菊农，译．北京：商务印书馆，1964：90.
② 同①94.
③ 同①89.
④ 同①95.

一般的自然法享有利用自然法为社会谋福利的权利，直至立法机关能够方便地集会来加以规定为止”①，“特权就只能是人民之许可他们的统治者们，在法律没有规定的场合，按照他们的自由抉择来办理一些事情，甚至有时与法律的明文相抵触，来为公众谋福利”②。最后，执行权和对外权虽然有区别，但应掌握在同一机关之手。洛克认为，执行权指在社会内部对其一切成员执行国内法的权力，而对外权是指对外处理有关公共安全和利益事项的权力，但这两种权力几乎总是结合在一起的。他指出，对外权与执行权比较起来，它不能为早先规定的、经常有效的明文法所指导，所以有必要由掌握这种权力的人们凭他们的深思熟虑，为了公共福利来行使这种权力。执行权所执行的法律涉及的是臣民彼此之间的关系，目的是指导他们的行动，所以可以预先制定；但对外国人应怎样做在很大程度上要视外国人的行动及意图而定，就必须大部分交由赋有这种权力的人们的智谋来决定，凭他们的才能所及为国家谋利益。实际上洛克是主张对外权应有更大的灵活性。洛克认为，对外权和执行权本身确有区别，但很难分开由不同的人掌握，因为“两者的行使既然都需要社会的力量，那么把国家的力量交给不同的和互不隶属的人，几乎是不现实的；而如果执行权和对外权掌握在可以各自行动的人手里，这就会使公共的力量处在不同的支配之下，迟早总会导致纷乱和灾祸”③。

洛克的权力分立，实际上是两权分立，即立法权与行政权的分立，对外权和行政权是联合在一起的。他提出分权的目的在于限制王权，为资产阶级争权，实质上是新兴资产阶级与封建贵族两个阶级集团的分权：在英国，作为立法机关的议会已为新兴资产阶级所掌握，所以洛克把立法权推崇为最高权力；同时，封建势力仍然不小，掌握着王权即行政权，洛克在承认这一现实的同时，极力主张它应从属于立法权。可见，洛克的分权理论反映了当时英国资产阶级与封建阶级的妥协，直接为“光荣革命”后确立的资产阶级君主立宪制辩护：一方面保留王权，一方面又限制和削弱王权，使国王逐渐成为不掌握实权的名义上的国家元首。但是，洛克的分权又是不彻底的，他不仅主张拥有执行权的君主拥有部分立法权，而且还主张君主拥有不受立法权控制的特权，这与现代的权力分立原则是相悖的。现代意义上的权力分立所言的主要是立法权、行政权、司法权三种权力之间的分立。在洛克的时代，司法权在一定程度上已经具有某种趋于独立的倾向，著名的科克大法官曾依据普通法抗拒英王的特权。洛克自己也曾一度担任过上诉法院的法官，但其政治理论却很少涉及司法权，这不能不说是一个较大的缺陷。

四、政府解体与人民革命权

洛克从保护个人的生命、自由和财产等天赋权利，防止政府专制出发，提出了有关政府解体和人民革命权的主张。

洛克认为，政府解体有这样几种方式或途径：

---

① 洛克．政府论：下篇．叶启芳，瞿菊农，译．北京：商务印书馆，1964：99.

② 同①101.

③ 同①91.

第一个途径是社会解体。洛克认为，社会和政府不是一回事，社会的解体与政府的解体存在区别，但社会的解体必然导致政府的解体。他指出，人们通过相互之间订立契约而脱离自然状态，组成政治社会，由此结成一个整体即单独的国家来行动。解散这种结合的通常和几乎唯一的途径，就是因外国武力入侵而把他们征服。而一旦这种结合遭到解体，那个社会的政府当然不能继续存在，这几乎无须论证。“至于社会一旦解体，政府就不能继续存在，这也是不必多加论证就可以证明的——这正如构成房屋的材料为飓风所吹散和移动了位置或为地震震坍变成一堆瓦砾时，房屋的骨架就不可能再存在一样。”①

第二个途径是立法机关的变更。洛克认为，社会是它的成员之间的一种和平状态，因为有立法机关作为仲裁者来裁决社会成员之间可能发生的纠纷。从这个意义上讲，一个国家的成员是通过立法机关才联合成一个有机整体的，立法机关是国家存在的灵魂。所以，当立法机关被破坏或解散时，随之而来的就是政府的解体和消亡。洛克指出，立法机关的组织法是社会首要的和基本的事项，它规定了人们在一些人的指导和法律的约束下结合的期限，而这些法律是由人民的同意和委派所授权的一些人制定的。没有人民的同意和委派，任何人都不能享有制定具有约束力的法律的权威。如果有人未经人民的委托而擅自制定法律，他们制定的法律就没有权威，人民也没有服从的义务，这实际上又回到了自然状态的情形。人们可以重新组织立法机关，自由地反抗那些越权强迫他们接受某种约束的人所施用的强力。所以，“如果那些受社会的委托来表达公众意志的人受人排挤而无从表达这个意志，其他一些没有这种权威或没有受这种委托的人篡夺了他们的地位，那么人人都可以根据自己的意志，各行其是”②。洛克从英国的实际出发，认为立法机关的变更有这样几种情况：首先，如果君主以它的专断意志来代替立法机关所表达的作为社会意志的法律，就改变了立法机关。因为，如果立法机关是名副其实的，它所制定的规章和法律就应该付诸施行，而君主实施与法律相悖的专断意志，立法机关就被从实质上改变了。所以，“谁未经社会的基本委托的授权而推行新的法律，或推翻旧的法律，谁就是不承认和倾覆制定这些法律的权力，因此就建立起一个新的立法机关”③。其次，如果君主阻止立法机关如期集会或自由行使职权以完成当初组织它的那些目的，立法机关就被变更了。因为，立法机关之所以成为最高权力机关并不在于其组成人员的多寡和开会次数的多少，而在于他们有辩论的自由和充裕的时间来自主行使职权，如果这些被剥夺或变更，立法机关也被变更了。所以，“组成政府的不是它们的名义，而是事先规定的那些名义所应该具有的权力的运用和行使；所以谁要是剥夺立法机关的自由或阻止它如期行使职权，谁就是事实上取消立法机关和结束政府”④。再次，如果君主使用专断权力，在未经人民同意或与人民的共同利益相抵触的情况下变更选民权或选举的方式，立法机关也被变更。因为，不用社会所规定的方法选举与不由社会授权的人去选举而组成的立法机关不是人民所任命的立法机关。复次，如果君主或立法机关使人民屈服

---

① 洛克．政府论：下篇．叶启芳，瞿菊农，译．北京：商务印书馆，1964：129.

②③ 同①130.

④ 同①131.

于外国的权力，这就一定改变了立法机关，因为人们参加政治社会的目的在于保持一个完整、独立和自由的社会，受其自己的法律的约束，而一旦屈从于外国权力的支配，也就背离了这一目的。最后，握有最高执行权的人即君主如果玩忽职守，使立法机关业已制定的法律得不到执行，就实际上把一切变成了无政府状态，因而也就意味着政府的解体。洛克在这里所分析的立法机关变更的情况，显然大都是归罪于君主的，这表明洛克是极力主张限制王权的，而他所列举的这些方面，也正是当时英王在行使权力时所一直表现出的特征。

第三个途径是立法机关和君主这二者的任何一方在行动上违背人民的委托。洛克指出，如果立法机关试图侵犯人民的财产，使他们自己或社会的任何部分成为人民生命、权利或财富的主人或者任意处分者，他们就背弃了他们所受的委托，政府就会解体。因为，人们加入社会，选择一个立法机关并授以其权力的目的，是希望由此可以制定法律，以维护社会一切成员的财产。当立法机关图谋夺取和破坏人民的财产或贬低他们的地位使其处于专断权力的奴役状态时，立法机关就使自己与人民之间处于战争状态，因此人民就无须再对立法机关予以服从，而有权通过建立他们认为合适的新的立法机关来谋求安全和保障，这正是他们加入社会的目的。洛克认为，这对于最高执行权也是同样适用的。由于洛克主张立法权力是最高的，所以他认为，最高执行权因违背人民的委托而导致政府解体，主要也是表现在它对立法机关的操纵和控制上，如收买代表、操纵选举、布置御用议会等。洛克认为，这实际上是用公然附和自己意志的人代替人民的真正代表和社会的立法者，是可能遇到的最大的背信行为和最完全的阴谋危害政府的表示。

洛克指出，当立法机关变更或立法机关与君主背离人民的委托时，人民有权运用革命的手段建立新的政府。因为政府的权力既然是人民委托的，就应该受到委托目的的限制。一旦政府忽略或破坏了这一目的，委托自然取消，人民有权收回他们的权力，并把它重新授予他们认为最能够保障他们安全的人。因此，他指出："社会始终保留着一种最高权力，以保卫自己不受任何团体，即使是他们的立法者的攻击和谋算。"① 对于政府侵犯和违背人民利益的行动，洛克很明确地提出了"用强力对付强力"的原则。他说："滥用职权并违反对他的委托而施强力于人民，这是与人民为敌"，而"在一切情况和条件下，对于滥用职权的强力的真正纠正办法，就是用强力对付强力"②。这显然是承认人民的革命权利。洛克指出，这种革命权利并不必等到立法机关因变更而消失后或人民完全处于暴政之下才使用，"如果人们在完全处于暴政之下以前没有逃避暴政的任何方法，他们就不能免遭暴政的迫害。因此他们不但享有摆脱暴政的权利，还享有防止暴政的权利"③。

洛克指出，承认人民在政府解体时建立新政府的革命权利，并不能导致叛乱。首先，承认人民的革命权利不是激发叛乱的原因。洛克认为，如果人民陷于悲惨的境地，觉得自己深受专断权力的灾祸，即使把统治者说成神圣不可侵犯，不承认人民的革命权，人

① 洛克．政府论：下篇．叶启芳，瞿菊农，译．北京：商务印书馆，1964：92.
② 同①95.
③ 同①133.

民也会寻求机会起来革命、反抗暴政。其次，革命不是在统治者稍有失败的情况下就会发生的。洛克认为，对于统治者的失败、一些错误的和不适当的法律以及人类弱点所造成的一切过失，人民一般是会加以容忍、不至反抗的。只有当一连串的滥用权力、渎职行为以及阴谋诡计使人民感到自身处于暴政的威胁之下时，他们才会起而革命，把统治权交给能为他们保障最初建立政府的目的的人，而这又不足为怪了。再次，承认人民的革命权利，是防范叛乱的最好保障和阻止叛乱的最可靠的手段。洛克认为，叛乱不是反对个人，而是反对以宪法和法律为根据的权威。不论什么人，只要以强力破坏法律并为之辩护，就是真正的叛乱者。他指出，人们参加社会和组成政府就排除了强力，采取法律来保护他们的财产、和平，如果谁违反法律重新使用强力，就是真正的叛乱者。如果谁用强力废除任何社会所设置的立法机关和受社会的委托而由立法机关制定的法律，谁就废除了各人所同意的为和平地解决他们之间的一切纷争而建立的仲裁者，使用了未经人民授权的权力，造成了没有权力根据的战争状态，他就成为叛乱者。洛克认为，不仅使用强力废除立法机关的人是叛乱者，而且如果立法机关自己用强力侵犯人民本来希望通过它来保护的生命、自由和财产权时，它也与人民处于战争状态，同样是叛乱者。洛克认为，如果有人企图废除或变更立法机关而成为叛乱者，或立法机关由于侵犯人民的财产而成为叛乱者，人民行使革命权利、建立新的立法机关，也就是防止和阻止了叛乱。否则，人民放弃自己的反抗权利，那就像羔羊不加抵抗地让凶狠的狼来咬断它的喉咙一样，造就的是以强凌弱的和平，这对人类是不利的。因为，政府的目的应该是为人民谋福利，所以当统治者滥用权力侵害人民的财产时，人民加以反抗而不是任由暴政的无限意志的支配，这样才是对人类最为有利的选择。洛克指出，祸患不是由于人民的放肆和意欲摆脱合法的统治者所致，而是由于统治者的横暴和企图以专断权力加诸人民所致，是压迫而不是反抗先导致混乱。

洛克认为："谁不基于权利而使用强力，正如每一个无法无天的人在社会中所做的那样，就使自己与他使用强力来对付的人们处于战争状态；在这种状态中，以前的一切拘束都被解除，其他一切权利都不再有效，而人人都享有自卫和抵抗侵略者的权利。"① 所以当君主或立法机关的行为辜负他们的委托时，人民有革命或反抗的权利。那么，谁来判断君主或立法机关的行为是否辜负他们所受的委托呢？洛克指出，人民应该是裁判者。因为受托人和代表的行为是否适当和合乎对他的委托，只有委托人才是裁判者。但是，洛克又指出，"如果执行机关或立法机关在掌握权力后，企图或实行奴役人民或摧毁人民，在立法机关和人民之间也不可能有裁判者"②，而且，他在承认人民革命权的时候，一再强调这种权利是在统治者的暴政所带来的祸害带有普遍性、统治者的恶意已昭然若揭、大多数人都已感觉到并无法忍受的时候才能行使，否则就会扰乱和推翻一切制度，导致无政府状态和混乱。这表明，洛克所坚决主张的人民革命权利是有限度的，这又给他的理论抹上了温和妥协的色彩。他虽然说应把最高权力交给人民，但又认为人民不能直接行使该权力而应交给议会："每个人在参加社会时交给社会的权力，只要社会继续存

① 洛克．政府论：下篇．叶启芳，瞿菊农，译．北京：商务印书馆，1964：140.

② 同①103.

在，就绝不能重归于个人，而是将始终留在社会中；因为如果不是这样，就不会有社会，不会有国家，而这是违背原来的协议的。所以，同样地，如果社会已把立法权交给若干人组成的议会，由他们和他们的后继者继续行使，并给议会规定产生后继者的范围和职权，那么，只要政府继续存在，立法权就绝不能重归于人民；因为他们既已赋予立法机关永远继续存在的权力，他们就把自己的政治权力放弃给立法机关，不能再行收回。"①可以看出，洛克不是一个彻底的人民主权论者，在某种意义上具有议会主权论者的色彩，这是由当时的历史条件和阶级力量对比所决定的。

五、政教分离与宗教宽容

洛克认为，必须严格区分政府事务与宗教事务，并正确规定二者之间的界限，否则就难以解决政权与教权的争端。

在洛克看来，国家是由人们组成的一个社会，人们组成这个社会的目的仅仅在于谋求、维护和增进公民利益。因此，世俗政权官长的职责主要是公正无私地实施平等的法律，总体上保护所有的人并具体地保护每一个公民属于自己的生命、自由以及对其财产的所有权。如果有人试图违犯旨在维护上述权利的公正和平等的法律，将会因为慑于惩罚而受到限制。惩罚包括剥夺或限制他的公民权利或财产，也就是在正常情况下可以而且应当享受的那些权益。但是，任何人都不愿意遭受被剥夺其任何一部分财产的惩罚，更不愿意丧失自由和生命，所以所谓官长就是以其人民的力量为后盾去惩罚那些侵犯任何他人权利的人。洛克认为，世俗官长的全部权力仅限于上述公民事务，它不能也不应当以任何方式扩及灵魂拯救，这有几点理由：首先，"谁也没有责成官长比他人更多地来掌握灵魂的事"②。不仅上帝并未赐予任何人以高于他人的权威来使其有权强迫别人笃信他的宗教，人民也不会同意把这种权力交给官长。谁都不能使自己的信仰屈从于他人的指令，即使他本人想这样做也不可能。因为，真正的宗教的全部生命和动力，只在于内在的心灵里的确信，没有这种确信，信仰就不成其为信仰。不论我们表示相信什么样的信仰，遵从什么样的外部礼拜形式，如果我们自己在内心里不是充分确信前者为纯正的信仰，后者为上帝所喜悦，这样的表白和礼拜不仅毫无裨益，甚至会成为灵魂拯救的障碍。其次，"掌管灵魂的事不可能属于民事官长，因为他的权力仅限于外部力量，而纯真的和救世的宗教则存在于心灵内部的信仰，舍此没有任何东西能够为上帝所接受"③。洛克指出，人类理性的本质在于它不可能因外力的原因而被迫去信仰任何东西，监禁、酷刑和没收财产等所有这类性质的东西都不能改变人们已经形成的关于事物的内在判断。尽管官长可以在通过理性来指导、教诲和在纠正谬误方面做些一切善良人所应做的事，但劝告是一回事，命令又是一回事，只有启发和明证才能改变人们的见解，而肉体痛苦或其他任何外部的惩罚都是不可能使人得到启发的。再次，"灵魂拯救的事不可能属于官

① 洛克．政府论：下篇．叶启芳，瞿菊农，译．北京：商务印书馆，1964：150－151.

②③ 洛克．论宗教宽容．吴云贵，译．北京：商务印书馆，1982：6.

长掌管，因为即令法律和刑罚的威力能够说服和改变人的思想，却全然无助于拯救灵魂”[①]。洛克说，真理只有一个，到天国之路只有一条，如果人们除法庭规定的宗教外别无其他可循，而又不得不放弃自己理性的启示，违背自己良心的指示，盲目地逢迎统治者的旨意，屈从于其出生国中或因迷信或因愚昧和野心而偶然建立起来的教会，是不可能把更多的人引进天国的。

洛克认为：“教会是人们自愿结合的团体，人们加入这个团体是因为他们认为能够用上帝可以允许的方式礼拜上帝，以达到拯救灵魂的目的。”[②] 他指出，教会之所以是一个自由的、自愿的团体，首先是因为任何人都不是生来就属于某一教会。如果宗教信仰就像世俗财产一样可以继承，那是十分荒谬的。谁都不是生来就属于教会或宗派的，人们自愿加入某个教会，因为他确信在其加入的那个教会里可以找到上帝所喜欢的表达信仰和礼拜的方式。一句话，期待得救是人们加入某个教会的唯一原因。对于一个教徒来说，除了对永生的确切期待以外是没有任何其他的东西使他与教会联系在一起的。因此，教会就是一个以此为宗旨的、由会员们自愿组合而成的团体。洛克进一步指出，既然教会是自由自愿的团体，其宗旨是共同礼拜上帝以求永生，那么它的一切规定就应有助于这个目的，其全部法规都应以此为限。教会不应，也不能受理任何有关公民的或世俗财产的事务，任何情况下都不得行使强力，因为强制权完全属于官长，对一切外在物的所有权都属于官长的管辖权。教会所推行的这种毫无强制权力的法规是通过与其本质相适合的手段建立的，使教会会员忠于职守的唯一手段是规劝、训诫和勉励。如果经过这些手段仍不能使违反者改邪归正，那就只好将这种没有希望挽救的顽固之徒驱出教会，这是教会最大的，也是最后的一项权威。

在此基础上，洛克探讨了宗教宽容的适用范围及其对每个人的要求。

首先，洛克认为：“任何教会都绝不会因为宽容责任而容纳那种屡经劝告仍执意违反教会法规的人。”[③] 因为这是教会形成的条件，实际上是加入教会的契约，如果容忍这种违反行为而不加任何责罚，教会就会解体。但是，教会在行使革除教籍的权力时不能使被除名者的身体或财产以任何方式蒙受损失。革除教籍不可能剥夺被除名者先前占有的任何世俗财产，因为这些东西均属于公民，并受官长的保护。

其次，洛克认为：“任何私人都无权因为他人属于另一教会或另一宗教以任何方式危害其公民权利的享受。”[④] 因为，一个人作为人而享有的一切权利以及作为一个公民而享有的公民权利不属宗教事务，无论是基督徒还是异教徒，都不能对其使用暴力或予以伤害。而一个人误入歧途是他自己的不幸，将在来世受到惩罚，无须今生惩罚他。不仅在宗教方面持不同见解的私人之间应相互宽容，教会之间也一样：任何教会无权管辖其他教会。洛克特别指出，一个教会有官长的加入也不能因此而获得剑的权力，也不因官长的退出而丧失其教导权和革除教籍权。因为，公民政府不能授予教会新的权利，教会也不能授权予公民政府，即使事实证明处于争议中的两个教会中某一方是正确的，它也无

---

① 洛克．论宗教宽容．吴云贵，译．北京：商务印书馆，1982：7.

② 同①8.

③ 同①11.

④ 同①12.

权消灭对方。因为不仅教会无权管辖世俗事务，而且火和剑等暴力也不是用以说明人们领悟真理、改正错误的恰当手段。民事权利在各地都是相同的，这种权利掌握在基督教君王手里也不能比它掌握在异教徒手里时授予教会更大的权威，不论是个人还是教会，包括国家在内，谁都没有正当的权力以宗教的名义侵犯他人的公民权和世俗利益。

再次，洛克进一步指出教职人员在宗教宽容方面的责任。洛克认为，主教、牧师、长老、司祭等教职人员的权威不论来自何处，但只要是教会的，便只能限于教会内部，而绝不能以任何方式扩大到公民事务。因为，教会与国家互相有别并绝对分离，它们之间的界限是明确的。如果把这两个渊源、宗旨、事务以及在每一件事情上都截然不同并有无限内在区别的团体混为一谈，就像把天和地当作一回事一样荒谬。洛克指出：无论是谁，不管他在教会里的职位多么高，都不得以宗教信仰不同为借口剥夺不属于他那个教会或宗教的人的自由或其世俗财产的任何部分，因为凡对于整个教会不合法的东西，都不可能凭借教会而变成对其会员合法的东西。

最后，洛克考察了官长在宗教宽容问题上所负的职责。洛克认为，掌握灵魂之事不属官长的职责范围，因为官长的职责是由法律所规定并以惩罚作为强制手段的，而掌管灵魂的事属于每个人自己。“一个人不论其愿意与否，谁都无法强迫他一定要发财致富或身体健康。不，上帝自己也不会违反人们的意愿来拯救人。”① 虽然官长关于宗教的见解可能是可取的，他指点的道路也可能是福音之路，但是，只要一个人在内心里未能充分相信，就不可能放心地跟着他走。无论什么样的道路，只要违反自己良心的指示，就不可能把你引进幸福的圣所。洛克说：“我可以因从事我不感兴趣的手艺而致富；我可以因服用我不相信的药物而治好我的病。但是，我绝不能因为信仰我不相信的宗教与履行我所厌恶的礼仪而得救。”② 归根结底，一切宗教上的事只能留给人们自己的良心去决定，人们在宗教事务上不存在彼此之间的任何约束。洛克认为，官长对每个教会都应持宽容态度，无论是国教还是其他独立教会，因为人们在教会中所做的事情是每个人依法可以自行处理的拯救他们灵魂的事。具体说来，洛克认为，官长的宽容表现在教会的外部礼仪上，官长无权以法律给他自己的教会、更不必说其他教会规定用以礼拜上帝的任何礼仪形式；进一步讲，官长既然无权以法律强行颁布任何教会所应采用的任何礼仪，也就理所当然地无权禁止任何已为教会所接受、确认和遵循的礼仪。因为教会是以自己的方式礼拜上帝而成立的，官长那样做就等于毁掉了教会本身。表现在宗教信条上，则官长不能禁止任何一种信条在任何一个教会里传布或表达，因为它们是与公民权利毫不相干的实践性或思辨性的见解，只要求人们相信，而不得以国家的法律强加于任何教会。

但是，宗教宽容是有限度的。洛克指出，有几种情况不在宽容之列：首先，“任何与人类社会准则相违背或与维持文明社会所必需的道德准则相违背的意见，行政长官都不

① 洛克．论宗教宽容．吴云贵，译．北京：商务印书馆，1982：18.

② 同①23.

应当容许”①。洛克同时指出，这种情况在任何教会中都是罕见的，因为没有任何教会将那么明显要瓦解社会基础的东西当作宗教教义去传授，否则其自身也将受到威胁。其次，如果一个教会赖以建立的基础是入会者把他们自己托付给另一个君王的保护和役使之下，那么，官长不能宽容它。因为，这样就意味着官长在自己的国家内承认一个外国管辖权的存在，是容许其属民参加外国的军队来反对自己的政府，实际上，洛克在这里表达了英国教会应该摆脱罗马天主教廷控制的观点。最后，“那些否认上帝存在的人，是根本谈不上被宽容的”②。洛克的理由是，如果在头脑里摈除了上帝的存在，就不可能受诺言、契约、誓言等这些人类社会基本准则的约束，从而难以在政治社会中生活。

洛克的政教分离与宗教宽容思想，实际上是以宗教的形式反对封建专制，蕴含着自由主义精神。在当时的英国，国教会是封建的教会，是封建专制王权的精神支柱。因此，反对封建专制制度就必须首先反对封建教会。政教分离实质上是否认君权神授，而否认君权神授是与洛克的政治思想一脉相承的；宗教宽容实质上是主张信教自由，而信教自由是作为资本主义精神的新教伦理传播与发展的前提。所以，洛克的政教分离与宗教宽容思想，是为新兴资产阶级的利益服务的，在当时具有进步意义。

第三节　约翰·洛克政治思想的评价和影响

洛克是 17、18 世纪资产阶级革命时期第一位具有代表性的资产阶级政治理论家。他将文艺复兴以来，特别是英国革命中资产阶级政治家、政治思想家所提出的理论和思想原则加以总结和运用，根据革命时期资产阶级的需要，做出明确系统的论述和发挥。他的政治思想在西方政治思想史上具有极其重要的地位和影响。

洛克在政治理论上的一个主要贡献，是他第一次从理论上论证了资产阶级“天赋人权”的基本原则。在洛克之前，荷兰的格劳秀斯开始提出在自然状态中人人具有自卫的权力和国家产生于人们约定的思想；英国的弥尔顿提出了天赋人权的基本原则，将自由作为最基本的权利，但没有从理论上加以论证；霍布斯第一个系统地阐述了社会契约论思想，得出的却是君主专制的结论。洛克在总结前人这些思想主张的基础上，强调生命、自由和财产构成天赋人权的基本内容，认为这是政治权力赖以产生和存在的基础；政治权力的必要性和合理性完全反映在它对个人权利所能施加的保护上，政治权力的运行范围也以此为界限。总之，政治权力的确立、运用、更迭都必须奠定在个人“同意”的基础之上，如果它违背了人民的委托而施强力于人民，人民就可以行使革命的权利。于是，保护个人的天赋权利成为社会政治生活的出发点和归宿。洛克所论证的“天赋人权”原则成为其后一切资产阶级反对封建斗争的思想武器。他所提出的公民享有不可剥夺和不可转让的生命、自由、财产权利的思想观念，在 1776 年美国《独立宣言》和 1789 年法国《人权与公民权宣言》（简称《人权宣言》）中以法律的形式被确定下来，成为资本主

① 洛克．论宗教宽容．吴云贵，译．北京：商务印书馆，1982：39.
② 同①41.

义国家最重要的宪制原则之一。

洛克对政治思想史的另一个重要贡献，是其分权理论的提出。建设何种形式的体制才能保障资产阶级基本政治原则的实现，是洛克生活的时代的英国革命形势所提出的重大问题。洛克在总结英国资产阶级近半个世纪反封建斗争经验的基础上，从理论上论证了权力分立，既是为英国光荣革命后建立的君主立宪制度提供政治理论支持，也是第一次为后来资产阶级以自由与民主原则来组建政权奠定理论基础。虽然在分权的问题上，他有妥协的倾向，与现代分权原则不尽一致，但他的分权理论以君主立宪制为蓝本，为君主立宪制进行辩护，而正是君主立宪制度为资产阶级民主制度的最后确立打下了基础，并对英国政治、经济的发展起了巨大的推动作用。洛克的分权理论后来传播到法国和美国，对法国启蒙时期和美国独立战争时期的政治斗争和政治思想产生了深刻的影响。法国启蒙思想家孟德斯鸠旅居英国期间，从英国丰富的政府理论宝库中敏锐地发现了洛克的分权理论，并从中汲取了精华，将其改造为“三权分立”学说，写成了《论法的精神》这部影响人类社会历史发展进程的不朽著作，并明确提出“不分权就没有自由”的思想。事实上，洛克的分权理论不仅对英国的君主立宪制度，而且对整个西方资本主义国家的政治民主化起到了极大的推动作用。即使是不实行君主立宪制而实行共和制的资本主义国家，也从洛克的分权理论中受益匪浅。后来，洛克的分权思想通过孟德斯鸠而影响到美国，美国的开国元勋、《独立宣言》和《权利法案》的起草人、两届总统托马斯·杰弗逊深受洛克分权思想的影响，认为健全的政府不仅仅应该建立在自由原则的基础上，而且应该在几个政府机构之间实行分权和互相平衡，美国的政府机构正是依据分权理论而层层建立的。在现代，分权的内容虽然有很大的变化，但分权制度已成为西方资本主义国家政治制度的一项主要原则。

此外，洛克还提出了多数决定的原则，这是现代民主政治能够现实地存在和运作的必要条件。他提出有限政府思想，主张政府的目的只能是保护人民的生命、财产和自由权利，这种理论对自由资本主义国家采取消极保守政府、小政府的政策有极大影响。尽管后来卢梭有意全面反对洛克，但其人民主权理论和公意概念的提出，不能不说是导源于洛克关于人民拥有最后的决定权和公共意志在国家机构运转机制中的作用的思想；洛克提出的以人民福利为政府目的的思想，既是他有限政府理论的逻辑延伸，也是后来功利主义者所主张的快乐原则的思想渊源之一。可以说，洛克的政治思想孕育了一代著名的思想家和政治家，如法国 18 世纪的启蒙思想家伏尔泰、孟德斯鸠、卢梭、狄德罗，美国的杰弗逊、潘恩、汉密尔顿等。

但是，我们也应看到洛克政治思想在理论上的不足和局限性。

首先，洛克是有其时代和阶级局限的。洛克所代表的是资产阶级的利益。洛克所维护的人民的天赋权利，是不包括贫苦劳动者的。他用劳动价值说来美化财产权，但又否认仆人的劳动能创造他自己的财产权。在 1697 年洛克应邀为贸易部写一篇解决失业和贫困问题的文章时，他提出的方法竟是强迫劳动、割掉乞讨者的耳朵，并对 14 岁以下的儿童加以鞭挞。他的建议如此极端和不近人情，足见在他心目中，人民是不包括贫困劳动者的①。此外，他反对神意创造一切，尽可能地诉诸自然的理性，但又承认神的启示，认

① 浦兴祖，孙关宏，王邦佐，等. 从《理想国》到《代议制政府》. 成都：四川人民出版社，1990：228.

为自然法是上帝意志的代表；他反对奴役和为奴隶制做辩护的理论，但又不承认仆人是自由人；他承认人民“不但享有摆脱暴政的权利，还享有防止暴政的权利”[①]，但又认为人民诉诸上天的最后决定权非到政府解体时不能行使；他主张立法机关为最高权力机关，但又为行政机关提供了可以违背法律的自由裁量的特权。

其次，洛克的理论在逻辑上也存在不足和矛盾。洛克将自然状态作为其政治思想的逻辑前提，这是不符合人类历史发展的实际情况、为自己的理论需要而主观臆造的。这也显然与他唯物主义经验论的认识论是矛盾的。他主张人人同意是政治权力存在和运行的前提，但又提出多数决定的原则。尽管他把多数决定的原则作为人们成立国家时订立的契约的内容，但两者之间如何过渡显然是一个矛盾。萨拜因认为洛克理论所存在的各种矛盾是因为“洛克极其透彻地洞见到了17世纪政治所涉及的许多问题，并煞费苦心地想把它们融合在一起加以解决。但是他的理论却并不具有足以包括如此复杂之问题的精心建立的逻辑结构”[②]。实际上，洛克总是从实际需要出发，本着方便的原则进行论述，为此往往不惜产生逻辑上或结论上的矛盾和不足。例如，洛克本来是一个宗教宽容论者，主张宗教信仰自由，但却拒绝给罗马天主教徒和无神论者以宽容。理由是：“他（洛克）把罗马天主教徒看作公众和平的危险，因为他表示效忠于一个外国君主；而无神论者之所以被排除在外，是因为根据洛克的观点，国家的存在依赖于一个契约，而遵守这个契约的义务，正如遵守全部道德法的义务一样，依赖于神圣的意志。”[③] 显然，洛克既提倡宗教信仰上的个人自由，又把罗马天主教徒排除在宗教宽容之外，不是由于宗教方面的逻辑推导，而是以国家政策的现实需要为理由的。由此可见，洛克的理论在逻辑上是有缺陷和矛盾的。

总之，洛克的政治思想是英国资产阶级革命的产物，其妥协性和为资产阶级代言的色彩是不言而喻的。但是，洛克是顺应历史潮流的，他对资产阶级在政治理论上的贡献和在实践上的影响，标志着人类文明史的巨大进步。

进一步阅读书目

1. 洛克．政府论：下篇．叶启芳，瞿菊农，译．北京：商务印书馆，1964.

2. 洛克．论宗教宽容．吴云贵，译．北京：商务印书馆，1982.

3. 汤姆森．洛克．袁银传，蔡红艳，译．北京：中华书局，2014.

4. 塔利．语境中的洛克．梅雪芹，石楠，张炜，等译．上海：华东师范大学出版社，2005.

5. 邓恩．洛克．方尚芩，译．南京：译林出版社，2020.

① 洛克．政府论：下篇．叶启芳，瞿菊农，译．北京：商务印书馆，1964：133.

② 萨拜因．政治学说史：民族国家：上．邓正来，译．上海：上海人民出版社，2015：285.

③ 索利．英国哲学史．段德智，译．北京：商务印书馆，2017：115－116.

第八章

孟德斯鸠的政治思想

阅读与思考

孟德斯鸠兴趣广泛，著述丰富，内容涉及历史、道德、宗教、气候、法律、社会和政治。讽刺小说《波斯人信札》充满了对法国当时的社会习俗、教会和国家大胆而又尖锐的讽刺和抨击；历史著作《罗马盛衰原因论》利用罗马的有关资料为共和国制度辩护，提出政治制度的优劣和居民风俗的善恶决定国家兴衰的一般规律，影射性地批评路易十四的对外扩张政策；政治和法律巨著《论法的精神》开宗明义，一切莫不有法，法即理性，源于事物本质产生的必然关系。在他看来，人和人的社会，并不像霍布斯式的言说，由自然状态的恶劣而被迫走向国家，因为人的天性不是像在自然状态假设中那样是反社会的；也不像休谟所讲的，看到一群挨饿的人的事实却产生不了“应该”给他们东西吃的价值判断，因为道德不外乎人心，而人心总是基于事实。对于立法者而言，不仅要懂得“应该”如何行事，更要懂得从社会的现实中明心正义。总之，要从一个社会的历史、地理、气候、经济、人口、宗教、风俗和政体等关系构成的“法的精神”中考虑治国理政的一般准则和实际行动。理解孟德斯鸠的政治思想需要关注和思考的是，他对罗马共和政体的倾羡并不是发思古之幽情，对英国分权经验的赞赏也不是一概而论，而总是充满着深沉的现实感和明智的洞察力。一个社会和国家的兴盛衰败并不单纯地取决于抽象原则和一般律令，而是深深地扎根于这个社会和国家的制度精神和人心变易。

关键词

法的精神　政体　法律　政治自由　三权分立

第一节　生平、著作和时代背景

一、生平与著作

孟德斯鸠（Baron de Montesquieu，1689—1755）是18世纪启蒙时期杰出的思想家、文学家和历史学家，是近代西方政治思想史上正式提出“三权分立”学说的第一人。孟德斯鸠原名查理·路易·德·塞孔达，出生于法国西南部吉伦特省波尔多城的一个贵族世家，幼年受到过良好的贵族教育，曾在一个修道院里学习拉丁语和希腊语，之后就读于尤里学院、波尔多大学等，毕业后成为一名律师。青少年时期的教育使孟德斯鸠熟悉了古代希腊罗马的政治制度。1716年，他继承了伯父的财产和爵位，并接任波尔多郡议会议长，即郡法院院长一职，故改名为“孟德斯鸠男爵”，从政的经验使他洞悉了法国政治制度的黑暗和无能。后来他又进入波尔多学院研究地质学、生物学和物理学等。1721年，孟德斯鸠发表《波斯人信札》，获得巨大成功。几年后，他出卖了议长一职，迁居巴黎。在巴黎，他结识了朗贝尔夫人，出入文艺沙龙。在此期间，孟德斯鸠还结识了英国政治家博林布罗克，并把他的政治观点反映在对英国宪法的分析之中。在朗贝尔夫人的大力支持下，孟德斯鸠于1728年进入法兰西学院，后来他决定出国完成学业。他的足迹遍及奥地利、匈牙利、意大利、瑞士、德意志、荷兰等国，游历期间，他热心地搜集反映他那个时代的各国社会生活和政治生活的资料。1729年，他旅居英国，结交了许多政界人士和著名学者，也曾受到威尔士亲王的接见，还被选为皇家学会会员，参加过议会辩论。经过两年的观察和总结，他放弃了以前对古罗马共和国和瑞士联邦共和国政体思想的热爱，开始热衷于英国的君主立宪制。

孟德斯鸠著述颇丰。《波斯人信札》是孟德斯鸠于1721年发表的讽刺性小说。在这本书中，他以两个波斯贵族通信的方式，通过他们的旅行见闻，借书中人物之口，用一种“陌生化”的眼光来重新审视法国文化，从不同的地位与角度，对法国当时的社会习俗、教会和国家进行了大胆而又尖锐的讽刺抨击。在这本书中，孟德斯鸠反击封建王朝的统治，控诉封建王朝对异教徒的迫害和对自由思想的扼杀，揭露了封建统治者的昏庸无能，指责封建专制统治下的法国是一个极不合理、极不平等的社会，对路易十四的封建暴政和天主教以及整个僧侣集团给予无情的诅咒。《波斯人信札》一书虽然反映了孟德斯鸠反对教会统治，反对教会迫害，争取平等、自由的思想，但是此书中的政治观点没有固定的特点和主线，他对历史问题的某些观点也往往互不一致。

孟德斯鸠在叙述穴居人的故事中，以最概括的方式提出了社会和国家的问题。他通过这个乌托邦民族历史的例子，说明完全丧失社会道德、正义和公正裁判原则的人们是不可能共同生活在一起的，这样的民族因个人贪欲和利己主义将不可避免地趋于灭亡。与“不义的穴居人”形成对比的是具有美德的穴居人社会，后者毫无利己主义和私有精神，并且以社会团体为纽带而互相紧密地联合在一起。孟德斯鸠认为社会生活是符合人的本性的，人生来就是社会动物。穴居人建立君主政权的基本原因就是他们社会德行的堕落、虚荣心和贪财心的产生。在这个故事里，有两个原理得到了合乎逻辑的发展，即承认社会道德是比政治制度更能实现人民幸福的重要条件，承认自由是人类生存的最高利益。但是，社会政治问题上的极端性并不符合孟德斯鸠的思想倾向，他在政治议论中通常是审慎和有节制的。《波斯人信札》对法国国王进行了非常粗暴的攻击。孟德斯鸠公然嘲弄路易十四的“英明”：他爱好胜利，却又害怕优良的将领统率自己的军队；他对替他递送餐巾纸的人的评价要比对打胜仗的人的评价要高；他委任 18 岁的毛头小伙当大臣。虽然如此极尽嘲弄之能事，但孟德斯鸠却从未触动君主制的基本原则。他反对的不是依据法律进行一人统治的君主制，而是专横的专制制度。在他看来，当时的大多数国家仅是在名义上被称作君主制，实际上却是专制制度。他认为君主制的缺点是它的不稳定性，它容易很快地转变为专制制度或共和制度。君主制这种不稳定性的原因在于它是靠君主和人民之间的均势来维持的，而这种均势又很难保持下去。权力总是在一方增长，而在另一方削弱。由于君主掌握军队，所以优势通常在君主一方，这就导致君主制转变为专制制度。孟德斯鸠还认为高等法院代表的是人民的要求，是一切合法权利的真正基础。但高等法院的影响力日益削弱，他们在君主的压倒性权威面前不断退却。

孟德斯鸠以明显的赞许口吻指出英国政治制度的特点。全欧人民服从本国君主的程度各有不同，其中英国人就不让国王有可能巩固自己的权力和成为独裁者，因为“无限的”权力不可能是合法的。英国人认为，人与人之间的相互关系是由他们互相给予对方的幸福所决定的，如果君主不但不为臣民造福，反而压迫他们，那么臣民就再也没有服从他的理由了，于是他们就恢复自己的“天然自由”。孟德斯鸠也抱着同样明显的同情态度，叙述受自由精神鼓舞的古希腊人起义反抗无法忍受的君主暴政和建立共和政体的故事。

虽然我们很难通过《波斯人信札》看出孟德斯鸠到底是偏爱建立在法律基础上的君主制，还是偏爱人民代议限制的君主制，或者喜欢共和制，但有一点是十分清楚的，即《波斯人信札》充满了对专制制度的强烈敌对情绪。“自由”概念是孟德斯鸠用以评价政治关系的基本观念，他认为“美妙的自由”是符合理性、人性和本性的。从这个概念出发，孟德斯鸠才不同意把那些征服和分割罗马帝国的民族叫作“野蛮”民族，它们之所以不是真正的野蛮民族，是因为它们是自由的，但自从服从专制权力以后，它们便陷入野蛮状态了。

孟德斯鸠对基督教及其基本教义采取漠不关心和极其怀疑的态度。孟德斯鸠用波斯人的天真和愚昧做掩饰，讽刺了“神的三位一体”和变体这些基督教的基本教义。然而，从总体上看，与其说孟德斯鸠讽刺的矛头所针对的是基督教的本质，不如说是针对教会的实际罪恶：针对教皇积攒世俗财产，针对免罪符，针对宗教裁判所的残酷行为，针对假仁假义和贪婪自私的僧侣。孟德斯鸠认为一个真正信教的人的信仰标志是“尊重社会的规矩”，“尽人类的义务”，做善事，热爱人类，而不是奉行仪式。因为仪式的意义难于理解，而且要在两千种宗教所规定的大量仪式中选择某些仪式也是十分困难的。孟德斯鸠不止一次在《波斯人信札》中提到信教自由问题。他认为各种宗教之间的竞争使他们的教徒严格地遵守有益于社会的规矩，约束足以毁坏本教名誉的行为。不属于统治教会的国民，在事业中通常都表现出更大的勤劳和更好的技艺，因为他们除此之外享受不到其他的尊荣，只有通过这种办法，他们才能够提高自己的地位。孟德斯鸠虽然维护信教自由，但仍然不希望处于少数地位的宗教同统治教会在权力上完全平等。

在此之后，孟德斯鸠又出版了《尼德的神殿》和《帕福斯游记》。《帕福斯游记》出版后7年，他于1734年完成了《罗马盛衰原因论》一书，这部书并没有像《波斯人信札》那样风行，但却是一本更为严肃的著作，表明了作者对专制制度的憎恨和对政治自由的崇尚。通过对罗马历史的研究，孟德斯鸠阐述了历史事件服从一般规律的观点，且风俗和政治制度对各种人民的历史命运有决定性的作用。孟德斯鸠博览群书，笔耕不辍，终于在1748年完成了《论法的精神》一书，这部孟德斯鸠花费二十几年写成的著作，是他多年积累的学术资料的汇编与他的历史思想和政治思想的总结。此书内容丰富，涉及政治、经济、法律、教育、伦理等众多学科领域，此书以独特的视角来研究政治法律问题，受到其他启蒙思想家很高的评价。该书较其前期著作，内容更为丰富，体系更为完整，是他著作中最重要、影响最大的一部。同时也是亚里士多德《政治学》以后第一本综合性的政治学著作，是到他的时代为止最进步的政治理论著作。《论法的精神》是一部集时而非常机敏巧妙、时而互相矛盾的箴言之大成的巨著，这些箴言按卷分类，每卷又分成许多章节。作者在书中系统地提供了资产阶级政治和法律制度建设的原则，论证了资产阶级政治自由和民主制度是符合人的理性的政治制度，宣扬封建专制制度的必然灭亡。在书中，作者除探讨了政体分类、三权分立、地理条件决定论和有关法律理论外，也有对弃婴、忏悔等庞杂问题的叙述。

《论法的精神》一书出版后，轰动一时，不到两年便印行了22版，也有了许多外文译本。启蒙思想家们也将孟德斯鸠视为他们其中的一员。但是这本书却引起了反动统治阶级，尤其是教会的异常记恨，耶稣会士反对它，詹森会士攻击它，政府注意它，罗马检查它，巴黎大学把它列为禁书。孟德斯鸠为回答这些攻击，在1750年匿名发表了《为〈论法的精神〉辩护与解释》一文，再版时又增加了一些“解释”。尽管如此，《论法的精神》一书仍在次年被封建势力列为禁书。

二、时代背景

孟德斯鸠生活在法国17世纪末和18世纪前半期，正值法国腐朽的封建主义和君主专制发展到最高峰、即将急剧转向没落的时代，也就是1789年法国资产阶级大革命风暴席卷法国的前几十年。这一时期法国资本主义经济有了明显发展：工场手工业大量出现，机器已在一些部门被采用；工商业资本不断增加，使劳动力开始向大工业企业集中；国内外贸易的逐渐兴盛，促进了大城市的发展。然而这一切在法国遇到封建生产关系、封建专制统治以及封建教会势力的严重阻碍。

路易十四统治期间，法国以土地私有制和封建等级制为基础的君主专制达到了最高峰。当时法国的统治阶级是封建主阶级，包括贵族和高级僧侣两大社会集团，他们占据了政府、军队和教会中的一切重要职位并得到法律的认可。而包括资产阶级、小资产阶级以及工人、农民的第三等级完全被排除在政治舞台之外，无法表达和实现自己的意志。

封建主阶级和专制政府对广大人民的压迫可谓无所不用其极，宫廷和贵族的奢侈生活都建立在苛捐杂税和残酷剥削之上。受到封建势力榨取的农民和受到重税压迫、饱受创伤的资产阶级尤感切肤之痛。面对这种社会政治局面，法国第三等级的共同愿望是取消第一、第二等级的特权，改变封建专制制度。与之相应，从17世纪末起，法国掀起了反封建、反神学、为资产阶级革命制造舆论的启蒙运动。

启蒙运动的思想家们从“人的眼光”出发，高举“天赋人权”的大旗，以自然法、契约论为武器，无畏地向封建专制制度和教会发起猛烈进攻。在理论上，他们充分利用自然法学说，明确指出社会的个人权利和私有财产是自然赋予人类的神圣权利，而封建制度剥夺了人们的这种权利。因此，推翻封建制度，恢复“天赋人权”，建设理想的社会制度是天经地义、符合自然的。这种论证虽然是抽象、非科学的，但它为第三等级，尤其是新兴资产阶级争取平等、自由，摧毁封建专制提供了强大的理论武器。第三等级所包括的不同阶级与阶层有不同的利益和要求，作为各自阶级或阶层代言人的启蒙思想家，其政治观点、政治思想也迥然各异。

1688年光荣革命之后，伴随英国内战产生的富有斗争精神的政治哲学走向终结，继惊天动地的资产阶级革命半个世纪之后的是一个沉寂而漫长的时期。英国思想界变得越来越保守，这是因为英国政府尽管腐败而专断，但与欧洲其他国家相比却是开明的，它给予了一切人法律上相当程度的自由，并且给那些有政治自觉的阶级以政治自由。这样，18世纪政治学说的中心便转移到了法国。虽然法国哲学在笛卡儿时代曾领导过欧洲的哲学解放，犹如法国文学过去曾在欧洲文艺复兴中独冠群芳一样，但是长期以来法国哲学在政治或社会问题上却没有什么建树可言，在亨利四世之后的一个由个人或官僚实行独裁的时代中，社会哲学没有多少说话的余地。这种情况到路易十四王朝达到了顶点。而在路易十四长期统治的最后三十年，即大约从1685年到1715年，其王朝处于不断衰落之中，这就为法国哲学再次转向政治和社会学说提供了发展空间。18世纪前半叶，涉及政治和社会课题各方面的书籍出版之多达到了史无前例的程度。有的论述法国古代政体；有的介绍欧洲政治制度，特别是英国政体；有的提到改革法国税制，促进农商计划；还有的论述政府的目标和治理。

始于17世纪末期的对路易十四政府的批评，起初只是正直之士对政府劣迹的恶劣影响做出的反应，这种批评最初是以恢复被王室摧毁的古代政体的名义提出的。然而事实证明，君主专制在法国没有留下恢复传统政体的余地。这样，对君主专制的批判就迫切需要一套哲学武器，英国革命的哲学便顺理成章地成为恢复立宪传统的必由之路。法国启蒙思想家们，如伏尔泰、孟德斯鸠等都曾在英国居住，洛克的哲学自然成为法国启蒙思想的基础，“在十八世纪的法国，知识分子正在反抗一种老朽、腐败、衰竭无力的君主专制，他们把英国看成是自由的故乡，所以洛克的政治学说就让他们对他的哲学先天怀有好感”[①]。而对英国政治制度的赞赏则成了法国自由主义的基调。法国政治思想家们接纳了洛克、霍布斯等人所阐述的政治和社会批判原则。然而，彻底的君主独裁的特殊环境也导致了在对一些抽象概念的理解上，法国与英国学说之间具有十分不同的色彩。洛

① 罗素．西方哲学史：下．马元德，译．北京：商务印书馆，2020：190.

克思想被引入法国时，“英国革命的历史特色及其所具有的相对保守性质——无论在事实上还是观念上——都注定会在移植的过程中被丢失掉，而这一点对法国政治哲学的影响极其深远”①。同英国的政治思想相比，法国的政治思想具有更明显的先验性、武断性及激进性。法国政治思想虽然也是论述自由的学说，但它是在专制暴政的条件之下，主要是由没有从政经历的人写出来的，因而带有很浓的学究气。许多著作中充满各种公式和无所不包的大道理，追求一种辉煌的效果。法国社会中存在的千丝万缕的特权，使人们更清楚地意识到阶级裂痕的存在。基于此，法国的政治著作表现出了阶级意识和对剥削的认识，从而体现出一种在洛克政治哲学中无法找到的悲愤论调。

第二节　法与法的精神

作为启蒙时期最重要的政治思想家之一，孟德斯鸠同伏尔泰、卢梭、狄德罗一样，同是法国资产阶级大革命的先驱。孟德斯鸠是一个百科全书式的学者，但是他最辉煌的理论还是其政治和法律理论。他提出了“法的精神”并以此作为自己的政治学说的基础和依据，他继承了洛克以来的自由主义思想传统，把政治自由确立为国家政治体制的价值基础，并引入法的概念，创立了以法为本的自由主义理论体系，为近代资产阶级的法学政治观做出了重要贡献。

一、自然法理论与法的起源

孟德斯鸠的法学理论建立在自然法理论的基础之上。孟德斯鸠反对社会契约论，也不赞成霍布斯的相互征服论。“孟德斯鸠著作的重要性完全在于，它重新论述了当时一种政治学体系的问题域；在那个时候，由于理性和契约理论的智识偏狭，问题域不幸也遇到了缩减。”② 孟德斯鸠认为，在国家出现以前，人们在自然状态下生活，自然状态下的人们只有认识能力，但知识储备极少。“最初，人想到的是保存自身，之后才去思考自己来自哪里。所以最开始人感觉到的是自己的弱小，所以胆怯至极。若要用事实证明这点，可用丛林里的野蛮人。他们会被一切事物吓得哆嗦，会被一切声响吓得落荒而逃。”③ 这时人们所接受的规律就是自然法，它起源于人的理性而非其他，它起源于人们生命的本质，孟德斯鸠认为自然法的原则有四条：第一条是要和平。在自然状态下，每个人都有很强的自卑感，几乎没有平等的感觉，保存自己的生命是他们的第一要务，因而他们只想和平不要战争。第二条是寻求食物。在自然状态下，软弱的人们仍然需要保全自己的生命，繁衍后代，所以自然法的另一原则就是促使人们去寻找食物。第三条是相互爱慕。在自然状态下，畏惧使人逃跑，但这种畏惧也使人有相互亲昵的需要，因此人们之间经

---

① 萨拜因．政治学说史：下卷．邓正来，译．上海：上海人民出版社，2010：234.

② 沃格林．政治观念史稿：卷七：新秩序与最后的定向．李晋，马丽，译．上海：华东师范大学出版社，2019：197.

③ 孟德斯鸠．论法的精神．欧启明，译．南京：译林出版社，2016：5.

常存在着自然的爱慕。第四条是希望相互结合，愿意过社会生活。在自然状态下，人们除了最初的感情之外，也逐渐获得了知识，这样人们之间就产生了相互结合的新需要，即建立社会和国家。

孟德斯鸠以自然法为基础而导出的国家起源与“君权神授”理论是相对立的。他认为，国家产生于人类生来就有的相互亲近，是所有人“意志的结合”，他借用理性来论证封建专制国家的法律制度是不合乎人类理性的，主张用资产阶级国家的法律制度来取而代之，这在当时无疑是具有历史进步性的。孟德斯鸠社会哲学的总原则是以自然法为其公开的出发点。他同自然法理论家一样，认为支配社会的“自然法”是从人的本质结构中派生出来的。而所谓人的本质并不是指历史上存在的那种社会的人，而是指假定在社会建立以前存在的抽象的人。孟德斯鸠认为，自然状态中人的生活和幸福是没有保障的，这种状况使建立社会成为必要。人们摆脱自然状态以后便放弃他们天然的独立而生活在国家法的支配之下。他们还放弃天然的财产共有，而生活在民法即私有制的支配之下。“孟德斯鸠对政府的起源采用了彻底的自然主义观点，所以他关于实在法起源的观点也是自然主义的。”① 法律是由理性创造的，每个国家的法律应当是应用这种理性的个别情况。但是实现的条件和各个民族的性格各不相同，法律和政体也就各有不同。法律必然各不相同这一原理，是孟德斯鸠理论的基本原理之一。他虽然承认自然法理论的共同前提，但却否定在共同前提的基础上建立包罗万象的“自然法”体系的可能性。

二、法的概念与分类

孟德斯鸠在《论法的精神》一书的开头就提出关于法的一般性定义。他指出：“法从最普遍的意义上说，就是起源于事物天性的必然关联。从这个角度说，所有存在都有各自的法。上帝有自己的法，物质世界有自己的法，仙人有自己的法，野兽有自己的法，人类也有自己的法。”② 他在这里所讲的“法”是指规则，而人类生存也有其规则，孟德斯鸠认为：“通常说来，由于法是地球上一切民族的治理者，因此法是人类理性。各个国家的政治法与公民法，都仅仅是人类理性在各种具体场合中的实际运用。”③ 由此可见，孟德斯鸠与其他自然法学派思想家一样，认为抽象的理性是自然性的渊源，自然法是人为法的基础。

孟德斯鸠认为由于人的智能受到本性的限制，人们并不一定能够按照理性，即他所理解的规律制定和执行法律。因此，就会发生一些或是违背法律犯错误，或是制定了法律自己也不遵守的情况。为此，孟德斯鸠为自己的哲学设定了双重任务：一是给每个国家的立法者和执政者提供政治准则；二是启迪人民。他认为，只要立法者掌握他所揭示的原则，也就是法的精神，便能制定出符合人类理性的法律，并建立起理想的社会政治制度。这实际上是把立法者的动机与智慧当成了决定人们社会和政治生活的主导力量。

---

① 瑞安．论政治：下卷．林华，译．北京：中信出版社，2016：141.

② 孟德斯鸠．论法的精神．欧启明，译．南京：译林出版社，2016：3.

③ 同②7.

这是因为孟德斯鸠的政治目的在于力图为建设符合资产阶级要求的法律制度提供一套必须依据的原则，而不是单独地强调法律对各种客观因素的适应性。另外，在决定法的精神的各种因素中，孟德斯鸠最重视政体的作用，认为政体的优劣最终决定一个国家法律的性质，只有一个好的政体才能有良好的法律制度。尽管在某种意义上孟德斯鸠仍然是法律和政治决定论者，但他以理性论为基础构筑的国家和法的哲学体系，在神学统治一切的时代，无疑起到了震撼封建主义和专制政治的巨大作用。

孟德斯鸠的法的精神归根结底是要证明以财产私有制为中心的资产阶级法律原则。他把法律分为三类：自然法、神为法和人为法。自然法是永恒的公道关系，是先于各种人为法而存在的规律，包括和平、寻求食物的需要、人类相互间自然的爱慕以及希望过社会生活的愿望。神为法是宗教方面的法律，具体就是宗教教义和寺院的形成法规。宗教法具有崇高性，它的力量来自人们对它的信仰，其性质永远不变。人为法也就是人制定的法律，是为了摆脱战争状态，用于调整人与人之间、国与国之间相互关系的法律。人为法又包括国际法、政治法、民法等。国际法用于协调各国人民之间的关系。政治法是协调国家的统治者与被统治者关系的法律。民法是协调国家一切公民间关系的法律。民法以政治法为依据，以私人利益为目的；政治法以国家利益的保全为目的。民法使人类获得财产，政治法使人类获得公民自由。孟德斯鸠以客观规律的形式提供了法律原则的理论依据，其最终目的是要保障资产阶级私有财产的安全。

孟德斯鸠对一个国家的立法原因、立法原则和要求都提出了自己的见解。首先，他在分析一个国家为什么要制定法律规范时，认为人作为一个社会动物和“智能的存在物”，要受到各种情欲的支配，而为了满足自己的情欲，有可能忘掉或不顾及自己同类的利益或需要而任意行动，这势必破坏社会和国家的和谐。因此，统治者要用不同的规范从不同的角度对人们的行为加以限制。在孟德斯鸠看来，社会之所以要立法乃是人性使然，人性需要以法律规范人们的行为，使之符合社会生活的要求。

至于立法原则，孟德斯鸠强调法律的性质要与政体的原则相适应、相吻合。“政体的性质与原则的区分在于，性质决定了政体，原则推进了政体。性质是政体的特殊构造，原则是对政体发挥促进作用的人类情感。”① 他认为法律和政体相一致的原则，一方面可以加强政府的动力，另一方面可以使政体获得新生。他以共和政体为例证，认为共和政体有两条重要原则：一是爱民主、爱平等；二是爱俭朴。“将平等和节约写进法律，在这样的社会里，平等和节约本身就能刺激人民热爱它们。”② 可见孟德斯鸠的立法原则是要法律为政治服务，立法者制定法律时必须遵守这个原则。

关于立法要求，孟德斯鸠继承并发展了西方法律思想史上亚里士多德、阿奎那和霍布斯等人的观点，指出立法者应该对制定法律的方式予以一定注意。他所提出的立法要求主要包括：法律的体裁应该简明扼要；法律的题材应该简朴易懂；法律用语应当准确；法律要尽量避免用钱银做规定；法律不应对已被明确加以规定的各种观念再使用含糊笼统的措辞；法律不要精微玄奥；法律要保持稳定性；制定法律的理由应与法律的尊严相

---

① 孟德斯鸠．论法的精神．欧启明，译．南京：译林出版社，2016：18.

② 同①38.

称或相配；立法者要注意法律应如何构思，法律应该有一定的坦率性。这些要求是孟德斯鸠对立法技术的历史经验的总结，也是他立法思想的结晶。

孟德斯鸠认为人为法是社会必须具有的戒律，是人们行动的指南。人为法是与社会实践密切联系的法规，是比较具体的实体法和程序法，主要包括政治法、刑法、民法、诉讼法、国际法等。政治法是规定统治者与被统治者之间关系的法律。孟德斯鸠认为，政治法的目的是使人获得自由，它是组成政体的政治法规，而政体应以政治法为依据。不难看出，他所说的政治法就是现代意义上的宪法或基本法。他所认为的基本法就是由政府性质引申出来的法律，如“民主政体中的人民，在有些领域中是君主，在另外一些领域中却是臣子。人民要变为君主，必须借助表达自身意愿的选票。掌控最高权力的人，其意愿便是其自身。这种政体中确定选举权的法，自然就是基本法”[①]。最后，孟德斯鸠指出政治法是国家的基本法，与其他人为法相比，它不仅占首位，而且是制定其他部门法的依据。

民法是调整公民间关系的法律。孟德斯鸠认为国家制定民法的目的有二：一是保护公民的财产权；二是确保公民间权利与义务的实施。另外，民法还调整广泛的社会关系，其中主要有土地所有权的关系、商业贸易关系、婚姻家庭关系、继承和契约关系等。他敏锐地洞察到，一个国家民事法规的发展同该国政治、经济的发展是有密切关系的。专制制度下，很少有民事法规，因为“土地都归君主所有，便基本不存在跟土地所有权相关的民法。君主拥有对全部财产的继承权，自然也不会存在继承法。有些国家的君主垄断了一切商业贸易，自然所有商业法都失效了”[②]。这是孟德斯鸠对法国封建制度的具体批判。

孟德斯鸠特别强调民事主体独立、平等的原则。在他看来，在民事关系中，民事主体是独立的，彼此间的权利义务是平等的。国家和政府在涉及公民的私人利益时，绝不应以官吏的身份出现，应以协商或谈判的方式解决有关问题。当政府需要公民财产时，应该以平等的原则进行交换或者赔偿。这种损害公民利益必须赔偿的原则或惯例，直到法国资产阶级革命胜利后才得以实施。私有财产不可侵犯以及民事主体独立平等的原则在法国的《人权宣言》和《拿破仑法典》中都以法律形式加以确认，从而成为近代资产阶级民法的重要原则。孟德斯鸠还具体分析了从古希腊罗马到18世纪世界许多国家的民事法规，提出了契约自由和买卖自由的原则，并论述了婚姻的性质、形式、缔结方式等问题应列入宗教职能，而关于男女结合在财产关系上所产生的后果、相互间的权益等家庭问题则都属于民法范围。

在刑法理论上，孟德斯鸠有不少光辉论断，他亦属于古典刑法学派之列。他认为犯罪是对社会造成危害的行为。犯罪可以归纳为四类：危害宗教罪、危害风俗罪、危害公民安宁罪和危害公民安全罪。孟德斯鸠主张应根据犯罪的不同性质对犯罪者给予不同的惩罚，既要有利于公民的人身安全和自由，又要符合理性的要求。他反对封建专制制度下的严刑峻法，提倡预防犯罪、改造罪犯、体现宽和精神等。他认为，刑罚本身应是一

① 孟德斯鸠．论法的精神．欧启明，译．南京：译林出版社，2016：9.

② 同①63.

种教育手段，一个明智的立法者就应当努力通过适度的刑罚与奖赏，通过荣誉法规的适当应用，通过羞辱性的刑罚，通过长期的幸福和太平生活以教养人民。孟德斯鸠主张刑罚要适中，刑罚的轻重要协调，防止大罪应该多于防止小罪。量刑要有区别，如果对一个在大道上行窃的人和一个行窃而又杀人的人，判处同样刑罚的话，那便是很大的错误。因为刑罚应与犯罪的性质相一致，如果刑法的每一种刑罚都是依据犯罪的特殊性质去规定的话，便是自由的胜利。另外，孟德斯鸠也主张实行赦免的原则。他说："在量刑相同的情况下，赦免的可能性就应存在差异。由于英国的抢劫犯可能会被赦免，流放到殖民地，杀人犯就没有这样的待遇，因此英国的抢劫犯都不会伤人性命。在宽容政体中，赦免是一种颇具成效的手段。君主若能好好利用赦免权，便能产生很好的结果。"①

对于程序法和组织法，孟德斯鸠也有不少见地。他认为只有完备的诉讼制度，才能保证公民的政治权利和生命财产不受侵犯。首先，一个国家的司法审判制度应该具有连贯性和一致性，这样才能保证政治制度的安全稳定。其次，法官的审判工作应当谨慎、细心。司法工作不仅涉及公民生命、财产，而且也涉及荣誉的事宜。再次，法庭裁判越多，案例中互相矛盾的判决也就越多。产生这些矛盾的原因很多，有时是因为这些法官的想法不同，有时是因为辩护的好坏不同。立法者应该时常进行纠正，因为它和政治宽和的国家原则相违背。最后，要保证公民的辩护权。他说："在宽容政体中，地位再低微的公民都拥有最宝贵的生命，要剥夺其荣誉与财富，事先一定要经过认真审核。任何人都不能剥夺其生命，除非其受到国家的指控，并且就算国家指控他，也一定要准许他运用所有手段进行辩护。"② 孟德斯鸠在刑事诉讼方面提出了三个基本原则。一是司法独立和以法为断原则。司法独立是孟德斯鸠分权原则的重要内容之一，是实现法治原则的理论基础。以法为断则是法治原则的另一个重要内容。孟德斯鸠尖锐地指出，在专制政体下根本谈不到法治，法官本身就是法律。在君主政体下，亦不能严格依法办事，法律明确时，法官遵守法律；法律不明确时，法官探求法的精神，乃至实行所谓集体公断的方式。而只有在共和政体下，才能实现法官的以法为断。二是重证据禁拷问的原则。他赞扬英国司法制度中禁止拷问的制度设计，强调重证据、不轻信口供的原则。三是实行辩护制度，保护被告正当权利的原则。孟德斯鸠认为要保护被告的合法权益，就应该实行辩护制度，给被告以充分的提供证据的机会。

孟德斯鸠认为国际法与政治法是同时产生的，它是调节国家与国家之间关系的法律，是由于国与国之间的战争状态而产生的。人们在脱离自然状态进入人类社会以后，失去了自身软弱的感觉，想到了自己的力量，他们就企图将社会的主要权力据为己有。于是出现个人之间以及国家之间的战争。国际法是调节国家与国家之间相互关系的政治性法律。国际法的原则应当是保证各国和睦相处，尽量减少战争，谋求增进彼此之间的福利。"和平年代，所有国家都应竭尽所能为自身谋利；战争年代，所有国家都应竭尽所能降低破坏，不过也不要因此损害自己真正的利益。战争以胜利为目的，胜利以征服为目的，

① 孟德斯鸠．论法的精神．欧启明，译．南京：译林出版社，2016：78.

② 同①64.

征服以保存自身为目的。该项原则和之前那项原则，都应作为构成万民法的一切法律源头。”① 孟德斯鸠并不反对一切战争，他支持自卫的正义战争，“国家的生命跟人的生命相同，人在正当防卫时有权杀人，国家在保护自己时也有权进行战争”。“若维持和平会使一个民族被另外一个民族消灭，那不想灭亡，就只能发起进攻……因此战争的权利源自必需和严格的正义。”② 在战争与和平的问题上，孟德斯鸠立场鲜明，主张国家之间要和平相处，反对侵略性的非正义战争，赞成自卫性的正义战争。孟德斯鸠的国际法理论具有历史进步意义。

三、法的精神

孟德斯鸠提出，《论法的精神》这部著作要讨论的不是法律，而是法的精神。法的精神构成孟德斯鸠全部政治理论的核心与出发点。在孟德斯鸠看来，存在着某些包括自然的、政治的、精神的因素在内的一般原因，这些原因在每一个国家中发挥作用。他试图从自然的、社会的事物中寻求大量的例证，联系当时当地的法律，说明古往今来存在某些必然决定或者影响法律内容和性质的多种因素，力求从这些因素的联系中得出一些规定性的原则。孟德斯鸠的基本观点是：一个国家的法律和该国的政体、自然环境、土地、气候、人民的生活方式、宗教、贸易、风俗习惯有关系，法律和法律之间也有关系，所有这些关系就构成“法的精神”。法的精神存在于法律和各种事物可能有的种种关系之中。

1. 法律同政体的关系

政体是孟德斯鸠十分关注的问题。在《论法的精神》当中，他用大量的篇幅论述了政治制度的核心内容——政体的性质和原则以及同法律的关系。法律来自政体的性质和原则，政体的性质和原则对国家的各项制度起着决定性的作用。也就是说，不同性质和原则的政体应有不同的法律。在民主政体下，基本的法律就应该是关于投票权力的法律，谁来投票，为谁投票，在什么事情上投票，如何投票都应在法律上做出清晰的规定。在贵族政体下，因为贵族数量很多，所以一个处理贵族事务的参议会就显得尤为必要，这样就应该有一部规定参议员资格职权的法律制度。至于君主政体和专制政体，它以个人独断和专横为原则，所以没有基本法律可言。

2. 法律同自然环境的关系

孟德斯鸠提出法律除了契合政体的性质与原则外，还认为：“法律还应兼顾国家的物质条件，气候的酷寒、炎热、温和，土地质量，地理位置，领土范围，农民、猎人、牧民等人民的生活方式等。而基本政治体制能承受的自由度，居民的宗教信仰、喜好、财产、人口数量、贸易、习俗等，同样是法律需要兼顾的。除此之外，各类法律还应相互关联，兼顾自身的源头与立法者的目标。还有作为法律建立基础的各类事物的秩序。审察法律时，一定要从这一切的角度出发。”③ 孟德斯鸠上述观点在于强调法律必须适应一

---

① 孟德斯鸠．论法的精神．欧启明，译．南京：译林出版社，2016：6.

② 同①117.

③ 同①7.

国的自然环境。毫无疑问的是，孟德斯鸠提出这种问题的方式本身就具有某种唯物主义因素，对于纯抽象的解释或先验的解释是一种纠正，对后人具有极大的启示作用。

首先，气候对法律的影响。孟德斯鸠在《论法的精神》的第14～18章中详细论述了法律与气候、土壤等自然环境的关系。“孟德斯鸠的气候理论是一种探讨自然如何影响人类生活的理论，基本观念则是气温如何影响人体及其激情。在这方面，孟德斯鸠是彻底的唯物主义者。”① 孟德斯鸠认为，在不同的气候条件下，人们所呈现的特质是不一样的。在寒冷的气候下，人身上的血液流转得较快，人们心脏的跳动也是快而有力，所以，人们往往有充沛的精力，在这种气候下的人们往往健壮而勇敢。而在炎热的气候条件下，人身纤维松弛，血液流动慢，减少了心脏的力量，人们的心神就会非常萎靡，在这样的气候条件下，人们往往软弱而怯懦。“生活在炎热地带，人们像老人一样胆怯，生活在严寒地带，人们却像少年一样英勇。”② 因此，当看到南方民族的怯懦常常使他们成为奴隶，而北方民族的勇敢使他们能够维护自己的自由时，不应当感到惊异。政治奴役同气候性质的关系并不亚于民族奴役和家族奴役同气候性质的关系。一些国家是多妻制和专制制度，另一些国家却是一夫一妻制和共和制，这些都是由气候决定的。气候在不同的国家引起不同的需要，需要的不同决定生活方式的不同，而生活方式的不同决定法律的不同。

其次，土地对法律的影响。土地对法律的影响主要体现在土地面积的大小和土壤肥沃程度两个方面。地理形势决定国家的规模，而一定的国家形式也必然同国家的规模有关，狭小的领土宜于共和制，大小适中的领土宜于君主制，广袤的领土宜于专制制度。亚洲的广大平原是建立庞大国家也就是专制国家的前提。如果在亚洲国家不是由专制制度实行统治的话，它们便会不可避免地分割成较小的单位，这是同国家的天然划分分不开的。在欧洲则恰恰相反，领土的天然划分形成了不大不小的国家，即形成了基于法制的君主制；被剥夺了这种统治的欧洲国家便开始衰败。

土壤的作用也同样不可低估，“土壤贫瘠要求人们只能自己想办法得到不能从土地中得到的东西，因此变得勤俭节约、吃苦耐劳、骁勇善战。土壤肥沃则让人们不再担心生计，因此变得胆小怯弱，畏惧死亡”③。孟德斯鸠认为肥沃的土壤、平坦的地势使人缺乏毅力，眷恋生命，土壤适合于农业的国家会自然地产生依赖性，这样的国家不易防守，容易被征服，在这种条件下应建立君主专制制度。而多山的地方，地势陡峭，土壤贫瘠，这里的人们往往艰苦而勇敢，由于地势的屏障，这里不易被征服，所以，这里适宜建立共和制度。法律的主要内容不是为了安全，而是为了规定有关投票和选举的事情。

孟德斯鸠认为，居住在不同地理环境和土壤条件下的人们由于谋生方式的不同，对于自由和法律的需求也不一样。不种地的民族往往享有更大的自由，种地的农民就不那么关心自己的自由，而且肥沃的土地较难防御，一经屈服以后，被摧毁的自由精神便一去不复返了，而多山国家较少成为被垂涎的目标，防守也较容易。贫瘠的土壤迫使人们从事渔猎，使他们在劳动中锻炼的俭朴、耐劳、勇敢和善战。他们不得不为了满足自己

① 麦克里兰．西方政治思想史．彭淮栋，译．海口：海南出版社，2003：365.
② 孟德斯鸠．论法的精神．欧启明，译．南京：译林出版社，2016：193.
③ 同②237.

的生活需要而斗争，为此，他们需要自由。并且，不同谋生方式需要法律的多少和程度是不一样的，从事商业和航海业的民族就比只从事耕种土地的民族更需要法律；从事农业的民族比从事畜牧业的民族更需要法律；从事畜牧业的民族比从事狩猎的民族更需要法律；等等。

3. 法律同民族精神的关系

孟德斯鸠认为，不同的气候、宗教、政治制度、风俗习惯使人们形成不同的民族精神，这种民族精神对法律的影响很大。“如果一个制度体系很好地适应了一民族的总体精神（general spirit），那么在孟德斯鸠看来，这种制度就具有强大的个性，以至于无法为其他民族所用。”① 在《论法的精神》的开篇中，孟德斯鸠明确指出，法律与风俗的关系是法的精神的重要内容。好的法律以适应当地风俗为条件，否则，就是不好的法律。风俗源于人们的一般感悟，以“一般精神”为渊源；法律则来自“特殊的制度”，二者同样重要，但不能混为一谈。法律和风俗两者相互影响，在《论法的精神》中第19章第27节，孟德斯鸠以英国为例具体说明了法律如何有助于一个民族风俗、习惯和性格的形成。同样，风俗对于一个国家的法律也有直接影响，当一个民族有良好的风俗习惯的时候，法律就是简单的，当一个民族的风俗习惯不好的时候，法律就变得多而复杂。当行为有损良好风俗时就新增相应的法令；当风俗改变时，立法者的立法也应相应改变；当某些风俗消失时，相应的法律也就要相应废止。并且，在法律和风俗系统内部应各行其是，即用法律去改革法律所建立的东西，用习惯去改变习惯所确立的东西，如果二者相互干预便是苛政。

对于民族精神的形成，孟德斯鸠认为它并不仅仅取决于自然因素，当一个民族确立了社会准则以后，这些准则反过来也成为影响民族精神的力量。孟德斯鸠认为，自然因素在社会发展的早期阶段起了极大的作用。大自然和气候主宰着野蛮人，后来社会因素就居于首要地位，而且对不同的民族起着不同的作用。但是不管哪一种因素起主导作用，风俗、习惯、宗教、法律是彼此之间互相联系的，它们之间应当有一定的协调性。由于政治形式具有多样性，并且构成民族精神的各种因素又是相互依赖的，所以立法者的作用就显得尤为重要。孟德斯鸠不仅视立法为根据共同原则行动的某种独立力量，甚至认为这些共同原则和确定民族性格的各种因素之间有可能发生冲突。虽然作为一种例外，立法者甚至可以凭借道德因素同气候的影响进行斗争，但基本的指导原则是尽可能地适应民族精神。因为，在孟德斯鸠的理论中，没有关于以高级社会形式来取代低级社会形式的论点，立法者的任务就成了在已经确立的某种社会政治制度和以此为基础的民族精神所规定的范围内做局部的改正。

立法者必须适应民族现有的各种关系。这一理论以民族精神及其决定因素和社会形式多样化的论断为基础，同时它又成为某些政治形式隐含的内在前提。在分析这些政治形式的时候，孟德斯鸠没有从共同原则的观点出发对他们进行评价。他所关注的问题并不是其中哪一种政治形式更好，而是就某种政治形式探讨如何在它的范围内获得更好的

---

① 沃格林．政治观念史稿：卷七：新秩序与最后的定向．李晋，马丽，译．上海：华东师范大学出版社，2019：201-202.

结果。从中不难看出，孟德斯鸠的理论中有一种同一切现有的社会政治形式相妥协的倾向，孟德斯鸠应被认为是政治妥协论的伟大代表。

在论述法的精神的时候，孟德斯鸠第一次在近代提出了整个人类社会的存在是受客观规律支配的观念。他认为，世界是由物质的运动组成的，并且是没有智能的东西，但是它却永恒地生存着。所以，它的运动必定有不变的规律，这个规律不是从外部强迫社会接受的，而是作为许多个别社会的内在本质存在于社会自身之中的。他认为，一个国家的法律不是任意的，而是和具体的种种客观因素相联系的，其中包括精神、法律、教育、政治、地理、生活方式、贸易等因素。在孟德斯鸠以前，资产阶级政治思想家关于社会的观念是纯粹形而上学的、不变的，而孟德斯鸠则认为人类社会不是静止不变的，而是在演进的，这无疑把进步的社会理论向前推进了一大步。在《罗马盛衰原因论》中，孟德斯鸠的社会演变理论就已初具雏形。他认为，首先，社会结构的一个因素的改变，便引起整个结构的改变。其次，历史演变的力量有时是人的意志所不能控制的。政治家犯的错误并不总是可以避免的，而往往是历史局势发展的必然结果。最后，一般的精神、心理因素的改变也能引起社会结构的变化。在其后的《论法的精神》里，孟德斯鸠便更广泛地提出了宇宙是物质运动的结果这一看法，其中许多观点是建筑在社会演变理论基础之上的。

第三节　政体理论与分权学说

孟德斯鸠通过对世界各国不同政体形式的研究，提出了自己的政体学说，同以前的政治思想家一样，孟德斯鸠对政体问题极为重视。他把政体看作一种客观事物，认为一个社会如果没有一个政府是不能存在的。他不仅分析了世界各国不同的政体形式和原则，而且在此基础上以政治自由为基点提出了著名的三权分立与权力制衡理论。

一、政体的分类与政体的原则

孟德斯鸠本着一种务实的历史主义态度对政体问题进行考察研究，博丹、卢梭等思想家依据主权者的性质划分政体，而孟德斯鸠却把主权者行使权力的方式引入了政体区分的视野，而且更加关注后者。孟德斯鸠对政体类型的看法同亚里士多德一样，认为政体类型是固定不变的，只有在环境的影响下才会有所修改。孟德斯鸠根据政府实施原则的方式，把政体分为三种：共和政体、君主政体和专制政体。“共和政体是全体人民或部分人民掌控最高权力的政体；君主政体是一个人以确定不变的法为依据，独立执政的政体；专制政体同样由一个人独立执政，但依据是此人自身的意志和变化多端的情绪，至于法律与规则，都是不存在的。”[①] 这样，孟德斯鸠不再按照最高权力的持有者和他们的统治意图进行分类，从根本上改变了传统的亚里士多德式的政体分类所用的标准和名称。

---

① 孟德斯鸠．论法的精神．欧启明，译．南京：译林出版社，2016：9.

对此，萨拜因评价说：“孟德斯鸠理论的主要论纲并不是由经验因素所决定的，而只由他关于何种政体在法国是可欲政体的预设所决定的。”① 在各种政体中，孟德斯鸠把民主制、贵族制和君主制作为三种正常合理的政体，把专制政体作为批判和否定的政体。

在孟德斯鸠的思想体系中，关于政体原则问题的阐述是与法的精神及其影响因素结合起来的。因此，所谓法的精神在很大程度上就成了阐明各个因素同政体原则的关系，这也就赋予了这些原则“永恒规律”的性质。“孟德斯鸠一方面想确立在时空上广泛分布的各种政体和社会的相似性；另一方面想了解到底是什么使它们各不相同，他在这两方面的兴趣不相上下。”② 孟德斯鸠着重从政体结构、教育制度、刑法条文、民事法规等问题入手，考察它们与政体原则的关系。他通过这些问题的论述，反复阐明了人权原则，特别是论证了政治自由的原则。孟德斯鸠把政体原则解释为“使政体行动的东西”“使政体运动的人类的感情”，政体原则贯穿在政体运行过程之中。虽然某一种原则在一种政体中起决定其性质的作用，但往往在一种政体中也有其他原则的成分存在。政体性质和政体原则的区别是，政体的性质是构成政体的东西，政体的原则是使政体行动的东西。一个是政体本身的构造，一个是使政体运动的人类感情，不同的政体遵循不同的原则。

孟德斯鸠认为专制政体的原则是恐怖。所谓专制政体，就是由单独一个人按照一己的意志与反复无常的性情领导一切的政体。这种政体的主要特点是没有任何基本法律，更没有法律的保障机关。一般情况下，都是由统治者一人说了算。而且，在专制政体下，宗教迷信横行，教权势力很大，宗教教义或习惯不是法律却受到尊重。孟德斯鸠指出：“专制政体的性质要求绝对服从，君主发出命令后，要马上看到执行效果，一如一个球被另一个球打中。人们仅仅是种生物，服从发布命令的另一个生物，完全不存在调和、纠正、妥协、通融、平等、商议、进谏，也完全无法提出同等或更好的提议。”③ 因此，孟德斯鸠认为，恐怖是专制政体的原则。专制君主依靠恐怖维持其统治，唯恐人民起来革命。除暴力恐怖外，专制国家里还存在宗教恐怖。专制制度之所以更加可怕，是因为它的稳定性和它的破坏力都很大，任何风俗和气候都不能同它对抗。对于专制政体，孟德斯鸠持否定态度。

孟德斯鸠对共和制的态度要复杂得多。为了说明共和政体的特点，孟德斯鸠几乎完全从古代史中搜寻材料。在两种不同形式的共和制中，他显然比较喜欢民主共和制或平民政治。需要指出的是，孟德斯鸠所说的“民主”是一个相对的概念。他害怕实行真正的民主，认为即使实行平民政治，权力也不应该落入下层平民手中。与此同时，他又认为贵族政治导致凶恶的暴政，它在公民之间制造极为有害的差别。贵族政治越接近民主，它就越完美。为了对付它的有害后果，必须通过各种方式吸引“人民”参与政府事业管理。孟德斯鸠认为，如果贵族政治的不平等为温和精神所缓和的话，在贵族政治下也可能享受在民主政治下一样的幸福。

在民主政体下，人民在某些方面是君主，在某些方面又是臣民。只有通过选举，人

---

① 萨拜因．政治学说史：下卷．邓正来，译．上海：上海人民出版社，2010：242.

② 戈尔迪，沃克勒．剑桥十八世纪政治思想史．刘北成，马万利，刘耀辉，等译．北京：商务印书馆，2017：150.

③ 孟德斯鸠．论法的精神．欧启明，译．南京：译林出版社，2016：24－25.

民才能当君主，因为选举表现了人民的意志。主权者的意志就是主权者本身。在民主制度中，拥有最高权力的人民将授权别人去做他们自己不能做的事情。他们需要一个顾问班子或参议院来指导他们，而只有当这个顾问班子或参议院是由他们自己选择的时候，他们才信任它。不过，立法本身要直接由人民来完成。民主制并不要求所有的公民都有资格担任公职，而只要求所有的人都有权参加官员的选举。参议员和低级文职官员要通过抽签而不是投票的方式从那些不是很贫穷的志愿者中挑选，穷人是没有被选举资格的。军官和高级的文职官员要由全体人从那些富裕的人中选举出来。而民事法庭的成员则要通过抽签从所有志愿者（无论穷人或富人）中选出。因而民主制并不是简单的多数规则，也不是简单的抽签规则，而是二者的混合物。

民主制的原则是美德。在所有人都参加制定他们自己也得遵守的法律的地方，在所有人选择他们自己的统治者的地方，需要人们有一种高度的一心为公或为共同利益献身的精神。简单地说，美德就是爱国主义，就是对于共和国和法律的热爱，并且从它可以引出正直、节制、勇敢和爱国等特殊的公民美德。“美德是仅有的支持平民政体的力量”①，没有这种崇高的动力，平民政治就不可能存在。如何保持美德呢？爱民主政治就是爱平等，财产平等是实现政治平等的条件。为了保存美德，必须通过给出法律上拥有财产的最低限和最高限的方式来避免极度的贫穷。美德要求有一个最低限的富有水平以确保节俭并杜绝奢华。另外还有一些保持美德的方法：选出一个由长者组成的旨在保护道德纯洁且负有检查职责的元老院；立下节约法令；公开控告不忠的妻子等。孟德斯鸠认为，平等精神的丧失导致民主原则的败坏。然而与其他方面一样，政治幸福依然处于两个极端之间。极端平等的精神同样会毁灭民主政治，不可避免地导致一人的专制制度。

一方面，民主制保证了它的公民在法律许可的范围内享有很高程度的自由和安全。另一方面，民主制也不得不限制这种伟大的自由。它对人的隐私的限制，它对公民献身精神的依赖，它的公民间的相互监督，阻止了个人才能的更充分的发展——尤其是在哲学和艺术领域。民主制意味着理智上和艺术上的平庸。孟德斯鸠承认在生产性的商业共和国和军事共和国之间应有区别。首选的民主制似乎是处于两者间的一种状态，公民应由既工作又战斗的农夫组成。不过，以商业精神为基础并以之为原则的民主制还是可能的，只要它的法律不让过分的富有毁坏了这个经济趋势。

对于共和政体中的贵族政体，它的性质是一部分人掌握最高权力。“贵族政体跟平民政体一样需要美德。但对贵族政体而言，美德并非不可或缺。”② 只要有法律并执行法律就行了。也就是说贵族政体的原则是一种以“美德”为基础的“节制”。“贵族政体有种力量，是民主政体没有的。贵族政体中的贵族组成了一个团体，他们借助自身特权与特殊利益压制平民。而要做到这点，只需借助法律即可。”③ 虽然贵族们可能将自己的利益以最接近民主制美德的方式与人民的利益等同起来，但贵族制更为可能的原则是贵族们要有节制精神：要限制他们，不让他们具有超过他人或人民的无节制的优越性。但是，

---

① 孟德斯鸠．论法的精神．欧启明，译．南京：译林出版社，2016：19.

② 同①20.

③ 同①21.

有助于这种节制精神形成的法律和制度是很难获得的。一般而言，贵族的人数越多，没有政治权利的穷人的人数越少，贵族制就越健全。因而民主制可以被视为贵族制的完美状态。与贵族制相比较，对公共利益更为广泛的关心和措施是民主制的主要特征。民主制的成员一般具有更多的美德、更大的自由，并且更为安全。

孟德斯鸠无疑对温和的民主共和制抱有好感。然而，他也清醒地意识到，共和制只有在“古人的英雄美德”占优势的地方才能存在，不可能要求现代人也具有这种美德。因此，共和制对他们来说行不通。孟德斯鸠根据古代希腊的经验，断言共和政体只有在领土不大的国家里才有可能存在。他认为共和制从本性上来说宜于狭小的领土，城邦国家的家庭式的凝聚力产生了对于公众利益而不是私人利益的持续偏爱。孟德斯鸠不仅研究了古代共和政体，他也非常了解与他同时代的两个共和国——瑞士和荷兰。他从这两个共和国政体中发现了克服共和制所固有的“天性”弱点的方法——联邦制。他认为正是由于人类创造出了这种既具有共和政体的内在优点，又具有君主政体的对外力量的制度，人类才免于永远生活在一人的统治之下。这样，在探索可能的政治幸福时，孟德斯鸠离开了古代历史，而从当前的政治现实中去寻找可能的幸福。

君主制的原则是荣誉。在和孟德斯鸠同时代的欧洲国家里，君主制是占优势的政治形式。孟德斯鸠说，在君主国家里，人民很难具有美德。君主制的特点是，它处理大事，但尽可能少用美德。“君主政体中所有美德都被法律取而代之，人们根本不需要美德，国家也不要求人们再拥有美德。在那里静悄悄地做一件事，不会被人追究责任。”[①] 君主政体的建立和维持并不要求多大的诚实。君主制的基本动力不是美德而是荣誉。依赖这种力量，国家的生存可以不依赖爱国心，不依赖追求真正荣誉的欲望。孟德斯鸠所说的荣誉是“每一个人和每一个阶层的偏见”，即和名位品级、贵族门第等有关的偏见。孟德斯鸠看到了君主制存在的种种缺陷。他认为法国的君主制正在败坏，蜕变为专制制度，而且这种危险总是在威胁着君主制。在孟德斯鸠同现行制度一贯妥协的倾向下，他对专制制度的憎恶，成了辩白他在一定程度上美化君主制某些特点的一种理由。在他看来，这种特点使君主制具有一种特殊的性质，并防止君主制转变为专制制度。

遵循固定的根本法进行管理是君主制区别于专制制度的标志，这种根本法是不容许专横任性的。君主对根本法的这种服从，需要通过经常的“行使权力的中间渠道”，或者通过“中间权力”去实现。如果不存在这种权力，只凭一个人反复无常的意志行事，那么这个国家就怎么也不能稳定，结果也就没有任何根本法了。孟德斯鸠认为贵族的权力是最自然的中间权力，僧侣的力量则是第二个中间权力。僧侣的力量在趋向专制制度的君主制下具有特殊的意义。贵族和僧侣都是对抗可能产生的专制制度的力量。由此，中间权力论就成为孟德斯鸠关于在君主制下封建社会的统治阶层必然享有特权的说法的根据。他认为等级特权的废除或削弱是君主制解体的征兆。当君主将立法权和行政权集于一身时，政府就倾向于专制了。孟德斯鸠谨慎而清楚地认为，一个适中的君主政府是这样的：其中有像古老的法国财务总长一类的官员与君主分享立法权。

中间权力的存在并不能完全保证君主政体的巩固。等级特权是一种专横的阻力，它

---

① 孟德斯鸠．论法的精神．欧启明，译．南京：译林出版社，2016：21.

们为发扬以财产和差别的存在为前提的荣誉建立必要的基础。但是，特权等级不可能成为维护法律的力量。因此为了维护法律，在君主制国家里就应当有一些特别的政治机构，以颁布法律和提醒人们遵守现行的法律。这种机构应当是永久地、经常不断地发生作用。它不是君主一时意欲的执行者，而是根本法的维护者。这实际上指的是高等法院系统。从这一思路出发，我们便可以理解为什么孟德斯鸠认为在君主制下实行卖官鬻爵和职业世袭的办法是有好处的，这是因为用这种办法可以使君主的意志得到偶然的纠正，使国家职能的作用具有更加稳定和持久的性质。

尽管孟德斯鸠对君主制进行了种种美化，但他绝对没有把君主制看成是在他那个时代的欧洲大国里唯一可行的和最好的政治形式。对于主张适应现状的孟德斯鸠来说，如果共和制是一种美妙的乌托邦，那么拥有一些保障以反对专制制度的君主制不过是一种可以想象的同现实相妥协的形式而已。孟德斯鸠知道有一种适合当时各国的最好的政治制度形式，而且这种形式已在法国的邻邦——英国实行。孟德斯鸠把这种形式叫作披着君主制外衣的共和制。

关于英国与英国制度的探讨，使《论法的精神》一书在法国大革命前的时代和革命的初期赢得了卓越的声誉。在阐明英国的国家制度时，孟德斯鸠引入了“国家目的”的概念。每个国家的特殊目的，显然是同民族性格和构成民族性格的因素相关的。但孟德斯鸠在这个问题上并没有做深入探讨。他只是有这样的论述：“罗马以扩张为目标，斯巴达以战争为目标，犹太法律以宗教为目标，马赛以商业贸易为目标，……还有一个国家以政治自由作为其政体的直接目标。”①

从孟德斯鸠对君主政体和专制政体的区分方式中，我们可以清晰地看到孟德斯鸠对法治和宪制的明显倾向，这是孟德斯鸠对现代政治文明的最直接贡献之一。在早期资产阶级自由主义、民族主义政治思想中，权力归属是政治思想家们重点关注的问题，而孟德斯鸠则把注意力着重放在政治权力的实际操作层面。在他看来，即使是最好的民主政体也只能通过正确合理的操作，即依照法治才能得到确立和巩固。孟德斯鸠在继承了洛克的自由、法治相统一的思想基础上，将之进一步具体化了。

孟德斯鸠政体学说的另一贡献就是孟德斯鸠对政体的历史主义研究方法，以及在此基础上得出的整体的政体观念。孟德斯鸠认为国家的政治制度和政治过程不是简单生成的，而是由各种因素相互作用的合力创造的。一国的政治制度与其所在的社会、历史、文化乃至生存环境都有密切的关系，一个好的成熟的政体不会偶然产生，是经过长时间的积累、磨炼，以及各种因素、条件、环境都具备时才得以实现。而政体走向腐败却是一件极其容易的不易察觉的事情。孟德斯鸠这种环境系统政体论建立在对当时的政治变革深刻反思的基础上，这无疑给后来的比较政治分析带来新的思路和视野。

二、政治自由与权力分立

孟德斯鸠的三权分立说是围绕政治自由问题展开的。孟德斯鸠认为，自由的含义分

① 孟德斯鸠．论法的精神．欧启明，译．南京：译林出版社，2016：131－132.

为公民自由和公共自由，所谓公共自由就是指政治上的自由，这种政治上的自由与公民自由也紧密相关，每个公民的自由都是公共自由的一部分。为了保证公共自由，孟德斯鸠重新设计了权力的归属和运用。

对于政治自由，孟德斯鸠做了两种界定。第一种把政治自由界定为一种法律界定的权利范畴，并不是愿意做什么就做什么。“一个国家，也就是一个已经立法的社会的自由，只表示人民能做自己应做的事，不被强迫去做自己不应该做的事。应铭记随心所欲和自由的分别是什么。自由是一种权利，能做法律允许的所有事；若一个公民能做法律禁止的事，那其他人也有相同的权利，自由也就不存在了。”① 第二种把政治自由界定为一种安全状态。“政治自由即处在安全中，或最低限度觉得自己处在安全中。”② 孟德斯鸠认为，“公民政治自由起源于所有人都得享安全的念头，是一种心境平和的状态。一定要建立这样一种政府，其治下的公民不会彼此畏惧，这样才能获得公民政治自由”③。在孟德斯鸠看来，要确保公共自由的实现必须具备两个条件：一是确保公民自由的实现；二是合理设计一国的政治制度。

首先，公民个人自由的实现是实现公共自由的前提。公民个人的自由称为事实上的自由和民事自由。关于公民自由的问题，孟德斯鸠予以详尽论述，提倡保障人权。在孟德斯鸠看来，人权包括生命权、财产权、自由权和平等权等。所谓生命权是指人维持生命和保护生命的权利。他认为人们要十分重视和珍爱生命，侵犯人的生命权就是违背了最基本的人道原则，应给以谴责。在政治宽和的国家，一个人，即使是最卑微的公民，他的生命也应当受到尊重。在生命权方面，人与人是天然平等的，没有地位的差别，没有等级的区分。他强调国家执法机关对人的生命权的尊重，即要给予人民为自己辩护的权利。他指出，一个人的生命除了受国家的控诉外是不得被剥夺的，即使在国家控诉公民的时候，公民也有权利为自己辩护。对于自由权，孟德斯鸠认为自由是人的重要权利，也是人向往的崇高目标，自由是值得保护的唯一幸福。因此，自由权不可让渡，出卖了自由无异于自我毁灭。“所有自由国家中的人都被认为具备自由精神，应自己管理自己，因此立法权应交由所有公民共同掌控。”④ 自由是神圣的，组织国家的目的是保障人民的财产和政治自由。孟德斯鸠在论述他的自由思想时常常结合对封建专制主义的批判，揭示专制政府是“奴役制的真正起源”。关于财产问题，孟德斯鸠主张财产自由，他对财产的起源进行了认真的考察，提出了劳动是财富的源泉这一重要思想，并在此基础上提出了私有财产权神圣不可侵犯的政治主张。他认为在一个国家里，剥夺了一个公民的财产就是做了一件坏透了的事情，令人愤慨。另外，孟德斯鸠也论述了信仰自由、思想自由、言论自由和出版自由。

其次，合理的政治制度是公共自由得以实现的根本保障。那么，如何确立一个能保障公共自由得以实现的合理政治制度呢？“英国的诀窍在于权力分立，孟德斯鸠是以近代

---

① 孟德斯鸠．论法的精神．欧启明，译．南京：译林出版社，2016：131.

② 同①157.

③ 同①132.

④ 同①134.

形式提出此一概念的第一人。”[1] 孟德斯鸠继承了洛克的分权学说，以英国的统治形式和经验为依据提出了著名的三权分立和权力制衡理论。这一理论是孟德斯鸠政治学说中对实际政治发展贡献最大的理论学说，它已经成为资本主义政治制度的一项最为基本的原则。

分权学说其源头可以追溯到古希腊，从柏拉图的混合政体理论，到亚里士多德提出的政体三要素说（议事、行政、审判），还有波里比阿发展这一思想从而提出的权力制衡观点，都为后来的三权分立学说提供了理论基础。到了16、17世纪，李尔本率先主张权力分立，强调新兴资产阶级同地主、大贵族和大资产阶级分权。这虽然还不是近代意义上的分权，但却为后世的分权学说提供了理论准备。资产阶级分权学说的首倡者洛克在前人的基础上提出了立法权、执行权与对外权三权分立制衡的主张，洛克的分权学说实际上是两权分立，即行政权与立法权的分立。三权分立学说的真正创立者是孟德斯鸠，他在《论法的精神》这部著作中系统提出了三权分立的思想，从而成为这一学说当之无愧的奠基者。其后，美国的潘恩、杰弗逊等人进一步发展和完善了这一理论，提出了层次分权模式，最终完成了西方现代意义上的分权制衡理论。

在孟德斯鸠的分权学说中，他反对把权力单独委托给一个人、几个人或多数人。他认为：“一切手握权力的人都有滥用权力的倾向，且一直要用到极致才肯停下，这点已被从古至今的经验证实。”[2] 即使民主制和贵族制的国家在性质上也不是自由的国家。为此，他提出：“一定要对事务进行统筹安排，用权力约束权力，才能避免权力被滥用。”[3] 国家需要形成一种联合各种权力的政治制度，其中各种权力既调节配合，又相互制约。孟德斯鸠认为，每个国家都有三种权力，即立法权、行政权和司法权。自由的第一个要求就是这三种权力要分别掌握在不同人的手中。立法权力制定法律，并且修正或废止已经制定的法律。行政权力决定媾和或宣战，派遣或接受使节，维护公共安全，防御侵略。司法权力惩罚犯罪或裁决私人讼争。如果立法权和司法权结合在一起，就没有自由可言，因为拥有这些权力的个人或机关，将有可能颁布一些暴虐的法律，并暴虐地加以执行。如果两种权力之一和司法权结合在一起，也将同样没有自由可言。当法官同时是一个立法者时，就会造成专断；当法官同时是一个执法者时，他就可以轻易地成为压迫者。如果这三种权力集中在一个人身上，那就没有政治自由可言，因为这种集中是专制制度的特点。

孟德斯鸠把三权分立和相互制衡看成是政治自由得以实现的根本条件。政治自由不仅要求三权分立，而且要求三权以某种方式构成。司法权应留给那些由与被告人同等地位的人组成的特设陪审团；而审判则应按照成文法尽可能准确地加以确定。立法权必须加以分开，它的主要部分应给予那些在全体人民中适当选出的代表，而且仅仅给予那些处于卑微地位的人：他们除了投票权以外便没有行使自己意志的权力。那些因出身、富裕或荣誉而与众不同的人应该组成一个贵族团体，通过充当另一半立法委员会的方式来保护他们的世袭特权。行政权应由君主来行使，他通过使用否决权来审查立法机关，而

---

① 瑞安．论政治：下卷．林华，译．北京：中信出版社，2016：149.

②③ 孟德斯鸠．论法的精神．欧启明，译．南京：译林出版社，2016：131.

他的部长们可以依次受立法机关的审查和惩罚，尽管他本人不能用法律手段加以废黜。

在一个自由的国家里，每个人都应当自己管理自己。但是这在大国里行不通，在小国里也不方便，因此人民直接立法的制度就被以代表立法的制度取而代之。立法权包括两种基本的权力：创制权和反对权。创制权用于制定法令或修改别人所制定的法令；反对权用于取消别人所做的决议。由于人们对本城的利益比对其他城市的利益了解得更清楚，因此代表最好不从全国居民中选出，而从每一个城市里分别选出。孟德斯鸠知道，在某些国家里选举是按等级举行的，但他显然赞成按地区举行不分等级的选举。他认为立法机关应该定期集会，除制定法律、逐年决定国家税收外，还有权监督和审查法律的执行情况。

孟德斯鸠所描写的人民代表机关就是英国的下议院，但是他认为上议院的存在也是必要的。虽然孟德斯鸠认为贵族在“自由的国家”里所具有的意义不同于它在纯粹君主制下所具有的意义，但他根本不想牺牲贵族的任何利益。他认为英国的两院制实现了“人民利益和贵族特权”的合理统一性，并且贵族特权由于上议院的存在而得到了保证。

孟德斯鸠认为人民完全不适宜于讨论事情，其能力只限于选举代表。他还主张选举权要有限制，关于立法机关代表，社会地位过于卑微的人没有选举的投票权。反之，他认为一个国家里总有一些人以出身、财富或荣誉地位著称。如果他们和别人一样只有一票，自由对他们来说就会变成一种奴役，因为大多数决议是反对他们的，应该使贵族的立法权力和他们在国家中享有的其他利益成正比。这就要求由贵族组成一个特别的团体，使它有权废除人民代表机关的决议。这个团体按其任务的性质来说，应当是世袭的。两院应同时拥有立法权，贵族和平民都可以有权制止对方侵犯自己。他特别强调贵族院在调节国家权力、使立法权和行政权趋于宽和上的作用。为防止这种世袭权力过分追求私利，在决定征收银钱的法案问题上，贵族应该只有反对权，没有创制权。

行政权执行国家的意志，应该由君主或国王行使。“让一个人管理该政府部门好过由多人管理，因为该部门几乎时刻都需要马上采取行动。反过来，一般来说，立法权方面的事务交由多个人处置优于交由一个人处置。”[①] 孟德斯鸠反对把行政权交给属于立法议会成员中某些人的那种制度，也就是反对议会责任内阁制度。在他看来，这是一种行政权和立法权的有害结合形式。行政权必须拥有废除立法权的决议的权力（否决权），否则立法权就会攫取任何权力，消灭其他一切权力。行政权可以召集和解散立法议会：如果立法议会会自行解散的话，那么当它想要夺取行政权的时候，它就根本不会自行解散了。孟德斯鸠还认为，立法权不应拥有干涉和制止行政权行为的权力，也无权审讯行政者本身及其行为，因为行政者本身应该是神圣不可侵犯的，正是它在保护国家不受立法议会的暴虐统治。但立法议会可以使用其他办法来影响行政权，就是每年投票通过有关税收和兵力的决议。行政机关对于立法机关决定的国家税收，只限于表示同意。最后，行政权直接领导军队。

司法权应由法院行使，法院在每年一定的时间由人民阶层中选出的人员组成。法官同被告人处于同等地位。法院不一定是固定的，它们可以视实际情况的需要而定。但是

---

① 孟德斯鸠．论法的精神．欧启明，译．南京：译林出版社，2016：135.

判例应该固定，以便做到裁判只能是法律条文的准确解释。也有例外情况使立法机关享有司法权，例如，为了保证显贵不受平民的侵害，贵族应该在贵族院受审，而不受普通法院的传讯。贵族院掌握处理上诉案件的权力，以防司法权过于严峻。而为了保护平民，如果某个公民在公务上侵犯了人民的权利，众议院可以代表人民向贵族院提出控告。孟德斯鸠对司法权的关注要比对立法权和行政权的关注少，因为他认为，从某种意义上说，这仿佛根本不是什么权力。

三权不仅是分立的，还要相互联系，相互制约，“以权力约束权力”。立法机关不但有权力制定法律，还有权监督法律和公共决议的执行，并对立法机关通过的某些法案行使否决权。司法机关应该根据法律，独立进行审判，对法律负责。具体而言，各机关的相互制约表现为四个方面：首先，立法机关由贵族院和平民院构成，两部分各有其意见和利益，互相行使否决权，从而在立法机关内部形成相互牵制的关系。其次，行政机关拥有对立法的否决权，立法机关不能自行集会或闭会，由行政机关决定集会和闭会的时间，从而形成行政机关对立法机关的一种牵制。再次，立法机关对行政机关执行法律的情况进行监督，这是立法机关对行政机关的一种制约。另外，立法机关对行政首脑的违法行为享有弹劾权。最后，司法机关对立法机关的活动是否符合宪法和行政首脑的执行情况有监督权。

通过以上论述可以看出，孟德斯鸠所做的是一种不确切的、模仿 18 世纪英国宪章风格的描写。实际上，当时的英国国王根本不像他所描述的那样是一位不受限制的行政权的领导者；行政权（内阁）根本不是不受立法权（议会）约束的权力。孟德斯鸠撰写“英格兰政制”这一节的目的，与其说是为了确切地描写英国的政治制度，不如说是为了阐明那样一种政治力量的对比关系。在孟德斯鸠看来，这种对比关系能够最大限度地保证给予公民以政治自由和由政治自由带来的幸福。

孟德斯鸠的三权分立是以英国的政治生活为蓝本的。“孟德斯鸠的重要作用乃在于传播和强化了视英国的制度为实现政治自由的手段这样一个信念。”① 孟德斯鸠认为，英国的现行制度在政治、社会和道德层面产生一定的结果。为了享受自由和保护自由，必须使每个公民可以表达自己的想法。因此，在英国有言论自由和出版自由。人们议论的好与坏并不重要，自由就表现在这里，自由保证人们不受这些议论的影响。政治自由的前提是每个公民都要以自己的意志和自己的理性为指导，由此必然会产生宗教自由。一部分人对宗教漠不关心，另一部分人热心宗教，建立了许多教派。英国人只对在他们中间企图建立奴隶制的那种宗教感到不能容忍。自己并不能消灭等级区分，但是它使各个等级的人相互接近。在自由的国家里，人们不是以他们外在的风貌，而是以他们真正的资格——个人的功绩和财富受到尊重。

孟德斯鸠指出了英国政治自由和经济发展之间的联系，但这种联系的存在绝不意味着经济制度完全取决于政治制度，另一个因素，即气候在这种场合仍然是主要的因素。不过，自由无疑会促进工商业的发展。自由保证岛居的英国和平与舒适，和平与舒适使人民不受偏见的约束，并使他们的智慧用于工商业活动。不同国家生产了许多对它来说

① 萨拜因．政治学说史：下卷．邓正来，译．上海：上海人民出版社，2010：244.

是过剩的商品，但是人民自己也需要大量由于气候条件而不能生产的商品，这样就不可避免地发展大规模的贸易。孟德斯鸠是第一个认为应当予以贸易广泛关注并做经验处理的伟大的政治哲学家，强调贸易意义比工业还要大。在他那个时代，资本在绝大多数情况下是以商业资本的形式出现的，因此他的这种偏重贸易是完全可以理解的。孟德斯鸠也同意这样的意见，即由贸易引起的斤斤计较与人们舍己为人的高尚品德是背道而驰的。但在现实生活中，先于贸易产生的不是淳朴的风格，而是野蛮的风俗和抢劫行为，贸易可以使野蛮的风俗日趋典雅和温厚。“贸易能治疗破坏性的成见。所以贸易存在于所有风俗温和的地区；哪里有贸易，哪里就有温和的风俗，基本已成为普遍规律”①，“和平是贸易自然产生的结果。两国在进行商业贸易的同时，彼此依存，一国从买入中盈利，一国从卖出中盈利，把对彼此的需求作为基础，成就了双方所有的联合”②。贸易发扬正义、节制和俭朴的精神，使我们摆脱有害的意见。贸易创造财富，富裕导致奢侈，奢侈带来艺术的完善。相反，贸易的破坏总是给人民造成有害的后果。孟德斯鸠不赞成完全的贸易自由，认为一定的贸易规章是必要的。

孟德斯鸠把贸易称为民族间的交流。“这种交流以两种方式与人类的文明过程（野蛮的弱化过程）相关联。第一种方式就是通过财富和艺术；第二种方式是通过哲学。”③ 不进行商业活动的部落或国家具有野蛮的道德规则和生就的迷信、偏见和无知等特征。贸易为破除狭隘的地方观念奠定了基础，它促使人们去比较不同的价值观念和生活方式，它促使人们有可能对祖先的信仰产生怀疑，它促使人们能够发现更多的有关自然和哲学的东西。孟德斯鸠指出，正是贸易的复兴鼓励了哲学的复兴，并在近代的早期减弱了欧洲的野蛮，贸易和知识一起终结了中世纪。

孟德斯鸠并没有孤立地谈分权理论。他认为，气候、宗教、法律、施政原则、先例、风俗、习惯都在支配人们的生活，形成民族的一般精神。如果为一个民族设立的政体的性质和该民族的性质相符合的话，便是最适合该民族的自然政体。因此，他不仅十分赞赏当时英国的政治制度，而且考察了英国民族的习惯，认为一个自由民族的习惯就是他们自由的一部分，英国民族的性格和习惯就是他们的政治产生的结果。他肯定英国每一个公民都有自己的独立意志，享有思想、言论、出版和信教自由，人民宁愿牺牲自己的财富、安乐和利益保卫自由，人民富有政治兴趣，尊重文职，尊重财富和功绩，不尚浮夸和礼仪，乐于从事商业，法律温和平易，承认人人平等，国家对邻邦的事务有巨大的影响力。孟德斯鸠把他的分权学说紧紧地结合在法的关系整体之中。

孟德斯鸠“适中的”政治形式具有极强的温和色彩。他保留国王的神圣地位，赋予贵族很大的立法和司法权力，贬低和限制普通人民的政治能力和政治权力，这都与他的政体分类和政体原则相关。他要求贵族和资产阶级同时在国家事务中起“中间作用”，只不过是宣传了一种法律幻想。他的三权分立学说虽然为资产阶级政治制度的建立奠定了基础，但是三权分立学说本身就具有其时代局限性，政治上也是保守的。因为任何一个国家的政权都是不可分割的，都是体现统治阶级意志、实行阶级专制的工具。所谓分权，

①② 孟德斯鸠．论法的精神．欧启明，译．南京：译林出版社，2016：277.

③ 施特劳斯，克罗波西．政治哲学史：下册．李洪润，等译．北京：法律出版社，2020：670.

实际上只是统治阶级内部的一种分工，并不能改变权力统一的本质。另外，从孟德斯鸠提出分权理论的背景看，它代表了资产阶级的政治要求，为资产阶级参政找到了一条途径，其实质是资产阶级同封建贵族的分权。正如马克思所说："在某一国家的某个时期，王权、贵族和资产阶级为夺取统治而争斗，因而，在那里统治是分享的，那里占统治地位的思想就会是关于分权的学说，于是分权就被宣布为'永恒的规律'"[①]。

具体来看，孟德斯鸠对分权学说的发展主要体现在两方面。

第一，明确提出了司法独立的原则。洛克只强调了立法权与行政权的分立，并没有明确提出司法权的独立，而孟德斯鸠则明确提出了司法独立的原则。在孟德斯鸠这里，三种权力泾渭分明，三权的权限划分得很清楚。司法独立这个思想的提出对于分权学说的发展具有重要意义：首先，只有司法独立，才有可能实行民主和法制。司法独立是保障政治自由的一个条件。孟德斯鸠指出，实行法治所不可少的，不是行政权和立法权的分立，而是这两种权力和司法权的分立。其次，司法独立原则突出了资产阶级三权分立理论中以权制权的思想内容，司法独立在三权的制约与均衡中是一个支柱。最后，司法独立原则是资产阶级反对封建专制的有力武器，在历史上具有明显的进步作用。

第二，孟德斯鸠在历史上第一次明确阐述了三权的制约与均衡，以权力约束权力的思想。这是洛克等人没有做到的。孟德斯鸠不但提出了立法、行政、司法三权的分立，而且明确提出了三权之间的制约与均衡，以权力约束权力。他认为三权的分立与制衡是防止权力滥用的最有效办法，从而使三权分立理论成为完整的资产阶级政治学说。

第四节　孟德斯鸠政治思想的评价和影响

孟德斯鸠的政治学说对西方各国的历史进程产生了重大影响。1789 年开始的法国大革命最终走的尽管不是孟德斯鸠所指引的君主立宪道路，但是他的影响是显著的，例如在《人权宣言》中关于言论、信教、出版自由、财产安全和新的刑法的原则，都是孟德斯鸠详尽阐述过的。法国 1791 年宪法第一次用宪法形式肯定了《人权宣言》的原则，同时也规定了积极公民和立法议会代表资格在财产上的限制，这和孟德斯鸠的主张是有联系的。在美国革命中同样可以看到孟德斯鸠的影响，特别是他的分权学说和政治自由原则对西方资本主义政治制度的建立具有重大意义。美国独立战争前的报纸杂志大量介绍孟德斯鸠的著作。富兰克林、杰弗逊等政治领袖们都熟悉《论法的精神》中阐述的理论。1787 年颁布的《美利坚合众国宪法》，使分权理论第一次在实际中得到了完全的运用。

孟德斯鸠的一系列学术著作在西方产生了广泛而持久的影响。"在 18 世纪法国所有的政治哲学家当中（除卢梭以外），最重要的人物首推孟德斯鸠。"[②] 他的理论在法国启蒙运动中占据重要的位置。在"百科全书派"和卢梭的著作中，可以看到他的思想印记。

① 马克思，恩格斯．马克思恩格斯选集：第 1 卷．3 版．北京：人民出版社，2012：179.
② 萨拜因．政治学说史：下卷．邓正来，译．上海：上海人民出版社，2010：237.

他的理论和方法开拓了人们观察问题的视野，为西方近代社会学的创立奠定了基础。“18世纪后半期，从俄国到美国的政治、社会和法律等方面的理论，都聚焦于孟德斯鸠为比较研究设计的各种范畴。”[①] 孟德斯鸠最大的影响是他的思想成为资产阶级世界的基本社会理论——“宪政论”的主要组成部分。资产阶级“宪政论”的要点，如国家不得干涉社会生活，立法机关制定一般性的法规，司法机关专管司法事项，行政机关只能执行法律等，都对资产阶级社会秩序产生了极大影响。

可以说，《论法的精神》集中体现了孟德斯鸠一生所追求的理想。孟德斯鸠将“法的精神”作为这部著作的全部研究对象，其目的在于通过分析法律和各种事物之间的关系，向人们展示一条以建立完善的法律和优良的制度来实现社会进步的道路。孟德斯鸠早已清醒地看到，当时的法国君主制正在败坏并逐渐蜕变为专制制度，并且认为这种危险不仅总是在威胁着法国君主制，而且也威胁着欧洲其他国家的君主制。因此，选择一个既能防止封建专制，又能保障新兴资产阶级利益的理想政体，成了他政治思想中试图解决的一个重要问题。这样，孟德斯鸠在考察法的精神所包含的各种关系的时候，很自然地就把注意力放在了政体与法律的关系上。他认为政体的原则与法律有很大的关系，国家最初的基本法就是直接从政体中产生出来的。因此，选择一个好的政体是立国的关键。孟德斯鸠在其妥协的总倾向下，彻底否定了专制制度，选择了君主立宪政体。他从保障公民自由和权利出发，具体构想了理想的国家政治制度。他在洛克首创的近代学说所提供的理论基础上，以英格兰的政治制度为现实依据，明确提出了三权分立、相互制衡的学说。在当时的历史条件下，孟德斯鸠提出的三权分立理论表达了资产阶级向封建阶级夺权，又不得不与封建阶级妥协的政治要求，自然带有一定的妥协和改良性质。但是，它在鼓舞资产阶级和广大劳动人民进行反封建、反专制的斗争中所起的作用依然是不可低估的。

孟德斯鸠认为各国的法律和政体必然各不相同。注意产生各种法律和政体的整体环境，承认各种不同国家形式存在的规律性及其对存在条件和民族性格的依赖性，无疑是孟德斯鸠思想的科学之处。“孟德斯鸠的哲学勾画了盲目的必然性和理性的选择（另一种必然性）在法律形成中所起的作用，并将它们联系起来。”[②] 更令人钦佩的是，孟德斯鸠还在这一基础上，对决定各个民族性格，因而也决定其法律的各种因素，如气候、地理形态、土壤、风俗习惯等进行了仔细的分析和探讨。尽管他对于这些影响因素的认识有时并不深刻，但在他的时代，把社会现象同物质环境、地理环境和文化历史传统联系起来考察研究这一思想本身，不仅对于神学世界观来说是一种先进的思想，而且对于使社会存在脱离人的“自然本性”的唯理论学说来说也是一种先进的思想。

孟德斯鸠政治理论的社会起源和社会意义是显而易见的。他是资产阶级自由的坚定拥护者，他主张宗教的宽容精神、言论自由和出版自由、有限制的人民代表制，并提出了资产阶级法制的基本原理。孟德斯鸠对贸易历史作用的赞扬和对英国工业发展的美化，

---

① 戈尔迪，沃克勒．剑桥十八世纪政治思想史．刘北成，马万利，刘耀辉，等译．北京：商务印书馆，2017：149.

② 施特劳斯，克罗波西．政治哲学史：下册．李洪润，等译．北京：法律出版社，2020：675.

是说明他对资产阶级社会抱有好感的又一个证明。他对宗教的态度同18世纪资产阶级思想家所特有的对宗教问题的功利主义见解非常接近。同时，孟德斯鸠是18世纪法国所有的政治哲学家中对社会哲学的复杂性认识最为清楚的人。他采用了历史方法，以经验为基础，以事实为依据，探寻社会、国家和法律制度的存在规律。他一再申明其思想不是个人成见，而是从事物的性质推演出来的。这种历史方法无疑是对陈旧的神学世界观的否定，同时也是对17世纪英国的逻辑推论方法的改造。

由于阶级出身和时代的限制，孟德斯鸠思想具有一定的局限性。具体表现在以下几个方面。首先，作为一个小贵族，孟德斯鸠虽然站在资产阶级的立场去反对大贵族，鄙视他们的顽固与愚蠢，但他仍然维护贵族的利益。他提出了中间势力即贵族在君主政体中发挥作用的理论，又提出了资产阶级与贵族阶级妥协的，实质上等于“阶级分权”的君主立宪方案。此外，他一面反对宗教，一面肯定宗教的作用。这些都可以说是受贵族阶级意识限制的结果。他的贵族出身，使他鄙视、不信任人民群众。由于时代的限制，他也看不清资产阶级将完全推翻封建阶级的历史使命。法国大革命虽曾一度采用他的君主立宪方案，但革命很快就超越了它，终于采取了更为激进而彻底的卢梭的革命学说。

其次，虽然孟德斯鸠说过宇宙是物质运动的结果，但他并不是唯物主义者，因为他同时认为存在一个创造宇宙的上帝，这种二元论使他在《论法的精神》里陷入许多不可解的矛盾之中。他既要物质的规律，又要上帝的规律；既要人的法律，又要宗教的法律。孟德斯鸠在社会理论上是一个唯心论者。他一方面从各种具体因素中，如地理、宗教、民情、风俗等，去寻求个别国家法的精神；另一方面又以抽象的人类理性作为出发点，认为它支配着世界的一般法律。抽象理性与具体的法律之间存在着内在的冲突，因而孟德斯鸠为了贯彻法律是人类理性的产物这个主张，就不能不对历史事实进行武断的解释。从他对英国政治制度的描述中可以看到，孟德斯鸠把历史理想化、简单化，甚或违背了历史事实。

再次，孟德斯鸠虽然在论述法的精神的时候提出了社会发展受客观规律支配的观点，但是对于构成法的精神的各个因素所发挥的作用，他基本上是采取一种平行的考察。他指出了影响各国政治生活的上层建筑和自然环境中的各种原因，唯独没有看到对政治生活起决定作用的经济基础这一根本原因。而且，他也没有把自己关于规律是固定不变的关系这一观点贯彻到底。在当时盛行的自然法理论的影响下，孟德斯鸠认为社会规律不仅具有必然关系的意义，而且具有自然法规范的意义。他认为人们自己给自己制定法律，但同时也有一些不是他们自己制定的法律，这就是在实在法制定以前既已存在的自然法。孟德斯鸠并未看到“自然法”两种含义之间的区别。也可以说，自然法理论的桎梏在一定程度上妨碍了孟德斯鸠实现他的基本意图——揭示规律性。

最后，时代的限制使孟德斯鸠看不到资产阶级的本质和他所设想的资产阶级政治制度的阶级内容。他无法看到，他的保障自由的分权学说和他的许多美好的法律原则被资产阶级用作掩盖阶级专制和暴政的假面具。当然，孟德斯鸠更不会看到资产阶级必将灭亡的历史命运。他把资产阶级的基本制度——私有财产，说成是“自然权利”，便是显著的例子。虽然孟德斯鸠所代表的阶级终将被革命的风云所淹没，但孟德斯鸠的政治和法律思想却始终具有极高的研究价值。

进一步阅读书目

1. 马克思，恩格斯．马克思恩格斯选集：第1卷．3版．北京：人民出版社，2012.

2. 萨拜因．政治学说史：下卷．邓正来，译．上海：上海人民出版社，2010.

3. 瑞安．论政治：下卷．林华，译．北京：中信出版社，2016.

4. 沃格林．政治观念史稿：卷七：新秩序与最后的定向．李晋，马丽，译．上海：华东师范大学出版社，2019.

5. 罗素．西方哲学史：下．马元德，译．北京：商务印书馆，2020.

6. 施特劳斯，克罗波西．政治哲学史：下册．李洪润，等译．北京：法律出版社，2020.

7. 阿尔都塞．孟德斯鸠：政治与历史．霍炬，陈越，译．西安：西北大学出版社，2020.

8. 戈尔迪，沃克勒．剑桥十八世纪政治思想史．刘北成，马万利，刘耀辉，等译．北京：商务印书馆，2017.

9. 麦克里兰．西方政治思想史．彭淮栋，译．海口：海南出版社，2003.

10. 孟德斯鸠．罗马盛衰原因论．婉玲，译．北京：商务印书馆，1962.

11. 孟德斯鸠．波斯人信札．许明龙，译．北京：商务印书馆，2019.

12. 孟德斯鸠．论法的精神．欧启明，译．南京：译林出版社，2016.

第九章
卢梭的政治思想

阅读与思考

卢梭一生，皆是文本，有在一个不正义的社会里试图过上正义生活的悲凉、愤怒和疏离，也有心存美好向往重建一个理想和正义的国度的精神坚持和理论努力。卢梭的政治著作，首推《论人类不平等的起源和基础》和《社会契约论》。前者充满对封建专制和私有制的强烈批判和斗争精神，一针见血地指出人类的不平等并不是自然的准则，而是制度腐败的产物；后者运用抽象的社会契约理论说明一种正当的和理想的国家的起源和本质问题，首次提出了人民主权的思想和原则，"人是生而自由的，但却无往不在枷锁之中"的名言更是被遐迩传诵。在晚年所著的《忏悔录》和《卢梭评判让-雅克：对话录》中，卢梭以惊人的坦白和满腔的悲愤为自己辩护、向迫害反击。研究卢梭的政治思想，需要关注和思考两条基本线索：一是在西方近代的社会契约学说中，霍布斯、洛克运用社会契约思想解释社会和国家是如何形成的，而卢梭的社会契约思想则是阐释未来理想的国家和社会应该是怎样的；二是卢梭与当时启蒙时期几乎所有重要的思想家或友或敌、先友后敌的经历，以及后世不同思想家因对法国大革命的不同评价而对卢梭政治理论的赞颂或批评，提醒我们要在不同的历史和理论评价中甄别和辨识一个政治思想家的精神特质和历史贡献。

关键词

平等　社会契约　人民主权　公意

第一节　生平、著作和时代背景

一、生平与著作

让-雅克·卢梭（Jean-Jacques Rousseau，1712—1778），18世纪法国启蒙运动时期独树一帜的伟大思想家、文学家，法国资产阶级革命思想的先驱者。

1712年，卢梭出生于日内瓦一个贫穷的钟表匠家庭，祖父是法国人。当时，日内瓦以手工业发达而著称，是一个民主政体的城市共和国。日内瓦的社会政治生活对卢梭政治思想的形成起了十分重大的作用。他赞扬日内瓦共和国的国家制度是一种充满了“最高的智慧”的制度，执掌最高权力的人和人民具有共同的利益。卢梭始终以是一名“日内瓦公民”而骄傲，声称他有作为“一个自由国家的公民和有主权的人民的一分子”的权利。他还特别把《论人类不平等的起源和基础》题书“献给日内瓦共和国”。可以说，是日内瓦哺育了卢梭，造就了他对上帝和共和国双重的爱、双重的信仰。卢梭出生不久便失去了母亲，由于家境贫寒，他从未受过学校系统的正规教育。卢梭从小爱和父亲一起读书，母亲留下的书籍成了他童年快乐的源泉，特别是普鲁塔克的《希腊罗马名人传》，其中古代希腊罗马的英雄故事影响了他“爱自由、爱共和的思想”与“倔强高傲以及不肯受束缚和奴役的性格”[①]。卢梭10岁时被父亲遗弃，开始了长期漂泊、寄人篱下的生活，他当过仆役、学徒，从事过各种各样的低下职业，只有在读书与淳朴的农村生活中，他才能找到生活的避难所，这使他终生推崇小手工业者、农民的劳动者地位与淳朴的道德风尚。1728年，卢梭在法国一个优美的小镇安纳西（Annecy）遇见了对他人生有着重要影响的华伦夫人，并受其资助去意大利学习。1732年后，卢梭就开始在尚贝里的华伦夫人家寄居，过了十余年的乡村生活。这期间，他涉猎华伦夫人所藏学术著作，思考和研究各类问题。这段相对平稳的生活使卢梭的思想和性格逐渐定型。1741年秋，卢梭带着他的新式记谱法[②]以及戏剧剧本《娜尔西斯》到巴黎谋生，本指望靠这些东西能带给自己一笔可观的收入，结果却一无所获。在这里，他结识了丰特奈尔、霍尔巴赫等法国启蒙运动思想家，并与狄德罗建立了更为亲密的关系，这段关系持续了15年之久，对卢梭的思想和活动有很大影响。1743—1744年，卢梭担任法国驻威尼斯大使秘书，在此期间，他阅读了从古希腊柏拉图、亚里士多德到近代荷兰格劳秀斯和英国洛克等人的大量政治学著作，开始关心社会政治问题。有一个时期，他同狄德罗经常参加霍尔巴赫的定期家庭聚会，还参与了《百科全书》的撰写工作。

1749年夏，卢梭看到《法兰西信使》杂志登载了第戎科学院的征文题目《论科学与艺术的复兴是否有助于使风俗日趋淳朴》，他一时有感，思绪万千，决意应征。次年7

---

① 卢梭．忏悔录．黎星，范希衡，译．北京：人民文学出版社，1982：7.

② 即现在通行的简易记谱法。卢梭的这一发明已成为与五线谱并行的两大记谱法之一。

月，卢梭的应征论文《论科学与艺术》荣获首奖。卢梭也因此声誉大震，名扬法国，成为文坛上风靡一时的人物，这是卢梭一生的重大转折。他决定改变自己的生活方向，放弃对财富和荣誉的追求，并以实际行动践行这些原则，在财富和荣誉面前，始终保持着独立不羁的品格。《论科学与艺术》是卢梭早期最重要的一部作品，不仅标志着他早期反封建思想的形成，其中也蕴含了他以后一些思想的萌芽。在论文中，卢梭对18世纪法国封建专制制度下上层社会的虚伪与腐朽进行了有力的抨击。他指出，当时的社会是建筑在不平等基础上的，贵族的豪华生活是以人民的贫困为前提的，文化是为腐朽的贵族阶级服务的。他把文明社会与自然状态完全对立起来，认为人天生是自由平等的，而在文明社会里却无法找到平等和自由。在文明社会中，由于科学、艺术、文化同财富、奢侈密切联系在一起，它们不但无助于敦风化俗，反而会伤风败俗。卢梭痛斥了贵族的富有、奢靡和腐化，赞扬了劳动者的淳朴和美德。他大胆地主张以自然、善良的天性代替文明的“罪恶”。卢梭的目的无疑是要通过历史上许多由富而奢、由奢而亡的事例，指责当时的统治阶级，痛斥社会的腐败和丧失道义，揭露贵族与富人的奢侈生活是法国社会罪恶的根源。

1753年，第戎科学院又发表了以《人类不平等的起源》为题的征文启事，卢梭被这个意义深远的题目所触动。为了撰写应征论文，他到凡尔赛附近的一个风景区——圣日耳曼做了一次为期七八天的旅行，他“钻到树林深处，在那里寻找并且找到了原始时代的景象”，他发现“人的苦难的根源就在于人的所谓进化”，他的灵魂被“崇高的沉思默想激扬起来，直升腾至神明的境界”①。1755年4月，卢梭重要的理论名著《论人类不平等的起源和基础》在荷兰阿姆斯特丹出版。这一作品，就其思想深度和影响来说，都远远超过了第一篇征文，标志着卢梭的思想已经进入了成熟时期，充分表现出他作为封建制度的叛逆者的战斗精神。在《论人类不平等的起源和基础》一书中，卢梭系统地阐发了他的社会发展观和平等观，坚决反对封建等级制，反对社会不平等。他通过对人类历史文明发展过程的分析，指出私有制是人类不平等的起源和基础，社会不平等现象并不是像御用理论家宣扬的那样是自然命定的，而是与自然背道而驰的。他由此得出结论：那些允许少数人压迫多数人、压制人的个性发展、忽视自然法则的社会制度，都是没有权利存在并且应当毁灭的。在这部著作中，卢梭也对其第一次应征论文中某些不正确的提法做了修正，不再把科学、艺术视为一切罪恶的根源，而是认为文明社会的贫困、奴役及全部罪恶都是建立在私有制的基础上，科学虽然会带来奢侈，但它毕竟是社会进步的产物，本身是无罪的，罪恶是根源于科学所赖以存在的腐败社会和国家制度。

1756年，卢梭完全厌倦了巴黎的生活，移居到蒙莫朗西的一处宅邸。1761年，卢梭的著名长篇小说《新爱洛伊丝》（或译为《朱丽》）发表，轰动了法国文坛。这是他的一部颇有影响的文学作品，在法国文学史上占有重要地位。小说以书信形式写成，通过一个动人肺腑的爱情悲剧，揭露出封建等级压抑人的自然情感的罪恶，并揭示了“自然道德”与封建道德的尖锐对立，针对贵族的虚伪道德提出了一种合乎自然情感的家庭道德，针对色情和荒淫提倡一种更纯洁、更健康的情感生活。卢梭因此书而被法国后期浪漫派

① 卢梭．忏悔录．黎星，范希衡，译．北京：人民文学出版社，1982：349.

诗人拉马丁称为“法国第一位情感作家”。

1762年，卢梭的政治学代表作《社会契约论》问世。这部书是卢梭原计划写作的《政治制度论》的一部分，它概括了卢梭政治学说的基本原理，提出了一个民主的、平等的社会政治制度原则。卢梭的这部著作既承接着又明显区别于《论人类不平等的起源和基础》一书的基本观点和逻辑，他用抽象的社会契约理论来说明一种正当的和理想的国家的起源和本质问题，并首次提出了人民主权的思想和原则。《社会契约论》是卢梭思想最深刻、最成熟的著作，也是世界政治学说史上最著名的古典文献之一。

同年6月，卢梭以小说形式写作的论教育的专著《爱弥儿》问世。这部书是卢梭经过20年的思考，用了3年的时间写成的他认为最满意、最系统的一部著作。它不仅是教育学名著，而且还阐发了卢梭的哲学、政治、宗教和伦理思想。他认为要建立一个美好社会，必须改造个人。卢梭从其自然哲学观点出发，主张服从自然的永恒法则，信奉听任人的身心自由发展的“自然教育”。他认为封建社会使人堕落变坏，这种社会里也必然会产生堕落的人。他诉诸普通人内心淳朴的感情，运用直抒胸臆的生动笔触，批判封建专制制度，完全否认国王和贵族的特权地位，指责天主教神学，否定封建教育制度。他毫无忌讳地指出：“危机和革命的时代已经来临”，“这个秩序是不可避免地要遭到革命的”[①]。卢梭对法国封建专制的激烈批判，集中地代表了第三等级中广大的小资产阶级劳动者的革命呼声。

《爱弥儿》一书的出版，引起了反动当局对卢梭的迫害。巴黎天主教会发出声讨书，法院下了通缉令，书被当众烧毁，有人甚至扬言要烧死卢梭。灾难主要起因于《爱弥儿》的第四卷——《一个萨瓦省牧师的信仰自白》，卢梭曾希望以此为长期以来互相斗争的基督教徒和哲学家提供和平，向他们宣传宽容精神，而这部著作却促成他所谓的“无神论者的狂热”和“迷信盲从者的狂热”双方结成了反对他自己的联盟。卢梭开始四处流亡，面对四面楚歌的处境，他感叹道：“全欧洲都起来咒骂我了，其愤激之情，真是史无前例。……我成了一个反教分子、一个无神论者了，一个狂人、一个疯子了，一头猛兽、一头豺狼了。”[②] 在数年辗转流徙生涯中，卢梭陆续写了《山中来信》《科西嘉制宪意见书》《论波兰的治国之道及波兰政府的改革方略》等著作，进一步阐述保护人民主权原则。

直到1770年法国当局宣布对他赦免后，卢梭才回到巴黎定居，靠誊抄乐谱糊口，过着孤独凄凉的生活。这一年，他怀着悲愤的心情完成了他在颠沛流离的逃亡生活中断断续续写成的自传《忏悔录》。这是卢梭晚年在四面受敌的情况下，反映自己一生种种境遇和内心状况，为自己的存在进行辩护的一部作品。1776年，卢梭又在愤激之情中写成了一篇幻觉式的《卢梭评判让-雅克：对话录》。同年，他开始写最后一部作品《一个孤独漫步者的遐想》。这部作品还没有写完，1778年7月2日，卢梭因大脑浮肿与世长辞。然而，无论是就历史还是事实而论，自以为永远孤立于世的卢梭，并没有被世界抛弃，他以自己的光辉理论点燃了人们思想的火炬，赢得了后人的尊敬和热爱。

---

① 卢梭．爱弥儿．李平沤，译．北京：商务印书馆，1978：260.

② 卢梭．忏悔录．黎星，范希衡，译．北京：人民文学出版社，1982：525.

二、时代背景

卢梭生活在18世纪法国大革命的前夜，法国正处于路易十四的封建专制统治之下。当时，法国资本主义经济已得到了惊人的发展，贸易、工业和制造业的迅速兴起使得从事这些行业的阶级成为重要的社会力量。然而，法国经济构成仍然以农业为主，在极端的封建专制统治之下，社会和政治状况远远不能满足资产阶级利益的需要，以高压税收政策为主要内容的封建桎梏阻碍着资本主义经济的进一步发展。在法国，第一、第二等级仅占总人口的2%，却拥有约35%的土地，并享有各种特权，税收负担全部落在第三等级尤其是农民的肩上。新兴的资产阶级更希望获得与他们日渐增长的经济力量相称的政治权力和社会声望。这样便形成了两股对立的政治力量：一个是由以国王为首的高级僧侣和封建贵族组成的第一、第二等级集团；一个是由农民、城市平民和新兴资产阶级所组成的反对封建专制制度的整个第三等级的联盟。这两股政治力量的不断斗争造成了法国封建专制社会危机四伏、摇摇欲坠的政治局面。

在思想领域，法国在18世纪进行了一场轰轰烈烈的启蒙运动。卢梭与伏尔泰是同时代人，同作为启蒙思想家，他们的思想都与大革命前法国的社会政治、经济情况密切联系在一起，反映了时代的精神。谈到卢梭，人们无法回避卢梭与伏尔泰和以狄德罗为代表的百科全书派的思想分歧，不能无视存在于卢梭与整个启蒙运动思想家之间的巨大沟壑。伏尔泰是包括百科全书派在内的法国启蒙思想家群星中最灿烂的明星，卢梭却是孤身一人、单枪匹马地进行战斗。伏尔泰、狄德罗、达朗贝尔、霍尔巴赫和爱尔维修等人极力赋予新精神的否定方面人性，致力于对旧社会及其偏见与弊端的抨击；而卢梭则进一步描述了建设的方面，肯定了新的信仰，宣布了共和国的到来。

在现实世界，反专制的共同愿望虽然联合了不同的阶级与阶层，但各阶级、阶层的利益不可能完全一致，这势必在理论及思想方面产生不同的代言人。卢梭是作为广大的下层劳动者，尤其是小资产阶级的思想代表登上历史舞台的。卢梭的政治思想不仅把矛头直指封建专制制度，也指向了以伏尔泰和百科全书派思想为代表的大资产阶级。

第二节　自然状态理论与平等思想

卢梭指出："人是生而自由的，但却无往不在枷锁之中。自以为是其他一切的主人的人，反而比其他一切更是奴隶。"① 这一富含深意的命题，体现了卢梭与同时代其他思想家的不同之处，从中也可以看出，在政治思想的开端处，卢梭所注意的便不是现在而是人类过去的幸福、自由状态，以及由这种状态所抽象出的人类的真实本性，并旨在未来建立一种能够真正实现平等、自由的民主政府。在卢梭看来，实现个人自由是离不开个人之间的某种平等关系的，没有这种平等，自由便不能存在。因为他认为无论在逻辑上

---

① 卢梭．社会契约论．修订第2版．何兆武，译．北京：商务印书馆，1980：8.

还是在事实上，自然状态中的人们都是平等而自由的，而在自然状态发展演变到社会状态之后，“平等”的丧失使得自由也不复存在了。

一、逻辑的与历史的自然状态

与启蒙时代的其他思想家相类似，卢梭也采用了“自然状态-社会契约”的思考方式来构建其政治理论，但与霍布斯、洛克等人不同的是，他并没有完全肯定自然状态的历史真实性，而是在并不十分明晰的逻辑假设和历史真实这两种意义上来阐述其自然状态学说的。

逻辑意义的自然状态表现为一种理论假设，是卢梭为了探究事物的性质而进行的假定和推理。卢梭在《论人类不平等的起源和基础》（以下简称《论不平等》）中多次阐明了这一状态的假设性质，他写道：“我不过开始进行了一些推理，大胆地做出了一些猜测”，“我们首先要把一切事实撇开，因为这些事实是与我所研究的问题毫不相干的。不应当把我们在这个主题上所能着手进行的一些研究认为是历史真相，而只应认为是一些假定的和有条件的推理。这些推理与其说是适于说明事物的真实来源，不如说是适于阐明事物的性质”①。“某些假定……如无历史可考，则应由哲学来确定那些能起联系作用的类似的事实。”② 他以一种并不完全肯定的口吻表达了“纯粹自然状态”这一逻辑意义的自然状态是一种“现在已不复存在、过去也许从来没有存在过、将来也许永远不会存在”③ 的状态的想法，在这一意义上它不过是旨在阐明事物性质的假设状态，是一种力图接近历史真实的抽象假说，是用推理和大胆猜测的方法进行的人类实验。卢梭在《论不平等》中把自然状态划分为两个发展阶段，即“原始状态”（纯粹自然状态）和“人类的青春时期”，其中作为自然状态第一个阶段的“纯粹自然状态”或“原始状态”体现出逻辑意义与历史意义相互重叠的特征，卢梭既强调了自然状态（主要是纯粹自然状态）所具有的抽象性和假设性特征，又在一定程度上模棱两可地描述和阐释了自然状态的历史真实性。一些学者也基于这一原因认为卢梭把自然状态视为一种历史真实和理论假设的结合体。

卢梭认为，人类本身因时间和事物的推移不断变化，自然人与社会人有很大区别。如果公民社会不是自然的，那么我们只能到前公民社会的时代中去寻找人的自然形象。卢梭要把自然人的本性中所固有的东西，同环境的变化及人的进步（人在其原始状态上所添加或改变的东西）加以区别，要从人类现有的性质中辨别出哪些是原始的、哪些是人为的。与同时代的许多思想家一样，卢梭的自然法理论也是建立在其人性论基础之上的。他在《论不平等》中谈到自己的研究宗旨时指出，他要论述的是人，并宣称他是为人类辩护的。他认为，要认识人类社会的政治问题，包括人与人之间不平等的起源，首先要从认识人本身开始。卢梭是通过自然状态来认识人性的，并由自然状态向社会状态

---

① 卢梭．论人类不平等的起源和基础．李常山，译．北京：商务印书馆，1962：63，71.

② 同①110.

③ 同①63.

的过渡来阐明人类社会不平等的起源，进而奠定了他的整个政治哲学体系的基础。卢梭对人性问题的看法既不同于霍布斯关于人性恶的假设，也不同于洛克的人性“白板说”，而是持有一种更为复杂的观点，他认为存在着一种自然的“人性”，但这种“自然的人性”又会随着人类社会的发展和政治制度的变化而改变，呈现为某种“社会的”而非“自然的”“人性”，它在社会和政治意义上就表现为人对人的压迫与奴役，而在卢梭所设想的“共和国”之中人们又会恢复这种善良的“自然人性”。近代许多思想家如格劳秀斯、斯宾诺莎、霍布斯和洛克等人，也都试图将政治权力建立于前政治的自然权力基础之上。但在卢梭看来，他们从没有成功地达到原始的自然状态。卢梭认为，这些思想家在描述自然状态中的个人时，事实上描述的是生活于公民社会中的人，他们试图去掉人的社会属性，却使自然人身上表现出很多得自共同体生活的特征，诸如嫉妒、不信任、贪得无厌和所谓“理性”。卢梭尤其反对霍布斯的自然状态学说，他甚至认为霍布斯描述的自然状态就是他要描述的社会状态的样子。

卢梭从人的起源来观察人类，亦即从人的最初胚胎时期来研究人类。他首先把与他研究问题毫不相干的一切事实撇开，推定人类从古以来，其身体构造就如我们今天所见的一样：用两足行走，双手做事，目光射向整个大自然，用眼睛测度广阔无边的天空。从整体上来说，自然人是一切动物中构造得最为完善的动物，但当他刚从自然中生长出来时，他比某些动物微弱，也不如另一些动物敏捷，他的需要的满足都是靠自然界提供自然物。人不像禽兽那样只有固定的本能，而是能逐渐取得各种禽兽的本能，因此，人比其他任何一种动物都更容易觅取食物。自然人的身体是他自己所知道的唯一工具，他把它用于各种不同的用途。自然人是孤独的、清闲的，自我保全几乎是他唯一关怀的事情，但他不像霍布斯所理解的那样是自然而然地敌视他的每个同类的贪婪的野兽。除了出现生存必需品的匮乏这样的情况外，他没有必要与自己的同胞战斗。实际上，自然人只有通常很容易满足的最简单的需求。只有具有远见而又有超过自然需要的存在物才追求财富。因此，洛克所说的“勤奋”的自然人也是从已经发展了的社会中引出的构造物，而不是真正意义上的自然人。

卢梭提出两个先于理性而存在的原理：一是关切自身的幸福和自我保全，二是对自己同类的苦难的某种同情或怜悯，这是自然人的两种基本激情。人类的精神活动能使这两个原理相互协调并且配合起来而形成自然法的一切规则，只是后来由于理性的不断发展，窒息了人类的天性，这些规则才不得不重新建立在别的基础上了。在原始状态中，不存在社会人所谓的善或恶，既无所谓邪恶也无所谓美德，“阻止他们作恶的，不是智慧的发展，也不是法律的约束，而是情感的平静和对邪恶的无知”[①]。卢梭尤其不能想象霍布斯的“人天生是恶的”说法，他认为人类具有唯一的自然美德是：建立在这两个原理尤其是自然的怜悯心基础上的自然情感。自然人在精神上或本性上是平等的，即使有生理上的不平等，那也没有什么意义，因为自然人是“孤独的”，个人之间根本没有交往。从人的自然状态也无法得出任何人统治另一些人的权力。强者的权力根本不是什么权力，因为：第一，被奴役者总可以造反，强者对弱者的征服不能建立任何道德义务；第二，

① 卢梭．论人类不平等的起源和基础．李常山，译．北京：商务印书馆，1962：99.

在自然状态中一个人绝不能奴役另一个人，因为一个人根本不需要另一个人。家庭也并非提供政治权力的源泉，因为自然状态下没有家庭。男女之间的关系是偶然的，母亲本能地照顾孩子，直到他们强壮到足以照顾自己，其中没有任何权威或责任。

卢梭还从他所谓的“形而上学”和“精神”方面对“自然人”这种“孤独、愚昧的野蛮人”进行了观察。他认为人和动物都无非是一部精巧的机器，有两个特征取代理性使人和动物区别开来。其一，人的自由主动者的资格，是意志的自由。自然支配着一切动物，禽兽总是服从于因环境决定的习性而生活，人虽然也受到同样的支配，却自认为有服从或反抗的自由，而人特别是因为能意识到这种自由，因而才显示出他的精神的灵性。其二，人最不受质疑的特征是自我完善的能力。人是唯一能够逐渐地改进自己的官能并且将这种改进传给所有同类的存在物，这种能力借助于环境的影响可以不断地促进所有其他能力的发展。卢梭认为，自然的“野蛮人”所拥有的这种自我完善的能力是人类社会发展的原动力，他感叹道：“这种特殊而几乎无限的能力，正是人类一切不幸的源泉；正是这种能力，借助于时间的作用使人类脱离了它曾在其中度过安宁而淳朴的岁月的原始状态；正是这种能力，在各个时代，使人显示出的他的智慧和谬误、邪恶和美德，终于使他成为人类自己的和自然界的暴君。”[①] 自然人在“意志自由”与“自我完善化的能力”这两个基本特征之外，几乎没有什么别的属性，有的只是纯动物性的机能，一切都没有终结而只有可能性。

在原始的自然状态，“漂泊于森林中的野蛮人，没有农工业、没有语言、没有住所、没有战争、彼此间也没有任何联系……只过着无求于人的孤独生活”[②]。但是这种纯粹的自然状态，由于其既作为理论假设，又倾向于真实的描述而需要历史的连续性，便不可避免地会陷入矛盾之中。其中最重要的一点是卢梭在自然人身上完全摒弃了社会性，语言的需要和产生也就成为难以理解的问题，甚至生产力的些许进步都是不可能的。卢梭认识到了这一点，但他宁愿悬疑或用“偶然的外部原因”等说法在这个问题上含糊其词。于是，人类的历史继续向前发展，“在达到自然状态的终点以前，需要已经有了很大的进步，获得很多的技巧和知识，并把这些技巧和知识一代一代地传授下去，使它们不断增加起来”[③]。这时，人类便进入了自然状态的新阶段。

卢梭所描述的自然状态分为两个阶段，第一阶段就是“纯粹自然状态”或“原始状态”，第二阶段相当于当时在美洲和非洲发现的野蛮人所处的状态，是一种前国家状态，卢梭确信那曾是人类真实的历史时期，他称之为人类的“青春时代”。人们通常把前者称作卢梭意义上的一般的“自然状态”。

这个自然状态的新阶段不同于原始状态，它是国家和社会形成前的时期，“恰恰处于界乎原始状态中的悠闲自在和我们今天自尊心的急剧活动之间的一个时期”[④]，人类的技能也已得到很大的发展。它虽然是人类走向文明，也就是走向不平等和邪恶的第一步，但是那时人们的需要很有限，仍然过着简单的、很少来往的生活，过着本性所许可的自

① 卢梭．论人类不平等的起源和基础．李常山，译．北京：商务印书馆，1962：84.

② 同①106.

③ 同①112.

④ 同①120.

由、健康、善良而幸福的生活。它不像那种怠惰鲁钝的原始状态，也不像自私愚蠢的社会状态，而是保持着正确的中道。卢梭极力赞美这一状态："这应该是最幸福而最持久的一个时期。对于这一点我们越加深思，便越觉得这种状态极不易发生变革，而且也是最适合于人类的一种状态。……我们所发现的野蛮人，几乎都是处在这种状态。从他们的事例中，似乎可以证实：人类生来就是为了永远停留在这种状态。这种状态是人世的真正青春，后来的一切进步只是个人完美化方向上的表面进步，而实际上它们引向人类的没落。"①

从自然状态的逻辑意义来看，卢梭是以抽象推理的方式，剥去了人的一切社会属性，从而得到一个纯粹的自然人，以便阐明人类个体的和社会的本质属性，这也是他把这种自然状态称为"纯粹自然状态"的重要原因。人类在纯粹自然状态中的突出特征是处于"孤独、愚昧的野蛮人"的境地，"孤独"表明"人类"在真实的本性上是一种原子式的个体性存在，任何"类"的属性都是后天形成的；"愚昧"表明人类在自然状态下处于理性发展的低级阶段。卢梭反对大多数自然法学派理论家关于"人具有天然的社会性"的观点，他把纯粹自然状态和社会状态完全对立起来，认为自然人是平等、自由、自足的，与其说他们的平等和自由是因为他们遵循着指导人们相互关系的"自然法"，不如说主要是因为人们很少有或几乎没有任何的"相互关系"。卢梭认为"孤独、愚昧的野蛮人"所处的状况是一种真正意义上的"自然状态"，没有其他任何思想家"曾经追溯到这种状态"，因为他们设想的自然状态都是某种程度的"社会状态"②。

历史意义的自然状态在自然状态的"原始状态"和"青春时期"这两个主要的且较为稳定的阶段当中都有体现，尤其后者更是主要体现为历史意义的自然状态。"青春时期"作为第一阶段"自然状态"的延续，它是建立现实社会契约的必要过程，但它又不同于"自然人"所处的原始状态，而是一种新的"社会"状态或"准"社会状态，因为此时家庭和私有财产已经出现，人类存在着较为固定的社会关系，它处于原始状态与充分的社会状态之间，也可以视为一种"不充分的社会状态"。从历史的角度看，卢梭把早期人类社会的发展演进过程划分为三个阶段，即从原始状态、青春时期到政治社会或国家，这与同时代其他自然法学家的"自然状态-政治社会"的两分法颇为不同。卢梭除了从逻辑意义的自然状态出发来论证契约社会或共和国的正当性之外，还基于历史意义的自然状态对现存国家进行了批判。也就是说，卢梭认为从自然状态的历史发展过程来看，现存国家都是不正义的，这是他阐述自然状态历史属性的一个重要原因。

卢梭对自然状态（原始状态）的描述，其目的首先是要表明，人类在本性上是平等的，在一无所有的人们之间难以形成从属关系的锁链。人们进而也会了解，只是由于人们的相互依赖和使人们结合起来的种种相互需要才会产生奴役，自然的不平等又由于人为的不平等而进一步加深了。

---

① 卢梭．论人类不平等的起源和基础．李常山，译．北京：商务印书馆，1962：120.

② 同①71.

二、私有制是人类社会不平等的起源和基础

卢梭认为人类社会有两种不平等：一是自然的或生理上的不平等，二是精神上的或政治上的不平等。他所关注的是第二种不平等现象。

卢梭在论述自然状态时强调，人的自我完善能力促进了人类理性的发展和智慧的进步，致使财富增加并最终导致私有财产出现，使人类脱离自然状态进入社会状态。卢梭通过平等的自然状态与不平等的社会状态的对比，把不平等产生的原因转化为社会状态形成的原因。他认为，私有财产的出现是建立社会的真正原因，而私有制就是不平等产生并得以合法化的根源。

卢梭形象地写道："谁第一个把一块土地圈起来并想到说：这是我的，而且找到一些头脑十分简单的人居然相信了他的话，谁就是文明社会的真正奠基者。假如有人拔掉木桩或者填平壕沟，并向他的同类大声疾呼：'不要听信这个骗子的话，如果你们忘记土地的果实是大家所有的，土地是不属于任何人的，那你们就要遭殃了！'这个人该会使人类免去多少罪行、战争和杀害，免去多少苦难和恐怖啊！"[①] 但是卢梭认为，私有财产的出现仍然是人类社会发展的一种必然趋势，所以他在伏尔泰嘲笑他让人用四只脚走回森林去的时候说，难道必须毁灭社会，取消"你的"和"我的"这种区别，再返回森林去和熊一起生活吗？他说这是按照他的论敌的想法得出的结论，他的论敌应该为得出这样的结论而感到羞愧。卢梭这里意指：他在《论不平等》中描述了现存政治社会的性质和这种社会的"客观"的发展演变规律，他否认这种社会制度的正当性并不意味着只有简单的历史倒退才是解决问题之道，《社会契约论》中以保护私有财产为前提条件的"公民共和国"则是卢梭所提出的理想政治社会的模板。

卢梭认为私有观念由许多在自然状态新阶段陆续产生的"先行观念"演变而来，如自尊、履行义务的粗浅观念、家庭的观念、虚荣心等。出于自我保全的最原始关怀，人类本能地去利用自然所供给的一切必要的东西，而人类的繁衍又使自然带来的痛苦随着人数的增加而增加，这要求他们具有一种新的技巧，人们发明了捕鱼、狩猎和火的使用等方法，这种发展中产生的新知识，使人增加了并被人认识到他比别种动物所具有的优越性，这样，人便产生了最初的自尊感觉。因为追求幸福是人类活动的唯一动力，所以人们能够区分两种情况：由于共同利益他可以指望同类的帮助，由于彼此间的竞争他不能信任同类。在第一种情况下，他和他的同类结合成群；在第二种情况下，他又会使用强力或智巧对付同类。卢梭说，人类就是这样在不知不觉中获得了有关相互间的义务以及履行这些义务的好处的粗浅观念。这时，语言也因为交流的需要而产生了。人类的智慧越发达，技巧也越完善，他们随后又学会了建造木屋。卢梭认为，这是第一次变革的时代，它促进了家庭的形成和家庭的区分。家庭的出现使某种形式的私有制也随之产生，尽管它是一种不稳定的、缺乏法律基础的私有状态。家庭的观念是促使私有观念形成的最重要的一种"先行观念"。随着人们之间的关系日益紧密，每个人都开始注意别人，也

---

① 卢梭．论人类不平等的起源和基础．李常山，译．北京：商务印书馆，1962：111.

愿意别人关注自己，公众的重视具有了一种价值，虚荣心就是追求这种价值的结果。

卢梭并不认为这些“先行观念”能够自然地形成私有观念，他用生产力的发展来解释历史。这里，他是以历史唯物者的观点来进行推理的。他认为，冶金术和农业的发明引起了人类社会的巨大变革，“使人文明起来，而使人类没落下去的东西，在诗人看来是金和银，而在哲学家看来是铁和谷物”①。农业的发展使其他各种技术的发明成为必要，这时又需要另外一些人来养活那些从事专门行业的人。社会分工在私有制的形成过程中起到了重要作用，因为，当人们仅从事一个人能够单独操作的工作和不需要许多人协助的手艺的时候，他们还处在幸福的自然状态，还处在人类的黄金时代，他们还继续享受着无拘无束地自由交往的快乐。与此同时，土地的耕种必然会导致土地的分配，年复一年的农业劳动很容易使劳动者因连续占有而把土地转化为私有。随着分工和交换的发展，人与人之间的差异就更加显著和持久，并且在同样的比例上开始影响着人们的命运。卢梭说，事情发展到这种程度，其余的也就不难想象了，私有现象和私有观念便成为自然的了。竞争、倾轧和利害冲突使人人都藏着损人利己之心，富人的豪夺、穷人的抢劫和人们毫无节制的情欲使人变得吝啬、贪婪和邪恶，新产生的社会就是人类最可怕的“战争状态”，这一切灾祸都是私有财产的第一个后果。

卢梭认为，私有制是富人最深谋远虑的计划，是富人对穷人的骗局，这种制度对富人之有利正如同自然法对富人之有害一样。富人为了保证自己对财富的拥有能够建立在一种确定的、正当的权利之上，向他的邻人诉说了以契约的方式建立社会的动听的话语：把所有人的力量集结成一个至高无上的权力，并依据明智的法律来治理人民，保障弱者不受压迫，保证每个人都能占有属于他自己的东西，使人民生活在永久的和睦之中，于是大家都去迎接那“花冠点缀着的枷锁”。卢梭说，确立私有制的社会及其法律就应当是这样起源的，它们给弱者以新的桎梏，给富者以新的力量，并且永远消灭了人的天赋自由，把保障私有财产和承认不平等的法律永远确定下来。于是，“自从一个人需要另一个人的帮助的时候起；自从人们觉察到一个人据有两个人粮食的好处的时候起；平等就消失了、私有制就出现了、劳动就成为必要的了、广大的森林就变成了须用人的血汗来灌溉的欣欣向荣的田野；不久便看到奴役和贫困伴随着农作物在田野中萌芽和滋长”②。

私有制使从前本是自由、自主的人，由于无数新的需要，不得不受整个自然界，特别是他的同类的支配——即使他变成了同类的主人，在意志自由的意义上却也变成了他同类的奴隶——使人成为社会人的同时，也使人成为邪恶的生物。从此，私有制就奠定了人类文明的基础，平等也变成了一件“最荒诞不经的事”③。

卢梭认为私有制是人类社会不平等的起源和基础，这区别于其他启蒙思想家强调政治权力和政府的形式是社会不平等的根源的普遍观点，他从经济制度和社会制度的层面来剖析社会不平等的原因，认为政治制度只是对既有的社会不平等的一种确认和保护。他反对霍布斯的“政府是从专制权力开始的”观点，他说专制权力不过是政府腐化的结

①② 卢梭．论人类不平等的起源和基础．李常山，译．北京：商务印书馆，1962：121.

③ 北京大学哲学系外国哲学史教研室．十八世纪法国哲学．北京：商务印书馆，1963：89.

果。即使政府是从专制权力开始的，由于这种权力的性质是不合法的，所以不能把它作为其他权利的基础，也不能把它作为人类社会不平等的基础。

三、不平等的三个阶段

卢梭认为人类不平等的发展经历了三个阶段，法律和私有财产权的设定是不平等的第一阶段，官职的设定是第二阶段，专制的不平等产生是第三阶段。

不平等的第一阶段，实际上是财富的不平等阶段，富人和穷人的状态是为这一时期所认可的。卢梭认为，人们通常是根据财富、爵位或等级、权势和个人功绩等方面的差异来互相评价，而各种不平等最后都必然会归结到财富上去，因为人们可以用它来购买其余的一切，它最有益于幸福。财富的不平等是各种不平等的基础。他说："人们所以会看见一小撮有钱有势的人达到了富贵的顶点，而群众却匍匐呻吟于黑暗和贫困之中，乃是因为前者对于他们所享有的一切，越是别人被剥夺的东西，他们才越觉得可贵，如果情况并没有改变，只要人民不再是贫困的人，他们也就不再是幸福的人了。"① 人类创造了财富，也就意味着创造了不平等，创造了不幸。而富人为了保全财富，引诱和欺骗穷人签订契约、建立国家，不平等便进入了第二阶段。

第二阶段就是政治的不平等阶段，强者和弱者的状态是为这一时期所认可的。无论是君主政体、贵族政体还是民主政体的国家，一切官员最初都是由选举产生的，法律构成了人们结合的纽带，官职的设置和官员的权力以根本法为依据，所以根本法一旦被基于财富的权力所破坏，官员们就丧失了他们的合法地位，人民就没有再服从他们的义务。人们之间不仅存在着经济上的不平等，也形成了统治者与被统治者的对立局面。后来由于选举而发生了党派之争，甚至燃起内战的火焰，于是人们又处于从前那种无政府状态的前夕，这是一个骚乱和灾难的时期。正是在这种混乱和这些变革之中，暴君政治逐渐抬头，它吞没了在政府中发现的一切善良和健全的东西，在法律的废墟上建立起它的统治。

不平等的第三阶段，是专制的不平等产生阶段，主人和奴隶的状态为这一时期所认可。在这种社会里，除了暴君之外一切个人都是平等的，因为他们在暴君面前都等于零，最盲目的服从是奴隶们仅存的美德，"臣民除了君主的意志以外没有别的法律；君主除了他自己的欲望以外，没有别的规则"②。人们会向暴君说："如果你命令我把利剑刺入我父亲的胸膛，刺入我的怀孕的妻子的脏腑，我终于要完成你的命令，尽管我的臂膀在反抗。"③ 善和正义的观念消失了，一切又回到最强者的唯一权力上来，回到了作为过度腐化结果的新自然状态上来——这种自然状态是法律意义上的自然状态，即一种缺乏普遍法律约束的社会状态。卢梭认为，暴君是以最强者的权力成为主人的，所以当他被同样的暴力驱逐的时候，他是不能抱怨的。卢梭号召人民进行以绞杀或废除暴君为目的的革命，通过革命建立起自由、民主、平等的共和国，因为一切事物都是这样按照自然的顺

---

① 卢梭．论人类不平等的起源和基础．李常山，译．北京：商务印书馆，1962：144.

② 同①146.

③ 同①.

序进行的。

在讨论法律意义上的自然状态时，卢梭“把自然状态等同于人们没有生活在合法统治下的情况”①，他认为不平等的第三个发展阶段即专制政治的不平等阶段最终将导致一种新的自然状态，因为建立在强者的权力基础上的统治秩序必将遭到臣民的反抗，当人民推翻暴君统治之后，社会在一定时期内类似于霍布斯意义上的一种无政府的社会状态或称之为一种（法律意义上的）自然状态。这种作为过度腐化结果的自然状态“是不平等的顶点，这是封闭一个圆圈的终极点，它和我们所由之出发的起点相遇”②。“终点”是法律意义的自然状态，“起点”就是逻辑的和历史意义的自然状态。逻辑自然状态存在于理论中，历史自然状态不可能再次重现，只有第三种自然状态即法律意义的自然状态有可能在人类社会出现，它是对现存政治社会的批判，也是实现理想政治社会即共和国的一种现实条件，于是这种逻辑、历史和法律意义上的自然状态也就被赋予了现实性。

卢梭对不平等的三阶段的描述，其矛头指向当时的君主专制制度，体现了他的政治思想的革命性和彻底性，为他后来的人民主权学说奠定了基础。

第三节　社会契约论

通过契约建立政治社会的观点与自然法理论一样，是18世纪最为流行的一种政治思潮。社会契约论是卢梭政治思想的核心部分。在这一学说中，卢梭构建了以社会契约为基础，充分实现自由、平等价值的理想共和国。而其中他对社会道德的推崇、主权在民的思想以及他独特的政治哲学思维方式更是对后世产生了深远的影响。

卢梭在《论不平等》中提出过一种历史意义的“契约”，这种契约使得现存的国家得以产生，与其说它是社会契约，不如说是一种“政治契约”，因为这种契约的重要内容就是确认统治者的统治地位，政府的形成和合法化是契约的核心条款，私有制的确立以及保护私有制的法律就是通过这样的“政治契约”而获得的。卢梭仅仅在《论不平等》中用少量的篇幅论及这种社会契约，将其视为富人欺骗穷人的契约，其目的就是使富人的统治合法化，使财富的不平等转变为政治的不平等。它在实质上作为一种“政治契约”，还因为一种“社会”状态（以人类的“青春时期”为代表）在该契约订立之前就已经长期存在了，签订契约不过是建立国家及其暴力机器并使之合法化的一种方式，因此，“政治契约”实质上是一种“统治契约”。这一契约使人们彻底丧失了自然状态中的天赋自由，在自然状态下“生而自由”的人们，在政治状态下却“无往不在枷锁之中”了。“统治契约”是使人类从社会状态过渡到政治状态的历史途径，而卢梭在《社会契约论》中所设想的社会契约则通过对一种抽象的约定做出理论阐释，为其理想共和国的正当性进行理论证明，这时，卢梭的社会契约论实际上就成为一种政治理论的或政治哲学的分析方法。

① 卢梭．社会契约论．修订第2版．何兆武，译．北京：商务印书馆，1980：80.
② 卢梭．论人类不平等的起源和基础．李常山，译．北京：商务印书馆，1962：145.

一、社会契约与道德的自由

人们因自我保全而有了联合起来的必要，并通过签订契约使自然状态过渡到社会状态，这是启蒙运动时期比较普遍的社会契约论观点，但卢梭主要从社会本身的性质来进行分析。他认为，社会只能靠契约来维系，正如作为政治社会原始模型的家庭在孩子成年后只能靠约定来维系一样，是得自事物的本性的，社会运行的一切规则也都需要追溯到一个最初的约定，不然，投票中的多数有什么权利为少数做出决定呢？因为多数表决的规则就是一种约定的确立，它假定了至少有过一次全体一致的同意。这种约定是社会的真正基础，卢梭的社会契约论就是分析这种全体一致的约定的性质与实现自由、平等的社会之间关系的政治理论。

卢梭所设想的社会契约是构建理想的政治社会的途径，他认为社会契约的目的或它所要解决的根本问题是："要找出一种结合的形式，使它能以全部共同的力量来维护和保障每个结合者的人身和财富，并且由于这一结合而使每一个与全体相联合的个人又只不过是在服从自己本人，并且仍然像以前一样地自由。"① 其中的关键是"每一个结合者不过是在服从自己本人"，它是社会契约的核心问题，卢梭的解决方法就是把每个结合者及其自身的一切权利全部转让给整个集体。这样，结合者在签订契约的时候，政治社会，也就是国家便产生了，它是一个"道德的与集体的共同体"。因为在自然状态中，孤独的自然人无所谓道德，他们有的只是出于怜悯心的自然情感，而在这种以社会契约为基础的共同体中"唯有当义务的呼声代替了生理的冲动，权利代替了嗜欲的时候，此前只知道关怀一己的人类才发现自己不得不按照另外的原则行事，并且在听从自己的欲望之前，先要请教自己的理性"②。道德，以合法的权利和义务为主要内容，包括铭刻在公民内心的"法律"——推崇善良情感的风尚、习俗和舆论，占据了卢梭的理想政治社会的重要位置。它是人类在社会状态中实现与自然状态同样"平等、自由"的保证，是区别于自然本能的理性道德，"唯有道德的自由才使人类真正成为自己的主人；因为仅有嗜欲的冲动便是奴隶状态，而唯有服从人们自己为自己所规定的法律，才是自由"③。嗜欲的冲动在自然状态下是人的自然的本能，而在社会状态下则成为使人类堕落下去的动因，人类越接近道德，政治社会就越完美，公民就越平等和自由。"公民社会需要道德，因为人的自然特征不足以内在地约束他去适应政治生活的严谨的需要，……建立公民社会的行为和建立道德或用责任约束其他人的行为没什么两样。"如果一个人不以道德为行事的标准，"他便在双重意义上放弃了自己的自由：其一，他仅仅是他的激情的工具；其二，他毁坏了公正社会的可能性并因此将自己置于他人的权力之下"④。卢梭说，那些想把政治和道德分开讨论的人将一无所获，因为公民是道德的存在物。同时，这种政治社会又是一个集体的共同体。它以整体代替了每个订约的个人，以同一个行为获得了它的统一性，

---

① 卢梭．社会契约论．修订第2版．何兆武，译．北京：商务印书馆，1980：23.

② 同①29.

③ 同①30.

④ 施特劳斯，克罗波西．政治哲学史：下．李天然，等译．石家庄：河北人民出版社，1993：675，678.

它就是一个公共的大我，以社会公约为生命、以法律为意志，是由全体个人的结合所形成的、在公共意志——“公意”的指导之下的公共人格。侵犯其中任何一个成员就等于侵犯整个共同体，侵犯共同体则不能不使它的成员同仇敌忾。这一集体的生命又造就了共同体的道德人格，公民的最高道德也就是爱国主义，它是其他一切道德的源泉[①]。

卢梭的“自然法”观念也明显有别于其他启蒙思想家，同时也是容易被人们忽视的一个理论特征。对于卢梭的理论来说，“契约社会”这一理想的政治社会不是自然的，正如他在《日内瓦手稿》中所说的，没有自然而然的普遍人类社会[②]，理想的、具有普遍意义的政治社会必然依赖理性的建构。我们由此也可以得出卢梭政治理论中的一个潜在命题：自然法既不是形成国家的动力，也不是由“自然状态”导向“公民社会”的法。以霍布斯和洛克为代表的启蒙思想家均认为，自然法一般包含着两部分内容：首先是自然人也就是理性人在自然状态中的行为法则和规律；另一部分内容则体现了人们组建政治社会和国家的必然要求。显然，卢梭没有遵循这一传统，因为这一传统中的自然法具有正当性和应然性的特征。卢梭不认为自然法是形成“国家”这一被其所批判的政治实体的动力，现实中不平等的政治社会不是自然法的结果，非正义的“政治契约”是基于人的自我完善能力以及财产私有制而形成的。自然法同样不会促使人们订立社会契约从而组建理想的公民社会，公民社会和社会契约依赖于一种“人为法”——这种“人为法”就是卢梭用来建构那种通过“公意”体现公民自由和利益的共和国的理性原则。卢梭自然法的主要内容所涉及的是“自我保存”以及人的自然情感，它们只是促使自然状态中的人类保持在该状态中的法则和力量，他认为这种原始状态应该是非常稳定的，只有某些重大的偶然事件才能使其发生改变。由自然状态过渡到公民社会，人们获得了自然法的等价物：“自我保存”为“共和国”的法律以及人们所获得的其他更大的保护自身的力量所取代，“自然的情感”则转变为具有极强伦理意义的“公民道德”。

卢梭的社会契约理论对公民共和国的论证实际上是从“纯粹自然状态”到“社会契约”的逻辑发展过程。卢梭在《社会契约论》中论述这个过程时这样表述：“由自然状态进入社会状态，人类便产生了一场最堪注目的变化；在他们的行为中正义就代替了本能，而他们的行动也就被赋予了前所未有的道德性。”[③] 由这句话可以看出这里的“社会状态”不是历史意义上的，而是依据结合的契约所形成的政治社会，也可以证明卢梭的契约论是以纯粹自然状态为逻辑基础的，也就是说它体现的是直接由纯粹自然状态过渡到政治社会的理论思考逻辑。在这一逻辑过程中，卢梭把自然状态中的“孤独的人”这种原子式存在的个人与契约社会中作为社会性存在的个人进行了对比，尽管两种类型的人所处的自然的和人为的生存环境存在着巨大差异，但二者的共同点是他们都是自由的人。卢梭试图将这两边画上等号——前者的自由是“自然的自由”（natural freedom）或译为“本性的自由”（在“纯粹”自然状态中“自然的”即“本性的”），后者的自由是“道德的自由”（moral freedom），二者虽有不同，但卢梭关注的是它们的共同点。与纯粹自然

---

① 萨拜因．政治学说史：下册．刘山，等译．北京：商务印书馆，1986：657.
② 卢梭．社会契约论．修订第 2 版．何兆武，译．北京：商务印书馆，1980：189－198.
③ 同②29.

状态这一初始状态中的人相比，把一切权利转让给了集体的订约者并没有失去任何个人所有物，他们不过是在服从自己本人，也就是说等式两边的核心要素都是自由。尽管孤立地考察《论不平等》一书可以得出卢梭所关注的问题是平等这一结论，但在《社会契约论》中，尤其是综合考察卢梭政治理论的逻辑体系之后可以确定，“自由”才是卢梭政治理论的核心概念。

卢梭认为，从原始状态到政治社会乃至国家解体的历史发展过程，表面上是人类由野蛮到文明的演进，实质上则是人类走向堕落的过程。卢梭一直对文明社会以及人类理性持一种批判态度，文明人不自由，因为人类理性的发展创造了外在于人但又凌驾于人的物的世界和复杂的社会关系，并使人成为这些人造之物的奴隶，这与卢梭所主张的“积极自由”存在着密切关系。不过，卢梭并未对理性以及人类社会的前景感到绝望。在他看来，在文明状态（社会状态）下实现自由仍具有可能性，理性的发展使野蛮人丧失了自由，而文明人最终仍需要依赖理性重获自由，重获的“自由”即取代“自然自由”而在共和国中得以实现的“道德自由”。作为自然人的两个基本特征之一的“意志自由”在“孤独、愚昧的野蛮人”身上并不能体现在人与人之间的关系层面，它只能体现为其对自身的自由支配即个人意志的自主性，卢梭认为自然人追随着自身的各种欲望而行动并不具有任何伦理“恶”的因素——甚至自然人由于其身处的环境也不可能呈现为“嗜欲”的动物，正如我们不能用“嗜欲”来描述自然界的动物一样。这与教父哲学家奥古斯丁关于“意志自由”的著名论述不同，卢梭第一次从政治意义上和世俗意义上阐述了“意志自由”问题，他的“公民共和国”也可以看作能够实现人的意志自由的政治社会，只有在这种社会结合形式中，处于人与人的关系之中的社会人才能够“像以前（自然人）一样自由”。在这个意义上，卢梭是明显区别于洛克的，在卢梭看来，国家不是实现个人自由的工具，而是自由本身，国家就是自由的实现。而卢梭在这里所谈的“意志自由”又与人的“善良意志”密切相关。从自然的“人性”角度来看，他一方面认为人具有善良的天性，“自然既然把眼泪赋予人类，就表示出，他曾赐给人类一颗最仁慈的心”[①]，自然的道德情感也是其自然法的核心内容之一；另一方面他认为“自然人”的这种“善感性”在人压迫人的私有制社会中却无法体现为“社会人”的本质，只有在卢梭式的“共和国”所实现的“道德自由”中才会使自然人的“善感性”或“善良意志”以社会状态的方式呈现为人的本质特征。

作为“道德的与集体的共同体”的基础，卢梭提出的社会契约有这样几个特点。第一，社会契约不是“在上者”与“在下者”，而是共同体中平等的个人之间的约定，政府乃至君主不是契约的主体，他们不过是人民的代理人。卢梭反对格劳秀斯和霍布斯的看法，认为人民签订契约无偿地把自己奉送给一位国王是荒谬的和不可思议的。第二，每个结合者都把自身的一切权利全部转让给共同体，这种转让是毫无保留的，所以对每个人的条件也就是平等的，而联合体也就会尽可能地完美，同时每个人也并没有向任何个人献出自己。第三，人们可以从任何一个结合者那里获得自己本身所转让给他的同样权利，这样人们就得到了他们所丧失的一切东西的等价物以及更大的力量来保全自己的所

---

① 卢梭．论人类不平等的起源和基础．李常山，译．北京：商务印书馆，1962：101.

有。这里我们可以看到，卢梭仍然把在自然状态中源于自然人本性的平等、自由价值作为社会状态这一新的生存方式所追求的目标，作为全体的最大幸福，人们所获得的等价物是“权利的平等”和“道德的自由”。第四，人民是共同体的主权者，也是国家的立法者。没有任何一种权力可以约束共同体，哪怕是社会契约本身，因为人民有解除契约的权利。这也是卢梭社会契约理论最为进步的地方。当契约解除时，人民又自动恢复了原来的所有权利，恢复了天然的自由。

“自由”和“理性”是卢梭政治哲学的核心概念和理解其政治思想的关键。在卢梭看来，理性或更准确地说人类“自我完善化的能力”是人与动物的一个重要区别。灵长类动物大都具有相当程度的智力，这在一定程度上模糊了人与动物之间的严格界限。但卢梭将人类理性所具有的无限发展潜能作为区别二者的关键，这种区别不是程度上的而是本质上的。卢梭在一般情况下是贬低人的这种本质的，认为能够“沉思”的文明人是堕落的、变了质的动物，原因在于文明人丧失了自然状态下的自由，而自由是卢梭全部理论的核心，他甚至强调“放弃了自己的自由，就是放弃了自己做人的资格”①。“自由”体现了人的本质，文明状态中的人实际上已经失去了“人”的资格，他们在本质上不过是奴隶。“自我完善化的能力”或“理性能力”是从生理上区分人与动物的标志，而“自由”则从伦理上使二者区别开来，当人类在生理上自诩为高于动物的存在时，他们往往在伦理上已经成为“堕落的”动物了。卢梭只在一种情况下对人类的理性持赞赏态度，即理性的人订立社会契约建立共和国，从而实现所谓“道德的自由”，这种“道德的自由”将使人在伦理上成其为人。卢梭的共和国的基础在于理性，在这一点上，他与启蒙运动的潮流是合拍的，不过他表现得更为激进，更具有理想主义、浪漫主义色彩。《社会契约论》表达了这样一个观念：历史上的社会存在着多种类型，但只有依据卢梭所言的结合方式而建立的理性政治社会才是实现自由的唯一途径。也就是说，理想的政治社会只能有一种形式。在卢梭设想的社会契约中，契约条款的任何修改都是不可能的。卢梭指出：“尽管这些条款也许从来就不曾正式被人宣告过，然而它们在普天之下都是同样的，在普天之下都是为人们所默认或者公认的”②，“使人们聚集的方法可以有千百种，但是使人们结合的方法却只有一种”③。契约的内容就是人类理性的普遍要求，它意味着，解决政治社会中既要服从国家权力又要保持个人自由这一问题的唯一途径就是建立卢梭的“共和国”。卢梭强调，人们为了实现“真正的自由”或“像以前一样自由”，必须通过“结合”的方式建立契约社会。其中，“真正的自由”就是纯粹自然状态模式下自然人的自由，这不是理性人选择的结果，而是一种逻辑的必然。人们考虑的核心问题是自由而不是其他物质性的基本“善”，正义的社会就是能够使其成员实现自由的社会；“像以前一样自由”是以追溯历史的口吻来说明契约社会的价值，也体现了自然状态的历史内涵与逻辑内涵的融合性关系，同时也表明了卢梭的信念：人类不退回到原始状态同样可以实现或恢复自由。

① 卢梭．社会契约论．修订第2版．何兆武，译．北京：商务印书馆，1980：16.

②③ 同①23.

二、公意理论

“公意”理论是卢梭的国家学说的理论基础之一，是《社会契约论》中的重要内容，也是其中招致非议最多的部分。

所谓公意，就是作为主权者的共同体——这个公共的大我、政治的有机体的公共意志。卢梭说：“我们每个人都以其自身及其全部力量共同置于公意的最高指导之下，并且我们在共同体中接纳每一个成员作为全体之不可分割的一部分”，“国家全体成员的经常意志就是公意”①，共同体作为一个整体、一个集体的生命只能有这一个意志。公意是公共利益的体现，是社会幸福的代表，它具有客观性，因为它永远是公正的、稳固不变的。人们之所以能够组成社会，是因为他们有着利益的共同点，正是这些共同的利益构成了政治社会的物质基础。在这一基础上，公意成为衡量一切的标准。

卢梭把政治社会的意志分为四种，即公意、个别意志或私意、团体意志和众意。个别意志是公民的个人意志。个别意志可能与公意完全相反，或者他只愿享受公民的权利而不尽臣民的义务。这时，对拒不服从公意的人，全体就要强迫他服从。因为违背公意的不正义会造成共同体的毁灭，而这种强迫实际上就是要“迫使”他自由，服从公意就是听从自己内心理性的声音。“强迫”与“自由”之间本来具有一定的矛盾性，但在卢梭独特的政治理论中，“迫使某人自由”却是一种合理的观念，因为“只有私人意愿与公共意志完全一致，每一个人才是道德的”，因而也是自由的。众意是全体个别意志的总和，它包含着公意但往往着眼于私人的利益，除掉众意中那些个别意志之间正负相抵消的部分之外，剩下的总和仍然是公意。公意的形成体现为对众意的克服过程。实际上，对公意的表达起阻碍作用的是团体意志。存在于国家内部的社团党派这些团体所具有的相对于国家来说的个别意志，对它的成员来说就是团体的公意，当大集团出现的时候，公意就不再有了。所以在国家内部不能有部分性社会，每个公民只是表示自己的意见。卢梭认为，如果有了派系存在，就必须增殖它们的数目并防止它们之间的不平等。

卢梭的公意理论，其目的是调和服从与自由的矛盾。他认为，政治体的本质就在于服从与自由二者的一致。公民的服从义务和他的天性自由是一致的，因为义务是相互的，每个人在服从义务的规定的时候既是在为别人也是在为自己效劳，大家把“每个人”一词都当成自己，为全体投票时所想到的也只是自己本人。所以，自然的自由与社会的服从都是出自人的自私的天性，基于权利的平等和其他社会正义的概念也都由此产生。这里，人的偏私是统一在公意之中的，“每一个要使自己的利益脱离公共利益的人都看得很清楚，他并不能把两者完全分开”②。也就是说，共同利益使自由与服从紧密地联系在一起，服从约定就是服从自己自由的意志。在契约社会里，没有缺乏自由的服从，也没有离开服从的自由。在这里，公民的社会性体现得淋漓尽致，或者说人的自然性与社会性

---

① 卢梭．社会契约论．修订第2版．何兆武，译．北京：商务印书馆，1980：24，140.

② 同①137.

得到完美的结合。实际上，卢梭在人的自私与正义二者之间建立了一种联系，这种自私被限制在社会的理性法则之下，它只能体现为公意，否则便是非正义。

在卢梭看来，公意永远是公正的，是不可摧毁的，因而基于共同利益的公意只能具有抽象的表现形式，而不能有个别的目标。公意是从全体出发的，当它倾向于某种个别的、特定的目标时，它就会丧失它天然的公正性。例如惩罚一个罪犯是个别的行为，但这种惩罚却不属于主权者的行为，它不是公意所指向的目标，这是主权者只能委任别人而不能由自己本身去执行的权利，因为在公意和个别事件之间没有一种共同的利益把二者统一起来。因此，公意尽管是完全绝对的、神圣的、不可侵犯的，也不能超出公共约定这一界限。

卢梭认为，公意表现为而且只能表现为法律，但这并不意味着法律始终等同于公意。法律是公意的行为，它结合了意志的普遍性与对象的普遍性，只考虑共同体以及抽象的行为。卢梭说，法律的制定体现出少数服从多数的原则，“意志要成为公意，并不永远需要它是全体一致的，但必须把全部票数都计算在内；任何形式的例外都会破坏它的公共性”①。除了一种“法律”——社会契约本身外，其他法律并不是必须要有全体一致的同意。这样，就必须假定公意的一切特征存在于多数之中，从投票的票数计算里得出公意的宣告，这宣告证明了少数人的意见是错误的。如果多数人的意志就是公意，就意味着多数人永远是正确的。这一假定是共同体所必需的，否则公意无从体现，人民也不再是自由的了。公意面临着一个自身的绝对性和其表达的相对性之间的矛盾。卢梭认为，为了使法律能够更真实地体现公意，应该在尊重效率原则的基础上尽量扩大多数的比例。不过，全体公民的意志也并不一定就是公意，因为“人们总是愿意自己幸福，但人们并不总是能看清楚幸福”②。公意的客观性在这里表露无遗，它代表着全体的最大幸福。然而，不可能在人民之外再找到另外一个公意的评判者，创制法律的也只能是服从法律的人民。公意理论的这一内在矛盾是卢梭无法解决的，萨拜因分析道：“卢梭在法国国家生活中的客居地位，使他无法投身于任何社会事业。这种在道义上缺乏能力的处境，以及他著书立说时法国的政治情形，所有这些因素加在一起使他无法赋予公意任何具体的体现形式。”③

卢梭似乎看到了公意理论的内在矛盾，他强调需要有立法者来制定适合各个民族的最好的社会规则。立法者是一个天才，有着最高的智慧，他能够看清楚而又愿意关怀人民的幸福，他了解公意的要求，卢梭称赞这样的立法者简直就是神明。立法者制定了契约社会的初始规则，在一个良好的社会制度中，法律便能够更充分地体现公意。但是，这样又会陷入另一个矛盾之中，因为立法者超脱于契约社会之外，没有任何立法的权利，更不是人民主权的代表者。于是只能使立法者成为具有宗教色彩的被人民一致推举的权威，由人民来赋予他创制法律的权力，卢梭说：“这种超乎俗人们的能力之外的崇高的道理，也就是立法者之所以要把自己的决定托于神道设教的道理，为的是好让神圣的权威

---

① 卢梭．社会契约论．修订第2版．何兆武，译．北京：商务印书馆，1980：36.

② 同①39.

③ 萨拜因．政治学说史：下册．刘山，等译．北京：商务印书馆，1986：667.

来约束那些为人类的深思熟虑所无法感动的人。”①

卢梭甚至把公民对公意的肯定诉诸宗教情感，他说：“每个公民都应该有一个宗教，宗教可以使他们热爱自己的责任，这件事却是对国家有很重要关系的。”② 这种宗教是出于自然的，它与公民的权利和责任相结合，或者说和社会道德融合在一起。它“只是作为社会性的感情，没有这种感情则一个人既不可能是良好的公民，也不可能是忠实的臣民”。人民驱逐不信仰宗教的人，“并不是因为他们不敬神，而是因为他们的反社会性，因为他们不可能真诚地爱法律、爱正义，也不可能在必要时为尽自己的义务而牺牲自己的生命”③。于是，借助于宗教的力量，公民个人的或个别的意志将更加趋向于服从公意的权威。

第四节　人民主权及其实现的途径

卢梭从他的社会契约理论出发，在近代西方政治思想史上第一次完整地提出了人民主权学说。他明确指出，建立在人的自由意志及其所赖以维持的社会契约基础上的国家，它的根据既然在于人民的同意，那国家最高权力即主权就应当属于全体人民，人民行使国家主权就称为人民主权。人民主权是公意的运用和体现，是完全绝对的、完全神圣的、完全不可侵犯的。卢梭的法律和政府原则，也都是为了保证人民主权的权威。人民主权学说是卢梭社会契约论的精华与根本特点，它既不同于霍布斯的君主主权论，也不同于洛克和孟德斯鸠的分权论，而是具有其独特的性质，闪烁着激进的民主主义的思想光辉。

一、人民主权的特点

卢梭称他的社会契约是“一种特殊性质的契约”，其理由在于，他认为人们缔结社会契约是把自己的一切权利转让给“全体”，而绝不能转让给任何个人，这样根据契约而结成的“全体”就是国家。在契约国家中，人民作为“城邦”的一分子或主权的参与者就称为“公民”，作为服从同一个主权的人就称为“属民”④。他们都是最高主权的不可分割的一部分，即主权者的一员。人民主权是公意的运用和体现。公意构成主权，而公意是人民的共同意志和共同利益的集中表现，是一个整体，它不能分割，不能转让，也不能被代表。与之相应，人民主权便具有如下一些性质：

第一，主权是不可转让的。在卢梭看来，既然主权是公意的运用，而意志是不可转移的，那么主权也永远不可转让。同时，主权者是由全体订约者的“公意”而产生的“集体生命”，所以就只能由自己来代表，人民不需要找一个主权统治者。因此，卢梭不同意并反驳了格劳秀斯、霍布斯等人的主权可以转让给君主的观点。他说：“如果人民单

---

① 卢梭．社会契约论．修订第2版．何兆武，译．北京：商务印书馆，1980：58.

② 同①184.

③ 同①185.

④ 卢梭．卢梭全集：第6卷．爱弥儿（上）．李平沤，译．北京：商务印书馆，2012：365.

纯是唯唯诺诺地服从，那么，人民本身就会由于这一行为而解体，就会丧失其人民的品质；只要一旦出现一个主人，就立刻不再有主权者了，并且政治体也从此就告毁灭。”①在他看来，转让主权就意味着出卖自由，而出卖自由也就等于出卖自己的生命。他说：“一个人抛弃了自由，便贬低了自己的存在，抛弃了生命，便完全消灭了自己的存在。因为任何物质财富都不能抵偿这两种东西，所以无论以任何代价抛弃生命和自由，都是既违反自然也是违反理性的。”② 卢梭关于主权不可转让的思想，不仅旨在反对封建专制，而且也反对资产阶级代议民主制。

第二，主权是不可分割的。因为代表主权的公共意志是一个整体，这一意志要么是公共的，要么就不是公共的；要么是人民全体的，要么只是一部分人的。在前一种情况下，这种意志一经宣示就成为一种主权的行为，并且成为法律；在后一种情况下，它便只是一种个别的意志或者行政的行为，至多不过是一道命令而已。卢梭把立法权看作人民主权的主要表现形式。他认为，立法权就是政治体，是行政的根据，行政权是政治体的力量，是由立法权派生的，它只是主权的体现者，不过是受主权者即人民的委托来执行人民所确定的法律的。因此，绝不能把诸如行政权、司法权等与主权并列。他用人民主权不可分割的原则反对洛克、孟德斯鸠的分权理论，批评他们因为不能从原则上区分主权，于是便从表现上把它分裂为立法权、行政权、司法权，“把主权者弄成是一个支离破碎拼凑起来的怪物”。卢梭认为这种权力分立根本不符合最高权力的真正概念，它无异于把政治躯体切成几块，削弱了人民主权。当然，他并不反对在实践中把行政权、司法权和外交权等权力区分开来，但行政、司法等权力是从立法权力中派生出来的，是从属于主权的。

第三，主权是不能被代表的。卢梭认为，正如主权是不能转让的，同样主权也是不能被代表的。因为主权本质上是由公意所构成的，而公意又是绝不可以被代表的。它只能是一个意志，或者是另一个意志，而绝不能有什么中间的东西。因此，卢梭认为，只有人民才是主权者和国家的主人，人民的议员并不是人民的代表，而只不过是人民的办事员，他们的职能是基于对人民的义务的服从，人民有权选举、罢免和撤换他们；他们并不能做出任何肯定的决定，凡是不曾为人民所亲自批准的法律都是无效的。“英国人民……只有在选择国会议员的时候才是自由的，议员一旦选出之后，他们就是奴隶，他们就等于零了。”③ 卢梭用人民主权不能被代表的原则否定了英国的代议制。

第四，主权是绝对的、至高无上的、神圣不可侵犯的。卢梭指出，既然公意是永恒的、不可摧毁的，主权就是受公意指导而建立起来的以支配全体公民的绝对权力，是政治体的灵魂。因此，它具有至高无上的权威，任何人都不能侵犯和动摇它。他说：“由于公约的性质，主权的一切行为——也就是说，一切真正属于公意的行为——就都同等地约束着或照顾着全体公民；因此，主权者就只认得国家这个共同体，而并不区别对待构成国家的任何个人。”④ 这说明了主权的权威性。主权的行为就是共同体和它的各个成员

---

① 卢梭．社会契约论．修订第3版．何兆武，译．北京：商务印书馆，2003：32.
② 卢梭．论人类不平等的起源和基础．李常山，译．北京：商务印书馆，1962：709.
③ 卢梭．社会契约论．修订第2版．何兆武，译．北京：商务印书馆，1980：125.
④ 同③44.

之间，也就是国家和全体公民之间的约定，它对一切人都是一样的，每个公民都必须遵守这样的约定，而不得违反。但是，主权又必须按照“理性的法则”，不会超出，也不能超出公共约定的界限，不能给人民以任何无益于集体的束缚，并且人人都可以任意处置这种约定所留给自己的财富和自由。

二、法律与人民主权

由于主权是不能被代表的，卢梭反对代议制而主张直接民主制，他认为只有由人民来行使立法权的直接民主才能够体现出人民主权原则。

卢梭所说的直接民主不是那种严格意义上的民主制。他说，真正的民主制，也就是由制定法律的人民来执行和解释法律，即行政权与体现人民主权的立法权结合在一起的制度，从来就不曾有过而且永远也不会有。因为建立民主的政府或全民的政府所需要的诸多条件难以集合起来，而且民主政府易于发生内战或内乱，它强烈地而不断地倾向于改变自己的形式，它需要以更大的警惕和勇气来维持自己的形式。除非有一种神明的人民才可以用民主制来治理，否则，立法者的腐化会远甚于政府滥用法律之危害。

在契约社会，主权者的一切行为都只能是法律，所以主权者除了立法权力之外便不会有任何别的力量。卢梭认为，立法权力由全体公民共同行使是公意的要求，也是实现人民主权的唯一途径，“唯有当人民集合起来的时候，主权者才能行动”①。人民的集会必须是定期的，而且不需要任何其他形式的召集手续。公民通过投票的方式制定法律，他们不需要任何代表，因为在被代表的人已经出现的地方就不应该再有什么代表了，公意就是公意本身。“只要一个民族选出了自己的代表，他们就不再是自由的了；他们就不复存在了”②，因为代表的个人意志或团体意志会居于公意之上。卢梭认为“代表的观念是近代的产物；它起源于封建政府，起源于那种使人类屈辱并使‘人’这个名称丧失尊严的、既罪恶而又荒谬的政府制度”③。直接民主制就是由人民直接来行使立法权力，尽管人民在主权上是不能被代表的，但是在行政权力上，人民则是可以并且应该被代表的，因为行政权力不外是法律的运用而已。创制政府的行为只是一项法律，而绝不是一项契约，政府只能是由于主权者而存在的，行政权力是政府的职能，它不过是公意的执行机构。

实现直接民主制的共和国是有着严格的条件的。这种体制最良好的国家的幅员有一个界限，它的国土不能太大，人口也不能太多，使“其中的每一个成员都能被全体所认识”，而且它的人民“还完全不曾负荷过法律的真正羁轭”，“既不富有也不贫穷而能自给自足”④。这是一种小国寡民的状态，民风淳朴而又极富爱国热情。卢梭从古代希腊罗马的城邦国家以及当时日内瓦共和国的身上看到了实现他的政治理想的可能性。他说，古代希腊罗马的公民可以直接行使主权权力，现代人也应该能够做到；他赞赏日内瓦乡村

---

① 卢梭．社会契约论．修订第2版．何兆武，译．北京：商务印书馆，1980：118.

② 同①128.

③ 同①125.

④ 同①68.

的农民在橡树底下规划国家大事，而他在上书日内瓦政府时更因日内瓦公民的身份而骄傲："我情愿生在这样一个国家：在那里主权者和人民只能有唯一的共同利益，……我愿意生活在一个法度适宜的民主政府之下。我愿意自由地生活，自由地死去，我要这样服从法律：不论是我或任何人都不能脱离法律光荣的束缚。"①

不过，这种实行直接民主制的小国在面临大国的军事威胁时会有覆灭的危险。对此，卢梭认为不能以大国的滥用权力为借口来反对小国的主张，他说只要结成联邦或联盟就能使小国有足够的力量来抵御大国。

卢梭认为并不是每个国家都可以成为民主共和国，他说没有一种政府形式适宜于一切国家，自由不是任何气候之下的产物，也不是任何民族都可以享有的。这里，卢梭借鉴了孟德斯鸠关于"法的精神"的理论。但卢梭始终以人民的幸福来衡量一国政府，他说一个好政府的标志就是公民人口增长的多寡，因为政治结合就是为了它的成员的生存和繁荣。

卢梭探讨了立法体系的最终目的问题。他明确指出，一切立法体系的最终目的，就是"全体最大的幸福"，这种幸福"可以归结为两大目标，即自由与平等。自由，是因为一切个人的依附都要削弱国家共同体中同样大的一部分力量；平等，是因为没有它，自由便不能存在"②。由于事物的力量总是倾向于破坏平等，所以立法的力量就应该总是倾向于维持平等。立法者必须通过立法把财产限制在一定的界限之内，并使它始终服从于公共幸福。如果立法者在目标上犯了错误，他所采用的原则不同于由事物的本性所产生的原则，则法律便会削弱，体制便会改变，国家便会动荡，以至于最终不是毁灭便是变质。

三、政府理论

在人民主权学说的基础上，卢梭进一步提出了他的政府理论。首先，卢梭对政府这一概念的含义做了说明。政治体与人的活动一样，都有意志与力量两种动力。作为政治体行动的意志，称为立法权力。这里，立法权的概念和最高权力的概念是完全等同的，最高权力或共同意志通过具有普遍意义的决定，这个决定被称为法律。作为政治体行动的力量，就被称为行政权力。它的行动是由一些不属于最高权力的职能范围的个别行动构成的，对于最高主权者来说，它是公共力量的一个代理者或一个普通的执行者，它使公共力量按照公共意志的指示而活动，这就是行政权。立法权与行政权是有区别的。卢梭认为，公共力量必须有一个适当的代理者来作为国家与主权者之间的一种联系，通过它把公共力量结合起来，并使它按照公意的指示而活动。这就是国家之所以要有政府的理由。他说："政府就是在臣民与主权者之间所建立的一个中间体，以便两者互相适合，它负责执行法律并维持社会的以及政治的自由。"③ 卢梭把这个中间体的组成成员称为行

① 卢梭．论人类不平等的起源和基础．李常山，译．北京：商务印书馆，1962：51.

② 卢梭．社会契约论．修订第2版．何兆武，译．北京：商务印书馆，1980：69.

③ 同②76.

政官或国王，也就是说他们是负责行政权的统治者；而这整个中间体按组成的人来说被称为执政者，按它的行动来说则被称为政府。

卢梭关于政府概念的解释，核心在于他对主权与政府的严格区分。他认为，主权是一种精神力量，政府则是一种行动力量，政府的权力是由主权派生的。显然，卢梭关于政府的理论是旨在反对君权的，因为按照这个理论，政府只是由于主权者而存在的，臣民服从国王不是根据契约，而是由于主权者授予国王以全权而产生的命令，不过主权者有权随时削弱乃至剥夺国王的这种权力。总之，必须使行政官或国王仅仅是在主权者（立法者）的监督下进行活动，并且受主权者的指导，这是使政府不至篡夺主权的真正秘密，也是维护人民主权权威的重要保证。

在分析历史上各种政体的优缺点与效能时，卢梭指出，在每一个行政官身上具有三种根本不同的意志：第一是倾向于自己个人利益的个别意志；第二是专门用以维护全体行政官利益的共同意志，可称为团体意志；第三是人民的意志或主权者的意志，这是普通的公意。按“社会秩序”来说，在一个完美的立法机构中，个别的特殊的意志应该是毫无地位的，政府本身的团体意志应该是极其次要的，而公意或主权者的意志则应该永远是主导的，并且是衡量其他一切意志的唯一准则。但按照“自然秩序”来说，这几种不同的意志越集中，它们便越趋活跃，个别意志胜过一切居第一位，团体的意志居第二位，公意始终是最弱的，居第三位。这个次序与社会的秩序的先后是直接相反的。由此，卢梭进而对各种政体进行了比较。

卢梭把政府的活跃程度称为政府的“相对力量”，因为政府的活跃程度是与政府的形式及其成员的数目相对的。当政府单纯掌握在一个人手中时，个别意志与团体意志完全结合在一起，政府最为活跃。反之，假定把政府和最高权力，即行政权和立法权合而为一，使君主成为主权者，使全体公民都成为行政官，这将是一种最不活跃的政府。政府的绝对力量或实际力量，则是指一国的全体人力与物力的总和。国家的幅员辽阔，政府的实际力量也就越大，虽然它的实际力量的增减并非完全取决于国家幅员的大小；但是，如果国家的幅员不变，纵然行政官的数目可以任意增加，政府也不会因此便获得更大的实际力量，而它的相对力量或活跃程度却将缩小。因此，卢梭断言，行政官和政府的比例同臣民和主权者的比例应该成反比。这就是说，正如人民的数目越多首领的数目应越减少一样，国家越扩大则政府的机构便应越紧缩，政府的范围越小，个别意志与团体意志就越趋一致，政府也就越起作用。

卢梭按照构成政府成员的数目来区别各种不同种类或不同形式的政府，他把政府分为民主制、贵族制与君主制。主权者把政府委之于全体人民或绝大部分人民去掌管的政府形式就被称为“民主制”；主权者把政府委之于少数人去掌管的政府形式被称为“贵族制”；主权者把整个政府集中于单独一个人去掌管，这种形式的政府就被称为“君主制”或“王权政治”。卢梭关于政府分类的思想，是受了亚里士多德和孟德斯鸠的深刻影响的。卢梭指出，这三种政府形式，或者至少前两种形式是或多或少可以变动的。因为民主制可以包括全体人民，也可以缩小到人民的半数；而贵族制则可以由人民的半数缩小到极少数的人。即使是王权政府，有时也可以在父子之间、兄弟之间或其他人之间分成几个部分，其中一部分具有这种形式的政体，而另一部分则具有另一种形式的政体，因此，把这三种形式结合起来，就可以产生许多混合形式的政府。

哪种形式的政府是最好的呢？卢梭认为，每一种形式的政府都可以在某些情况下成为最好的政府，而在另外一种情况下成为最坏的政府。在一定情况下，一个国家只能有一种可能好的政体，而当情况改变时，则这个国家的最好的政体也会改变，人民有权废除现行的政体。一般来说，民主制适宜于小国，贵族制适宜于中等国家，而君主制则适宜于大国。卢梭个人则主张民主共和制，就是实行人民制定的法律，由公共利益统治的国家。由于民主共和国把“一切都用之于共同利益”，所以它是实行人民主权的最好的政府形式。在民主共和国里，人民与政府的关系不是统治与被统治的关系，人民作为主权者只是制定和批准法律，选举行政官，组成政府；政府则只是执行主权者赋予它的行政权力，行政官只不过是人民的仆役，只针对个别的行为。

卢梭在分析了所谓真正的民主制之后，提出了贵族制的三种形式：自然的贵族制、选举的贵族制和世袭的贵族制。其中，选举的贵族制是最好的，因为它区别出了立法权和行政权，立法权属于全体公民，而行政权则属于由选举产生出来的行政官。最重要的是必须用法律来规定行政官的选举形式，而若是把它委之于君主的意志，那便不可避免地要沦为世袭的贵族制。卢梭赞扬贵族制的政府，而坚决反对贵族制的主权。他通过对主权和政府做出的严格区分，始终不渝地坚持了人民主权的原则。

按照卢梭的观点，有两种君主制：一种是合法的君主制，一种是专制的君主制。合法的君主制并不是专制政体，凡王权是得自主权者的，并且是合法地加以运用的，就是合法的君主制，这种君主制本身也是共和制。而专制的君主制就是指君主或国王把行政权力集中在一个人手中，只有他才能行使这种权力。卢梭认为，君主个人虽然拥有强大的力量，然而他的最终目的绝不是社会的公共福利，同时他所掌握的行政力量本身也在不断地转化为有害于国家的一种力量。君主制总是使一些卑鄙的诽谤者、骗子和阴谋家爬上宫廷的高位。此外，个人专制政府还有一个最显著的不便，就是缺乏那种连续不断的继承性。卢梭对君主制的批判，同样表达了自己的民主共和思想。

最后，卢梭分析了混合政治制度。他认为，确切说来，根本就没有单纯的政治制度。在行政权力的划分上，必然有着由数目较大到较小的级差。单一政治制度正因为它是单一的，所以它本身是最好的。但是，当行政权力不是充分地依附于立法权力时，就必须对政府加以划分，从而使政府各个部分对臣民都具有同等的权威，而政府的划分又使其各个部分全都集中在一起也不及主权者强而有力。总之，在卢梭看来，力量的极限与软弱的极限都出于单一政体，而混合政治制度则具有适中的力量。

卢梭也继承了孟德斯鸠的地理环境论，分析了气候、土地等自然条件对各种政体的影响。基于劳动产品剩余量、人民与政府的距离等原因，卢梭认为君主制适于土地富饶的大国，贵族制适于财富和国土都居中的国家，民主制则适于较贫穷的小国。基于气候因素的影响，专制宜于炎热的国土，野蛮宜于寒冷的国土，美好的典章制度宜于温带地区。卢梭的这种地理环境决定论，在当时的历史条件下，反对把国家、政治制度和民族的生活归之于神意的创造与安排，因而具有一定的反封建和反宗教的进步意义，并包含一定的唯物因素。但从根本上说，它仍未超出唯心史观的范畴，没有把握决定国家政体的根本性因素。

第五节　卢梭政治思想的评价和影响

在18世纪下半叶，就资产阶级意识形态的发展来说，法国启蒙思想在西欧占据了支配的地位。卢梭作为激进的民主主义斗士登上了历史舞台，他的思想因内含的革命性而引人注目。卢梭与启蒙思想家一道，站在了反封建斗争的战线上，各自为法国推翻君主专制统治的资产阶级革命做出了独特贡献。但无论是在对社会理论的探讨上，还是在对封建专制制度的批判上，卢梭都表现出非凡的才能和勇气，既超过了伏尔泰和孟德斯鸠，也超过了百科全书派唯物主义哲学家。在法国社会进步和资产阶级思想体系的发展道路上，卢梭的思想占据了重要的历史地位。

卢梭的思想在18世纪法国空想社会主义者的思想中有不同程度的表现。摩莱里是唯理论社会哲学的典型代表，他接受了卢梭的自然法理论，指出原始社会人们在自然状态下生活，那时人们是完全自由的，自由地享用一切。他说，自然人就是原始人，自然状态就是原始社会。私有制的产生使自然状态下的幸福和有道德的生活遭到破坏。但在对待私有制的态度上，摩莱里不同于卢梭的主张，他要求消灭私有制。马布利也是著名的空想共产主义者，他的政治思想受卢梭的影响比摩莱里更深。马布利也坚持自然法和自然状态理论，认为自然法的原理是由人的本性派生的，自然状态是受自然制约的人类自古以来就存在过的状态。但是，与卢梭不同，他认为自然状态和文明社会之间没有明显的界线，因为在人的本性中就具有社会素质。马布利也认为人民是最高权力的唯一来源，立法权应当完全属于握有主权的人民。把人民完全交给统治者支配的契约根本是不可思议的，把立法权交给君主或贵族总是会使立法变成个人欲望的工具，人民有权使用暴力反对暴君的暴政。马布利与卢梭一样，要求对商业实行限制，要求制定反对奢侈的法律，要求制定人们对土地占有的最高限额的土地法，以及阻止地产集中在少数人手中和有利于分散地产的继承法。

美国学者萨拜因认为："卢梭的思想渊源于对集体抱有浪漫色彩的崇拜，这就是他的社会哲学同他所背弃的个人主义哲学思想的基本分歧所在。"① 正是这种分歧，使得卢梭的思想不仅在18世纪的法国占有重要地位，而且又成为从18世纪法国哲学到19世纪德国古典哲学之间的重要环节。黑格尔曾明确指出："休谟和卢梭是德国哲学的两个出发点。"② 这揭示了德国哲学与卢梭哲学的内在联系。康德承认，是卢梭首先向他揭示出，善良意志与科学探索相比，前者具有更优越的价值。卢梭教他"学会了尊重人"。在康德哲学思想发展的道路上，卢梭对康德进行的新的哲学探索以至于后来批判哲学的形成，都起了关键性作用。康德对卢梭所提出的人的本性自由原则进行了理论上的发挥，把卢梭的具体现实的革命实践意义的自由原则变为纯思维纯道德的理性自由，从而完成了自己的道德哲学。另外，康德的社会契约论也基本上沿袭了卢梭的社会契约论方法，这种

---

① 卢梭．社会契约论．修订第2版．何兆武，译．北京：商务印书馆，1980：664.

② 黑格尔．哲学史讲演录：第4卷．贺麟，王太庆，译．北京：商务印书馆，1978：237.

政治思考方法在现代政治哲学尤其是约翰·罗尔斯的《正义论》中得到了继承和发展。然而，卢梭对人为文明的痛斥、对价值资源的珍视，其影响绝没有到此终止。19世纪的费尔巴哈、黑格尔都曾反复讨论卢梭所提出的问题。在青年马克思的《1844年经济学哲学手稿》中，人们可以读到与卢梭风格极为类似的论述。即使到了20世纪，海德格尔、法兰克福学派所从事的对资本社会意识形态的批判，也依然获益于卢梭的睿智洞见。

卢梭的政治学说对法国历史的进程产生了巨大的影响。他的著作在他生前已经赢得了巨大的社会反响，从1770年到1778年，他的全集的六版和《新爱洛伊丝》第十版都已经出版问世。1782年他的《忏悔录》第一部和《一个孤独漫步者的遐想》出版了，这些著作无不激发起人们对卢梭的崇敬与热爱，曾有一半的法国人去朝拜他的墓地。他的精神和思想特别影响了激进的小资产阶级民主派领袖们。罗伯斯庇尔是卢梭政治学说的忠实实行者，他多次谈到卢梭对他的启发教育和鼓舞，称颂卢梭是他的导师、“人类的真正朋友”、“自由与平等的诚实而坚定的信徒”。

卢梭的思想为大革命提供了理论依据，并在革命中发挥了巨大作用。卢梭关于自由、平等、天赋人权、主权在民的思想反映了资产阶级反封建斗争的革命要求，为法国资产阶级革命做了舆论准备，起了革命先导的作用；同时，在法国革命中，它成为资产阶级追求的目标，也是唤起广大人民群众投入革命洪流和参与政治生活的革命口号。卢梭的政治原则影响了资产阶级政治制度的建立，反映在重要的历史文献中。1789年8月26日，制宪会议通过了《人权与公民权宣言》，其基本宗旨就是决定“把自然的、不可剥夺的和神圣的人权阐明在庄严的宣言之中”，确认“在权利方面，人们生来是而且始终是自由平等的”。“法律是公共意志的表现。全国公民都有权亲自或经由其代表去参与法律的制定。”1791年宪法承认“主权是统一的、不可分割的、不可剥夺的和不可动摇的，主权属于国民”。1793年的《雅各宾宪法》更充分地反映了卢梭的一系列政治理论原则。例如，“旨在反对人的自由、安全或财产的一切行为，不管是谁做出的，即使是用法律的名义做出的，除了法律规定的情形和方式以外，都是专横的和无效的行为。尊重法律本身就禁止服从这样的行为；如果有人想用暴力来强迫人服从这样的行为，那么也准许别人用暴力予以抵抗”；“当政府违反人民的权利时，全体人民和每一部分人民的最神圣义务就是起义”。这部宪法可以说是在卢梭《社会契约论》中所阐发的思想的直接影响下制定的。

卢梭的思想有着广泛的影响范围。1764年，科西嘉解放运动领袖布达富柯写信邀卢梭为科西嘉制宪。次年，卢梭写成了《科西嘉制宪意见书》，它反映了卢梭的政治观点和社会理想。在《科西嘉制宪意见书》中，平等是一项根本法，卢梭向科西嘉人提出了一个温和的平均主义纲领。虽然也有人着眼于卢梭公意理论所内含的危险，批评他的思想为黑格尔替普鲁士独裁制度辩护提供了依据，甚至认为罗伯斯庇尔的专政和德国法西斯独裁都是卢梭学说的后果，但这也源于卢梭政治思想的复杂性和对旧制度的颠覆性特征，对其思想的不同解读造就了不同类型的政治实践。卢梭的思想对其他许多国家的资产阶级民主革命都有深远的影响。1776年美国《独立宣言》是美国和西方各国资产阶级革命史上的重要政治文献，其中宣称：“所有人都生而平等”，都具有天赋的某些不可转让的权利，包括“生命权、自由权和追求幸福的权利”；为了保障这些权利，人民通过契约建立了政府；政府的正当权力来自“被统治者的同意”，任何政府一旦侵犯了这些权利，人民就有权利改变它或废除它，以建立新的政府。这种“天赋人权”和“主权在民”的激进政治原则，也受到了卢梭的政治思想的影响。

进一步阅读书目

1. 卢梭．社会契约论．修订第 2 版．何兆武，译．北京：商务印书馆，1980.

2. 卢梭．论人类不平等的起源和基础．李常山，译．北京：商务印书馆，1962.

3. 卡西勒．卢梭问题．王春华，译．南京：译林出版社，2009.

4. 施特劳斯．自然权利与历史．彭刚，译．北京：生活·读书·新知三联书店，2003.

5. 普拉特纳，等．卢梭的自然状态：《论不平等的起源》释义．尚新建，余灵灵，译．北京：华夏出版社，2008.

第十章

休谟和伯克的政治思想

阅读与思考

休谟的哲学巨著《人性论》奠定了他在西方哲学史上以彻底的经验论和怀疑论立场而闻名的思想地位，但很少有人注意到书中从哲学立场出发讨论审美、伦理、政府等基本问题，从而阐释人性、道德、财产权利、正义规则和法治政府等重要政治理论问题的观点和主张。然而，休谟的哲学立场和政治思想在逻辑上是统一的，不懂得休谟的哲学，就很难理解他的政治思想。休谟政治思想的光芒之所以被其哲学思想所遮蔽，主要是他开辟了一种新的政治思想研究的方法论途径，从而使得启蒙运动以来近代政治思想中自然法-理性这一占统治地位的思维方式被终结了。伯克（又译柏克）也是一样，他在《法国革命论》中对法国大革命的猛烈攻击，在理论上也直指启蒙运动中激进的理性主义自负及其可能引发的破坏性后果。总体上，休谟和伯克之所以不时被纳入保守主义思想家的阵营，主要是由于他们对激进的启蒙运动立场、抽象的自然权利假说以及通过革命推动社会进步等言论的怀疑和批评。但理解休谟和伯克的政治思想需要注意和思考的是，他们对理性的质疑并不是否定理性本身，而是怀疑近代自然法思想中权利、契约等价值观念是否拥有确定性的基础，坚持理性是否有必要把人类历史中的所有经验和传统全部抛诸脑后。休谟质疑洛克的推论逻辑，但并不完全反对他的理论结果，伯克反对革命却仍然坚守自由，他们代表了在启蒙运动内部发起的对启蒙思想的自我批评和理性冷静的态度。

关键词

人性论　经验主义　无赖假定　保守主义

第一节 休谟的政治思想

一、生平、 著作和时代背景

大卫·休谟（David Hume，1711—1776），苏格兰启蒙运动中最负盛名的思想家之一，西方哲学史上著名的经验论哲学家、怀疑论者，其学术志趣广泛触及哲学、政治、历史和经济等领域。众所周知，休谟的身后声名多是建立在其哲学经验论和怀疑论立场上的，但很少有人知道，休谟生前主要以其历史、政治和经济论述而闻名。与其哲学成就所获得的普遍认可相比，休谟在政治思想领域的贡献常常为人们所忽略。在一定程度上，休谟对政治问题的探讨和著述，对近代政治理论哲学基础的重新思考，至今仍然影响着西方政治思想的许多方面。

1711年，休谟生于苏格兰的爱丁堡。他原姓霍姆（Home），后来由于英格兰人把霍姆的发音常误读为休谟（Hume），故改为休谟。休谟家族本系名门，但到休谟时家道中落。休谟父亲早故，生活并不富裕，但休谟母亲尽心抚养儿女，使休谟从小就受到了良好的教育。休谟小时性情温和，天资聪明，好学敏思，立志要成为文学家。1722年，休谟进入著名的爱丁堡大学求学，修习了希腊文、逻辑、形而上学、自然哲学和精神哲学等课程，并了解到笛卡儿和牛顿的哲学。其间，休谟受到洛克和克拉克的经验论学说的影响，开始对宗教信仰产生了怀疑。休谟起初学习法律和文学，主要是家人为了生计，同时希望他在法律方面能够有所成就。但休谟后来发现，自己真正的兴趣在哲学方面，认为只有哲学才是真正值得自己为之倾注毕生精力的事业。

1734年，休谟东渡法国，来到巴黎东南小镇拉弗莱什，潜心研究、著述哲学。1737年，休谟回到祖国，出版了自己的哲学名著《人性论》。《人性论》全书分为三卷："论知行"主要论述了怀疑主义的认识论，"论情感"在认识论基础上对情感及其作用进行研究，"论道德"则从哲学角度出发讨论审美、伦理、政府等基本道德问题。休谟本来期望《人性论》的出版能够取得成功，为自己带来学术研究的乐趣和学术界的认可。然而，结果却令休谟深感失望，《人性论》在当时反应平平，甚至没怎么引起学术界的注意，更没人注意到其中包含的政治哲学。出版《人性论》的挫折并没有使休谟气馁，但已经使得休谟决定暂时从抽象的哲学思辨转到时下比较热门的道德、政治问题的讨论。1741年、1742年休谟先后出版了《道德和政治论文集》第1、2卷，并且几乎立即就取得了成功。这些论文切合时政，且风格清新、笔调优美、引人思索，在当时流传很广，影响颇大。到1750年，休谟已然声名鹊起，作为历史和政治学者闻名于海外。1752年起，休谟在家乡苏格兰的律师公会图书馆任职，其间完成了历史名著《英国史》的写作，此书亦成为这一领域的权威之作。1763年，休谟来到巴黎，受到当时法国思想界的普遍欢迎，狄德罗、霍尔巴赫、爱尔维修甚至卢梭这些启蒙时期的著名思想家几乎都成了他的朋友。在休谟的一生中，曾做过短暂的政务官员，也代理过驻法公使一职。休谟老年体胖，胃病缠身，1776年猝然去世。

休谟的时代是启蒙的时代。以17世纪的英国为开端，欧洲思想界掀起了一场轰轰烈烈的反对宗教蒙昧和封建专制、提倡科学理性的思想文化启蒙运动，其中尤以法国18世纪的启蒙运动影响最为猛烈、广泛和持久。培根、霍布斯、洛克、伏尔泰、卢梭、孟德斯鸠、狄德罗等都是启蒙运动中最为响亮的名字。一般而言，启蒙思想家们有着共同的主张。在思想文化领域，他们反对宗教蒙昧，提倡理性、科学。他们认为，宗教和迷信是禁锢人们思想的枷锁，是人类愚昧和落后的根源，只有彻底解放被宗教束缚着的人类精神，弘扬理性的权威，人类才有可能走向进步。在社会和政治领域，他们反对封建专制，提倡民主和自由。在抽象人性论的基础上，他们提出以自由、平等、博爱为内涵的人权理念，并要求建立符合人性和人权的自由、民主的政治制度。在启蒙思想家那里，理性不仅是认识周边世界的一种能力，而且也是文明进步的标志，是判断是非善恶的根本尺度。

就政治思想而言，启蒙时期的政治学说和那个时代的精神一样，充满了理性主义的激情。“十七世纪的一切政治理论，不论其在目的和手段方面是如何的分歧，但都有着一个共同的形而上学背景”①，即“自然权利”观念。“自然权利”观念把政治理论的逻辑起点设定在一个不证自明的前提之上，认为每个人都生而具有无可辩驳的天赋权利，但在每个人孤立存在的自然状态下，天赋的自然权利不可能实现。因此，人们在自然法的指引下，通过签订契约、建立国家和政府，将自然权利转换成社会的权利，在政治状态下实现自己的利益要求。“自然权利”的革命性意义在于，它强调每个人追求自我的利益是基于天赋的权利，除非征得每个人的同意，否则任何人都不得对他人行使权威，侵害其权利。每个人缔结契约时所表达的同意构成了公共权力的合法性基础，政治国家的社会基础在于每个拥有权利的个人，国家、政府和法律等公共政治结构的存在只是为了实现和保护个人权利，它们的合法性基础必须是来自被统治者的同意。舍此而外，没有任何其他的终极道德支持。自然权利学说一方面把人的道德尊严视为一种不能进一步分析、无须再做论证的公理性前提，使之成为人的本质、理性的必然要求，成为超越民族、时代和宗教信仰的普遍价值原则；另一方面又紧紧地和世俗社会中人们对自我利益的诉求联系起来，为近代社会政治发展奠定了坚实的道德根基。作为一项道德信条，自然权利学说和社会现实一经结合，几乎立刻就成为当时政治斗争的主要动因了。特别是卢梭，他那充满热烈的革命激情的政治主张把法国大革命推向了前所未有的历史高度。“人是生而自由的，但却无往不在枷锁之中”。这一脍炙人口的名言成为当时最具革命色彩的口号。人民主权、公意统治学说始终鼓舞着法国革命斗士争取自由和人权，进行反对专制统治的斗争。

在一定程度上，洛克的思想代表了英国启蒙时期政治思想发展的重大转折，在他之后，欧洲启蒙时期政治思想的重心转移到了法国，卢梭、孟德斯鸠、伏尔泰接过了启蒙运动的火炬。但是，这并不意味着启蒙运动在英国就此完结，因为在英格兰，随着光荣革命的完成，霍布斯、洛克这些在革命年代应运而生的政治家的学说的迸发虽然已经趋于平静，但在苏格兰，启蒙运动的高潮才刚刚开始。在苏格兰启蒙运动中，文化和科学

① 卡西尔．国家的神话．范进，等译．北京：华夏出版社，1999：204.

呈现出前所未有的繁荣景象，涌现出众多的杰出人物，休谟就是其中最具代表性的一位。从思想渊源看，苏格兰启蒙运动无疑是早期英国启蒙运动的继续。但是二者不同的时代背景和深刻的现实的政治、社会、经济条件，也必然决定了它们不同的精神特质和表现方式。如果说霍布斯、洛克等人的主要任务是为近代公共权力确立新的政治哲学基础，论证近代政治革命的必要性和合法性。那么，休谟的政治思想则表现出英国思想家在革命成功后思考政治问题时截然不同的方式和政治思想发展过程的复杂性质。思想发展需要不断地超越前人，而在某种意义上，发展的基本形式是不断地反思，甚至批判。休谟对英国政治思想的发展就是从对启蒙时期政治思想进行深刻反思开始的。

二、政治哲学的方法论基础

不了解休谟的哲学，研究休谟的政治思想就是没有意义的。而要想了解休谟的哲学，就必须首先了解他在近代欧洲哲学的两大传统——经验论和唯理论之间做的选择。在反对宗教蒙昧主义的斗争中，理性是启蒙思想家们最有力的武器。他们认为，只有运用理性，才能最终把握人生、改造世界。但是，人类理性是经验的还是先验的呢？运用何种理性才能获得确定性和真理性的知识？人类知识的真正根源是什么？对这一系列问题的不同回答导致了近代欧洲哲学发展的巨大分野。培根等经验论者强调，人的知识起源于感觉和经验，在感觉、经验的基础上，通过科学的观察、归纳、试验等方法分析和比较，可以得出普遍规律的结论。而笛卡儿认为，感觉是虚假的，不能从中得到真正科学的知识，要想获得真正的知识，必须诉诸人类先天所具有的理性能力和天赋观念。只要从一些自明的天赋观念出发，按照数学方法进行演绎和推理，就可以得出确定性的真正知识。在此意义上，他们都是理性主义者。在休谟之前，霍布斯、洛克等思想家强调，必须在经验的基础上运用人的理性。诚然，霍布斯的政治哲学带有强烈的理性主义色彩，他运用严格的几何式的逻辑推理来论证一系列的复杂政治问题，每推理一步都是以前一步为前提保证的，而整个的逻辑链条必然追溯到一个根本的逻辑起点：人性。但是，霍布斯坚持从人的经验中认识人的本性，用经验来证明人性的自然主义本质，从而使自己的理性主义具有了更多的经验性质。洛克指出，人的心灵是一块“白板”，它的理性和知识的全部材料都来自经验基础上的感觉。在此基础上，洛克进一步阐明了人类如何认识外在世界的种种模式以及人的各种认知能力的差异，并且否认了一般的理解与科学意义上的理解之间有根本的不同，坚定了人们理性地认识世界的信心。

在理论归属上，休谟的哲学无疑延续了英国的经验主义传统。休谟认为，感觉经验是一切推理的基础，理性应该服从于感性。经验的推理只能以经验提供的材料为依据，任何超出经验范围的形而上学都是不可能的。但是，休谟对经验论哲学不是简单地予以继承，而是把经验主义哲学发展到了它的彻底阶段——不可知论。休谟坚持把经验、感觉作为发现和检验确定性、真理性知识的唯一终极标准，认为它们是经验论哲学的根本特征。而休谟通过对因果关系的研究，进一步提出了经验认识论的有效性问题。他提出的问题是：怎样从经验的观察和归纳中推出普遍性的结论？经验总是具体的、有限的，运用理性的推理真的能够得出确定性、普遍性的知识吗？例如，你每天早晨都经验到太阳从东方升起的事实，但即便如此，你就能够必然性地证明明天的太阳一定会从东方升起吗？休谟提出的问题实际上揭示了经验主义方法论的两个基本但却矛盾的方面：超验之不可能性和经验之不可能性。休谟对此问题的回答是怀疑主义的。他认为，人类思维所有的范畴都是感觉经验的反映，“当思维从对某个客体的观念或者印象转向对另一个客体的观念或印象的时候，这个过程并不是由理性，而是由一些确定的原则所决定的。这些原则把关于这些客体的观念联系在一起，并且在想象中使其成为一个整体。因此，虽然因果关系作为一种哲学概念指的是连续性、相继性和确定的关系，但实际上只有它作为一种自然的联系，而且在我们的观念中产生一种关联，使我们能够对其进行推理或者从中得出某种结论时才是如此”①。休谟是在强调，知与不知的界限在于是否有经验的根据，如果没有，就是不可知的，而包括物质和心灵实体在内的一切超验的存在因为没有经验的支持，被排除于知识的范围之外，诸如规律性等必然之物也超出了人类的知识范围，同样无法被认识。

在不可知论的基础上，休谟对启蒙思想的基础——理性本身进行了反思。休谟指出，在启蒙时期的自然法思想体系中，理性实际上是按照三种不同的意义来使用的。一是指某种类似于数学定理的必然关系，换言之，如果 A 成立，则 B 成立这样的推理就是所谓的理性。这仅仅是观念之间的关系，并不涉及事实问题。二是指经验关系或因果关系，而因果关系除了能够在经验上发现它们一起发生以外，人们不可能由之得出任何必然性关系。三是指人们对于社会基本价值的陈述。休谟指出，启蒙思想在这几个含义之间并没有做出很好的区分，相反是将几种含义混淆使用。如果说在第一个意义上的理性是可以证明的，那么，在后两种意义上的理性结论是无法完全证明的。特别是自然法总是宣称存在天赋权利、公正、自由这样一些理性权利，能够证明这些原则是必然的。休谟认为这样理解理性一词是不合适的。因为当人们陈述一种行为是好或善的时候，并非要完全证明其是理性或非理性的，而只是表示人们的某些愿望或意想，甚至是癖好。理性与人们的行为之间并没有完全的等同关系，并非简单意义上的行为指南。只有当理性指明运用何种手段达到希望的目的或结果时，理性才成为人们的行为指南。至于结果令人满意这点本身既无所谓合理，也无所谓不合理。即使人为了自己的目的想要毁灭整个地球和人类，这种行为也可能是理性的。因此，在休谟看来，理性乃是而且应当是情感的奴隶，除了为情感服务并服从于情感之外，绝不能冒称任何其他功能。根据这样一种思想，结论就是显见的了，无论是政治学还是其他社会科学或人文学科，凡是涉及价值判断，它们就既有别于演绎学科，也有别于因果科学。简而言之，不能在无区别的意义上胡乱使用理性这个概念。更重要的是，按照休谟这一思想，自然法体系的瓦解是必然的。因为那里所宣称的基本价值，都是人们的某些良好愿望，而不能被当成科学的定理为理性所证明。而诸如自由、公正这些价值之所以被推崇，是因为这些价值给人们带来了好处，或者说，产生了某种功效。在此，休谟更想说明的是，政治领域的诸多价值只是反映了人们的偏好而已，这些价值只是人们习惯使然的结果，而不具有必然性的理由。因此，虽然休谟的主要兴趣在于哲学而非政治领域，可是一旦他运用自己的不可知论哲学来思

① 唐士其．西方政治思想史．北京：北京大学出版社，2002：378.

考和讨论政治等社会科学问题，就立刻在这些领域引起了深刻的变化，启蒙时期政治理论主要用以解释和论证近代政治体系的理性基础——自然法体系被彻底摧毁了。

三、人性分析与自然权利

休谟认为，人性理论是一切真正科学的核心和基础，如果没有科学的人性做根基，政治哲学的大厦势必难以稳固。“任何学科不论似乎与人性离得多远，它们总是会通过这样或那样的途径回到人性。”① 因此，建立一种新的人性科学是可能且必需的，逻辑学、道德学和政治学等诸多学科的研究要取得成功，唯一可行之途就是诉诸人性。因为“任何重要问题的解决关键，无不包括在关于人的科学中间；在我们没有熟悉这门科学之前，任何问题都不能得到切实的解决。因此，在试图说明人性的原理的时候，我们实际上就是在提出一个建立在几乎是全新的基础上的完整的科学体系，而这个基础也正是一切科学唯一稳固的基础”②。这里休谟强调的人性理论的“全新的基础”，实际上就是人性的分析框架，即通过何种途径、采取何种方式对人性进行研究才可能是科学的。换言之，正确的人性理论首先要求确立一种科学的理论分析框架：从认识论的角度分析人的知识的范围、界限，以确定如何才能得出科学的人性结论。

休谟的《人性论》有一个副标题——在精神科学中采用实验推理方法的一个尝试，这恰当地表明了休谟人性分析框架的经验主义倾向。在休谟看来，尽管近代经验科学在自然界已经取得巨大成就，但它在道德哲学中的应用还远未收到同样的效果。在道德领域，貌似高深的学说和固执偏颇的谬见并存，很难形成确定的结论。休谟认为，若要追求人性研究的科学性，必须取道经验科学的方法，即通过经验和观察发现在人的思想、信念、审美、德行中起决定作用的基本倾向和普遍原则，进而说明人类理解的能力和范围、人类信念（如相信世界、自我、因果必然性等）的本性和根据、人类情感的作用和规则，以及人类据以区分真与假、美与丑、德与恶的一般原则。但是，即便是采取经验主义立场研究和分析人的本性，是否就意味着必然能够得出正确的科学结论呢？在休谟之前，洛克、舍夫茨别利、曼德维尔以及哈奇生等思想家都在寻求为人性知识确定一个经验的、科学的基础。洛克把经验感觉视为知识产生的唯一途径。“心灵被认为仿佛是一个盒子，其中包含了与牛顿的质点相似的精神等价物。这些精神的质点被称作‘观念’。这些观念是清晰的、独立的实体，即是‘简单的’，没有任何可被分离的部分，就是说，它们是字面意义上的原子，它们来源于外在世界，就像沙粒落入沙漏一样降临于心灵之中。”③ 如果人类的知识只是像流沙一样从外界降临到心灵之中的话，那么，宗教神学家们所宣称的上帝写入人心灵中的本性有何根据呢？洛克提出，对自然欲望之追求所带来的苦乐感觉构成了人性的知识基础。哈奇生也认为，无须诉诸人或神的律法，仅凭人自身的人性结构，尤其是道德感官的作用，人们就可以发现、确定自然的法则及其所蕴

---

① 休谟．人性论：上卷．关文运，译．北京：商务印书馆，1980：6.

② 同①7－8.

③ 柏林．启蒙的时代：十八世纪哲学家．孙尚扬，杨深，译．北京：光明日报出版社，1989：10.

含的人性原则。这里所谓的“人自身的人性结构”，哈奇生是指人的自然生理和物质感官。他认为通过经验地了解人的自然感官的运作以及心理活动现象，就可以发现人性的基本原则，某一行为或品格的价值区分是由它给观察者带来的快乐和痛苦感觉所决定的。不过，洛克和哈奇生的理路是从格劳秀斯、普芬道夫等人那里传承下来的。他们认为，凭借理性人们可以把握自身的基本目的，认识自己的本性。而且，他们并不否定上帝的存在，也不否定上帝在关注人类事务，仍然从上帝的神圣意志当中寻求自己道德学说的根据。这样，以经验主义为开端，但最终洛克和哈奇生是在经验之外的上帝或者形而上学中获得人性根据的。在休谟看来，这恰恰超出了经验所能够提供的范围。

在反对人的先验目的方面，休谟的立场和霍布斯、洛克等自然权利论者是相同的。但是，霍布斯、洛克却将先验的自然权利界定为人的基本性质，并以此推演出社会契约论框架内的自由主义理论。对此，休谟质疑自然权利存在于自然状态中的事实判断能否经得起经验的拷问。如果没有经验的支持，自然权利及自然状态就值得怀疑。人类历史上既没有关于自然状态的记载，又无任何经验可以追溯到每个人都孤立自存的那样一种原初状态。“它没有写在羊皮纸上，也没有刻写在树叶或树皮上，它先于书写文字和其他文明生活技艺。”① 因此，若坚持追寻社会和国家之前人类的存在状态，就只能依据猜测或臆想。休谟认为，人类最初的生活状态就是一种社会状态，每个人不可能孤立存在，他只有依赖于社会及其与他人的相互分工、合作才能够满足自己的需要。“人们在一个相互依赖的体系中结合得如此紧密，以至于任何人的完全独立行为都是难以想象的。”② 也即，即便人类最初的生活状态可以被猜测出来，它也远不是霍布斯、洛克所描述的那个样子，完全孤立的个人是不存在的，他也不可能拥有所谓自然的权利，因为权利只能存在于社会之中。

实际上，无论霍布斯还是洛克都意识到了这一点，即自然权利寓于其中的自然状态在历史上可能并不存在。洛克在《政府论》中曾提及，人们可能会以事实为根据反对自然状态的假定，并进而反对在自然状态中人所具有的自然权利③。霍布斯也认为，所谓自然状态在世界当中并不是普遍的存在④。既然如此，他们仍然坚持将学说建立在自然权利、自然状态之上的依据是什么呢？休谟发现，霍布斯、洛克实际上并不真正关心自然权利的事实基础，他们强调的是人们应该拥有自然权利。换言之，当霍布斯、洛克在描绘自然状态下人们拥有权利的事实图景的时候，他们真正想表达的是这样的意思：人们拥有自然的权利是应该的，即从“是”中推出“应该”来。在休谟看来，对行为的经验描述是一个事实判断，而这种行为应当与否却是一个价值判断，二者绝对不是相同之物，不加论证而把它们混为一谈是不可思议的。其他自然法学家希望通过诉诸理性以确保事实与价值的统一性，但就理性本身而言，它实际上根本无法完成这一不可能的任务。休谟对自然法思想体系中理性的分析和追问，实际上也表明关于人性知识的理性判断只有

① 休谟．休谟政治论文选．张若衡，译．北京：商务印书馆，1993：120.
② FORBES D. Hume's philosophical politics. Cambridge：Cambridge University Press，1975：105.
③ 洛克．政府论：下篇．叶启芳，瞿菊农，译．北京：商务印书馆，1964：11.
④ 霍布斯．利维坦．黎思复，黎廷弼，译．北京：商务印书馆，1985：95.

建立在经验的基础上才是可能的，而在经验基础上的理性判断只能是或然性的，也是有限的。理性对人类价值问题做出确证性的判断是不可能的。因此，必须把事实判断和价值判断区分开来，因为二者分别建立在不同的基础——理性和情感之上，理性是对事实“是”或“非”的判断，而价值上的“正当”与否则由人的情感所决定。这最终使得休谟得出了自己那个著名的论断：“理性是、并且也应该是情感的奴隶，除了服务和服从情感之外，再不能有任何其他的职务。”①

既然人的本性不是先验的自然权利，那休谟所认为的人性基本原则是什么呢？休谟认为，人性之中存在三条基本原则，它们的作用决定了人的行为及其价值。第一，有限的慷慨。人是感觉的动物，快乐和痛苦是两种最为强烈的感觉印象，因此，趋乐避苦是人的自然天性。快乐、幸福和利益是一致的，凡增进人的快乐和利益的，即善；反之即恶。“德的本质就在于产生快乐，而恶的本质就在于给人痛苦。”② 人总是关心自己和亲人甚于陌路，但休谟并不同意霍布斯、洛克的利己主义原则，他的观点毋宁是说，虽然我们在很多场合总是表现得自私一些，但我们对仁慈并非漠不关心；虽然我们追求自己的快乐，但同时亦不忘对别人常怀关爱之心，并希望对社会也有所助益。此外，人的这种所谓恻隐之心太脆弱，社会秩序不能建立在此之上。第二，同情原则。“人性中任何性质在它的本身和它的结果两方面都是最为引人注目的，就是我们所有的同情别人的那种倾向。”③ 休谟认为，同情是人性的一项重要原则，正是由于这一原则，个人才有可能超越仅仅关注自己苦乐感觉的狭隘视野，去关心陌生人的苦乐之感，去关心公共利益。第三，比较原则，即“一个可以给人快乐的事物，如果伴随着羞耻、卑贱的观念，也不能是善；反之，一个可以给人痛苦的事物，如果伴随着高尚、光荣等观念，也不能是恶”④。虽然眼前利益能够给人带来快乐，但根据比较原则，人们会牺牲暂时的、局部的利益去寻求长期的、公共的利益。在这一过程中，人们又可能经常受到眼前利益、局部利益的诱惑。总结起来，休谟所谓人性原则是建立在人们基于苦乐感觉的利益基础之上的。进而言之，人的本性不在于他是权利的主体，而在于他是利益的主体，他的行为、道德观念是以利益效用为尺度的。

四、契约的正义和政府的产生

既然理性是不可靠的，那么近代自然法思想中理性的道德义务如何可能？洛克以后，社会契约论成为政治哲学中固有的理论思维，用以解释和说明人们服从政治权威的正当根据及政府的起源。麦克里兰指出：“自激进宗教改革的时代，以至18世纪下半叶，社会契约的理念主导政治思想。这并不是说所有重要的政治理论都是社会契约理论，而是说，凡是政治理论，如果本身不是社会契约理论，则若非必须将社会契约说纳入考虑，

---

① 休谟．人性论：下卷．关文运，译．北京：商务印书馆，1980：453.

② 同①330－331.

③ 同①352.

④ 赵敦华．人性和伦理的跨文化研究．哈尔滨：黑龙江人民出版社，2004：58.

就是必须对之加以抨击。”①

社会契约是近代自然法政治观的重要理论工具。这一学说认为，公共权力的合法性在于自然状态中每一个自由的个人在签订契约时表达的同意意愿。对于政治公民而言，他之所以要履行服从政府的政治义务，从根本上说是因为他在契约签订时做出了承诺，守信践诺是政治服从的道德基础。对于社会契约得以产生的自然状态，休谟并不否认社会和国家产生之前，人类曾经可能处于某种类似的原始状态，在这种状态中人们单独生活，但这一状态的历史太过久远，以至于不可能真切地确定它究竟是什么样子，所以只能从自然和经验的可能角度去猜测。在他看来，霍布斯和洛克所假定的所谓“自然状态”恰好属于两种极端的境况：洛克对自然状态的假设太过乐观，资源富饶而人又极具美德以至于接近诗意的黄金时代；而霍布斯的自然状态条件又太过恶劣，物资匮乏，人性野蛮，“一切人反对一切人的没有间断的战争是人们未被驯服的自私性和野蛮性的产物”②。休谟认为，这两种极端的假设都是不可能的：如果自然状态真的像洛克描绘得那样美好，人们何必走出去？而如果霍布斯的预设成真，则人类就根本不会存在。在休谟看来，原初社会的人们可能处于一种资源相对匮乏的状况。与自然界的其他动物相比，人的软弱和需要是不成比例的，“自然赋予人类无数的欲望和需要，而对于缓和这些需要，却给了他薄弱的手段”③。当人孤立自存时，种种不便就会接踵而来：首先，他的力量过于单薄，不能完成任何重大的工作；其次，他的劳动因为用于满足他的各种不同的需要，所以无力发展专长；最后，由于个人应付各种需要的能力不平衡，取得成功的概率也不尽相同，所以无论哪一方面欠缺或失误，都要不可避免地招致灾难，甚至毁灭自身。故此，人们只有依赖于社会，才能够弥补这些不便。在休谟看来，尽管人们需要社会，但组建社会并非如社会契约那般乃一朝一夕之事。社会是分阶段形成的，最初生成的是基于两性需要和父母、子女之爱而组成的家庭。随着经验和习俗之累积，人们才逐渐感到他们从社会中获得的利益，并愿意不断改变自己以适应社会。休谟指出，尽管在长期的经验过程中人们可能是以某种形式的约定来走向社会状态的，但“这种协议就其性质而论，并不是一种许诺（promise），……协议只是一般的共同利益感觉；这种感觉是社会全体成员互相表示出来的，并且诱导他们以某些规则来调整他们的行为。我观察到，让别人占有他的财物，对我是有利的，假如他也同样地对待我，他感觉到，调整他的行为对他也同样有利。当这种共同的利益感觉互相表示出来，并为双方所了解时，它就产生了一种适当的决心和行为。这可以恰当地称为我们之间的协议或合同，虽然中间并没有插入一个许诺”④。在休谟看来，决定约定的与其说是理性，莫如说是经验；导致人们相互缔约的与其说是相信对方也是理性的，不如说是期待对方在经验中也会逐渐体认到规则的好处。规则的产生源自人们对这些规则效用后果的感觉和认知，正是这些感觉和认知使得人们认为遵守这些规则是好的，违反这些规则从而导致危及自身的利益是不好的，即产生了正义的道德感。

---

① 麦克里兰．西方政治思想史．彭淮栋，译．海口：海南出版社，2003：202.

② 休谟．道德原则研究．曾晓平，译．北京：商务印书馆，2001：41.

③ 休谟．人性论：下卷．关文运，译．北京：商务印书馆，1980：525.

④ 同③530.

休谟认为，国家、政府产生和存在的根本目的是执行正义，服务于人类社会的需要和利益，这也是人们之所以要服从国家和政府约束的道德基础，但他在分析政治权威的产生及人们的心理服从机制时，一直力图避免使人产生这样的误解：政治权威建立在人们的理性许诺之上。人的自私本性不可改变，舍远图近是人们自然而然的行为倾向，那么怎样才能补救人性之不足，最终实现人类的共同利益？这就需要人们彼此同意改变我们的外在条件和状况，以使遵守正义成为人们的首选利益。休谟认为，需要建立国家和政府，用它的力量迫使人们遵守正义规则，惩罚破坏正义规则的行为，从而使遵守正义成为人们最切近的利益，而违背正义则与自己的利益相背离。显然，这是人为的补救措施，用以改变人类自私的倾向，从而实现其长远的、根本的利益。但是，这种人为的补救措施并不是社会契约的产物，而是习惯和效用使然。换言之，从人类的经验来看，由于服从政府，人们的境况比原来好得多了；由于奉行正义和法律，人类不断地完善着自由和文明的程度。休谟认为，在影响和决定人类行为的诸因素当中，情感和习惯往往发挥着更大的作用。“习惯就是人生的最大指导。只有这条原则可以使我们的经验有益于我们，并且使我们期待将来有类似过去的一连串事情发生。如果没有经验的影响，那我们除了当下呈现于记忆和感官的事情而外，完全不知道别的事情。我们将永不会知道如何使用自己的手段来达到我们的目的，我们将永不会运用我们的自然的能力来产生任何结果。如果这样，一切行动都会立刻停止，大部分的思维也会停止。”① 而一旦人们已经习惯于服从政府，就很难再摆脱这种习惯的影响。因此，是习惯和效用等经验因素奠定了人们政治服从的心理基础。简言之，政府的产生源自人的天然本性和习惯，但绝不是自然权利的抽象论证，不是人类理性的事先发现和预见，理性只是认识到服从秩序和正义给人类带来了诸多好处并予以承认而已。进而，人类社会政治与法律制度就不是理性设计的结果，而是人们长期实践所积累的经验产物。

五、法治政府和无赖假定

休谟主张，正义规则的运用不关注具体案例中个人的品行、动机及其利益得失，而只能着眼于给人类整体带来的普遍益处。政府既然以执行正义为己任，那么它就应该遵守一般的法律规则，“这些法律，政府所有成员及其臣民事先都是知晓的”②。政府必须以普遍、明确的正义规则进行统治，这事实上是要求建立一种法治政府，以明确的法律制度来约束政府行为。换言之，休谟强调的是法律之下的自由观念和执法者——政府首先受制于法。

休谟对法治政府的强调表明，他不相信良好统治可以在统治者的善意基础之上树立起来，“不应将一个国家未来的政体完全寄托于机会，而应提供一种控制公共事务管理机构的法律体系”③。溯其根源，对政府权力进行限制的思想渊源可以追溯至中世纪神学对

---

① 休谟．人类理解研究．关文运，译．北京：商务印书馆，1957：43.

② 休谟．休谟政治论文选．张若衡，译．北京：商务印书馆，1993：26.

③ 同②13.

人性的所谓“幽暗”认识。这一认识强调人性本恶，或者说远未完善，由人所掌握的任何权力都有恶性膨胀的可能性。为了防止权力膨胀可能导致的邪恶倾向，必须对之进行控制。自马基雅弗利以来，依据人性恶的假定来解释和建构政治社会成为现实主义政治理论的一项基本传统。霍布斯的专制主义政治主张也可以说是其人性恶理论的逻辑结果。洛克强调，自由主义在需要政府权威的同时必须对之加以防范：既要摆脱没有任何权威的无政府状态，又要防止确立起来的政治权威侵犯个人自由。在此方面，休谟把洛克限制政府的人性根据揭示出来了：不仅我们不完美，而且组成政府的人也并非超凡入圣、不食人间烟火，他们和我们一样，具有不可改变的人性弱点。休谟的观点在后来的美国联邦党人那里得到了回应：“如果人都是天使，就不需要任何政府了。如果是天使统治人，就不需要对政府有任何外来的或内在的控制了。在组织一个人统治人的政府时，最大困难在于必须首先使政府能管理被统治者，然后再使政府管理自身。”①

基于对人性的冷峻认识，休谟提出了一个著名的论断，即在设计和考察现实政治结构和政府运行时，必须把每个政府成员设想成无赖之徒。“在设计任何政府体制和确定该体制中的若干制约、监控机构时，必须把每个成员都设想为无赖之徒，并设想他的一切作为都是为了谋求私利，别无其他目标。我们必须利用这种个人利害来控制他，并使他与公益合作，尽管他本来贪得无厌，野心很大。”②“无赖假定”命题的基本含义是，在政治生活中，每个人都是自私自利的。换言之，每个人都是无赖。休谟的整个思想是以他对人性的基本主张为起点的。休谟认为，人性的幽暗是不如人意却必须要面对的一个根本问题。因此，在分析社会政治问题时，必须把每个人都当成是无赖。

每个人都是无赖，毫无疑问，这是一个人情味极其淡漠的主张。如果单从表面上看，这一主张与马基雅弗利、霍布斯的主张相近似。因为他们对人的评价都不高。但与他们不同的是，休谟只是在价值层面坚持这一观点，而不是在事实层面进行肯定。简言之，这是一个价值判断而不是一个事实判断。因此，这一命题的真实性只存在于分析政治问题的时候，而在事实上却有可能是假的。尽管作为怀疑主义者，休谟对人的理性能力颇有微词，对近代以来人们充满自信的理性保持了谨慎的态度，但他并不认为人人在本性上都是恶的。为什么休谟会有这样的设想呢？他自己是这样解释的：“不这样的话，他们就会说，夸耀任何政府体制的优越性就会成为无益空谈，而且最终会发现我们的自由和财产除了依靠统治者的善心，别无保障，也就是说根本没有什么保障。”③ 显然，这个命题的合理性仅限于政治生活。他说：“箴言在政治上是真理，在现实中则是谬误。”④ 在私人生活中，人们也许常常是十分诚实的。在日常生活中，那些损人利己的行为被看成是不道德的行为而被人们所唾弃。同样地，在私人生活中诚实是一种美德，但一旦进入政治领域，人的这些美德就失去了分析的意义。从方法论的角度来说，休谟选择了人性中最坏的一面来作为分析的出发点，即“人是无赖”仅仅是一个分析性的概念，而不是一个描述性的概念。休谟命题的含义表明，在政治生活中应当把人看成是无赖，而不是说人实际上就是无赖。可见，是基于认识的原因，而不是事实上的判断，休谟选择了一个

① 汉密尔顿，杰伊，麦迪逊．联邦党人文集．程逢如，在汉，舒逊，译．北京：商务印书馆，1980：264.

②③④ 休谟．休谟政治论文选．张若衡，译．北京：商务印书馆，1993：27.

最坏的角度来分析政治生活。休谟的独特之处在于他选择了复杂人性中最坏的一面作为分析的起点，并由此对权力保持了高度的警惕和防范意识。这一点，也是休谟命题的意义所在。用他自己的话来说："我们则利用这种利害关系来控制他，并使他与公益合作。"[①] 简言之，将人看成无赖的最终目的是要人与公益合作，而不是与公益对抗。实际上，休谟是在提醒人们，对正义这种公共政治生活中的美德而言，自私才是它最根本的驱动力。在私域空间和公共政治生活中，人性的表现可能是不同的。因此，尽管把人当作一个无赖并不一定符合事实，但将其作为一种分析性的概念还是有必要的。对许多思想家来说，他们宁愿把人当成天使，把政治家看成毫无私心的圣贤。休谟认为，这样的假设并不可靠，如果人人都是天使的话，政府就是多余的。而无赖假定最多不过让圣贤受些委屈，但却能有效防止真正的无赖胡作非为。即使政治家同时也是一个道德君子是可能的，这种可能性也不足以作为政治生活的普遍性基础。这样，与其将政治生活的人界定为谦谦君子，还不如把他假设为一个无赖从而对现实政治更具价值。在私人生活中，过高地估计人的道德心可能没有什么大不了，充其量让人失望而已。但在政治生活中，如果将政治权力交给一个仅仅可能的贤德之士，一旦所托非人，社会公众必会遭受重大损失。相反，如果我们把政治家道德标准假设得低一些，则在现实政治中必将所得大于所失。总之，对政府及其人员须得时时防范，使执法者首先受制于法。就此而论，政府及其权力必须受到限制。休谟这一具有分析合理性的解释，使得休谟的政治思想在方法论方面有了更深刻的意义。

六、休谟政治思想的贡献

罗素曾经指出，对许多重要的思想家而言，其思想的卓越和优异性质所应得之地位，往往在历史或现实中并不能获得[②]。如果将这个判断用于休谟，也有一定的合理性。长期以来，在西方政治思想史上，休谟的政治思想是被淡忘的，休谟重新走进西方政治思想研究领域也不过是20世纪后半期以后的事情。究其原因，主要在于这样几个方面：第一，哲学家的光芒遮掩了休谟作为一位政治理论家应有的价值，人们关注休谟的经验主义、怀疑主义和不可知论等哲学观点，而很少问津他在政治理论方面的贡献。康德视休谟为自己先验哲学的前路，把自己从"教条之迷梦"（dogmatic slumbers）中唤醒之人。以赛亚・柏林认为，休谟的哲学成就远远高于他在政治方面的尝试，"没有谁比他更深刻、更激荡人心地影响过哲学思想的历史"[③]。第二，"休谟的著作很少被当作一个整体来研究"[④]。人们一直认为，休谟的政治观点比较零散，在其整个思想体系中并不占据重要地位；甚或以为，休谟关于政治生活的理论阐述与其哲学思想是相对分离的，是休谟在其哲学理论得不到认可的情况下不得不转向政治、道德领域的结果。第三，由于休谟对

---

① 休谟．休谟政治论文选．张若衡，译．北京：商务印书馆，1993：27.

② 罗素．西方哲学史：上卷．何兆武，李约瑟，译．北京：商务印书馆，1963：5.

③ 柏林．启蒙的时代：十八世纪哲学家．孙尚扬，杨深，译．北京：光明日报出版社，1989：169.

④ LIVINGSTON D，MARTIN M. Hume as philosopher of society，politics and history. Rochester：University of Rochester Press，1991：p. x.

洛克的批评，人们总是把他与自由主义对立起来，而忽略了他的结论恰恰是洛克式的。

之所以如此，主要是因为历史上人们对休谟及其政治哲学的误解或者误读。首先，休谟的政治哲学在其整个哲学思想中的地位不是微不足道的，而是非常重要的。虽然人性是休谟关注的首要问题，但其人性论的最终目的却是为包括政治学、道德学、经济学在内的社会科学奠定坚实的哲学基础。如戴维·米勒所说："他所致力的是对近代政治思想哲学根基的重建工作。"[①] 换言之，如果人性问题没有解决，则真正科学的政治学是不可能的。休谟认为，在他所处的时代，人们在政治生活中被两种错误的宗教信念所支配：一种是教导人们顺从专制君主的宗教盲从，另一种则是倾向于革命的清教徒般的宗教狂热。而如果没有科学的人性理论作为基础，就难以排除上述错误观念。在此基础上，休谟对政治理论的研究和阐释是其人性科学在政治领域的应用和实现。其次，休谟的政治思想并非只是彼此割裂的观点的堆积，而是具有相对完整的结构和逻辑。休谟从经验论哲学出发，首先探讨道德知识的理性基础问题，进而区分自然之德和人为之德，展开对政治正义、政府起源、服从义务及其限度等问题的论述。这表明休谟政治理论有其清晰的逻辑、结构和明确的目的指向。最后，尽管休谟在政治分析过程中质疑和批评了近代政治理论中的自然权利和社会契约学说，但在拒绝洛克的理论前提和契约逻辑的同时，休谟以不同的理论路径坚持和诠释了洛克的自由主义结论，并且为后来的功利主义者提供了某种思路。显然，在西方近代政治思想史上，休谟及其政治哲学具有重要的研究价值。

查尔斯·泰勒认为："像启蒙思想家一样，休谟反对宗教和大部分传统形而上学。但是，这种反对的基础是因为这些观念导致我们轻视因而也压制我们自身的本性。"[②] 休谟虽然强调人对社会的需要，强调自由只存在于社会之中，但显然也和其他近代思想家一样，认为存在普遍的、抽象的、同一的人性，并将自然属性视为人的根本特征。休谟对近代政治理论的根本影响，不在于他提出了新的人性观点或理论主张，而在于他对政治理论的方法论基础的强调。休谟认为，科学的政治学必须建立在科学的人性之上，而人性科学必须摆脱神学或形而上学的羁束，才能发现人性的本来面目。人性如同星月晨光，有其自然恒常之理。这种人性知识是从人类的有限经验中总结出来的，而以经验为基础的人类推理能力是有限的，建基于经验人性和有限理性之上的政治理论的科学性也应这样理解。由此，休谟将理论分析的重点转向了近代政治理论的理性基础。他怀疑，许多近代启蒙思想家所信奉的理性是否真的实称其名，能够实现它所承诺的社会政治生活的种种美好前景？还是说，它只是构建了一种虚假的可靠性，使得我们错误地以为自己已经掌握了解决自身及社会发展的根本性力量？实质上，休谟对理性主义的批判并未否定人类理性本身，而只是反对启蒙理性的形而上学倾向；他也并未否定自由本身的价值，而只是反对以抽象的理性法则作为自由的根据。休谟政治思想的重点方向，是在努力寻求某种更为坚实的理论基石。因为理论大厦的牢固程度首先取决于其基础是否牢固，而这一基石的理论前提就是思想家分析的出发点。在此意义上，休谟政治哲学中最具特色之处在于其方法论的意义。

---

① MILLER D. Philosophy and ideology in Hume's political thought. Clarendon Press Oxford，1981：2.

② 泰勒．自我的根源：现代认同的形成．韩震，王成兵，乔春夏，等译．南京：译林出版社，2001：527.

由于对近代政治思想中理性主义的批判，休谟的思想带有某种“保守主义”的意味。但是与一般所谓保守思想的反动性不同，休谟的思想中没有对过去的浪漫的依恋，他把历史和经验看成是某种可以信赖的参照物，从而杜绝了从某种理性的不可靠的简单推论中获取对于现实世界的认识。但是，尽管休谟批评近代自由主义主流传统的理性主义基础，他却不可能根本解决近代自由主义的内在矛盾。因为“人的本质不是单个人所固有的抽象物，在其现实性上，它是一切社会关系的总和”①。休谟没有认识到，只有从社会关系尤其是社会生产关系中认识人的本质，才能够真正解决近代资本主义社会的根本矛盾。而且，休谟虽然反对形而上学，强调政治理论与人类经验的联系，但他坚持把知识和理性局限在经验、感觉之内，从而否定了经验、感觉之外任何知识的确定性，否定了人类理性认识社会发展规律的可能性。“简单地说，这种怀疑论在实践上恰好是法国的唯物主义；但是，它由于无法明确作出判断，因而仍停留于形而上学的理论。”② 显然，如同其他近代自由主义政治思想家一样，休谟政治哲学的历史局限性也是明显的。

第二节　伯克的政治思想

一、生平、著作和时代背景

埃德蒙·伯克（Edmund Burke，1729—1797），18世纪英国著名的政治家，近代保守主义政治哲学的创立者。1729年，伯克出生于都柏林的一个中产阶级家庭，父亲是新教徒，母亲是天主教徒。他本人虽然是新教徒，但在宗教上比较宽容。伯克早年在都柏林著名的三一学院求学，接受了良好的古典教育。1750年，伯克进入伦敦的中殿律师学院（Middle Temple）进修法律，准备继承父业，做一名律师。虽然伯克孜孜不倦地致力于法理学的研究，但其实他对开业做律师丝毫不感兴趣，反而对文学和哲学情有独钟。特别是文学，一直深深地吸引着他，并使他受益终身。1756年他写成《自然社会的论证》一书，反驳当时颇为流行的博林布罗克的理论，后者认为文明社会的出现必然要伴随着贫困和苦难，并且还认为基督教可以归结为当时流行的自然宗教。伯克的观点是，对自然界过于简单化的主张会导致一切文明社会和政府的毁灭。这是伯克对以抽象理念论证政治问题进行批评的第一次尝试。1757年，伯克发表美学论文《关于我们崇高与美观念之根源的哲学探讨》，大获成功，从此奠定了他在学术界的地位，该著作一版再版，成为美学史上的一部经典著作。

1759年伯克开始主编《年鉴》杂志，名噪一时。同年，他担任国会议员汉密尔顿的秘书，1761年参与主管爱尔兰事务。1765年，辉格党领袖罗金汉成为首相，伯克出任其秘书。不久，伯克又成为下议院议员，从此在议会活动长达近30年。在议会工作期间，

---

① 马克思，恩格斯．马克思恩格斯选集：第1卷．3版．北京：人民出版社，2012：139.

② 马克思，恩格斯．马克思恩格斯文集：第1卷．北京：人民出版社，2009：91.

伯克的政治思想也日趋成熟，针对英国的现实政治分别发表了《对国家当前状况的考察》《新辉格党人对老辉格党人的呼吁》等论著，显示了伯克敏锐的政治观察力。在议会中，伯克博学善辩，坚持光荣革命的原则，反对政治专制和压迫。一直到1790年，他始终作为辉格党主要的政策代言人。1790年，伯克完成了著名的《法国革命论》，猛烈攻击法国大革命，并因此和辉格党自由派人士决裂。1794年，伯克退出议会。1797年，伯克去世。

一般而言，伯克政治思想的发展可以比较明确地分为两个阶段。在法国大革命以前，他是辉格党自由主义原则的主要捍卫者，反对国王侵犯议会权力和东印度公司对印度殖民地的专制统治，支持北美殖民地的正义事业。1789年，法国爆发了在人类历史上具有世界意义的大革命。革命摧枯拉朽般地荡涤了欧洲古老的贵族和国王，也极大地震撼了几乎整个西方的知识界。在血与火的革命面前，欢呼雀跃者有之，震惊恐惧者有之。就对革命的态度而言，伯克无疑属于后者的阵营。他对法国革命及其相关原则的攻击、诅咒和谩骂，都深刻反映了他对革命的敌视立场。也正因为如此，伯克本人成为西方思想界反对法国革命的保守主义代表人物。伯克作为保守主义政治哲学创始人之名由此而生。需要指出的是，伯克在法国大革命前后截然不同的政治态度，应该具体到18世纪英国政治、社会、经济发展的复杂性质中去理解。

1688年光荣革命后，英国逐渐确立了君主立宪制。通过《权利法案》的规定，国王权力受到了限制，政治实权逐渐落到了议会手中。就伯克生活的时代而言，议会权力掌握在辉格党和托利党两大政治派别手中。从18世纪初到18世纪60年代，辉格党占据了主要优势。在革命时期，洛克的学说及其自由主义原则曾经深深影响着辉格党人的政治思维。洛克学说的基础是自然权利理念。他从源于人的本性的天赋权利出发，推导出了政治权力的有限性质以及人民在最终意义上拥有反抗政府的革命权利，为当时的革命进行了理论论证。但是，这种抽象性和普遍性的权利理念实际上并不符合英国传统的政治思维。在英国人的传统政治观念里，人们对于权利的界定是具体而非抽象的，而且往往要追溯到反对王权的久远历史传统之中。在中世纪，以契约为基础的封建关系为人们确定了相应的权利和义务，每个人都根据自己的身份、地位承担一定的义务，并享有相应的权利。随着后来中央集权的增强、王权的兴起和扩张，原属贵族的一些权利逐渐被王权所侵犯，封建贵族由此展开反对王权、争取权利的斗争，并在漫长的历史过程中取得了一系列的重要成果，如1215年的《自由大宪章》、1689年的《权利法案》等，有效地制约了王权，维护了贵族的权利。在英国人看来，维护权利就是维护了自由，自由不是先验的，而是传统的。正因为如此，同时也由于权力固有的腐蚀作用，在18世纪掌握了权力的辉格党人开始逐渐地从革命时期的洛克的政治原则上退却，他们否定自然权利的现实价值，否定人民的革命权利，在政治态度上呈现保守的色彩。1760年，英王乔治三世上台，在议会中收买议员，组建“国王之友”派，着力扶持具有王权主义情绪的托利党人当权，进一步助长了当时政治现实的保守态势。在经济方面，直到乔治三世即位时，英国仍然属于一个农业国，乡村地主仍然是颇为强大的社会势力，他们掌握着地方政府，在议会中占据了2/3的席位。他们虽然基本上已经资本主义化，但在政治情感上，却仍然怀着强烈的保守主义情绪，期望王室之中能够出现一个中兴明君，强化王政。同时，随着近代资本主义经济和政治秩序的建立，16世纪就已产生的资本主义经济关系，到18世纪中叶已经在英国社会占据了优势地位，英国的工商业也取得了长足的进步。财富的积累和对利润的无止境的追求欲望，使得任何试图阻挠或破坏这一进程的障碍，都被资产阶级以及资本主义化了的新贵族视为对自由的干涉。在他们看来，能够自由地追求利益是社会财富积累和进步的根本源泉。因此，在政治上必须对其予以保护。根据自由来自传统的惯常理解，他们强烈要求把16世纪以来资本主义发展的经济成果以及保障这一发展的政治条件纳入英国固有的传统之中。

在这样的政治、社会、经济背景下，伯克的政治思想就不可能不带有那个时代的根本特征：一方面，存在反对激烈革命，而主张渐进改良的保守倾向；另一方面，坚决维护近代以来的政治斗争成果，抱守自由而非专制的传统。

二、对启蒙哲学的批判

与休谟一样，伯克也是把批判启蒙时期政治思想的理性基础作为展开其政治哲学的根本起点，极力反对将抽象的自然权利观念作为思考和探讨政治问题的基础。但是，和休谟不一样的是，伯克并没有将哲学用作批判的主要武器，而是更多地诉诸经验和传统的力量。如果说，休谟是以哲学家的冷静思维，通过彻底的经验实证方法清除了政治哲学任何的思辨理性基础，否定了任何超越人类功利需要之外的先在价值作为政治思想基础的可能性，那么，伯克则怀着浓郁的道德、宗教情感和对传统的尊崇，力图从人类社会发展的经验中寻求政治的智慧。

从根本上讲，伯克并不反对理性，他所反对的是从先验或预设的前提推导出整个政治观念体系的理性主义做法，他认为这是启蒙思想家们对人类理性能力的盲目自信和夸大的狂妄。在他看来，人固然是理性的，但是这种理性也是有限度的。启蒙时期的理性主义之所以谬误，就在于它从这样的假设出发论述政治问题：通过理性，每个人都能够认识到自己真正的利益和幸福，也能够寻找到实现自己真正利益和幸福的最佳途径。在此基础上，每个人都拥有追求自我利益和幸福的当然权利。伯克并不否认人们拥有追求自我利益和幸福的权利，但却怀疑人们是否真的拥有认识和实现自我利益和幸福的这种能力。也就是说，他对人们的理性能力抱有一种冷峻的怀疑态度。因为人类本性和社会的复杂程度表明，每个人的需要常常是纷繁多样的，也常常是彼此冲突的，所以人们很难确定什么是自己真正的、恒定的需要和利益，也会常常在彼此冲突的需要和选择之间难以取舍。因此，基于个人理性之上的抽象的自然权利实际上是不可能的。然而，尽管“个人是愚蠢的。一群人不假思索而率然行事也是愚蠢的；但整个人类是聪明的，而且若有时间进行思考，人类的行动就总是正确无误的”[①]。在此，伯克强调，作为一个整体，人类理性之所以可能，主要是由于这种整体的理性的基础并非抽象的个人理性，而是在社会——这个有机的共同体中孕育和创造的人的种种社会需要和特性。而要了解这种理性，就必须首先了解社会共同体中的人类道德和宗教情感，以及世代传承、积累的有益

① 麦克弗森．柏克．江原，译．北京：中国社会科学出版社，1989：73.

的经验和习俗。

为此伯克主张，在从事政治这样一门实践科学的时候，必须抱着谦恭、审慎的态度，从人类的历史传统中寻求智慧。伯克认为，英国宪法本身就是这样一种传统智慧积累的产物。和美国的成文法典不同，它是由历代积累下来的宪法性法律和惯例组成的，其不同的部分能够适应不同时代的各种需求，并随着时代的推移不断地变化和成熟，而它拥有这样的优点正是因为其本身源自悠久的历史，从历史中吸收了历代人的智慧和经验。诚然，这一宪法可能是有缺陷的，而且也需要改正。但是伯克强调，对既定的宪法、政制的修改必须结合时代和人民自身的特点来审慎地进行。因为，“就单个事物本身看显得可能是错误的东西，但把它与其他事物联系起来考虑时，可能完全是正确的——或者至少是作为防止更坏事情的手段，我们应该耐心忍受”①。伯克相信，建立在长期积累的经验之上的政府及其运作，肯定优越于建立在抽象推理之上的政府体制，因为后者“在理论上都是庸俗的，在实践上都是危险的”②。

三、原始契约和自然权利

以经验和传统作为政治哲学的根本起点，伯克首先对启蒙时期政治思想的一些重要观念进行了反思和批判。

洛克以后，社会契约和自然权利观念成了欧洲政治思想中固有的理论思维。在某种程度上，伯克并不否认社会契约实际上是可能存在的。但他认为，实际上可能存在的契约并非源自抽象预设的所谓自然状态，而是作为整体的人民基于自身的道德本质在历史发展中推动形成的。“社会的确是一种契约……此种契约不仅仅是现在活着的人之间的协议，而且是现在活着的人、已故去的人和即将出生的人之间的协议。组成每个特定国家的每一个契约仅是组成永恒社会的伟大的原始契约中的一个条款。它把低级世界与高级世界、可见世界与不可见世界联系起来。而这种联系又是以这样一个确定不易的协约为依据的：此协约因得到不可违反的誓言的认同而确立，它把所有的物理存在和所有的道德存在都安置在指定的位置上，各如其分。”③ 在伯克看来，人民并不是彼此孤立的个体简单相加的机械存在，而是一种以道德信念为核心的有机体。它有自己的历史、体制、习惯和行为方式，有惯有的崇尚、忠诚和权威，尤其是有其在无数时代中积累和形成的共同思维、信仰和价值原则。而在原始状态下，这样的人民是不可能存在的。“人民的概念就是团体的概念。它完全是人为的，并且与任何其他法律拟定一样，是共同约定的产物。那个约定所具有的特殊性质是什么，取决于特定的社会采取的形式，任何其他东西都不可能成为他们的契约。因此，一旦人们打破国家以团体形式和团体能力的那个原始的协议和约定，他们就不再成其为人民了。”④ 这里，伯克想要表明的是，在每个人彼此孤立的情况下，实际上不可能达成任何所谓的契约。对于每个人而言，从其降生时始，

---

① 柏克．自由与传统．蒋庆，王瑞昌，王天成，译．北京：商务印书馆，2001：4.

② 柏克．法国革命论．何兆武，许振洲，彭刚，译．北京：商务印书馆，1998：205.

③ 同①64－65.

④ 同①84.

他就不可能重新选择自己生而置身其中的社会的原始约定，正如同他不能选择自己的父母一样，而启蒙思想家们所赋予人们的那种可以推翻政府、收回授权、重新订立新约的纯粹的自然权利是不可能的。因为，原始契约之达成是由于先在于具体个人的共同体的道德本质。同时，它也依据了上帝的永恒准则。“这个伟大的准则并非来自我们的习俗或契约，恰恰相反，它给了我们的习俗和契约以它们可以得到的一切和认可；——它并非来自我们那些毫无价值的制度。每一恩赐都是上帝的；所有的权力都是上帝的”，“通过这一法则，我们被组织并连接在宇宙永恒的框架里，离开这个框架我们就无法活动”①。

伯克无意否认，人类是拥有权利的。他甚至承认，在自然状态下，人们可能拥有自然的权利。但是，他像霍布斯一样认为，个人拥有自然权利的状态实际上是一种野蛮的状态，人性之贪婪会导致相互冲突而使人身与财产无法保障。因此，人们要想进入文明状态就不能保有自然的权利。换言之，自然权利和文明状态是互相冲突的，不能兼得。同时，文明状态实际上是人类的本质。所以，人们必须放弃自然的权利。“社会不仅仅要求个人的激情应该受到节制，即使组成了群体和团体，人们的本能倾向也应得到克制，欲望也应受到节制，不羁的激情也应受到驯化。要实现这一点，只能借助于自身之外的力量。当这种力量发挥功用时，不会屈从于欲望和激情。”② 但是，伯克并没有像霍布斯那样得出了建立强大专制权力的主张，他只是强调，抽象的自然权利是没有意义的，人们真正的权利是文明状态中的权利，是与传统、秩序、权威结合在一起的权利。“在此意义上，对人类及其自由进行约束同样可被视为人们的权利。”③ 实际上，伯克认为，只有从现实的人类经验和传统出发才能真正理解权利的含义：权利是在法律规范中的自由，是深深依赖于一个社会的历史发展过程的、具体的权利。他以英国为例阐述这个问题。他说，英国人的权利属于保卫起来既容易又安全的类型。说它容易，是因为那些权利十分清楚；说它安全，是因为保卫继承而来的权利就是在不断完善现状而不是危及现状。人们有权享有社会合作以及法律规范给自己带来的利益，“人们有权依照这样的规范来生活，不论他们的同胞是担任公职，还是从事普通职业，在与他们相处时，他们有权得到公平的对待。他们有权享受它们的劳动成果，有权采取更有效的劳动手段。他们有权得到父母的财产，抚养子女，生时受到教导，死时得到安慰等”④。简言之，权利是法律规范的利益。

四、自由的含义

作为近代保守主义的大师，伯克所抱守的是英国政治传统中的自由。而伯克对自由的解读，遵循着与对待权利时相同的思路。

首先，自由不是抽象的自由，而是社会中的自由。伯克指出：“我所说的自由是社会的自由。这种社会的自由是一种状态，在这种状态中，自由是通过平等的限制来实现的。

① 麦克弗森．柏克．江原，译．北京：中国社会科学出版社，1989：59.

②③ 柏克．自由与传统．蒋庆，王瑞昌，王天成，译．北京：商务印书馆，2001：69.

④ 同②68.

这种社会的自由又是一种结构，在这种结构中，个人的自由、团体的自由和众人的自由都不能找到任何凭借和渠道来侵犯社会中的任何个人或任何类别的人的自由。”[①] 这种社会中的自由，不是抽象的、思辨的自由，也不是孤立的、个人的绝对自由，而是在社会关系中的自由。既然每个人都生而属于社会，那么为了社会的利益，也为了自己的利益，他就必须为自己的自由设定限度。

其次，自由与秩序是共存的。在《法国革命论》中，伯克指出，自由是个人潜能得到充分发展的机会，但他同时强调，自由必须与秩序和美德结合起来。只有自由而没有秩序和美德，自由实际上也就不复存在了。在伯克看来，抛弃文化传统、无视社会历史，是不可能有真正的自由的。在此，伯克向人们所阐述的是一种消极自由，是一种在习俗和传统中形成的自由。这种自由是在具体时空条件下存在的具体自由，而不是存在于人们头脑中的抽象自由和原则，尽管后者看起来可能要比前者更加完美。

再次，自由是和权威相容的自由。伯克强调，自由与权威是密不可分、相互约束的，没有自由的权威就成为统治者的专制，而没有权威的自由就将沦落为肆意放纵。作为保守主义思想家，他强调政府不是人类自由的产物，而是对人的欲望进行抑制的工具，没有权威就不可能保证自由。

伯克对自由的论述表明，他认为自由应该是有限的自由，而不是绝对的自由。一方面，人类的有限理性和无知决定了自由必定会受到约束；另一方面，如果自由不受限制，必定会导致无政府的混乱和人性的放纵。但是，在经济自由方面，伯克的立场是不同的。他认为，个人追求自我经济利益的自由是绝对不应该干涉的，政府应该把一切与经济相关的事务彻底地交给市场，即使市场的力量使得劳动者的基本生活都无以为继，政府也必须袖手旁观。伯克对经济自由的态度实际上与当时亚当·斯密的经济自由主义思想是一致的，并对后世自由主义的发展产生了极大影响。

五、革命与传统

伯克认为，一个社会的政治制度和规则是在历史和传统中形成的一套庞大而复杂的、约定俗成的权利体系和惯例，这些惯例产生于过去，在不打破连续性的条件下使自己适应于现在。因此，这些制度规则和惯例的传统就构成了集体智慧与文明的宝库，理应成为类似宗教信仰那样被尊奉的对象。制度不是发明或创造出来的。老制度之所以能顺利运转，是因为已世代为人们所习惯、所熟悉，并为人们所尊崇。相反，没有哪个新创造的制度能够通行，无论它多么合乎逻辑，除非它累积了类似程度的习惯和感情。因此，伯克认为，在一个社会发展过程中应该慎重对待传统的制度和惯例。这是因为，一方面，既然真正的自由与权利是历史和传统的产物，要追求自由和权利就必须慎重地对待传统；另一方面，真正的人类理性只能到人类世代积累的经验当中去找寻，只有通过对历史和传统的反思，从中汲取经验和教训，才会总结出真正可以指导现实的政治原则。围绕怎样对待传统的问题，伯克阐述了其在保守与变革方面的态度。

---

① 柏克．自由与传统．蒋庆，王瑞昌，王天成，译．北京：商务印书馆，2001：105-106.

作为一个保守主义者，伯克并不否认，一个现实社会的政治制度和传统并不完美，甚至可能会存在各种各样的弊端。而且，社会总是在不断地变化着，制度和规则应该因这种变化而予以回应。甚至“如果某一政府确实邪恶而专横，且无法对其加以改革（有时会出现此种情形），那么，就应该将其换掉，必要的话，也不妨诉诸武力”①。然而，伯克强调，不能因此而将整个制度彻底否定，旧制度在本身并不完美的同时，也保留了很多好的东西。如果不顾一切地要求革新甚至革命，就会把许多传统中的优越之处白白葬送，可能会得不偿失，酿成恶果。因此，“改革不是实质性的改变，不是对对象做根本性的修正，而是针对人们提出的弊端直接予以补救”②。所以，伯克强调，保守也不是要求守旧，改革并不等于革命。

在此基础上，伯克比较了法国革命和英国革命的不同。他认为，英国革命注重传统政制和惯例的价值，是真正的光荣革命。“发动那次革命，是为了维护我们古老的无可争议的法律和自由，以及维护作为法律和自由唯一保障的古老的政府体制。”③ 伯克指出，英国人有一种传统：他们重视祖先遗留下来的各种制度，他们习惯于从过去寻找对现在和未来的证明。每一代英国人不过是把自己看成是一个不间断的历史过程中的一个环节，而不是历史的主人。诚然，在英国革命中，也有对传统的规则和惯例的改变，比如王位继承规则。但伯克认为，这并不意味着对传统的背离，而是在特殊情况下以特殊的方式坚持了维护人民固有自由的传统。而且，即使当时对政府的更迭在某种程度上是选择的结果，但革命本身并不认为选择权利是政府合法性的当然基础，更不认可选择权利的抽象性和普遍性。“我们通过那次革命取得了选举国王的权利的说法是如此远离事实，即使我们以前曾经拥有这一权利，英格兰民族在那个时候也的确为了他们自己的千秋万代，极其庄严地否定和放弃了这一权利。”④ 伯克认为，正是在这一点上，法国革命依据了根本不同的原则。他指出，法国革命的风格不是以维护和发扬传统中的美好的东西为目的，而是以破坏传统的价值为目的。法国的革命者总是迫切希望整个国家能够马上获得新生，为此目的他们不惜采取极端的方式把法兰西民族传统中优秀的东西全部毁灭。他们从抽象的自然权利出发，认为人们有权选择政府，也有权收回自己的授权、推翻政府重新选择新的统治者。伯克认为，正是基于这种抽象权利的做法，导致了法国革命的激进主义性质，给法兰西人民造成了巨大的悲剧。伯克指出，思辨哲学以及在此基础上的法国革命的谬误在于，它从普遍的、绝对的自然权利观念，企图建构整个政治理论体系和现实的政制框架，而对权力做如此简单化的处理或安排，势必将违反人类本性和社会事务的复杂性质，结果必定是恶的。伯克认为，法国革命之所以是一场灾难，其根本原因在于政治理论和实践、价值和事实之间具有的巨大差异。“任何政治信条的价值，在很大程度上取决于它的实际结果，政治问题所关涉的不是真假问题，它们关涉的是善恶问题。那种很可能生出恶的结果的东西，就是政治上的‘假’；能够促成善的结果的东西，就是政

---

① 柏克．自由与传统．蒋庆，王瑞昌，王天成，译．北京：商务印书馆，2001：143.

② 同①137.

③ 同①133.

④ 同①23.

治上的‘真’。”① 而在伯克看来，法国革命本身正好就是表面上完美的抽象政治信条所必然导引出来的现实中的恶果。“法国革命乃是世界上迄今为止所曾发生过的最为惊人的事件、最可惊异的事件。在许多事例中都以最荒谬和最荒唐的手段并以最为荒唐的方式发生了，而且显然地是用了最为可卑的办法。在这场轻率而又残暴的奇异的混乱中，一切事物似乎都脱离了自然，各式各样的罪行和各式各样的愚蠢都搅在了一起。在观察这场邪恶的悲喜剧的场面时，极其相反的各种感情必然地一一相继而来，并且有时候是在心灵之中互相掺和在一起；它们交替呈现为鄙夷和愤怒，交替呈现为欢笑和眼泪，交替呈现为蔑视和恐惧。”②

伯克对法国大革命的批判，在一定程度上是合理的。尤其是在法国大革命所导致的巨大代价以及对整个启蒙时期激进的理性主义哲学进行反思方面，伯克的思想有其合理之处。但同样毋庸置疑的是，伯克对法国革命的评价也是偏颇的。他在批判大革命摧毁了法兰西的传统的同时，却忽略了法国专制主义传统与英国政治传统之间的巨大差异；在攻击自然权利学说把政治权力简单化的同时，他几乎没有注意到，自己对法国革命爆发背后复杂性质的认识也是非常肤浅的。与休谟对理性主义抱有的冷静的怀疑态度相比，伯克对法国革命的批判是极其情绪化的。因此，虽然在支持北美殖民地的事业上，伯克是自由热烈的拥护者，但在法国大革命面前，他却是民主的敌人，原因正在于伯克对政治变革所持的保守态度。“这一保守态度驱使他攻击法国革命，也贯穿于他在革命前的一切著述之中。法国的事变使他惊恐万状，打乱了他判断力的平衡，暴露出他在此以前体面地加以掩饰的仇恨，滔滔不绝地倾泻出不负责任的言论。在这些言论中，他的公允姿态、他对历史的评价以及他惯于驾驭事实的本领大都丧失殆尽。”③

六、伯克政治思想的价值

正如萨拜因所指出的：“整个十八世纪英国作家表现的气质，无论在政治方面还是宗教方面，都反映出明显的保守倾向。”④ 在英国政治思想史上，休谟和伯克所阐发的思想正是这一时代所决定的保守情绪的典型表现。休谟的保守是怀疑主义的，他质疑近代自然法思想中权利、契约等价值观念拥有确定性的基础，质疑人的理性是否能够把自然的人性和自由、平等、博爱等政治信条成功地统一起来。通过对理性的分析以及事实与价值的两分法，休谟认为价值判断只是人们的偏好或愿望，政治事务的真正基础是人们对功利的追求，而与理性无关。伯克和休谟一样，并不否认理性的存在，而是力图对启蒙运动本身的理性主义自负提出挑战和批评。有所不同的是，休谟借助于怀疑论哲学质疑理性，而伯克则直接诉诸人类的经验和传统。伯克在一定意义上是承认理性的，但他所承认的理性是从人类的经验中得出的。具体地说，他认为只有在人类的历史和传统中才会有真正的理性，真正的理性是有限的。伯克反对的是抽象理性，反对为政治权威设定

① 柏克．自由与传统．蒋庆，王瑞昌，王天成，译．北京：商务印书馆，2001：83.
② 柏克．法国革命论．何兆武，许振洲，彭刚，译．北京：商务印书馆，1998：13.
③ 萨拜因．政治学说史：下册．刘山，等译．北京：商务印书馆，1986：681.
④ 同③671.

任何理论的前提，反对以抽象的观念、严密的逻辑匡正现实，让现实服从原则。他认为，历史、传统和习俗甚至宗教情感才是政治事务的真正基础，而抽象的理性是没有用的。这样，继休谟之后，伯克进一步推动政治哲学家们开始反思作为方法论的理性在政治理论中的作用问题，进而为后来历史主义、实证主义的产生和发展奠定了基础。

如果没有法国大革命，伯克的思想肯定是自由主义的。但众所周知，真正奠定伯克历史声名的是他对法国革命的激烈批判态度，以及以对传统的损益为标准而主张改良、反对革命的保守主义观念。所以，尽管他本人始终是以辉格党人自居，但伯克还是被公认为近代保守主义的鼻祖。需要注意的是，伯克对于传统和经验的重视所体现的保守主义倾向与他对自由的珍爱是相互和谐并存的。一方面，他在为人类社会的发展、政治的变革寻找平衡和稳定机制，而这些东西只能是来自人类的经验和历史。另一方面，他在政治上珍视自由，反对国家的专横权力；在思想上坚持信仰自由，主张宗教宽容；在经济上信奉古典自由主义的政治经济学。这种奇特的融合是伯克所奠定的保守主义的特殊品格，同时这也似乎意味着，伯克的保守主义并不是反动，而是对自由传统的一种抱守。

对伯克及其保守主义哲学的认识和评价，在西方政治思想史上历来是一个众说纷纭、颇有争议的问题。然而，对伯克的不同评价往往是与对其政治思想某些方面的不同理解和强调联系在一起的。19 世纪的多数自由主义者注重伯克的早期作品，注重伯克在长期的从政生涯中反对宫廷王室侵犯议会的独立自主，反对政府对北美殖民地的压制和盘剥，反对享有特权的东印度公司的专横统治，因此而强调伯克思想的自由主义性质。但是，人们也注意到，伯克作为保守分子的形象也同样是真实的：他赞颂贵族统治，维护等级制度、传统规范、习俗偏见以及世袭权利，反对法国革命所倡导的自由、平等观念。20 世纪初，哈罗德·拉斯基强调的伯克思想的功利性质，实际上是伯克运用经验方法研究政治问题所必然形成的后果。20 世纪后期，密尔顿·弗里德曼等经济学家从伯克思想中发现了其对经济自由和市场功能的捍卫，对政府干预经济的反感，并因而对他大加赞赏，引为思想同道。伯克及其思想在不同时代不断地受到关注和讨论的事实表明，虽然伯克的思想是英国 18 世纪的产物，他所关注的也只是当时的政治现实，但其思想中蕴含的智慧对当代社会的许多问题还是有价值的。

进一步阅读书目

1. 休谟．人性论．关文运，译．北京：商务印书馆，1980.
2. 休谟．人类理解研究．关文运，译．北京：商务印书馆，1957.
3. 休谟．道德原则研究．曾晓平，译．北京：商务印书馆，2001.
4. 休谟．休谟政治论文选．张若衡，译．北京：商务印书馆，1993.
5. 休谟．休谟经济论文选．陈玮，译．北京：商务印书馆，1984.
6. 史蒂文森．人性七论．赵汇，译．北京：国际文化出版公司，1988.
7. 斯特德．休谟．刘建荣，周晓亮，译．济南：山东人民出版社，1992.
8. 麦克弗森．柏克．江原，译．北京：中国社会科学出版社，1989.
9. 柏克．自由与传统．蒋庆，王瑞昌，王天成，译．北京：商务印书馆，2001.
10. 柏克．法国革命论．何兆武，许振洲，彭刚，译．北京：商务印书馆，1998.

第十一章
黑格尔的政治思想

阅读与思考

黑格尔的哲学思想无疑是极其深刻同时又是艰涩难懂的。他的政治哲学著作《法哲学原理》，把古希腊的伦理政治观念和抽象的辩证法逻辑、笛卡儿的理性主义思维和德意志的沉思传统相结合，运用客观唯心主义语言对19世纪德国思想中的世界主义与民族主义、自由主义与保守主义、共和制与君主制、道德主义与法治主义等各种观念进行了独特回答，对近代启蒙运动以来政治思想领域的个体和整体、个人权利和政治义务、社会和国家等政治学说进行了深刻的哲学反思和重新解释。读懂黑格尔的哲学思想和政治学说，需要关注和思考两个重要线索：一是必须在他的哲学体系中去把握其对政治问题的理论沉思和现实主张，理解他对近代以来西方自由主义思想和国家理论之间存在的紧张关系和内在冲突的理论反思；二是结合马克思的《黑格尔法哲学批判》，理解黑格尔的哲学对马克思主义的影响，以及马克思主义对黑格尔哲学和政治思想进行扬弃和批判的深刻意义。

关键词

客观唯心主义　辩证法　民族精神　国家学说

第一节　生平、著作和时代背景

格奥尔格·威廉·弗里德里希·黑格尔（Georg Wilhelm Friedrich Hegel，1770—1831），19世纪德国古典哲学的主要代表人物，客观唯心主义哲学的集大成者，重要的政治思想家。他在人类哲学史上，第一次系统地阐发了唯心主义辩证法，建立了几乎无所不包的庞大的客观唯心主义哲学体系。同时，他对德国近代政治思想及国家学说也做了堪称最系统和最完善的阐述，在西方思想史上提出了与近代英国自由主义的思维理路完全不同的一套政治哲学和法哲学。

1770 年 8 月 27 日，黑格尔出生于德国南部符腾堡公国斯图加特城的一个税务书记官家庭。少年时代的他就表现出勤奋好学、少年老成的特点。1788 年，黑格尔从文科中学毕业后进入图宾根大学神学院学习哲学和神学。次年，法国资产阶级革命爆发，这场大革命惊醒了沉睡中的德国，受到了德国进步阶层的热烈欢迎。和当时许多德国进步青年一样，作为大学生的黑格尔也为法国革命所激动，并为卢梭的思想所鼓舞，他在纪念册中曾激动地写下“打倒暴君”“自由万岁”“卢梭万岁”等革命口号。他还和同学谢林等人一起积极参加各种政治活动，在政治俱乐部里为法国大革命发表演说、奔走呼号。这个时期的黑格尔在思想上显然是比较激进的，不过他对法国革命也有自己独特的看法。他同情法国革命，却并不赞成雅各宾派的暴力行动，这似乎又反映了他的思想从一开始就蕴含着某种保守的成分。

从图宾根大学神学院毕业后，他并没有担任神职，而是先后在瑞士的伯尔尼和德国的法兰克福给贵族和商人家庭做家庭教师。这期间，黑格尔一方面继续关注法国革命的进展，一方面埋头于政治、宗教和哲学的研究。受到法国革命风暴激烈震荡的他，这时候已经成为一位共和政体的拥护者。与当时许多进步的资产阶级思想家相似，他把现存的封建制度同古代的民主制度对立起来，颂古非今、批判专制。与此相应，在宗教问题上，黑格尔也把现存的基督教同所谓古代的“人民宗教”对立起来，从路德派的激烈新教徒的立场，对基督教展开了激烈的批判。在他看来，古代希腊、罗马的宗教才是自由人民的宗教，而基督教则不过是专制政治的产物。基督教教会体系否定人的理性，实际上是一个不把人当人的体系。黑格尔尖锐地指出：“宗教和政治是一丘之貉，宗教所教导的就是专制主义所向往的。这就是，蔑视人类，不让人类改善自己的处境，不让它凭自己的力量完成其自身。”[①] 黑格尔还钻研了康德、费希特的著作，敏锐地觉察到康德、费希特哲学中所流露的反传统神学的人本主义精神，即把人类的尊严和自由抬高到无上的地位。他指出：“我认为，人类自身像这样地被尊重就是时代的最好标志，它证明压迫者和人间上帝们的灵光消失了。哲学家们论证了这种尊严，人们学会感到这种尊严，并且把他们被践踏的权利夺回来，不是去祈求，而是把它牢牢地夺到自己手里。”[②] 可见，黑格尔思想的出发点无疑与近代自由主义一样是具有人本主义色彩的。这个时期的黑格尔似乎已经意识到哲学对于德国这个落后国度的意义，并从此走上一条建构一个与时代同音的哲学体系的救国之路。

1799 年，黑格尔的父亲去世并留下了一笔遗产，为他到大学教书的计划提供了经济保障。1801 年，在当时已经在哲学界崭露头角的老同学谢林的帮助下，黑格尔获得了耶拿大学无俸讲师职位，并与谢林一起创办了《哲学评论杂志》，阐发谢林的哲学观点。可是，他不久便与谢林因哲学观点上的深刻分歧而分道扬镳。黑格尔《精神现象学》一书

① 黑格尔．黑格尔通信百封．苗力田，译编．北京：中国人民大学出版社，2015：47.

② 同①46 - 47.

的出版，最终划清了他与谢林哲学的界限。也是在这段时间，黑格尔开始与歌德结交，两位思想巨匠的忘年友谊持续了将近20年。黑格尔坦言，歌德思想给了他深刻的启示和影响。在给歌德的信中，他谦卑地写道："在我纵观自己精神发展的整个进程的时候，无处不看到您的踪迹，我可以把自己称作您的一个儿子。"[①]

由于拿破仑的军队占领耶拿，大学停课，黑格尔也被迫离开，去班堡担任了一年的报纸编辑，并于1808年来到纽伦堡，担任纽伦堡中学校长，直至1816年。在这期间，他的一部重要哲学著作《逻辑学》（后称《大逻辑》）问世，第一次全面系统地阐述了其唯心主义辩证法思想。与此同时，国内外形势也多有变化。随着拿破仑帝国的崩溃和欧洲"神圣同盟"的建立，一股封建复辟浪潮席卷欧洲大陆。面对这种形势，黑格尔的观点逐渐发生偏移，变得日趋妥协和保守。1816年，黑格尔来到海德堡大学任教。在就职演说中，黑格尔声称：普鲁士国家就是建立在理性基础上的。这表明，黑格尔对专制制度的态度，已经开始从最初的激烈反对向逐渐接受转变了。但是，黑格尔并不是一个纯粹的封建复辟派；相反，他对当时欧洲及国内的复辟思潮是极为反感的。从本质上说，他的思想只是因为现实条件的变化而被迫做出的妥协和修正，而其思想内核却始终与法国大革命所讴歌的自由理想有着千丝万缕的联系，这对于理解黑格尔政治思想的精髓具有重要意义。在海德堡的两年时间（1816—1818），黑格尔发表了他的重要哲学著作《哲学全书》(1817)，该书由"逻辑学"（后称《小逻辑》）、"自然哲学"和"精神哲学"三部分组成，黑格尔在书中对自己的哲学体系第一次进行了系统的阐述。

1818年，已经名声大振的黑格尔受普鲁士文教大臣之邀到柏林大学任教。1819年，普鲁士贵族重新垄断了政府和军队中的高级职位，国王收回了制定书面宪法的承诺，大学审查制度也被恢复。终于，黑格尔放弃了最初的革命主张，转而把资产阶级理想的实现寄托于自上而下的改良道路，他的思想变得越发保守，直至公开美化普鲁士的专制制度。他反对革命，号召人们向现实妥协，并表明自己的哲学立场与宗教教义协调一致。黑格尔因此获得了普鲁士政府的赞赏和支持，不仅在柏林形成了颇具规模的自己的学派，还于1830年被擢升为柏林大学的校长，不过次年他就不幸因染霍乱而辞世。

黑格尔在柏林的日子里地位显赫，曾被推崇为普鲁士国家的"国家哲学家"，但是这并不意味着他与普鲁士政府的关系就是非常协调的。普鲁士政府聘请黑格尔到柏林大学任教的原意，是想利用他的影响来抑制知识分子和青年学生的激进倾向。可是，黑格尔却一直对他周围那些思想比较激进的青年深表同情，甚至不惜个人承担风险为营救被捕的激进青年四处奔走，并因此累及自身而一度成为官方怀疑的对象，遭到了普鲁士王室的当面斥责。黑格尔的这种做法，似乎与他日渐保守的政治倾向有点不相协调。或许正是通过这些内容，我们才能窥视一下其思想较深层面的某些东西。

在柏林，黑格尔发表了他最重要的一部哲学著作，也是其全部哲学著作中最为保守的一部——《法哲学原理》。恰恰就是在这部被认为最为保守的著作中，黑格尔却借助迂腐晦涩的言辞暗中阐发了其哲学体系的根本原则，提出了一个具有革命性的政治结论——论证了德国资产阶级君主立宪制的合理性及其现实的必然性，宣布德国资产阶级

① 黑格尔．黑格尔通信百封．苗力田，译编．北京：中国人民大学出版社，2015：131.

取得政权的时刻就要到来。从这一点上来说，黑格尔哲学在总体上还是进步的、革命的，这与其从青年时代就已产生的肯定法国革命及其历史意义的感情倾向应该是一致的。但是，黑格尔的思想中又存在着明显的保守成分，这与当时德国资本主义发展相对落后以及封建势力比较强大的现实条件不无关系。正如他自己所说："没有一种哲学能够超出它的时代。哲学的历史是世界的历史的最内在的核心。"① 可见，每个哲学家都是他那个时代的产儿，哲学只是被时代把握的思想而已。因此，黑格尔的哲学不仅是哲学传统自身的一种延续，更是德国近代社会状况的深刻写照。

黑格尔生活的时代正是德意志处于国家分裂、政治分裂的时代。到 19 世纪前，德意志全境拥有主权的独立政治实体一度达到了 1 789 个，包括 314 个邦和 1 475 个庄园。这种政治上的分裂状态，一直持续到 1871 年普鲁士国王威廉一世在凡尔赛宫称帝才宣告结束。在实现统一之前的相当长的时期内，专制主义与邦国爱国主义几乎在德意志各邦同时盛行。更令现代学者不解的是，早在 18 世纪全球帝国的梦想就已经在欧洲声名不佳，但它却一直深深吸引和迷惑着当时以及后来的德意志政治思想家。究其缘由，大概除了德意志人头脑中根深蒂固的"中心民族"情结外，业已演变为军人和官僚国家的普鲁士邦的统治，对于整个德意志的传统、理想及价值信念的变化也产生了深刻的影响。于是，在这个获得初步政治统一的强权国家里，"高度井然有序的机械似的效率与关于政治服从以及对受命于天的统治者负有义务的传统观念结合在一起"②。

伴随着政治的分裂，在观念形态或精神层面也出现了错综复杂的矛盾和冲突：世界主义与民族主义、自由主义与保守主义、共和制与君主制、道德主义与法治主义等纷纷涌现、交织和裂变。不过，这些矛盾冲突的实质并不复杂，甚至可以用一句话完全概括，那就是个体与整体，或者称为个别与一般、特殊与普遍之间的矛盾和冲突。黑格尔哲学所要回答的从本质上说也无非是这一问题，而它的全部政治观点和结论则是以对这个问题的独特解释为基础的。

第二节　唯心主义哲学体系概观

黑格尔的全部哲学思想是一个不可分割的有机整体，政治思想只是其中的一个组成部分。因此，要理解黑格尔的政治思想，首先必须从他的哲学体系开始。在西方哲学史上，黑格尔哲学的远端，可以追溯到古希腊柏拉图的唯心主义理念论以及那个时代所涌现的辩证法思想。他的"绝对精神"与柏拉图哲学的"理念"非常相似，他的辩证法则是古代朴素辩证法思想的理论化和系统化。黑格尔哲学的近端，可以推及以笛卡儿为代表的法国理性主义以及深深根植于日耳曼民族由来已久的沉思传统。在批判地继承了康德、费希特、谢林等人的哲学之后，黑格尔实现了最终的超越，他创建了一个庞大的几乎无所不包的唯心主义思想体系，并因此登上 19 世纪德国古典哲学的顶峰。从另一个角

① 黑格尔．哲学史讲演录：第 4 卷．贺麟，王太庆，译．北京：商务印书馆，1978：416.

② 平森．德国近现代史：它的历史和文化：上册．范德一，译．北京：商务印书馆，1987：17.

度来看，黑格尔哲学又是对18世纪法国唯物主义和英国经验主义哲学的批判和超越，是对文艺复兴所开创的人本主义和自由理想的另外一种哲学诠释。黑格尔自信其洞悉了欧洲经验主义和唯物主义的致命缺陷，于是，他试图通过弘扬人类的理性而使这个世界从唯物主义和经验主义的外在于人的现象片段，变成一个可以被人认知的普遍联系的有机整体。而潜藏在这个有机整体背后的，则是一种精神性的本原。黑格尔称之为“绝对精神”或“绝对观念”。“绝对精神”发展演变的三大阶段依次叫作“逻辑阶段”“自然阶段”“精神阶段”。所谓逻辑阶段，是在自然界和人类社会出现以前，“绝对精神”以纯概念的形式实存和发展。其过程表现为由一个概念向另一个概念的转化，由一个范畴向另一个范畴的推演。当“绝对精神”经过存在、本质、概念三个阶段的发展并调和了逻辑阶段的矛盾后，便开始超越概念领域，转入其对立面的自然界。在自然阶段，“绝对精神”披上了物质的外衣，操纵着自然现象的发展变化。在这一阶段，“绝对精神”经历了机械性、物理性和有机性三个阶段，最后摆脱了自然界进入了精神阶段。在精神阶段，“绝对精神”经历了主观精神、客观精神和绝对精神三个阶段。其中主观精神发展阶段主要研究个人意识的发展变化，客观精神阶段主要研究社会领域中意识的发展变化，绝对精神阶段是黑格尔哲学的顶点，在此阶段，“绝对精神”经过漫长而曲折的发展过程最后又回复到自身，并充分表现了内在的真理性。

在黑格尔看来，世界上的一切事物都是绝对精神的派生，自然界和人类社会的一切变化都源自绝对精神的自我运动和自我展开。绝对精神这一命题既是黑格尔哲学的出发点，也是其全部哲学体系铺叙、展开和论证的核心概念。下面我们就选取黑格尔哲学的几个基本命题，对这个庞大的思想体系进行一个概括性的介绍。

一、事物的本质

关于“事物的本质”的问题，这里要说明的是黑格尔哲学与近代欧洲经验主义和唯物主义的根本分歧问题。它既是厘清德国古典哲学的自由观与近代自由主义的自由观的关系的关键环节，也是我们正确解读黑格尔的政治哲学思想及其结论的逻辑基点。

什么是事物的本质？黑格尔在这个问题上彻底摒弃了欧洲唯物主义和经验主义的思想传统，提出了以人的理性的能动作用为中介、认识主体与客体相统一的事物本质理论和认识理论。

一般来说，以洛克为代表的英国经验主义都认为，事物的本质和现象是一致的，本质就包含在现象之中。而且，人对事物的认识只能通过对特定现象的感觉经验而获得，这样，人的知识就被严格限定在客观经验的范围之内。而对于事物本质的认识，则可通过对多次经验的现象加以观察、总结和归纳而实现。在这里，经验主义遵循了一条基本的“存在-思维”的反映论路线，从本质上说这不是错的。但是，这里的问题在于，经验主义的这种反映论是机械的，而不是能动的。也就是说，按照经验主义的逻辑，事物作为认识的客体，必然是外在于认识主体的，而且在认识的主体与客体之间并不存在任何一致性。一言以蔽之，即认识的主体与客体之间的关系是割裂的，而不是统一的。

黑格尔认为，人作为一种有思维能力的存在，绝不是被动地任凭客观事物来支配的。

事物在现实中的存在，都是以特殊的、个别的方式来显现的，人虽然可以感知现象并形成经验，但是，人对事物本质的认识，却不能通过对特殊的、个别的经验的简单归纳而获得。因为，对事物的本质的认识，在于形成一种关于该事物的普遍性的概念，而现实中的任何事物都只是特殊的、个别的存在，其本身都是有缺陷的、不完美的。因此，任何一个孤立的、个别的事物都不能完整地反映该事物的本质。以此类推，再出色的归纳法在这里都将丧失其意义，因为这种方法所得到的充其量只是多个事物个别特征的堆积，而不是反映该事物真正本质的普遍性概念。

在揭露了唯物主义和经验主义的缺陷之后，黑格尔阐发了自己关于事物本质和人类认识的理论。他认为，要得出真正反映事物本质的、完美的普遍性概念，必须在作为认识主体的人的认识能力——理性——与客观事物之间建立起某种联系，即只有在认识的主客体之间的同一性基础上才能实现。在这里，黑格尔想阐述这样一个信念：人同自己的经验世界并不是分离的，而是共同构成一个紧密结合的整体。因此，只有在认识的主体与客体的关系中把握事物，才能真正理解它的本质。对这句话也可以做这样的展开解释：首先，人们通常所感觉到的东西其实并不是真实的，它们只是现象，现象是一种表面的存在，却不是现实；唯有事物的本质才是具有真正意义的现实，因为它是具有普遍性的概念。其次，任何作为认识客体的客观事物，只有当它与作为认识主体的具有思维能力的人进入一种互动关系中时，才能显露其真实的本质。再次，只有人才能通过自己的理性能力来达到对事物本质的认识，而且这种认识只有通过认识主体超越经验（存在）对自身的制约才成为可能。也就是说，要超越认识双方的分离和对立，进入一种主体与客体的统一关系。

黑格尔对事物本质和认识过程的解释突显了人的主观作用，即精神的决定作用。明确了这一点，我们才能懂得什么是“存在”、什么是“现实”。黑格尔无非想说，存在就是经验事物所表现出来的现象，它是具体的、特殊的、个别的。而且，任何事物的孤立存在本身都没有意义，只有当它进入与人的相互关系之中，即只有当人的精神加诸其上的时候，才被赋予真正的本质。一旦事物的本质通过这一过程真正被人把握，它就因此不再是一种孤立的现象，而变成一种绝对的现实了。这种现实标志着客观事物已经全部实现其自身的潜在力量，并由此呈现出真正的普遍性和统一性。可见，在黑格尔看来，在人与经验现实的主客体关系中，认识的主体和客体之间的统一并不是两个对立面之间的简单连接，而是通过人用自身理性的力量将双方的对立推进到一个更高阶段的方式实现的。在这个阶段，事物自身并没有失去各自的内容，相反地，却因人的理性的作用而获得了一种更高形式的存在。这就是黑格尔所说的“现实”。可见，这种现实并不是指实际存在的东西，而是一种理性的创造。在这里，黑格尔强调现实的精神属性，因为他相信只有理性和精神是现实世界的真正本原。

黑格尔关于事物本质和认识过程的理论，构成了对近代欧洲唯物主义和经验主义的一次超越，也决定了自己政治哲学的方法和风格特征。首先，黑格尔贬斥孤立的经验世界，将人连同自己的经验世界视为一个整体，并在主客体之间的同一性的基础上理解事物本质。这种思路直接影响到他对于人的本质、人的自由、人与社会的关系，以及家庭、市民社会、国家等伦理和政治命题的认知方式。它强调事物之间的普遍性、统一性和整体性，因而完全不同于经验主义的孤立的“原子式”认知思路。如果说黑格尔的政治哲学与近代西方自由主义是由同一理想之源所衍生的两种不同思想路线的话，那么导致它们分歧的根本点就包含在各自的哲学根基之中。其次，黑格尔关于事物的本质决定于人的精神的理论，为人的主体性价值注入了积极的精神能动，这无疑将人的地位提升到了客观世界的中心位置和最高层次。这与近代唯物主义对于人与客观世界关系的机械式理解相比，显然更接近文艺复兴以来的人本主义思想传统。事实上，德国古典哲学从诞生之初就带有一种强烈的人本主义色彩，以至于代表性的思想家们无一例外都选择了最能突显人的地位和价值的唯心主义思想路线。黑格尔作为康德、费希特、谢林等人文主义哲学大师的批判者和继承者，同样延续着这样的风格和特点。这在一定程度上，也可视为导致黑格尔无法跳出伦理与政治相结合的传统政治思路的一个重要的影响因素。

二、理性

“理性”一词，是黑格尔唯心主义哲学体系的基石概念。准确地理解黑格尔赋予理性概念的内涵，对于我们完整领会其政治哲学的内容具有重要意义。与事物的本质理论一样，黑格尔关于理性的论述，也是针对近代欧洲唯物主义的理论缺陷而展开的。文艺复兴之后的时代是一个理性被推崇和尊奉的时代，随着宗教改革的进行与深入，理性被人们从神性的桎梏下解放出来，成为解释一切、评判一切的最高标准。几乎当时所有的进步思想家都把自己追求自由理想的学说建筑在理性的基础之上。但是，不同的学说和派别，对于理性概念的理解和使用又有着明显的区别。以霍布斯、斯宾诺莎、洛克等人为代表的近代唯物主义以及后来的自由主义一般都将理性视为人性的组成部分，或者直接将其等同于人性。但是，他们对理性的理解强调的主要不是它的超越性，而是一种人通过判断和计算来决定自己的行为的能力。这样，唯物主义除了在具有思维能力这一简单意义上，通过理性对人与动物的区别做出说明之外，更多的则是把理性理解为一种服务于人的感性目的的工具。显然，在刚刚挣脱了宗教禁欲束缚的最初一段时间里，人们对于人性解放和自由观念的认识很容易被局限在感性需要的层次。与唯物主义的理性观不同，黑格尔在自己的思想体系中赋予了理性概念更为深刻的内涵。

首先，理性是世间万物的决定力量，世间万物是理性自我运动的表现形式。黑格尔认为：“理性是世界的灵魂，理性居住在世界中，理性构成世界的内在的、固有的、深邃的本性，或者说，理性是世界的共性。”[①] 可见，他所说的理性与唯物主义对理性的理解有着本质的区别。在黑格尔看来，理性不仅是人的一种特殊能力，更重要的一点，它还是一种不依附于人的、超自然的精神实体。理性借助人的力量来实现自己，因而在本体论的意义上，它是脱离并且先于现象世界的客观存在，是精神性的自在自为的东西，而不是附属于人性的东西。这就意味着，理性并非像近代唯物主义所说的那样，是人类借以实现意志和目的的一种工具性的能力，而是存在于万物之中的最高的本质和规律。

其次，理性是事物存在的依据和标准。黑格尔认为，“除了理性外更没有什么现实的

---

① 黑格尔．小逻辑．2版．贺麟，译．北京：商务印书馆，1980：80.

东西，理性是绝对的力量”①。黑格尔在这里所说的理性并不是指人的理性，而是前面提到的超自然的精神实体。因此，尽管黑格尔与近代唯物主义一样都保持着文艺复兴以来将理性视为最高法庭的思想传统，但是，黑格尔所推崇的并不是人的理性，而是居于更高层次的不依附于人的客观理性。人的理性居于客观理性之下，它的功能是把合乎客观理性的意志和概念在特定的条件下转化为客观现实。我们在介绍“事物的本质”时提到，人的理性在建立认识的主体与客体的关系中发挥作用，这就是一个关于人的理性的功能的恰当说明。黑格尔强调人的理性与客观理性的从属关系，意在说明，虽然人因其具有理性而在与万物的关系中处于主体的地位，但是，人的理性绝不等同于人的主观任意性，想在客观理性面前“为所欲为”是不可能的。因为，只有客观理性才是事物存在的最终依据和标准，才是真正具有支配性的绝对的东西。人只有通过自身理性这种特殊能力来正确感知和把握“客观理性”（“绝对精神”）的意志及概念，才能使其主体性得到实现。黑格尔的这一论断，实际上是为人的主观能动性确定了一个基本的界限和向度，同时，也为人们正确领会黑格尔关于作为主体的人类活动与绝对精神的自在自为之间的关系理论提示了思路。

最后，人类的群体实践是理性活动的基本前提，人的社会性是理性实现的根本标志。与大多数启蒙时代的思想家一样，黑格尔也认为人与动物的根本区别在于人的理性。但是，他反对像自由主义那样，将理性视为人性中的一种特殊能力而做抽象和静态的理解，而是坚持认为，人的理性只有在符合目的的人类活动，即在人类改造自然和社会的实践中才能表现出来。由于人类的实践活动以群体性为特征，因而人的社会性就成为理性实现的根本标志。自由主义强调人的理性的个体价值和特征，黑格尔却认为个体状态只是理性自我实现的一个准备阶段，理性活动的最终目的是使人的自由意识逐渐超越个体的界限而进入社会整体的关系层面，即理性通过外化为社会伦理实体的方式来实现自身。由此可见，黑格尔在这里将理性视为一种高于人性的客观法则，它有其存在、运动和发展的内在规律，表现在人类社会中就是排斥个体性和自然性，追求整体性和道德性。

三、辩证法

黑格尔是欧洲哲学史上第一个全面、系统阐述辩证法的思想家，其辩证思维是对机械唯物主义认知方式的深刻批判。从人与客观世界的主客体关系角度把握客观事物，是黑格尔哲学的基本特点。那么，作为认识主体的人，他的理性是如何使真正的现实从客体的个别存在中呈现出来的呢？这就涉及黑格尔的辩证法思想。根据辩证法的解释，任何事物的本质和现象之间都存在矛盾，即任何事物都是自相矛盾的。因此，黑格尔所说的客观事物的整体性、统一性和普遍性就都包含在事物的矛盾性或否定性之中。具体言之，任何事物的存在都包含“肯定（正题）—否定（反题）—否定之否定（合题）”三个阶段，而且，无论是肯定阶段还是否定阶段，事物本质的展现都是不充分的，只有达到否定之否定阶段，事物的对立面才在人的理性的作用下统一起来，从而使事物获得真正

① 黑格尔．哲学史讲演录：第4卷．贺麟，王太庆，译．北京：商务印书馆，1978：326.

的形式和本质。这就是黑格尔所说的真正的“现实”。同时，事物的这种“正”（肯定）—“反”（否定）—“合”（否定之否定）的发展阶段，又是一个不断反复的过程。对于事物的每一个正题而言，任何事物都具有肯定和实在的一面，但它在历史中都有一个反题，也就是一事物返回或转化到自己的对立面，反题导致合题，而所谓合题也就是事物从一方面发展到对立面，最后经过扬弃，否定一部分，并保留着前一阶段的某些部分或环节，而合题继而又产生新的正题。正题继续其辩证的运动过程，如此循环往复，直到事物的本质获得最充分的展现。正如他自己所言，是大圆圈中又套有无数的小圆圈。

黑格尔的辩证法是对传统的形式逻辑的深刻诘难。根据传统的形式逻辑，要确定一个事物的性质，首先必须找出该事物与其他事物的区别。只有通过对其他事物的否定，才能确定判断对象的同一性。可见，形式逻辑是通过否定其他事物来实现对一个事物的肯定的，即在事物与事物的对立关系中把握事物。这包含两重含义：首先，事物只与外在于它的事物相矛盾，其本身并不包含矛盾；其次，事物与外在于它的事物之间的矛盾是不能被严格统一的，因为事物只有在相互对立的关系中才能肯定自身。黑格尔敏锐地觉察到，形式逻辑通过否定外在于某事物的事物来肯定该事物的思维方式，人为地制造了事物与事物之间的割裂与对立，这与事物的存在须以其他事物的存在为前提，即事物之间普遍联系的事实，是相冲突的。因此，如果按照形式逻辑，以否定其他事物的方式来确定某一事物的性质，其结果必定因为割断了与其他事物之间的联系而最终否定该事物自身。有鉴于此，黑格尔摒弃了近代以来倍受推崇的形式逻辑，提出了以矛盾自我运动推动事物发展为核心的辩证逻辑。这种逻辑既承认事物之间的对立，又承认事物之间的同一，主张在普遍的联系中认识事物和把握事物。黑格尔的辩证法，虽然从表面上看只是一种新的认知方式对旧的认知传统的挑战，但它的影响已经波及了那些建立在形式逻辑之上的政治学说的哲学基础，使人们得以用一种全新的眼光来审视自身、人类社会以及周围这个世界。由此观之，黑格尔的辩证法无疑是具有深刻意义的。

第三节 政治哲学的基本范畴、国家哲学

黑格尔认为，哲学的基石不是建立在直接知觉和偶然的现象上，而是建立在概念和思想以及概念的发展上。哲学因而是一门对概念和思想进行反思的科学，并以研究思维为自己特有的形式。哲学的目的在于用思维和概念去把握真理，通过概念的规定和井然有序的进程掌握理念的普遍性和真实性。政治哲学作为黑格尔哲学体系的一个重要组成部分，也必须根据概念来发展理念，或观察事物本身所固有的内在发展。在黑格尔看来，每一个具有政治属性的概念的出现都是一种逻辑的必然，演绎出一种制度就是揭示一种逻辑上的必然性。法、道德、伦理是相继出现的彼此具有内在联系的哲学主题，而所有权、契约、家庭、市民社会、国家等是理性的展现或理念发展的不同阶段，是“绝对精神”在世界进程中反思自身的不同阶梯，或者说是精神在世界中体现自己本质的必要形式。尤其在国家阶段，黑格尔充分地表达和阐述了他的政治哲学思想，其中涉及国家、

国家制度、国家间关系等问题。范畴是人类理性思维的逻辑形式，是反映事物本质属性和普遍联系的基本概念。准确理解黑格尔政治哲学中的几对基本范畴，对于正确理解黑格尔的政治思想具有重要意义。

一、道德与伦理

黑格尔的政治哲学并没有延续自马基雅弗利以来的政治与道德相分离的一般性思路，而是复归于开始被人们淡忘的古代伦理政治传统。柏拉图的“理念论”和亚里士多德的国家本质学说，两位思想巨人的思维智慧，在黑格尔唯心主义哲学和辩证法思想体系的熔炉中得到重新铸炼，形成了一套与近代自由主义完全不同的个人与社会的关系理念和国家学说。在黑格尔的政治哲学中，道德与政治不仅没有分离，而且在“理念”的基础上获得了更高层次的同一。为此，他还别具新意地重新阐释了道德和伦理概念的内涵，以协调法、道德、伦理三者之间的关系，从而使其政治哲学能够有机地嵌入其整个哲学体系，完善了自身的逻辑。

将道德和伦理的概念进行区分，是黑格尔政治哲学的一个显著特色。道德是人的内心生活，伦理则着重于人的社会关系。在黑格尔看来，人们之间的一切社会关系都不过是某种客观伦理精神发展的环节或表现，伦理精神在对个人意识反思后超出自身而进入他者，即由主观精神的本质的内在性过渡到其对立面（外在的客观性），由此便创造出一个精神主导的世界。这个世界由法律（抽象法）、道德和伦理三个环节组成。在黑格尔看来，抽象法是客观的，道德是主观的，伦理则是抽象法和道德、客观和主观的统一，是客观精神的最高体现。这就是说，伦理是个人权利（抽象法）和个人道德自由（道德）的“承担者和基础”，只有在伦理生活中两者才能得到真正的实现。

黑格尔的这一安排，无论是在结构上还是在对这三个环节的理解上，都与以往的哲学有所区别。最突出的表现就是，道德和伦理在黑格尔的体系中是被作为两个本质上具有不同意义的概念和环节来理解的，而在人们的常识和习惯中，这两个词却几乎是同义。黑格尔指出，道德与伦理的不同在于：首先，“如果道德是从主观性方面来看的一般意志的形式，那么伦理不仅仅是主观的形式和意志的自我规定，而且还是以意志的概念即自由为内容的”①。其次，“无论法的东西和道德的东西都不能自为地实存，而必须以伦理的东西为其承担者和基础，因为法欠缺主观性的环节，而道德则仅仅具有主观性的环节，所以法和道德本身都缺乏现实性”②。可见，道德与伦理是客观精神自我运动的两个不同环节。道德是自由意志从外部世界转向内部的实现，是自由意志在抽象法阶段运动的产物。而伦理则是自由意志将外部世界与内部世界统一起来，是自由意志在道德阶段运动的产物。

道德和伦理内在同一的基础就是理念。在黑格尔看来，理念是无限的和现实的，抽象法、道德和伦理只是理念“整体的一个分支或是像藤类植物，攀缘在自在自为地屹立

---

① 黑格尔．法哲学原理．范扬，张企泰，译．北京：商务印书馆，1961：185.

② 同①185-186.

着的树上”①。不难看出，黑格尔对道德和伦理与众不同的解释基于两个前提：一是他从意志自由运动的层面区分并统一道德和伦理的概念；二是他对于“法”的概念做了特别的界定。黑格尔所说的“法”不同于人们常识性理解的法律，也不是它们的总称或简单意义上的抽象。黑格尔的法指的是“自由意志的定在”。“任何定在，只要是自由意志的定在，就叫作法。所以一般说来，法就是作为理念的自由。”② 法的神圣性就在于它是绝对概念的定在，即自我意识的自由的定在。黑格尔指出：“自由的理念的每个发展阶段都有其独特的法，因为每个阶段都是在其特有各规定中之一的那自由的定在。”③ 也就是说，抽象法、道德和伦理的每一个都是自由的定在。其中，抽象法是自由意志外在的客观化，在这个阶段，自由是抽象的和形式的。它的存在方式即人们通常所说的与所有权、契约、刑罚等制度相联系的法律或市民法。道德则是主观意志的法，在这个阶段，“意志不仅是自在地而且是自为地无限的”④，此时的人被规定为主体。至于伦理，则是主观性和客观性相统一的世界精神的法，黑格尔特别强调，“只有世界精神的法才是无限制的、绝对的”⑤。

黑格尔将道德与法律融合起来，纳入理念的同一体系之中；又将道德与伦理区别开来，把伦理置于三者的最高位置，认为伦理是抽象法和道德法的统一，是它们的真理；与其他的法相比，伦理是更为具体、丰富、真正普遍的和更高级的法。究其用意，是要扬弃近代自然法学派在权利问题上的个人主义倾向，并为推出国家理念至上原则做好铺垫。但是，黑格尔并没有将伦理简单地等同于国家。在他的政治哲学中存在两种伦理：一个是活的伦理总体（绝对的伦理），它包括伦理环节中的所有现象；另一个则是肯定的普遍物（国家）。黑格尔认为，一方面，绝对伦理的具体普遍性只能在国家中找到其适当表现；另一方面，绝对伦理的具体普遍性又与国家这种普遍物的存在有所区别。

二、自由与权利

关于自由的探讨，一直是近代西方政治哲学的一个基本主题。与康德、费希特和谢林等德国古典哲学家一样，黑格尔也继承了自文艺复兴以来思想界将自由作为人类最高价值目标的传统。黑格尔认为，自由是知识之源泉、价值之根本，并成为人类生活的中心。早在旅居瑞士期间，青年黑格尔就在他的神学论文中提出，必须用古代希腊那样的、提高人的尊严的、自由的宗教去取代那些践踏人类尊严、扼杀人类自由的实证性的宗教。在给好友谢林的信中，他热情地写道：“理性和自由永远是我们的口号，无形的教会是把我们联系在一起的共同目标。”⑥ 透过这些言论，我们看到的是一个讴歌西方文化传统的自由民主精神，饱含近代人文激情的黑格尔。但是，黑格尔后来的思想发展显然表明他

① 黑格尔．法哲学原理．范扬，张企泰，译．北京：商务印书馆，1961：186.
② 同①41.
③ 同①42.
④ 同①127.
⑤ 同①43.
⑥ 黑格尔．黑格尔通信百封．苗力田，译编．北京：中国人民大学出版社，2015：42.

对自由的理解大大加深了。黑格尔理解的自由是具有普遍性质和普遍意义的，这与近代自然法学派所使用的“自由”含义有着明显的不同。后者在定义“权利”概念时，更多的是在个体的意义上来使用“自由”。黑格尔对近代自然法理论持批判的态度，他认为这种理论忽略了普遍的伦理，而普遍伦理的特性恰恰在于它作为具体的普遍物为所有的特殊物提供了根据，从而使个人能作为主体存在于社会和政治的关系之中，即成为伦理关系中的人。这是一个从普遍到特殊的过程，而近代自然法理论的形式原则始终是把个别变成一般。因此，尽管近代自然法理论使天赋权利的个体性上升到法律权利的普遍性，但在黑格尔看来，这一普遍性依然是抽象的和形式的，它并不具有实体（概念）的普遍性意义。

黑格尔对近代唯物主义的抽象自由观进行了深刻的批判。他强调，自由不仅是人的一种主观意志，而且作为理性在现实中的显现，更是具体的而非抽象的，自由的发展有其内在的规律性。如果将自由仅视为一种主观性的存在，必然导致将自由理解为人的主观任意性的误解。因此，“自由的概念不可在每个人的偶然任性的意义下去理解，而必须在理性的意志、自在自为的意志这个意义下去理解”①。由于黑格尔所说的理性是一种非主观的精神实体，这就将自由客体化为脱离人的主观性的“客观自由”。既然人类的自由活动是一种受客观因素制约的不以人的意志为转移的活动过程，那么它的实现最终也将取决于人在这种活动过程中的主观能动性的发挥。这样就出现一个作为自由实践活动主体的人，如何充分认识和掌握自由活动的内在规律，即自由的必然性的问题。黑格尔认为，人作为自由实践的主体，要想实现在自然面前以及在人类社会中的自由，必须首先掌握自由本身的内在规律。只有在充分了解自由实现的客观规律性的前提下，人类才能真正获得自身的自由。

黑格尔对自由的理解具有深刻的政治意义，正是从自由和必然的关系出发，他对自由与法律的关系做了全新的阐释。人是自由的，其他的一切只是人用以行使自由的原材料，但自由必须根植于特定社会的文化与制度之中。人的意志又是自由的源泉，人对自由的最初体验来自他对世界和对他人采取行动。自由是意志的实质和终极归宿。自由不是来自每个人偶然的、任性的意志，而是来自理性的、自在自为的意志，而且自由是相对的，并没有绝对的自由。在黑格尔看来，个人自由的实现需要在国家进行，因此其受到国家的限制。“人生来就已是国家的公民，任何人不得任意脱离国家。”② 同时个人自由又与社会责任和义务紧密相关，因此个人在涉及他人的自由时，务必要限制自己的自由。黑格尔深刻地指出，自由的实质是人只服从于自己。

针对将法律视为对自由的限制的一般性认识，黑格尔指出，法律对自由的限制本身恰恰反映了自由本身的内在规律性。因为法律对人的行为的限制，只是对人的行为的任意性的约束，而这正是实现真正的自由的前提条件。在黑格尔看来，人类通过建立国家制定法律的方式限制人的任意性行为的目的，“只是限制了纯兽性的情感和原始的本能……它并不是加于自由的一种桎梏。相反地，我们应当把这样的限制看作解放的必要

---

① 黑格尔．哲学史讲演录：第 4 卷．贺麟，王太庆，译．北京：商务印书馆，1978：260.

② 黑格尔．法哲学原理．范扬，张企泰，译．北京：商务印书馆，1961：95.

条件。社会和国家正是‘自由’所实现的情况”[①]。

在自由与法律的辩证关系的基础上，黑格尔又提出著名的以义务为本位的权利思想。他一反近代自然法学派的权利本位观，认为义务是获得权利的条件，应该在“义务中发现自由”。黑格尔强调：“具有拘束力的义务，只是对没有规定性的主观性或抽象的自由、和对自然意志的冲动或道德意志（它任意规定没有规定性的善）的冲动，才是一种限制。但是在义务中个人毋宁说是获得了解放。一方面，他既摆脱了对赤裸裸的自然冲动的依附状态，在关于应做什么、可做什么这种道德反思中，又摆脱了他作为主观特殊性所陷入的困境；另一方面，他摆脱了没有规定性的主观性，这种主观性没有达到定在，也没有达到行为的客观规定性，而仍停留在自己内部，并缺乏现实性。在义务中，个人得到解放而达到了实体性的自由。”[②]

由此可见，黑格尔在论述权利概念时，并没有将其内涵理解为仅仅涉及个人的行为，而是注意到个人之外他人的存在。黑格尔认为，只有在个人积极的自由意志与他人的自由意志协调一致时，才有一般意义上的权利。黑格尔竭力反对把个人意志视为真实的或普遍的东西。他认为，理性才是内在的决定性的实体，而理性就是自由本身。那种视个人意志为首要或基础的原则，实际上是把理性的东西作为对自由的限制和外在的形式的普遍物。这是一种缺乏思辨智慧的观点，但它却是近代自然权利学说的典型特征。黑格尔反对自然权利论者将人的理性能力视为一种实现其感性需要的工具的思想，强调人作为社会性存在的关系特质，主张在人与人之间关系和谐融洽的意义上去理解人的权利和自由。黑格尔提醒人们：如果仅仅强调个体的感性自由，势必引起人与人之间关系的对立和紧张，从而使人类社会沦为一种你争我夺的实现个人欲望的体系。也正是在这个意义上，理性才不应被视为一种人类满足自身感性欲望的工具，而是一种能够为人的生命提供更高层次价值的精神力量。

三、市民社会与国家

在黑格尔看来，人们之间的一切社会关系都不过是客观伦理精神发展的环节或表现，而这种客观伦理精神正是调整个人生活的力量。他认为，这种调整人们之间的社会关系的精神力量有三种形式——家庭、市民社会和国家，而国家乃是伦理精神发展的最高现实。按照黑格尔的观点，伦理精神的最初定在是某种自然的东西，家庭是直接的或自然的伦理精神，它以“爱”为其规定。爱是统一家庭成员的感情纽带。黑格尔说：所谓爱，一般说来，就是意识到我和另一个人的统一，使我不专为自己而孤立起来；相反地，我只有抛弃我独立的存在，并且知道自己是同另一个人以及另一个人同自己之间的统一，才获得我的自我意识[③]。在家庭中，子女逐渐拥有独立性和自由的人格，从而获得脱离家庭这种自然统一体的能力。随着具有独立人格的众多新家庭的建立，个人的自由获得发

---

① 黑格尔．历史哲学．王造时，译．上海：上海书店出版社，2006：38.

② 黑格尔．法哲学原理．范扬，张企泰，译．北京：商务印书馆，1961：191.

③ 同②199.

展，各个成员作为独立自主的人格互相对待。这种人们之间彼此排斥又彼此需要的体系，就是市民社会。

“市民社会含有下列三个环节：第一，通过个人的劳动以及通过其他一切人的劳动与需要的满足，使需要得到中介，个人得到满足，即需要的体系。第二，包含在上列体系中的自由这一普遍物的现实性，即通过司法对所有权的保护。第三，通过警察和同业公会，来预防遗留在上列两体系中的偶然性，并把特殊利益作为共同利益予以关怀。”[①]

黑格尔对于市民社会的理解，主要讲的是人们之间的经济关系。他说：“在市民社会中，每个人都以自身为目的，其他一切在他看来都是虚无。但是，如果他不同别人发生关系，他就不能达到他的全部目的，因此，其他人便成为特殊的人达到目的的手段。”[②]可见，市民社会是一种特殊的人类结合形式。在那里，独立的个人基于相互需要而联合在一起，一切人都追逐自己的利益而将他人视为达到私人目的的手段。他们彼此排斥、互相利用。因此，在市民社会中充满着“自我与他人”、“个人与社会”、“特殊利益与普遍利益”以及“贫困与富足”的矛盾。黑格尔描述说：“市民社会是个人私利的战场，是一切人反对一切人的战场，同样，市民社会也是私人利益跟特殊公共事务冲突的舞台，并且是它们二者共同跟国家的最高观点和制度冲突的舞台。”[③]

黑格尔认为，市民社会在本质上是一个“需要的体系”。人的需要，虽然从产生的角度来看，是孤立的、个人的、主观性的东西，然而，它的满足却是社会性的。因为，一个人需要的东西同样也是别人需要或别人所有的东西，那么，“我既从别人那里取得满足的手段，我就得接受别人的意见，而同时我也不得不生产满足别人的手段。于是彼此配合，相互联系，一切各别的东西就这样地成为社会的”[④]。但是，由于市民社会本身并不具有一个能够协调利益关系、缓和矛盾冲突的力量，所以，必然因个人竞争的无序而导致分化。其中，人们通过劳动既创造了大量的社会财富来满足自己的需要，也造成了劳动者的畸形发展、社会成员的两场分化和“等级差别”，不同等级的社会成员必然会相互冲突而破坏社会秩序。为了使社会生活得以维系，就需要一种特殊的力量，这种力量应当解决矛盾，使个体与个体以及个体与整体关系达到和谐与统一。这种产生于市民社会又高于市民社会的人类共同体，就是国家。国家代表着一种把特殊的个人利益协调为合理的共同利益的统一力量，正是在国家的支配下，不同的个人生活的满足、活动及其方式，才按照共同利益的方向协调和统一起来。因此，黑格尔指出，只有当人类社会发展到国家阶段，伦理精神才能获得最完整的表现形式。

黑格尔的国家哲学，主要目的就是探寻国家的本质，揭示国家发展的内在规律。但是，作为一个唯心主义者，黑格尔并不是在具体的历史现象中探寻国家的本质，而是将国家视为一种纯粹的精神现象。他是从发生学的角度界定国家，将国家看作客观精神发展的最高阶段，是“伦理理念的现实，是绝对自在自为的理性东西，国家的根据就是作

① 黑格尔．法哲学原理．范扬，张企泰，译．北京：商务印书馆，1961：231.

② 同①224.

③ 同①351.

④ 同①235-236.

为意志而实现自己的理性的力量”[①]。因此，黑格尔所说的国家并不是指现实中存在的具体政治现象，而是指国家的概念，即作为伦理精神最高表现的国家的理念。在黑格尔看来，国家是自存的、永恒的、绝对的东西，是不依人的意志为转移的伦理精神的现实，是人类共同体的最高发展阶段和组织形式。由于国家的出现是伦理精神发展的客观必然，因此无论是否被人类所意识和向往，人类社会最终都要发展到国家阶段。正是在这个意义上，黑格尔指出：尽管国家由家庭、市民社会发展而来，但在现实中，国家本身却是最初的东西，它在本质上先于市民社会而存在。家庭和市民社会不过是国家发展的两个环节，而国家才是两者的真实基础。正是在国家内部，家庭才发展成为市民社会。就市民社会与国家的关系而言，黑格尔在三个层面进行了区别性论证。一是时间层面。市民社会在形成的时间意义上先于国家。当市民社会无力解决自身的矛盾并因此无力维持自身时，作为调节器的国家就产生了。二是功能层面。市民社会是一个供给人类物质生活体系的功利联合体，主要在于提供服务，执行法律，调节经济活动和相关产业的利益。而国家的功能在于提供精神和道德层面的真理性，并在国家功能发挥的空间中，提供自然、法和历史的演变逻辑，并作为道德的创造者和最高价值准则的践行者而提供自然、法和历史的演变逻辑。三是逻辑层面。黑格尔认为国家在本性或逻辑意义上在先、在上，因而不是市民社会决定国家，而是国家决定市民社会。市民社会不仅要服从国家，甚至其存在也必须以国家为前提。国家较之于市民社会是至上的、永恒的、合理的、充分的。

黑格尔认为，国家作为伦理精神发展的最高阶段，必须拥有“统一的力量”，这也是国家不同于市民社会的根本所在。黑格尔认为，国家的权力应该是统一的、至上的，必须拥有共同体内的最高权威，对内能号令一切，对外能发动战争。只有这样，国家才能调节和控制市民社会的种种矛盾冲突，将个人的感性欲望控制在一个与社会普遍要求相协调的秩序限度之内，从而使整个社会免于陷入那种个人追逐私利、无视他人及社会整体利益的赤裸裸的兽性竞争状态。只有这样，国家才能将因彼此需要而聚集起来的一群人或一个民族凝聚成一个统一的有机整体，并引导他们实现一种公正的道德和社会与政治生活。可见，拥有统一的国家权力，是国家克服个人竞争的狭隘与无序，将社会导向伦理精神要求的公共利益和整体价值的基本前提。同时，作为伦理精神发展的最高阶段，国家承载着一种“民族精神”。正是这种民族精神，主宰着共同体内成员的意志内容和活动方向，并使这个共同体获得了真正的“政治国家”的属性。

强调国家理念的至上性，寻求国家与个人关系的统一，是黑格尔政治哲学的根本特征。在黑格尔看来，国家作为自由发展的最高的定在形态，既能通过特有的民族精神体现自身的要求，又能使个人的自我意识获得实体性的自由。也就是说，在国家与个人的关系中，国家始终是目的，而不是手段。国家作为一种普遍物，它在本质上高于社会和个人。因此，在国家与个人、权利与义务等这些具有对立性质的关系中，国家都居于主导的地位，这些关系也因国家的存在而在更高的层次获得统一。“个人并不消失，而是通过他与更大的有机体的和谐关系获得更充分的实在性。个人被忽视的国家不是黑格尔

① 黑格尔．法哲学原理．范扬，张企泰，译．北京：商务印书馆，1961：288，294.

‘绝对’的雏形。”①

第四节 现实的政治主张

黑格尔的现实政治主张通常被认为带有一种明显的保守主义倾向，这几乎也是那个时代德国思想家所共有的特征。尽管他们在自己思想的哲学内核里都对自由、平等、民主等近代政治原则进行了细致的推演和系统的论证，并且不乏深刻见地和超越之处，但是一回到现实中，他们的理论触角就立刻变得有些乏力，只能提出一些温和折中的政治方案。究其根源，就像黑格尔自己所说的：“就个人来说，每个人都是他那时代的产儿。哲学也是这样，它是被把握在思想中的它的时代。”② 其实，近代德国并不缺乏自由、平等、民主、正义等这些西方政治文化的传统价值精髓，它所缺乏的只是一个能够像法国革命那样以暴力手段推翻封建专制统治的、在经济和政治上都表现成熟的社会力量，加之国家的四分五裂状态，以至于反抗专制主义压迫的斗争最终都只能指向某些个别的诸侯，而不是触动整个封建制度。因此，与法国人的激情以及美国人的豪迈相比，一方面德国人更多的是搞思想运动，而不是从事一项具体工作；另一方面他们通常认为摆在自己面前的最迫切的任务，显然是如何结束分裂实现国家的统一，而不是计较这个行动究竟由谁来完成。正因为如此，当法国在革命后转向侵略扩张政策时，那些有着强烈民族优越感的德国知识分子，很容易在不放弃世界主义理想的前提下转向一种玄秘的民族主义。黑格尔就是其中的一个代表，他的政治主张也反映了那个时代关于德国政治选择问题的总体倾向。

一、君主立宪

考虑到德意志国家四分五裂、迫切希望获得政治统一的现实，黑格尔对拥有绝对权力的君主制度抱有很大的期望。更重要的原因还在于，他认为唯有国家权力交由君主一个人掌握，才能最大限度地保障国家权力的完整和统一，而这正是国家理念的绝对性和普遍性的内在要求。但是，黑格尔所推崇的君主制，并不是历史上的君主专制制度，而是近代的君主立宪制。在他看来，君主立宪制度是最合乎理性和时代精神的政治制度。“国家成长为君主立宪制乃是现代的成就，在现代世界，实体性的理念获得了无限的形式。”③

黑格尔认为，没有适用一切国家的最好政体，每个国家都应根据自己的情况选择相应的政体和国家制度。“每一个民族的国家制度总是取决于该民族的自我意识的性质和形成；民族的自我意识包含着民族的主观自由，因而也包含着国家制度的现实性。”④ 历史

---

① 罗素．西方哲学史：下卷．马元德，译．北京：商务印书馆，1976：317.

② 黑格尔．法哲学原理．范扬，张企泰，译．北京：商务印书馆，1961：14.

③ 同②326.

④ 同②331.

上根据掌权者的数量，将国家制度区分为君主制、贵族制和民主制的做法，体现的只是国家的一些外部特征，而不是国家的本质。“这种区分是以尚未分割的实体性的统一为其基础的。这种统一还没有达到它的内部划分（一个在自身中发展了的机体），从而也没有达到深度和具体合理性。”[①] 因此，历史上的三种政体都只是“特殊意志”的表示，它们都是片面的、不符合理性的。所以，作为普遍意志的国家，是无法在这些政体中的任何一种形式下获得自身的现实性的。

在黑格尔看来，君主立宪制融合了君主、贵族和人民三种力量的要素，充分体现了国家意志的普遍性，因而是最理想的国家制度。在这种制度中，各种不同的权力只是作为君主立宪国家整体的各个环节而被区分，它们通过各自的职能实现国家的普遍意志。在这里，黑格尔把孟德斯鸠的立法权、司法权和行政权的三权分立思想，改造成王权、行政（包括司法）权和立法权的三权统一论。由于黑格尔把国家理念看作一种绝对的、统一的东西，因此他反对孟德斯鸠将国家的三种权力视为彼此独立、相互抗衡的观点。他指出，孟德斯鸠的分权是机械的分权，目的在于造就一个普遍的均势，这样做反而违背了国家的本性。因为国家是一个有机体，其本性在于趋于统一，若把各部分机械分开，必然导致整个机体的崩溃。因而如同逻辑理念的特性一样，国家也是单一（王权）、特殊（行政权）和普遍（立法权）三者有差别的统一。在黑格尔看来，立法权是规定普遍法规的权力；行政权是执行和实施国王的决定的权力；王权则是最后的决断权力。王权以其他环节为前提，而其他的每一个环节也以王权为前提。

1. 王权

与17、18世纪的英法君主立宪主义不同，黑格尔极力提高王权的地位，认为“王权，即作为意志最后决断的主观性的权力，它把被区分出来的各种权力集中于统一的个人，因而它就是整体即君主立宪制的顶峰和起点”[②]。黑格尔指出，王权的地位是至高无上的，王权的决定就是最终的决断。君主是王权的拥有者，因此也是最终意志决定的表达者。君主作为从国家权力中抽象出来的个人，集中体现着国家的意志和统一。

黑格尔对王权与君主地位的理解，显然与历史上的专制君主制是有所区别的。由于王权在黑格尔那里是被当作国家的普遍意志的表达者来看待的，因此，他认为君主权力的性质也必须从普遍性上去规定，这样，君主个人品质的特殊性就不再具有任何现实的意义。一般来说，在一个拥有完备制度的国家中，君主除了“签署”的职能之外，并没有实际的统治任务。至于那些客观方面的、体现特殊性的国家制度的具体内容，则需要由负责使特殊性从属于普遍性的另一个环节——行政权来承担。因此，黑格尔认为，王权实际上包含着立法权和行政权两个环节，所以它并不是为所欲为的，而要受到来自其他两个环节的约束。

黑格尔主张王位世袭制，认为君主应当通过世袭产生。他认为，世袭权和继承权构成了正统性的根据。遵循世袭原则，就可以使君主保持象征国家统一性和连续性的作用，从而避免因王位空缺或选举障碍而造成的派系倾轧和利益冲突。黑格尔反对以契约学说

---

① 黑格尔．法哲学原理．范扬，张企泰，译．北京：商务印书馆，1961：326-327.

② 同①326.

为基础的君主选举制，认为它混淆了市民社会与国家的区别。“这种观点，正如君主即国家最高官吏的观念，君主与人民之间契约关系的观念以及其他等等，是从多数人的意志即偏好、意见和任性出发的。我们早已考察过，这种规定在市民社会中被当作首要的东西，或更正确些说，希图肯定自己为唯一的东西；但它既不是家庭的原则，更不是国家的原则，总之，它是跟伦理的理念相对立的。”① 黑格尔认为，如果国家制度也奉行建立在这种契约关系上的君主选举制，“国家制度就等于当选者的誓约，这就是说，等于使国家权力仰仗私人意志的恩赐，结果，各种特殊的国家权力变成了私有财产，国家的主权削弱而丧失了，终于国家内部发生瓦解并受到外界的摧毁”②。

2. 行政权

如果说君主是“国家的人格”，那么行政权就是“国家的代理人或执行者”。黑格尔认为，行政权就是执行和实施国王的决定，贯彻和维护现行法律、制度和公益设施等，它包括审判权和警察权。在黑格尔看来，行政权属于国家制度中的特殊性环节，与其他环节相比，行政权的不同之处，在于它是国家制度中维护国家的普遍利益和法制、把特殊利益纳入普遍利益和法制之内的职责的承担者，特别是市民生活的直接管理者。因此，黑格尔所指的行政权是从普遍性向特殊性的推移，他把通常被看作与行政权相对立的审判权，以及具体化的警察权都包括在行政权的范围之内。

黑格尔把执掌国家行政权的官吏称为“普遍阶级”，就是代表社会“普遍利益”的阶级。他指出，官吏担任国家公职并不是一种契约关系。被任命的公职人员，不是为自身生计或其他特殊利益服务的。公职人员应该恪尽职守地为国家服务，在为国家服务的前提下获得特殊利益的满足。因此，在行使行政权的公职人员身上，国家的职能即特殊性和普遍性的统一得到了最好的体现。

公职人员体现着国家制度的精神，从这个意义上说，“个人之担任公职，并不由本身的自然人格和出生来决定。决定他们这样做的是客观因素，即知识和本身才能的证明；这种证明保证国家能满足它对普遍等级的需要，同时也提供一种使每个市民都有可能献身于这个等级的唯一的条件”③。这样做既可以满足国家对行政人才的需要，也可使每个市民都有机会担任公职。因此，黑格尔反对封建的官职世袭制，要求以才智作为标准选择和任用官吏。《论英国改革法案》一文就体现了他的这种思想。他认为，该法案以及英国现行的一些相关法律都缺乏对公职人员任职条件及其能力培养的规定，“在英国，一个人只需有一定的财产便可进入议会——握有实权的机构。结果，统治者成了一群乌合之众，而不是有才干并献身于国家的人的集体”。他认为，“应该进行统治的是那些有知有识的优秀者，而不是那些无知和浅薄的人”④，这样的政府相对于原先的贵族政治来说才应是最好的、最合理的政府形式。

尽管黑格尔将官吏看成国家制度中行政权的执行者，一方面他高度重视行政官吏的

---

① 黑格尔．法哲学原理．范扬，张企泰，译．北京：商务印书馆，1961：345.

② 同①345－346.

③ 同①353－354.

④ 施特劳斯，克罗波西．政治哲学史：下．李天然，等译．石家庄：河北人民出版社，1993：893.

态度和教养问题，认为这关系到民众满意与否、信任与否，关系到政府计划的实施效果，因此须对行政官吏进行直接的伦理教育和思想教育。“为了使大公无私、奉公守法及温和敦厚成为一种习惯，就需要进行直接的伦理教育和思想教育，以便从精神上抵消因研究本部门行政业务的所谓科学、掌握必要的业务技能和进行实际工作等而造成的机械性部分。”[①] 但另一方面他同样注意到如何在缺少制约的情况下避免官吏发展成为特权阶层的问题。他主张官吏应该以自身的教养和才干为统治和管理的手段。国家官吏和政府成员隶属于国家中的中间阶级，而中间阶级正是国家在法制和知识方面的主要支柱，全体民众的高度智慧和法律意识都集中体现在这一等级中。在肯定中间阶级对于国家的意义后，黑格尔又指出，之所以中间阶级不至于恢复过去贵族政治的特殊权位，是因为有了王权自上而下和同业工会等社会团体自下而上的制约，才保证了官吏阶层不会滥用手中的权力。

3. 立法权

黑格尔将立法权视为“规定和确定普遍物的权力”，是国家制度中体现普遍性的环节。从历史上看，立法一直是欧洲国家政治发展的基本推动力，具有革命性的因素。但黑格尔考虑到德国的政治现实，并没有根据其哲学逻辑推理出立法权对国家制度起决定作用的结论。相反，他保守地认为，国家制度有着超立法的自存的基础，它不应当由立法权产生，“立法权本身是国家制度的一部分，国家制度是立法权的前提”[②]。当然，黑格尔也部分肯定了立法权的作用，他认为国家制度也能“通过法律的不断完善、通过普遍行政事务所固有的前进运动的性质，得到进一步的发展”[③]。

黑格尔将立法权视为一个整体，认为在其中起作用的首先是另外两个环节，就是作为最高决断环节的君主权和作为执行环节的行政权。三个环节相互联系，构成国家的统一。黑格尔认为国家权力不能分立，分立会削弱国家的统一性。所以，不能把政府成员从立法机关中排除出去，而是应该像英国的内阁与议会的关系那样保持一致。

立法权中的最后一个环节是“等级要素”。但是，等级要素的作用却不是立法，而是通过代表立法权的议会，在君主、政府和人民之间起到一种中介作用。黑格尔设计的议会分为普遍等级和私人等级两个部分。普遍等级就是指在政府中供职的等级，即行政官吏。私人等级又可分为两个等级：第一等级是建立在实体性关系上的土地占有者阶级，即贵族阶级；第二等级是建立在特殊需要和以这些需要为中介的劳动之上的工商业阶级。黑格尔认为，这些等级在议会中是作为一种中介机关而存在的，“各等级的使命要求他们既忠实于国家和政府的意愿和主张，又忠实于特殊集团和单个人的利益。同时，各等级所处的这种地位和组织起来的行政权有共同的中介作用”[④]。有了这种中介作用，既能避免王权变成赤裸裸的暴政，又能使自治团体和个人的特殊利益得到发展，不至于出现暴民和群氓的局面。

黑格尔之所以看重土地占有者阶级，是因为他们有自己的地产，既不需要依赖国家，

① 黑格尔．法哲学原理．范扬，张企泰，译．北京：商务印书馆，1961：357.

②③ 同①358.

④ 同①364.

也不需要依赖社会，因此具有很大的稳定性和独立性。这种优势使他们能毫无阻碍地为国家做事，并理所当然地在议会中直接占有席位，构成上院；而代表市民社会利益的工商业则由于自身还包含许多有组织的同业工会和自治团体，因而作为个人必须通过这些社会团体派出代表来参加议会，构成下院。另外，第一等级还在政府和第二等级之间起到调节作用，使代表特殊利益的第二等级能够摆脱抽象的民主要求，从而实现特殊利益和普遍利益的统一。

黑格尔对议会的设想既保证了原有封建贵族的利益，又照顾到了自治团体、同业工会和个人的特殊利益。然而，他也只是认为，这些社会团体和个人通过议会“参加对普遍事务的了解、讨论和决定，其不参与国家行政的市民社会成员的形式的自由这一环节就达到了它的权利”[①]。但是，这对国家行政只是有所“补助而已”，毕竟普通的人民及工商业者在议会中显得人微言轻。黑格尔偏重于整体国家的意识，这就使得他所持的“各等级的真正意义就是：国家通过它们进入人民的主观意识，而人民也就开始参与国事”[②]的说法变得没有实质意义。

二、民族精神与战争思想

黑格尔相信，世界精神总是在一个民族的身上得到充分体现，而体现世界精神的民族往往会成为统治民族。在黑格尔的思想观念中，民族起着马克思意义上的阶级所起的作用。黑格尔认为，历史发展的本原是民族精神，在每一个时代，都有某一个民族受托担负起引导世界，并通过民族达到辩证阶段的使命。随着世界历史的发展，原有的统治民族会被新的统治民族逐渐替代。他认为，人类历史的发展经历了四个阶段，也可以称为四个王国，即东方的、希腊的、罗马的和日耳曼的。“东方从古到今知道只有‘一个’是自由的；希腊和罗马世界知道‘有些’是自由的；日耳曼世界知道‘全体’是自由的。”[③] 他认为，世界精神在日耳曼民族身上得到了最完满的、最高的体现，日耳曼民族就是世界上最优秀的、居于领导地位的民族，其他民族在世界历史中则只起从属的作用。“日耳曼精神就是新世界的‘精神’。它的目的是要使绝对的‘真理’实现为‘自由’无限制的自决——那个‘自由’以它自己的绝对形式做自己的内容。”[④]

黑格尔提出，一个民族替代另一个民族取得统治地位是通过战争的方式实现的。在黑格尔看来，战争是严肃对待尘世财产和事物的虚无性的一种状态，通过战争，各民族的伦理健康就由于他们对各种有限规定的凝固表示冷淡而得到保存。就战争的起因而论，如果各个国家都按各自的特殊意志办事，而不受道德和私法的约束，再加之没有任何权力来评判是非曲直，国家之间不限协议，国际争端就只能用战争来解决。如果国家与国家之间由于利益冲突而不能达成协议，国际纷争就只能通过战争的方式来解决。在黑格尔看来，由于有的战争以防止内乱、巩固国家权力为目的，因此战争不应被视为一种绝

① 黑格尔．法哲学原理．范扬，张企泰，译．北京：商务印书馆，1961：375.
② 同①364.
③ 黑格尔．历史哲学．王造时，译．上海：上海书店出版社，2006：96.
④ 同③321.

对的罪恶。而且，战争还具有崇高的伦理意义，那就是，通过战争可以防止一个民族由于长时间处于和平生活和自守状态而日渐退化和堕落，从而有利于保存“各国民族的伦理健康”。因此，黑格尔认为，战争不仅是必然的而且是应当的，具有内在的合理性和必然性。黑格尔对战争的颂扬，在相当大的程度上是出于对祖国统一的强烈要求和向往。黑格尔希望通过战争打破国家四分五裂的状态，实现德意志民族的伟大复兴。黑格尔的民族主义思想，对于近代德国的统一以及德意志民族意识的凝聚起到了积极的推动作用。

第五节　黑格尔政治思想的评价和影响

黑格尔的政治思想是德国古典哲学关于政治问题的最系统、最完整的论述，它以古希腊的伦理政治为特征，以柏拉图和亚里士多德的思想为来源，以抽象的思辨为工具，以严密的辩证法为支撑，以德国的政治现实为指向，形成了在西方近代政治哲学体系中独树一帜的政治思想。从政治哲学的角度看，黑格尔的政治哲学体系和思想在如下三个方面带来了深远的历史影响。

首先，黑格尔的辩证法为人类政治思维提供了新方法。在黑格尔看来，自然世界、精神世界和历史世界的一切特殊领域和特殊形态，均受辩证法的支配。对此，马克思深刻地指出：“黑格尔第一次——这是他的伟大功绩——把整个自然的、历史的和精神的世界描写为一个过程，即把它描写为处在不断的运动、变化、转变和发展中，并企图揭示这种运动和发展的内在联系”①。当然，辩证法与形而上学、诡辩派的观点不可相混淆。“诡辩的本质在于孤立起来看事物，把本身片面的、抽象的规定，认为是可靠的，只要这样的规定能够带来个人当时特殊情形下的利益。”② 在黑格尔的辩证法体系中，实在与非实在、主观与客观、主体与客体，既存在着相互依赖、互为前提的状态，也存在着自我过渡、自我扬弃的动力，从而形成一种辩证法意义上的三元运动。这个运动构成精神发展的总体形态。“辩证法是现实世界中一切运动、一切生命、一切事业的推动原则。同样，辩证法又是知识范围内一切真正科学认识的灵魂。”③ 在辩证法自我发展、扬弃和驱动下，精神最后达到了伦理阶段，并实现了主观与客观的统一，客观精神得以真实地体现出来。伦理阶段又由家庭、市民社会和国家三个环节构成，而国家是伦理发展的最高阶段，自由意志在这里得到充分和完满的实现。就这样，黑格尔的辩证法从普遍联系的、对立统一的发展过程中认识人，认识个人与社会、国家与社会的关系，以及他在描述世界发展过程中所表现出来的历史主义精神，使他的哲学与政治思想达到了前所未有的高度。

黑格尔辩证法的“合理内核”成为马克思主义哲学的重要理论来源。尤其是黑格尔的《精神现象学》提出的、作为推动原则和创造原则的“否定性的辩证法”，被马克思认

---

① 马克思，恩格斯．马克思恩格斯选集：第 3 卷．3 版．北京：人民出版社，2012：398.

② 黑格尔．小逻辑．2 版．贺麟，译．北京：商务印书馆，1980：178.

③ 同②177.

为是理解黑格尔哲学的秘密、关键和内核。“否定性的辩证”包含批判的成分，通过精神不断的扬弃和异化，从而形成一个辩证运动的逻辑过程，并在不同的层次和阶段展开。其中，客观精神表现为人类社会制度、民族、国家的历史发展，这就是他的法哲学，包括抽象法、道德、伦理三个阶段。

其次，黑格尔将近代国家观念拓展到新阶段。在西方政治思想史上，黑格尔第一次从市民社会与国家对立统一的辩证关系来解释国家的产生、职能和本质，这显示了黑格尔政治思想的深邃性和深刻性。作为较低阶段的市民社会，必然要过渡到更高发展阶段的国家，从而体现政治的本质、目的和真理性。“国家之所以存在，是为了实现精神自由这个更大的目的。”① 市民社会作为一个环节，为国家的发展提供了特定的知性基础。作为从逻辑层面发展出来的国家，既扬弃市民社会的部分内容，同时也吸纳市民社会的合理因素。尤其是市民社会成员有权向法院起诉，也有义务到法庭陈述，而且他有了争执由法院来解决，并通过公开审判，公民才能信服法院的判决确实表达了法等方面的思想。黑格尔也深刻地认识到，国家的力量有赖于同业工会和自治团体。工会和团体作为特殊利益和普遍利益在其中相汇合的节点，它们不仅依赖自己的权利维护了市民社会的健康发展，也有助于确保国家与社会的平衡与和谐。这些构成了国家的合理性基础。在黑格尔看来，国家的合理性问题是国家学说最为重要的内容。国家的合理性必须基于维护和实现自由这一关键的要素加以开展，其合理性不仅在于确保社会成员达到特殊目的和福利增进，也在于实现实体性自由和具体自由。而且国家的健全发展和组织化进步取决于各个环节保持他们各自的力量。“现代国家的本质在于，普遍物是同特殊性的完全自由和私人福利相结合的，所以家庭和市民社会的利益必须集中于国家；但是，目的的普遍性如果没有特殊性自己的知识和意志——特殊性的权利必须予以保持，就不能向前迈进。所以普遍物必须予以促进，但是另一方面主观性也必须得到充分而活泼的发展。”② 国家又具有更高的真理性。国家能够把一个民族凝聚成一个有机的整体，能够形成一种“民族精神”。正是这种精神，才能使结合起来的一群人成为真正的共同体，即政治国家。“国家是比个人更高的东西，它甚至有权对这种生命财产本身提出要求，并要求其为国牺牲。”③

此外，在国际关系中，一个国家对其他国家来说是拥有主权和独立的。它有权首先和绝对地对其他国家成为一种主权国家，即获得其他国家的承认。一个国家既不应干涉其他国家的内政，尊重别国的独立自主；一个国家既应得到别国的承认，也应同时承认别国，即互相尊重彼此的独立自主。黑格尔说，在国际社会中，“其中每个国家对别国来说都是独立自主的。现实精神的自为的存在在这种独立性中达到了它的定在，所以独立自主是一个民族最基本的自由和最高的荣誉”④。因此，维护和保存国家的独立、自由和荣誉，是每个国家成员的根本义务，甚至为此牺牲自己的生命也在所不惜。

最后，黑格尔对自由主义的发展产生了新的影响。黑格尔是从意志的角度界定自由

① 瑞安．论政治：下卷．林华，译．北京：中信出版社，2016：338.

② 黑格尔．法哲学原理．范扬，张企泰，译．北京：商务印书馆，1961：297.

③ 同②119.

④ 同②384.

的，并把自由作为自己政治哲学的起点和主轴。“有意志而没有自由，只是一句空话；同时，自由只有作为意志，作为主体，才是现实的。”[①] 因此，自由是意志的根本规定，正如重量是物体的根本规定一样。由于意志是自由的，所以自由就构成法的实体和规定性。黑格尔把自由界定为意志自由后，详细地揭示了其诸多的内在规定。意志自由是理性存在与感性存在、主观与客观、普遍性与特殊性的有机统一。在这种有机统一的前提下，自由就不再是意志的自由选择，而是对必然性的认识和上升，由此成为现实世界可以实现的真理性规定。黑格尔的意志自由，从而具有了社会性和政治性的特质。这一论断，对自由主义的发展极为重要。一方面，个人自由离不开成员在相互间结成的关系，并通过社会集体的道德发展而演变和扬弃。在这一过程中，自由在于调整个人意志，使之适用于履行社会义务。因此，个人在获得自由时，也在实现着个性的发展，促进着社会的进步。另一方面，由于人们信念不同、能力不同，自由的实现就会存在不同程度的差别，进而形成社会的不平等，如此一来，自由反而引起了混乱和不安。为了保证自由的实现，避免社会的混乱，个人自由必然要受到国家的限制。这种限制在现实层面往往表现为法律和道德。法律和道德必然是对冲动、欲望、放纵和任意的约束。个人在致力为国家服务的前提下才能获得自由，这是一种符合公民身份的真正自由。而且个人的自由和权利只有在国家中才能实现，同时国家对个人拥有最高的权利，个人则视成为国家的成员为自己的最高义务。黑格尔反对近代自由主义关于国家与个人关系的理论。他认为近代自由主义的核心是天赋自由，但天赋自由割裂了自由与习俗、法律和国家的关系。然而，自由必然与这些因素紧密相关。基于天赋自由而形成的自然状态，不过是一种思想意义上的虚构。从政治和道德上看，也不过是无政府的状态。

从深层次的角度看，作为辩证思维和唯心主义哲学的大师，黑格尔对于人的主体精神的颂扬，及其对精神与物质、权利与义务、个人与国家等关系的论述，都给后世留下了深刻的启迪。从黑格尔受人文主义思想的浸染以及他对法国革命的态度来看，他的理论无疑是以人的解放和自由这一文艺复兴以来的价值主线为思想内核的。但是，黑格尔所特有的辩证思维方式以及既强调人的主观精神的能动作用，又强调客观精神的决定作用的哲学构思，又使他的政治思想表现出与近代西方自由主义完全不同的思维理路和演绎特征。黑格尔从本体论的角度反击了作为自由主义存在基础的近代机械唯物主义和经验主义，对人的本质、人的关系以及建构在这两个问题基础上的人类政治生活的性质做了全新的解释。黑格尔的政治思想继承了一种传统，它使理想主义政治哲学的血脉得以延续；黑格尔的政治思想同时又开启了一个传统，它使以抽象和思辨为特征的欧洲大陆理性自由主义作为与传统自由主义完全不同的一套理论体系流传下来，并被更为晚近的思想家所引用和接受，成为人们在现代语境下反思自由主义得失的一个重要思想工具。

以黑格尔为代表的德国古典哲学对近代欧洲唯物主义的反击，实际上是来自精神力量的人对于来自物质力量的人的一种反抗。在虚幻的神学思想泛滥的中世纪，唯心主义通过神学的形式统治着整个欧洲的思想界。它不仅抹杀了人的存在的价值和意义，而且否认了人在现实生活中的基本感性需要。文艺复兴以来日益成长起来的人本主义思潮，

① 黑格尔．法哲学原理．范扬，张企泰，译．北京：商务印书馆，1961：13.

其最核心的一点，就是肯定人的自然性和来自人的自然性的感性需求的合理性。而以人本主义为逻辑基点的近代自由主义，也是要在人与人之间人格平等的意义上实现人的自由。这种自由不仅包括人的思想的自由，而且包括人的感性需要的自由。按照经典自由主义的理解，以强制性为特征的公共权力及其法律形式，都只是人所创造的用于实现人的感性欲求的手段，并不是像中世纪神学政治理论所宣扬的由不可抗拒的超自然的神力产生的东西。这样，近代的自由主义及其民主政治理论就剥去了笼罩在国家和法律之上的那层神圣光辉，使之成为一种纯粹人为的“理性的造物”。

以客观唯心主义面目出现的黑格尔哲学，强调了精神和伦理在人类社会生活中的价值和意义。就其思想倾向而言，黑格尔毫无疑问也是近代自由平等理想的追求者，但是他对崇尚人的感性自由的英法自由主义却怀有一种本能的敌视态度和蔑视心理。流淌在他血管中的日耳曼人的理性思维血液，让他几乎毫不犹豫地拿起哲学武器对这种肤浅的自由理念展开猛烈的抨击。他以形而上学的方式，在世人面前重新提出了人的生存和生活的意义的问题。他渴望人格的独立和自由，但是他更渴望人能获得一种真正属于人的伦理生活。在他看来，人的感性意义上的自由，不过是其达到更高层次的精神自由的一个前提。而且，人的精神自由又不应该是抽象的。如果说，人在社会中的自由是一种摆脱对立和制约状态而实现一种和谐的话，那么，这种和谐恰恰来自人与人之间在人格平等基础上建立起来的一种温情和友爱关系。唯有如此，人才能真正在社会中体验到做人的价值、尊严和愉悦。黑格尔通过他的哲学和政治理论所确立的正是这样一种社会理想。然而，在近代自由主义和民主政治模式之中，个人与国家却始终处于一种对立的紧张关系之中。国家也从使人成为人的传统伦理价值层面跌落下来，降为调节人与人之间的利害冲突，通过人们的权利转让而获得合法性的一种社会组织。这恰恰是黑格尔最不能接受的。为了重建国家的伦理性及先在性，他甚至不惜把国家制度纳入逻辑理念的发展体系之中，以至于马克思会做出这样的评论：黑格尔不是用逻辑来论证国家，而是用国家来论证逻辑。

黑格尔及其身后的近代理想主义政治哲学，以其批判现实、推进伦理的特征，成为人类进步和社会发展不可或缺的精神源泉和历史动力。然而，由于理想主义在理想和现实可操作性方面的巨大分歧，又决定了它只能作为一种批判性的力量而存在。不过，这似乎又是人类政治演进过程不可或缺的。因为，一旦缺少了理想主义的批判和制约作用，人类的政治实践就将失去其超越自身的动力，并最终迷失前进的方向。正是在这个意义上，以黑格尔为代表的理想主义政治哲学，才被视为人类思想宝库中的一份异常珍贵的历史遗产。

当然，黑格尔的政治思想也存在着明显的局限性。尤其是建立在客观唯心主义之上的学说体系，一切真实的联系都是颠倒的。“辩证法在黑格尔手中神秘化了，但这决没有妨碍他第一个全面地有意识地叙述了辩证法的一般运动形式。在他那里，辩证法是倒立着的。必须把它倒过来，以便发现神秘外壳中的合理内核。”① 他的政治哲学具有高度复杂性、抽象性、思辨性和逻辑性等特点，这导致黑格尔的政治哲学异常晦涩、难懂和艰

① 马克思，恩格斯．马克思恩格斯选集：第2卷．3版．北京：人民出版社，2012：94.

深。“黑格尔的哲学非常艰深，我想在所有大哲学家当中他可说是最难懂的了。”① 这也使得人们对黑格尔的学术体系抱有褒贬混杂的评价。有人视之为“革命哲学”“进步哲学”，也有人讽之为“复辟哲学”“反动哲学”等等。同时这也使得他的理论并没有成为人类进入20世纪以来的主流行动哲学，而且影响日渐式微。“黑格尔的影响固然现在渐渐衰退了，但以往一向是很大的，而且不仅限于德国，也不是主要在德国。在十九世纪末年，在美国和英国，一流的学院哲学家大多都是黑格尔派。”②

黑格尔的政治哲学具有浓重的理想主义色彩，出于逻辑上的严整性，在赋予国家伦理现在性的同时，也最终将其政治学说推向国家至上主义，甚至是极权政治。黑格尔认为，由于人类在本质上是以整体而不是以近代自由主义所说的那种“原子式”的个体方式存在的，因而个人的存在必然以社会整体的存在为前提。国家作为伦理观念的最高形式，不仅是一种人与人之间利益关系的协调机制，而且是人类实现自身伦理目的的根本方式，因此国家的存在首先表现为它的道德性质。正是在这种逻辑中，黑格尔将国家推上了社会价值的顶点，并成为其他一切价值得以成立的基准。于是，国家获得一种解释一切和干涉一切的权力，也就成为再自然不过的事情了。在黑格尔眼中，国家之所以具有这样的权力，其根据就在于它不仅是人类伦理观念的化身，而且是贯彻宇宙的理性精神发展的最高阶段。黑格尔对国家的这种理解，无疑将得出与近代西方自由主义完全相反的结论，并最终成就了将其政治学说导向国家至上主义和极权政治的必然逻辑。尽管黑格尔也谈到了人的价值、尊重个人权利，但仍无法减弱他自由观的保守倾向。“他把劳动认作本质、认作人的自行证实的本质；他只看见劳动的积极的一面，没有看见劳动的消极的一面。”③

在现实层面，黑格尔的政治学说流露出的对其他民族的蔑视及对强权政治的崇尚，在德国近代政治文化中埋下了危险的种子。在第二次世界大战中，犯下滔天的民族罪行的德国法西斯，在很大程度上继承并发挥了从黑格尔那个时代传承下来的民族主义情绪。尤其是神化国家、美化日耳曼民族精神，甚至试图借助战争来推动德意志复兴和强盛的消极观点，被法西斯主义加以利用，成为对外扩张的重要思想策源地。

进一步阅读书目

1. 马克思，恩格斯．马克思恩格斯选集：第2卷．3版．北京：人民出版社，2012.

2. 马克思．马克思博士论文：黑格尔辩证法和哲学一般的批判．贺麟，译．上海：上海人民出版社，2012.

3. 黑格尔．黑格尔通信百封．苗力田，译编．北京：中国人民大学出版社，2015.

4. 黑格尔．精神现象学．贺麟，王玖兴，译．上海：上海人民出版社，2013.

5. 黑格尔．哲学史讲演录：第4卷．贺麟，王太庆，译．北京：商务印书馆，1978.

---

① 罗素．西方哲学史：下卷．马元德，译．北京：商务印书馆，1976：302.

② 同①301.

③ 马克思．马克思博士论文：黑格尔辩证法和哲学一般的批判．贺麟，译．上海：上海人民出版社，2012：128.

6. 黑格尔．小逻辑．2 版．贺麟，译．北京：商务印书馆，1980.

7. 黑格尔．法哲学原理．范扬，张企泰，译．北京：商务印书馆，1961.

8. 黑格尔．历史哲学．王造时，译．上海：上海书店出版社，2006.

9. 罗素．西方哲学史：下卷．马元德，译．北京：商务印书馆，1976.

10. 瑞安．论政治：下卷．林华，译．北京：中信出版社，2016.

11. 施特劳斯，克罗波西．政治哲学史：下．李天然，等译．石家庄：河北人民出版社，1993.

12. 平森．德国近现代史：它的历史和文化：上册．范德一，译．北京：商务印书馆，1987.

第十二章

边沁和穆勒的政治思想

阅读与思考

边沁著述涉及伦理学、法学和政治学。就政治思想研究而言，应首先阅读边沁的《道德与立法原理导论》，而后关注他的《政府片论》。它们代表了边沁政治思想的鲜明特点，即以功利主义的伦理学去解释政府的产生根源、价值评判和体制设计，从而彻底抛弃启蒙运动中自然法学派运用自然权利、社会契约等抽象观念来解释政治问题的理论框架，并以功利主义取而代之，将“最大多数人的最大幸福”确立为政府的根本目的和评价标准。穆勒以边沁思想的继承者自居，他的《功利主义》对边沁式功利主义伦理学进行了理论修正；《论自由》注意到个人利益和社会利益、个人自由与社会限制之间存在的矛盾，并试图在坚持个人自由的前提下对二者进行协调；《代议制政府》则按照功利主义和自由主义的原则，对理想的政府形式、原则、职能及其弊端和补救措施等现实问题进行了探讨。理解和研究边沁、穆勒的政治思想，一是需要关注和思考在近代自由主义思想视域中，边沁、穆勒所提出的功利主义的自由主义与近代自然法学派的个人权利式自由主义、休谟等苏格兰启蒙学派的自由思想之间的联系和区别；二是需要关注和思考边沁、穆勒之后近代自由主义从消极自由走向积极自由的历史转向，以及功利主义政治思想在西方政治生活中的深刻影响和现代批评。

关键词

功利主义　代议制政府　最大幸福原则　自由主义

第一节　19 世纪自由主义政治思想的特点

自由主义作为一种政治思想，可以追溯到 17 世纪天赋人权、社会契约等观念的提出。那一时期自由主义思想的代表人物有洛克、霍布斯等思想家，他们强调个人自由，尤其是政治自由，把“自由”推崇为个人的天赋权利，反对任何形式的专制压迫；为了保护个人权利，他们强调限制国家的权力，反对国家对个人权利，特别是财产权的破坏，从而奠定了以个人权利为基础的自由主义的基本原则。社会契约论是这一时期国家组成的主要学说，契约的实质在于作为订约者双方必须是自由的，因而契约也可以说是个人自由的同义语。自由主义思想的产生体现了从身份社会向契约社会、从集体社会观到个人社会观的转变这一巨大历史进步。个人自由第一次被作为社会的等价物来探讨，这在以往的人类社会中是从来没有过的。个人主义观念的产生，同时引起了政治思想的划时代转变，它试图从维护个人自由的角度出发，为国家和社会寻求新的定义，从而为资产阶级革命提供了思想启蒙和理论基础。

18 世纪是自由主义发展的重要时期，这一时期所发生的政治、经济、思想上的深刻变化为以后时代的政治思想主题的转变做着准备。政治上，法国启蒙思想家继承了早期自由主义政治思想的革命传统，并以更加热烈的革命激情将之发展到一个新的阶段。“人是生而自由的，但却无往不在枷锁之中”①。卢梭这一脍炙人口的名言成为当时最具革命色彩的口号。人民主权、公意统治、三权分立学说始终鼓舞着法国革命斗士争取自由和人权，进行反对专制统治的斗争。《人权宣言》是这一时期激进自由主义最好的理论总结。然而，革命所带来的血腥、恐怖也产生了极大的副作用。罗伯斯庇尔极端的革命措施不仅把自己推上了断头台，而且也葬送了革命本身。在政治思想方面，雅各宾派的失败同时也标志着启蒙时期激进的自由主义政治学说的终结。法国大革命的流血和恐怖使欧洲的政治思想家们对革命本身感到深深畏惧，并且开始对革命的肇事者——激进的自由主义政治学说进行深刻反思。这一反思在英国直接推动了保守主义的兴起，伯克便是其中最主要的代表。针对卢梭“人生而自由”的呐喊，伯克认为，恰恰相反，人是天生驯服的，以抽象的自然权利鼓动人们蔑视权威造成秩序的毁灭才是真正的罪恶。自由权利不在抽象的自然状态或社会契约中，而只能从历史和传统中去寻找。在保守主义和激进主义之间，如何小心翼翼地对启蒙时期的自由理论进行修改，以达到既放弃启蒙时期自由理论的革命倾向，又捍卫自由主义传统的目的，成为当时自由主义者的主要理论任务。托克维尔和约翰·穆勒承继了这一时期自由主义的思想传统。在坚持自由主义基本立场的同时，他们对法国大革命的理论和实践进行了深刻的批判，并且认为，民主和平等并不必然会带来自由，相反倒有可能是自由的威胁。政府的权力如果得不到限制就必定会走向多数人的专制或暴政。正如一位现代政治学者所言，穆勒和托克维尔都“极力

① 卢梭．社会契约论．修订第 3 版．何兆武，译．北京：商务印书馆，2003：4.

维护自由，反对过分的民主……都反对公共舆论的专制和多数的专制”[①]。限制政府权力成为这一时期自由主义政治思想的主流倾向。

经济上，1688年后又一次深刻的革命——工业革命为英国社会带来了巨大的变化，生产力以空前的速度和规模被创造出来，英国也相应成为当时世界上经济最发达的国家。工业革命不仅使英国的生产力实现了高度的发展，而且还引起了英国社会结构和模式的深刻变革。伴随工业化及其带来的城市化进程，农业及农业人口在全国的总产值和总人口中所占的比重不断下降，工业及工业人口比重则不断上升，英国实现了从传统的农业国向现代工业国的转变。经济发展带来了社会结构的变迁，其中最为明显的特征莫过于工业资产阶级的壮大和工人阶级的兴起，他们与传统的金融贵族、土地贵族的矛盾也进一步尖锐化。社会结构的变迁意味着利益在社会中结构性分布的变化，利益的驱动使得人们在政治结构中都尽可能地谋求自我利益的实现和扩大，而权利是利益实现的最重要的政治前提，即只有当人们在制度安排中使自己的利益能够得到代表时，自我利益的实现才有可能。而在当时，英国议会中代表工业资产阶级的议员少得可怜，像曼彻斯特、利物浦、伯明翰这样的新兴工业城市甚至连选区都没有。詹姆斯·穆勒曾在《威斯敏斯特评论报》上撰文指出，当时英国的下院实际上是由两百个左右的家族成员所组成的，因而英国政府纯粹是土地所有者和贵族阶级利益的代表。利益要求是政治发展最根本的驱动力。根据已经发生的社会利益结构变化而进一步对现实政治结构进行革新，同时又要避免激进的政治革命导致社会的失序和动荡，成为当时社会政治生活的迫切要求。当时的英国自由主义者几乎一致认为，对君主立宪制条件下的议会制进行改革是解决这一问题最有效的、最主要的途径。

经验主义对英国近代政治哲学有着根深蒂固的影响力。无论是霍布斯还是洛克的政治思想，经验论哲学都是其中最深厚的根基。随着光荣革命的完成，革命中应运而生的霍布斯、洛克等启蒙思想家所带来的激烈的社会影响基本上已经趋于平静。然而英国的经验主义传统并未中断，只不过其重心逐渐转移到了苏格兰。大卫·休谟是承接这一传统的重要的哲学理论家。休谟在继承洛克等人传统的基础上，进一步把经验主义发展到它的彻底阶段——不可知论。在休谟看来，真正的理性只不过是一种“观念的比较关系”，它所能表明的仅仅是，如果某一前提成立，那么后果也随之成立。这种理性只存在于数学或逻辑之中，而与事实无关，不能给我们的经验和感觉以任何的确定性的基础。实际上休谟是在说，理性的知识可能并不存在，即或存在，我们也无从感知。追求并不存在或我们无法把握的东西，根本就是没有意义的徒劳。因此，理解人类社会的根本途径不是靠所谓的把握理性，而是要关注人的情感、习俗等经验因素，只有经验的才是科学的。“休谟留给后世政治思想的遗产，是一套完全建筑在现实基础上的理论。在这一理论中，判别社会和政治制度的依据是这些制度所产生的结果，和这些制度与‘自然’人的态度和情感的统一程度。”[②] 在一定程度上，边沁从休谟的哲学中获得了灵感。但真正继承休谟学说的却是他的同乡——亚当·斯密。斯密指出，整个经济世界并不是人理性

① 邓正来．布莱克维尔政治学百科全书．北京：中国政法大学出版社，1992：273.

② 同①340.

设计的结果，而是由一群明智的人各自追求自己的利益过程中通过看不见的手的力量所自然形成的有机体系。因此他认为：第一，资本主义自由竞争、自由贸易的经济原则是符合自然的，因而是永恒的和公正的。第二，人的本性即永恒地追求自我利益，这种个人利益也会给国家和社会带来繁荣和富裕，因而个人追求自我利益的动机和行为是应当受到尊重和保护的。第三，政府对经济过程的干涉是不正当的。因为一方面，自由经济是与自然秩序相和谐的，任何对自由经济的干涉都是人为地破坏自然秩序的和谐，最终会损害社会的繁荣。另一方面，政府并不是财富的最佳监护者，其一，政府使用的是别人赚来的钱，所以它不可能像赚钱的人那样合理地使用金钱。其二，政府不能很好地照看工业的发展。其三，政府是无效率的管理者，政府的代办人和代理人的管理是疏忽的、浪费的和专横的。在此基础上，斯密提出自由放任的经济主张，政府应成为一个“安静”的旁观者，在远处观望资本的自由竞争和财富的积累，对经济干预最少的政府同时也是最好的政府。斯密的经济思想在19世纪产生了很大的影响，并成为自由主义思想的理论核心和基础。

19世纪是自由主义获得极大发展的时代，但由于政治、社会、经济、思想等背景的巨大差别，这时自由主义政治思想的主题已经和启蒙时期大不相同了，集中体现为：这一时期的自由主义已经丧失了早期形态中的革命性，以自由取代平等和公正，以功利观取代契约观，开始退化为保护资产阶级既得利益的保守思想和政治哲学。

英国是西方自由主义思想的故乡，在整个19世纪，英国产业革命的成果使它一直保持着工业最发达国家的地位，自由主义也就伴随着资产阶级政权的稳固而成为官方哲学。英国资产阶级革命的成功和资本主义经济的高速发展，使其成为19世纪社会和思想运动的先锋和倡导者，因而当时的英国也就是那个时代的缩影，从英国政治思想的发展可以看出19世纪自由主义发展和演化的过程。具体而言，19世纪自由主义政治思想具有这样一些特征：

第一，对人的理性作用的认识发生了转变。启蒙时期的自由主义思想家大多是坚定的理性主义者，他们不仅认为理性是人的本质特征，而且对人的理性能力充满信心。按照理性，每一个人都能够清晰地认识到自己的真正利益所在，并能采取理性的方式争取和捍卫自己的利益。同时，理性不仅是帮助人们摆脱自然状态进入政治文明社会的唯一途径，而且还可以向人们揭示正义、真理和美德，可以推动人类社会走向理想状态。面对具体社会问题时应该使现实服从理性，而不是让理性去迁就现实。正因为如此信仰理性，启蒙时期的自由主义思想才表现出强烈的革命倾向。然而，在19世纪的自由主义者看来，尽管人是理性的，但这种理性同时也是有限的，并不能保证人们不会做出非理性的行为。法国大革命的恐怖充分说明，对理性的狂热崇拜很可能造成非理性的后果，威胁自由本身。于是，他们开始重视人类的情感、习俗和经验等因素对人的政治行为的作用。穆勒指出，人们之所以会服从政治权力，情感、习惯等因素远比基于理性的契约义务观念发挥了更大的作用。理性观念的变化对19世纪自由主义政治思想摆脱启蒙时期的激烈性质转而表现出更多的改良色彩影响很大。

第二，功利观取代契约观成为政治思想主要的方法论基础。契约论是启蒙时期自由主义政治思想的重要理论工具。其主要内容是，每个人都天生地拥有某些不可剥夺的自然权利，但在完全孤立的状态下（自然状态）不可能实现这些权利。因此，他只有和他人签订协议（契约），建立政府来保护他的天赋权利。政府的目的是保护人的权利，政府权力的正当基础在于人们出于某种目的（安全或权利）而对它的权威表示承认。被统治者的理性的同意是当时政治理论的基石。但是，对于相信经验、实证科学的19世纪的自由主义者来说，抽象的契约观念并不能证明自身的真实性。边沁指出："我请他们为我翻开史书，看哪一页记载了签订这个重要契约的隆重仪式。他们在这一挑战面前退缩了。"①而且，这种理性的同意说同样无法说明：遵照理性，在专制统治下的人们不可能同意君主的权威，现实中却仍然不得不服从他的命令。实际上，国家早已存在了，其产生根本不是基于什么契约，而是人们基于现实利益的服从习惯的结果。功利主义认为，趋乐避苦是人的天性，只有依据这一标准才能真正解释人类的一切行为。人们尊崇权威并不是抽象的契约伦理的作用，而是人们觉得遵守相比不遵守利大于弊，快乐多于痛苦。这样，功利取代了契约成为政治思想的理论基础。将功利标准引入政治领域，使得近代自由主义发展到功利主义的新阶段，同时也要求以"最大多数人的最大幸福"来重新评判现存的政治结构和制度安排，这充分体现了19世纪英国社会改革传统政治制度、法律和道德体系的要求。

第三，政治思想的中心由强调政府的合法性基础转为对政府运作的合理性的关注。如果说，启蒙时期自由主义政治思想的核心是"什么样的政治权力是正当的"，那么19世纪政治思想家所关注的则主要是"政治权力怎样运作才是合理的"。面对君主专制统治，个人权利得不到保障的政治现实，启蒙思想家首先考虑的是"要探讨社会秩序之中，从人类的实际情况与法律的可能情况着眼，能不能有某种合法的又确切的政权规则"②。他们认为，只有以人的权利为基础构建政治权力才是确切而又合法的政权规则。君主专制以君权为基础，蔑视人的权利，所以理应推翻。到19世纪时，通过革命、立宪、分权等措施的实行，政治权力合法性基础实际上已经解决，问题的关键已经转化为怎样通过政治权力的合理化运作，充分实现权力的价值目标。因此，这一时期自由主义政治思想的主题转变为寻求政治权力的结构、运作规则的最佳方式，从而能够更好地保证统治的稳定，维护自由，促进发展。根据这一转变，代议制政府成为这一时期政治理论探讨的主要问题。

第四，自由的内涵日益扩展到经济和社会领域。个人自由是自由主义政治理论的精髓。19世纪自由主义政治思想仍然坚持这一自由主义的根本立场。但相比之下，启蒙时期自由主义政治理论主要强调政治自由，它的核心要求是对人的权利尤其是政治权利的保护，体现在政治主张上要求以个人权利为基础制定宪法、实行法治和权力分立。法国《人权宣言》明确宣称，权力没有实现分立的地方就没有自由可言。随着时代主题和社会发展的变化，自由主义者对自由的理解逐渐深入和扩展，经济自由和社会自由成为自由的重要组成部分。经济自由早在洛克的政治思想中就被充分重视了，但那时的经济自由主要表现为对财产权的保护。19世纪的经济自由主要是要求自由贸易、自由竞争，反对

① 边沁．政府片论．沈叔平，等译．北京：商务印书馆，1995：150.

② 卢梭．社会契约论．修订第2版．何兆武，译．北京：商务印书馆，1980：7.

政府对经济生活的过多干预。斯密和边沁是主张经济自由的主要人物，穆勒则把自由主要界定为社会自由，在他看来，对自由的威胁除了来自公共权威以外，更经常、更直接地来自社会。社会暴虐表现为多数人的专制，往往比政治压迫更可怕。因此他极力反对社会对个人自由的干涉和压迫，强调在社会中保持个性自由的重要性。在一定意义上，穆勒的自由理论为自由主义体系的完善奠定了重要基础。

总的来说，虽然 19 世纪自由主义政治思想承袭了 17、18 世纪启蒙学者的政治观点，但两者在基本精神和基本主张方面有很大差别。产生于资产阶级革命时代的自由主义思想充满着批判的、反封建的革命精神，而 19 世纪的自由主义思想突显出为资本主义统治秩序进行辩护的性质。19 世纪的自由主义思想在政治上主张妥协和改良，反对任何革命性的变革，且主要不是在论述某种抽象的政治原则，而是着重针对现实社会政治问题提出某种改革措施和方案。显然，这种旨在巩固资产阶级统治的政治理论与启蒙时期为资产阶级革命而启发过人民头脑的政治哲学是不能相提并论的。

第二节　边沁的政治思想

杰里米·边沁（Jeremy Bentham，1748—1832），19 世纪早期自由主义代表人物，英国近代思想史上著名的伦理学家、法学家，功利主义理论的创始人。边沁出生于伦敦一个律师家庭，自幼聪慧，3 岁开始阅读历史，4 岁学习拉丁文，8 岁便能用拉丁文和希腊文写诗，被誉为“神童”。1760 年，边沁入牛津大学女王学院学习，毕业后任律师。由于他对律师这一职业不感兴趣，后转而从事伦理学和法学理论研究。1776 年，边沁出版了第一部重要著作《政府片论》。1781 年，边沁受聘为伦敦大学教授，后创办了《威斯敏斯特评论报》并兼任主编，宣传其功利主义思想。边沁一生著述颇丰，除政治思想方面的主要著作《政府片论》之外，还有《道德与立法原理导论》一书，这是边沁最重要的一部著作，边沁也因它而闻名于世。另有《司法证据原理》《赏罚原理》及其去世后出版的《义务论》等著作。

一、功利主义伦理学

从根本上讲，人和人类社会是一切政治行为和政治思维的核心问题。由于一切政治行为都“具有趋向于正确知识的目的性，亦即对于美好的生活或健全的社会的目的性”①，所以，任何政治哲学的首要问题必然是：何谓美好，即政治生活的价值目的是什么？也就是说，政治哲学必然首先和政治伦理密切相关。在西方，自从柏拉图在《理想国》中把“善”作为现实政治的指导原则及评判标准之后，后世的政治学说根据时代的不同需要，对善的内容做了不同的解释，但是在方法论上基本上都是把善作为抽象的原则加以论述。在英国传统经验论引导下，边沁首先对传统伦理学中“善”的观念进行了改造。

---

①　古尔德，瑟斯比．现代政治思想．杨淮生，王缉思，周琪，等译．北京：商务印书馆，1985：59.

他提出，善并不是抽象的原则，而是一种不具有任何玄虚内容的幸福，人们不需要任何先验的知识、任何直觉或先验的人生观来理解它。善就是快乐，它既不存在于天国之中，也不存在于抽象的思辨之中，而是存在于我们平凡的日常生活之中。在论证这一观点的过程中，边沁使用了源于霍布斯的感觉心理学理论，即一个名称是某一具体事物的名字，而某种事物终究是某些具体的感觉。既然各种事物都是指的各种实体，那么作为一般的名词，如果忽略了事实，至少可能有沦为虚构的危险。为了讨论的方便，虚构虽然是必要的，但为了明确起见，又要求将论及的事物能让人明确地感受到，并理解它。“善”的观念也是如此。在这里，边沁指出了传统自然法的缺陷：它在论述原则时都用的是假设与虚构，它们“用以证明一切其他事物的东西，其本身是无法加以证明的；一连串的证明总得有个起点，去证明这样的起点，是既不可能，也不必要”①。正是由于其虚构，造成了其原则的模糊性，因为他们所提出的原则是抽象而不可感知的，因而这些原则对任何一方都是适用的，最终只能成为既得利益的保护伞。边沁要在抽象主义原则之外寻找到一个可靠的、可感知的原则标准，那就是他的功利主义原则标准。

边沁在《道德与立法原理导论》第一章中指出：“自然把人类置于两个至上的主人——‘苦’与‘乐’——的统治之下。凡是我们所行、所言和所思，都受它们的支配，凡是我们所做一切设法摆脱它们统治的努力，都远足以证明和证实它们的权威之存在而已。”② 而所谓功利，是指“一种外物给当事者求福解祸的那种特性，由于这种特性，该外物就趋于产生福泽、利益、快乐、善或幸福，或者防止对利益攸关之当事者的祸患、痛苦、恶或不幸。假如这里的当事人是泛指整个社会，那么幸福就是社会的幸福；假如是具体指某一个人，那么幸福就是那个人的幸福”③。边沁认为，人在本质上是趋乐避苦的，因而它也是人类行为的指南，追求最大快乐及将痛苦限制到最小的程度，这即是人类幸福的真谛，它与现实生活是紧密联系的，因而也是为人们所易于理解的，而正因为它是明显的生活事实，所以也不可能以论证来驳倒它。边沁认为正是通过功利的原则才使人类看清了自身行为的规律，同时也看清了社会运行的规律。如果没有功利原则，那么人类及社会的一切问题都不可能找到正确的答案。

在边沁看来，功利主义原则或称最大幸福原则的提出是具有重大意义的。其一，功利主义使旧伦理学的面貌焕然一新。过去在伦理学中一直讨论不休的关于善、正义、幸福等概念在功利主义原则下就显得一目了然了，即一切都是为了增大个人的幸福而减小个人的痛苦。这一原则对个人和社会来说都是通用的，因为社会不过是个人的集合体。同时这一原则可以经受观察和实验的检验。其二，功利原则的提出，扫清了徘徊在社会科学之上的形而上学迷雾，这一从人的具体生活经验中提出来的标准使人们更容易以之去衡量个人行为以及社会措施的正义性。“有一种行为，其增多社会幸福的趋向大于其任何减少社会幸福的趋向，我们说这个行为是符合功利原则的。如果有一种政府措施，同样地，其增多社会幸福的趋向大于其任何减少社会幸福的趋向时，则可以说它是符合或

---

① 周辅成．西方伦理学名著选辑：下卷．北京：商务印书馆，1987：213.

② 同①210.

③ 同①212.

者遵从功利原则的。”[1] 对于个人来说，他的义务就是最大限度地实现自己的快乐，而对于一个法律或一个政府的行为是否符合正义，它的标准就是是否实现了最大多数人的最大幸福。其三，边沁认为人类的苦乐是可以度量的。对一个人本身来说，单说一种苦乐或苦乐本身，其价值的大小是依照以下各个条件决定的：(1) 它的强度 (Its intensity)；(2) 它的持久性 (Its duration)；(3) 它的确定性或不稳定性 (Its certainty or uncertainty)；(4) 它的迫近性或遥远性（时间上的远近）(Its propinquity or remoteness)；(5) 它的继生性 (Its fecundity)；(6) 它的纯度 (Its purity)；对一些人来说，还要加上 (7) 它的范围 (Its extent)，即苦乐扩展所及的人数或受苦乐影响的人数多少。边沁以为只要以科学的苦乐计算为依据，就可以建立科学的道德法典。边沁这种努力一方面受当时社会时尚的影响，即把社会学科科学化；另一方面，也是更为主要的，他把人类的一切行为都看作是功利的，他认为人的“动机本质上不过就是在某种形式下发生作用的乐或苦罢了”，因而他试图以这种对人类行为动机的精确把握来改造社会、法律结构，为资本主义的发展开辟道路。边沁的功利主义是一种把个人利益看作人类一切行为的依据和社会发展的动力的哲学伦理学说。他把功利主义原则归结为“最大幸福”，有时又归结为“最大多数人的最大幸福”这样的公式。按照这一原则，他似乎强调的是多数人的利益而不是自私自利的个人利益。但是，在他看来，“社会是虚构的团体，由被认作其成员的个人所组成，社会利益就是组成社会之所有单个成员的利益之总和”[2]。“不了解个人利益是什么而侈谈社会利益，是无益的。”[3] 所以他认为，社会是由个人组成的，所谓社会利益就是每一个个体的利益的总和。每一个人都追求他自己的最大利益，最终也就达到了社会全体的最大利益。因而，真正应该重视的唯一利益是个人的利益。

边沁宣称，是休谟“擦亮了自己的眼睛”，使自己认识到功利原则才是探求人类行为和道德评价的基础。那么，被休谟擦亮眼睛的边沁看到了什么呢？和休谟一样，他看到洛克将自然法所揭示的自然权利作为人的基本性质，至少犯了两个基本的错误：第一，自然法则是一个晦涩不明的概念，即使那些主张自然法则的思想家自己也说不清楚它的基本内容到底是什么，或者为这些问题争论不休，难以达成共识。而造成此种状况的根本原因就在于自然法则根本就是一种不存在的虚构，它只“是个暧昧不明的幽灵，它在那些追逐其踪影的人的想象中，有时表示习俗，有时表示法，表示法的场合有时是现有的法，有时则是应有的法”[4]。既然自然法则是虚构的，那么作为其基本原则的自然权利就不可能存在。任何权利都只能是政治和法律的产物，而不可能是政治和法律的原因，也不可能是人在自然状态下的存在性质。第二，从形而上学角度对自然权利正当性进行论证是不可能的。一如前述，洛克求诸上帝，以宗教为自然权利设定一个基本的价值原点。但在边沁看来，这种推论是无效的。因为“人身上必须具备的任何品质，这一个概念绝不是来自上帝的特性；相反，正是从我们所看到的人的品质中，我们才能对上帝的

① 周辅成．西方伦理学名著选辑：下卷．北京：商务印书馆，1987：212.

② 同①221.

③ 同①.

④ 边沁．道德与立法原理导论．时殷弘，译．北京：商务印书馆，2000：365.

特性获得一种我们自己想象得出的模糊的概念”[①]。相比之下，霍布斯更纯粹地将人的自然欲望等主观诉求作为伦理道德体系的基础，从而在根本上否定了传统道德体系所依赖的终极目的或最高实体的存在，因而更符合功利的原则。但是，霍布斯按照理性逻辑的推演，最终将这种对自然欲望的主观诉求表述为自然权利，而这种“无因之果”式的自然权利观念正是休谟和边沁所否认的。

虽然边沁和休谟对自然权利的批判是一致的，但在对人的功利性的处理上，二者之间却有显著不同。休谟认为，对人类利益和社会幸福的有用性（utility）是道德判断的基础，也是解释人类行为的重要因素。尤其是在社会和政治生活中，人们总是自私多于慷慨，利己而非利他，财产权、正义规则、社会和国家也是在此人性基础上生成的。但是，休谟并不因此认为，追求功利就是人们的唯一目的，是否符合功利就是判定人类行为正当与否的唯一价值原则。他仅仅满足于说某些行为是有利于公共利益的，而有它们总比没有好。换言之，休谟仅仅将功利性作为一种解释性因素，而不是规范性原则来对待。而在边沁看来，把功利作为人性的解释性因素是不够的，“建构一种哲学或是其他任何事物，必须要有材料。对于哲学而言，材料就是事物的性质。对于道德的政治哲学，材料是人的性质，人在世界上的地位的性质”[②]。而如果这种建构道德和政治哲学的材料本身——人性只是一种或然性的可能因素，那么，整个政治哲学的大厦就好像建立在沙滩上一样，势必难以持久。

边沁认为，功利是人的基本天性，这是无须诉诸任何形而上学的思辨或者神学根据就可以被人们经验地认识到的基本原理。人们总是追求快乐、逃避痛苦，这是谁都不可否认，当然也无须证明的心理事实，也是人们一切行为的根本动机和最终目的。符合或增进最大快乐的行为就是善的行为，不符合或减少快乐的行为就是恶的行为。缺少了快乐和痛苦的因素，任何抽象的伦理原则都是不可能的，也是不正确的。快乐即善，对于政治哲学而言，这种基于人之功利目的而形成的伦理原则为解释和衡量人对政治权威的服从行为提供了唯一的标准。人之所以会服从权威，只能是由于权威符合了自己的功利目的；而权威是否正当，除了诉诸人的功利目的以外，也不可能再有其他的评判尺度。这里，边沁对人的功利本性的表述实际上有两层含义：人之行为的原因是功利性的，人之行为、目的正当与否的标准也是功利性的。换言之，功利原则既是解释性的，又是规范性的。它既是解释人们行为总是为了实现自身最大限度的快乐这一基本事实的描述性概念，又是据以判定人们行为正当与否的价值性原则[③]。

在功利原则之中，边沁预先假设了一种价值判断：人追求功利目的是正当的、应该的。边沁虽以功利概念统摄各种不同的自然欲求，但他仍旧从对人的自然属性——欲望和偏好的描述中得出对人的价值判断：人是追求自身欲望和偏好的自然之物。并且由此推定，人追求自身欲望和偏好在价值上是正当的。边沁从人们总会追求自我利益之满足的事实之中得出结论：功利是人们的应然目的，只有符合功利目的的行为才具有道德正

---

① 边沁．政府片论．沈叔平，等译．北京：商务印书馆，1995：161.

② 穆勒．论边沁与柯勒律治．余廷明，译．北京：中国文学出版社，2000：64.

③ 边沁．道德与立法原理导论．时殷弘，译．北京：商务印书馆，2000：58.

当性，反之则否。但是，按照休谟的观点，边沁恰恰也和洛克一样，仅仅从人的行为事实如何便直接推导出人的行为应该如何，从而不假思索地将人的行为事实上如何当作了人在行为上应该如何，即从“事实”推出了“应该”的问题。按休谟的观点，我们可以对人类社会发展的具体经验进行事实的描述和总结，比如奴隶在古代社会是被压迫的，毫无权利和自由可言，但不能仅仅因为这是历史的经验事实就认为这是应该的，就具有价值上的正当性。尽管自然造就了黑人和白人，但我们不能从道德上区分二者。在自然里大鱼吃小鱼，在道德里我们不允许恃强凌弱。我们需要通过某种价值标准来对这种事实进行批判，而此价值标准不能简单地从事实描述中推导出来。那么，这种价值标准从何而来呢？从根本上讲，人在本质上是一种社会性存在，其本质是社会关系的总和。脱离了人的社会性本质，抽象地将人的某种自然属性或者人的某一种社会关系视为人的本质，都不可避免地会导致道德判断的谬误。

休谟与边沁在人的功利本性上的区别，主要源于他们对理性的不同态度。基于彻底的经验论，休谟对人类理性能力心存疑虑。而边沁则相信，人类理性不仅可以对行为带来的快乐和痛苦进行明确的衡量和比较，以便为人们所选择的目标和手段提供适当的建议，而且人们还可以通过理性积极地建构一种理性的社会秩序，从而实现社会利益和个人利益的和谐一致。“这个题目是人类理性能力所能够认识的；并且这个理性能力并不单借直觉去应付这个题目。人可以提出种种理由，能够左右理智使它对这个学说认可或否认。”① 故此，边沁并不满足于休谟关于人的功利行为只是快乐感觉的外在信号这种观点。穆勒曾经对比了休谟与边沁的区别，认为休谟是英国“有史以来最渊博的消极思想家”②，因为他发现了自然法逻辑的不足和论证过程的缺陷。相比之下，边沁则不仅揭露了自然法则的谬误，而且还积极地建构自己的理论体系。休谟“以接受的任何主题的概念为出发点，运用逻辑工具围绕主题探索，宣称其基本原则有缺陷，并谴责它。边沁重新开始，深深地、牢固地奠定自己的基础，构筑好自己的体系，请人们比较二者。当他自己解决了问题，或认为自己解决了，他才宣布其他解决方法是错误的”③。饶有意味的是，边沁寻求超越休谟而积极建构的功利原则之根据，恰恰是休谟曾经批评过的从“是”中推导出“应该”来的“自然主义的谬误”④。

二、功利主义政治观

边沁最终将功利主义原则推广到至为关键的领域：政治领域。在边沁看来，功利与政府的关系也是政治理论的核心问题。但与休谟不同的是，边沁和穆勒等思想家不仅将功利作为政府产生的解释性因素，而且将它当作政府运作的规范原则来看待。

对于自然权利和社会契约等洛克政治理论的核心观念，边沁直接指出它们不过是当时政治斗争的工具，毫无科学性可言。“关于原始契约和其他的虚构，也许在过去有过一

① 穆勒．功用主义．唐钺，译．北京：商务印书馆，1957：5.
② 穆勒．论边沁与柯勒律治．余廷明，译．北京：中国文学出版社，2000：49.
③ 同②52.
④ 摩尔．伦理学原理．长河，译．北京：商务印书馆，1983：45.

段时期，它们有它们的用途。我并不否认，借助这种性质的工具，某些政治工作可能已经完成了；这种有用的工作，在当时的情况下，是不可能用其他工具完成的。但是虚构的理由现在已经过时了：以前在这个名义下，也许得到过容忍和赞许；如果现在仍试图使用的话，它就会在更严重的伪造和欺骗的罪名下，受到谴责和批评。”① 相对于休谟对政府、法律之产生所抱的认真态度，边沁更愿意把国家和政府当作一个简单的事实来接受。他认为，国家的实质在于被统治者对统治者的“习惯性服从”。人的天性是趋利避害，趋乐避苦，而“为什么必须服从，那是因为服从可能造成的损害小于反抗可能造成的损害……是因为这是出于他们的利益”②。当这种服从的习惯状态出现时，政治社会便会产生，国家、政府和法律也自然随之而来。利益铺就了通往信仰的道路，同样也为权威设定了界限，“当国王的行为与他的人民的幸福相抵触时，最好的办法就是不再服从他”③。这些关于国家和政府权威合法性的基本原理在休谟那里是早已论述过的。在边沁看来，没有必要再对这些形而上学的思辨问题进行深究，政治理论的主要对象是关注政府实际运作问题，即政府运作合理性问题——怎样才能最大限度地实现政府的目的。至于政府的目的，边沁认为，早已由休谟或者更早的前辈哈奇生提供好了——最大多数人的最大幸福。

这里有一个问题值得注意：边沁如何将休谟那里作为政府产生原因的功利解释转换为政府应该追求“最大多数人的最大幸福”的功利目的，并以此作为衡量政府运作有效性的价值标准？休谟认为，个人追逐私利是政府产生的根本原因。人们之所以接受政治与法律制度，主要是因为其中蕴含着他们的利益。人类自私却希图享有更多的利益，由此社会生活不可或缺，但自私本性又阻碍他们自觉遵守社会所依赖的秩序和正义规则，所以政府产生，以权威之力来使人们恪守正义。政府的出现没有改变或消除人性的弱点，而是克服了人性中为了短期的、眼前的利益而牺牲长远利益的倾向；而人们之所以愿意服从政府或者不反对政府的存在，正是因为政府有助于他们利益的获得和实现。也就是说，休谟仅仅将功利作为用于解释正义规则和政府产生的原因，甚至还不把它当作唯一的原因。但在边沁那里，功利不仅是解释个人行为和服从政治权威的根本出发点，而且还是政府的目的，是评价政府运作和政策行为的公共道德尺度。换言之，边沁要把功利原理应用到个人道德和公共道德两个领域。他指出，“功利原理是指这样的原理：它按照看来势必增大或减小利益有关者之幸福的倾向，亦即促进或妨碍此种幸福的倾向，来赞成或非难任何一项行动。我说的是无论什么行动，因而不仅是私人的每项行动，而且是政府的每项措施”，“如果利益有关者是一般的共同体，那就是共同体的幸福，如果是一个具体的个人，那就是这个人的幸福”④。

从功利角度说明道德乃至政治权威的根源是休谟那里早已论证过的，但休谟的论证是个体性的，个人既是道德的主体，又是道德要求的对象。至于政府，它不过是个人追求功利目的的后果或者工具，而其自身没有独立的其他价值，是否符合个人的利益始终

① 边沁．政府片论．沈叔平，等译．北京：商务印书馆，1995：150.
② 同①155.
③ 同①152.
④ 边沁．道德与立法原理导论．时殷弘，译．北京：商务印书馆，2000：58.

是评判其合法与否的标准。虽然边沁宣称，自己是从休谟的著作中发现了功利这一概念，但他并没有仅仅把功利原理适用于个人行为及其道德问题，而是将之运用于公共道德与政治领域，作为一种立法和政治原则来考察政府的运作、形式及政策等问题。

在其著作中，边沁并没有申明自己的根据，没有说明作为个人道德标准的功利原则应用于政治领域的可能和限度。由此，可能导致两个问题：第一，按照功利主义伦理学，自足的个人是道德的主体，他有自己的苦乐感受，有自己的利益追求，也能够履行相应的道德责任。但是，社会和政府是否能像个人一样具有感知自己利益的能力？它是否有类似于个人的自身利益？甚至，它能否作为一个实体而独立存在？第二，对于个人而言，他可以为了自己的长远利益而牺牲眼前利益，可以为了自己的整体健康而忍痛割掉病变的盲肠。但是，社会或政府能够像个人那样，为了整体的利益而牺牲其中某些人的利益吗？对于前一个问题，边沁指出："共同体是个虚构体，由那些被认为可以说构成其成员的个人组成。那么，共同体的利益是什么呢？是组成共同体的若干成员的利益总和"，"不理解什么是个人利益，谈论共同体的利益便毫无意义"①。也就是说，没有独立于个人之外的社会利益，而评判政府运作是否合理、有效的标准也就必须建立在它是否最大限度地满足和实现了个人利益最大化要求之上。对于第二个问题，边沁认为，理智的人应该能够接受功利原理，将之作为约束个人行为的社会道德准则，因为他会看到，别人遵守作为社会公共道德准则的功利原理对自己是有益的，而且自己如若不遵守这一原理，则这一原理所指向的，包括自己的利益在内的社会公共利益就难以实现。在此情形下，即使社会或政府强制他做出符合功利原理的行为，也不失为正当之举。由此，边沁认为，根据功利原理行事的政府要求个人服从于公共利益，实质上并没有构成与个人利益的根本性冲突，恰恰相反，政府的存在可以纠正个人的不智之举，是实现个人利益的必要途径。

事实上，上述问题以及边沁的回应指向了政府本身，也即，在个人私利和社会公益之间，是否需要政府居间调和？或者说，若无政府，个人与他人利益是否能够自然而然地和谐一致？在边沁看来，个人与他人之间的利益冲突不可能自然而然地形成和谐，自然秩序或"看不见的手"太过神秘，难以令人信服。相比之下，他更愿意相信理性和政府这只"看得见的手"。正如拉吉罗所说，边沁这样的功利主义者认为，"如果承认个人功利之间这种自然自发的和谐，如果承认它们都对公共财富做出了贡献，在社会中也就没有什么事情需要委诸政府了。但事实上，个人并不总能完全一致地将他的利益合乎逻辑地发展始终；有时他追随对个人利益的误解，因而侵害他人的利益，并最终背离了自己的利益。在这里就存在着政府发挥作用的机会，它代表着真理的逻辑，以反对不合逻辑的错误，并从相对于狭隘私利（姑且用这个误称）的最大多数人的利益得到授意。因此，但凡经济、社会、司法、政治等机构，以及所有个人与阶级的相互利益，必须受到这条简单而普遍的原则的检验：它们是不是符合最大多数人的利益？如果不是，法律必须摧毁它们，不仅为了社会全体的福祉，也为了个人自身的福祉"②。

---

① 边沁．道德与立法原理导论．时殷弘，译．北京：商务印书馆，2000：58.

② 拉吉罗．欧洲自由主义史．杨军，译．长春：吉林人民出版社，2001：95.

既然公共利益只是个人利益的总和，那么，政府实现“最大多数人的最大幸福”的最为便利之途，莫过于赋予每一个体追逐自我利益最大化之自由。边沁认为，维护个人自由以实现“最大幸福”原则，首先要求政府自身必须按照功利原则进行根本性改造，适宜的政府体制和形式对于实现政府目的至关重要。如果没有受过教育，没有责任的约束，一般人不会主动关注社会公共利益，也不会考虑所谓最大多数人的幸福问题，而组成社会的绝大多数成员恰恰是此种理智不足之人。在此条件下，“唯一保证为所有人的幸福着想的方法，是使所有人都享有一份同样的权力”①。也即，政府应该平等看待每一个人的利益，应该为每一份利益提供一份平等的政治权利。这样，即使个人之间发生利益冲突，多数人自然优先考虑自己的利益，会自然形成多数。多数的掌权自然会推动多数人的利益，社会最大多数人的利益也会实现。基于此，边沁要求，为实现社会最大幸福，政治上必须实行代议制政体。

边沁及其功利主义的追随者依据功利原理对代议制政府的强调，实际上就是要求对当时英国传统的政体进行根本的改造。在边沁看来，“功利原则就是这样一种以‘最大多数人的最大幸福’为行为唯一准则、评价唯一标准、生活唯一目的的原则”②，是政府存在和活动的根本目的。通过理性和教育，人们不仅可以认识这一原理，而且还能够据之设计和改造政治生活本身，以实现最大的功利后果。由此，在主张赋予个人最大限度的自由背后，边沁理解的政府还能够承担更大的责任。在边沁的基础上，穆勒进一步指出，对个人自由形成限制的并不必然就是政府，而可能来自诸如社会、舆论等其他方面。相应地，政府权力不再只是一种必要的恶，而是一种具有某种积极价值的工具，国家的职能不应仅仅限于不侵犯个人的自由，而且可以积极地发挥作用，扩大个人的自由机会，增强个人实现自由的能力。

边沁的政治思想是英国工业资产阶级要求的理论表现，是处于上升时期的资本主义要求的反映。经济上的成功使资产阶级迫切感到政权的重要，他们要求更多地参与政权和进一步铲除国家制度中的封建残余势力。边沁的功利主义理论正是表达了这一要求。边沁的思想对英国社会影响深远，他的改革主张最终在英国形成了一场改革运动。1832年的议会改革正是工业资产阶级的一次胜利，普选制的推广，对选民资格限制的不断减少，扩大了资本主义民主的范围与程度。他对政府要实行放任主义的要求，也逐渐成为自由主义政治观的主要原则，推动了初期资本主义的发展。边沁对开明政治的倡导，使英国资本主义获得了其发展必需的社会氛围。他对英国的法律及现实政治生活、社会意识所具有的强烈改革意识，开创了自由主义哲学上的激进主义。边沁在政治思想史上之所以能占有一席之地，主要在于他用功利来考察和解释政治问题而提出的基本原则流行于当时，又开了19世纪实证主义、实用主义之先河。但同时，其理论的局限性和粗糙性也很快在社会发展的实践中显现出来，从而使对功利主义的改造成为迫在眉睫的任务，这一任务是由与边沁同时代并对边沁政治思想产生很大影响的詹姆斯·穆勒的儿子约翰·斯图尔特·穆勒来完成的。

---

① 霍布豪斯．自由主义．朱曾汶，译．北京：商务印书馆，1996：34.

② 周辅成．西方著名伦理学家评传．上海：上海人民出版社，1987：530.

第三节　约翰·穆勒的政治思想

约翰·斯图尔特·穆勒（John Stuart Mill，1806—1873）是19世纪英国资产阶级政治思想家、逻辑学家、哲学家。穆勒于1806年5月出生于伦敦的本顿维尔（Pentonville），他的父亲是英国早期自由主义的代表人物之一詹姆斯·穆勒。由于詹姆斯·穆勒是一个信奉教育万能的哲学家，因而约翰·穆勒从幼年时代起就接受了严格的哲学训练。詹姆斯·穆勒对小穆勒的教育不仅亲自规划，精心传授，还经常利用晚饭后散步的时间向小穆勒提出各种各样的问题，然后一起展开讨论，所以穆勒不可避免地接受了他父亲许多思想的影响。穆勒15岁时，在父亲的要求下，开始阅读边沁的《立法论》，这是一部介绍边沁思想的著作。这本书对穆勒的思想影响极大，使其从此走上了功利主义的道路，所以穆勒一直以边沁的继承者自居。穆勒在1828—1830年读了奥古斯特·孔德的著作，其中说到人类知识有三个自然联结的时期——神学时期、形而上学时期和实验时期，他深受启发，更坚定了他的功利主义思想倾向。1866年，穆勒出任英国国会下院议员，1868年因选举失败而脱离国会。此后，他专事著述，终其一生。穆勒一生著作很多，涉及许多学科领域，反映他的政治观点的主要著作有《论自由》《功利主义》《妇女的屈从地位》《代议制政府》《关于国会改革的意见》等。

一、对传统功利主义的修正

由于他父亲的缘故，约翰·穆勒几乎注定要成为边沁以后的功利主义最著名的代表人物。然而，对于功利主义而言，穆勒远不是一个简单的继承者和阐释者，而是边沁以后功利主义理论的集大成者。边沁的功利主义伦理学问世以后，备受世人的鄙视和谴责，甚至被攻击为“猪”的哲学。因为它使人只是沉溺于肤浅的量的快乐，而完全无视人的特性。因此，穆勒面临的任务不仅是要捍卫“最大多数人的最大幸福”的功利原则，而且还要根据时代和理论发展的变化对之进行修正，以“把这个词从贬污中拯救出来”①。

穆勒首先重申了功利的基本原则，“行为之正当，以其增进幸福的倾向为比例，行为之不正当，以其产生不幸福的倾向为比例；幸福，是指快乐和痛苦的免除；不幸福，是指痛苦和快乐的丧失”②。对此，穆勒和边沁的主张并无二致。不同的是，边沁认为这样就已经足以说明功利原则了，而穆勒则认为，要充分了解这些道德原理和痛苦、快乐的内涵，还须进一步加以讨论或补充。穆勒对功利原则的补充主要有：（1）快乐不仅有量的区别，而且还有质的不同。穆勒首先批评仅仅从量上考察快乐的做法是荒谬的，他认为，之所以有人认为功利主义是“猪”的哲学，是因为他们并不认为人和猪有什么本质的差别，从而自愿把自己降到猪的层次去追求低级的快乐。他们没有认识到，人是具有

① 周辅成．西方伦理学名著选辑：下卷．北京：商务印书馆，1987：241.

② 同①242.

高级官能的，所以宁可选择那些即使有更多的不满意的高级快乐，也不愿意去享受可以满足动物性的低级快乐。正像有知识的人都不肯成为傻子，有情感有良心的人不肯变得自私和卑鄙一样。穆勒认为，精神的快乐远远高于肉体的快乐，所以，“做一个不满足的人总比做一个满足的猪要好些，做一个不满足的苏格拉底，总比做一个满足的傻子要好些”①。(2) 他认为功利原则具有利他主义性质，把个人私利和社会公利结合起来是功利主义的道德根据。边沁把功利原则归结为“最大多数人的最大幸福”，以此来说明功利原则的伦理正当性。但是他同时指出，所谓社会公利只不过是组成社会的每一个个人私利的总和，真正应该关心的是个人的利益。因此边沁的理论被指责为纯粹的利己主义。对此，穆勒指出：“功利主义者以幸福为标准定行为之正当，并非指行为者自己的幸福，而是指一切相关的人的幸福。”② 这样，通过把他人的利益吸收到功利的内涵中，穆勒对功利主义进行了利他主义解释。

通过以上的修正，我们可以看到，穆勒的功利主义已经渐渐地远离了边沁而具有了自己的特点。同时，因其修正也随后产生了一些理论问题。首先，快乐既然有质的高下之分，那么判别高级快乐和低级快乐的标准是什么？穆勒将之归结为大多数人的意见：“关于两种快乐，何者值得具有，或者两种生活方式，撇开其道德属性和后果，何者更使情感愉悦的问题，我们不得不承认：最后还是那些有两方面的知识的人的判断有决定权，或者，如果他们的意见分歧，那么其中大多数人的判断，就是最后的判断。”③ 但是，按照功利主义的目的论，快乐应该是个体的一种感受状态，我的快乐只是我的快乐，怎么能用别人的标准来衡量呢？即使这一意见是大多数人的，但如果大多数人的判断并不符合我的利益，他们的意见还对我有效吗？其次，根据最大多数人的最大幸福原则的利他主义解释，穆勒指出，自我牺牲是一种高尚的美德，是功利主义学说中的应有之义。自我牺牲之所以崇高是因为它能够舍弃个人幸福来换取公众幸福的增加。然而，对普通的人而言，追求个人幸福是我的权利，要求我为了公众的幸福而舍弃自己的幸福就是损害我的权利。那么，个人感受和大多数人的意见哪一个更合理？个人幸福和公众幸福哪一个更重要？社会限制对于个人权利的合法限度是什么呢？穆勒将在他的自由理论中集中探讨这些问题。

二、穆勒的自由观

通过对功利主义的修正，穆勒已经意识到个人利益和社会利益、个人自由与社会限制之间存在矛盾，并有必要对二者进行协调。在《论自由》一书中，穆勒集中对这一问题进行了探讨。

穆勒指出：“唯一实称其名的自由，乃是按照我们自己的道路追求我们自己的好处的自由。只要我们不试图剥夺他人的这种自由，不试图阻碍他们取得这种自由的努力”④，

---

① 周辅成．西方伦理学名著选辑：下卷．北京：商务印书馆，1987：245.
② 同①253.
③ 同①246.
④ 密尔．论自由．许宝骙，译．北京：商务印书馆，1959：13.

"乃是公民自由或社会自由，也就是要探讨社会所能合法施用于个人的权力的性质和限度"①。可见穆勒所论述的自由是个人的社会自由。同时他认为，必须从现实的和经验的而不是形而上学的角度，从自由和权威、个人独立和社会控制的关系角度而不是从狭隘的天赋权利的角度来探讨自由。

穆勒认为，可以从人类社会发展过程中自由与权威的相互关系中了解自由的内涵。在古代，权威的基础在于征服和继承，而不在于臣民的意志。所以，古代臣民的自由和统治者的权威是彼此对立的，自由意味着防止和反对统治者的权威。随着时代的发展变化，人们认识到需要对统治者的权力进行一定的限制。限制的途径主要有：第一，必须承认政治权利是权威的正当性基础；第二，通过宪法限制权力，使权力的行使必须以被统治者代表的同意为前提。近代以来，随着政治革命的成功，有人开始认为，政治权力基础之正当性、合法性问题实际已经建立在被统治者的权利或同意之上了，再对权威采取过去异己的对立态度就过时了。在人民已经成为统治者的情况下，权威只不过是人民实现自我管理的便利形式，"人民无须对自己的意志有所防御"，当然也就不必对公共权力进行限制了。穆勒指出，"这种思想形态，或许毋宁说是感想形态"，"听来颇成一条自明的公理"②，但却是极端错误的。首先，这一观点"并不表述事情的真实状况"，实际上，权力归属意义上的人民和权力所施加对象的人民并不是永远同一的，甚至经常是不同一的。所谓"自治政府"也远不是人民自我治理的政府，而是"每人都被所有其余的人管治的政府"③；所谓人民意志，实际上也只是多数人的意志而已。因此，运用人民意志实现多数人对少数人的压迫，侵害自由的危险依然存在。其次，即使最民主的政府，也不能完全杜绝权力对人民自由的侵犯，恰恰相反，和个人的专制一样，多数人意志所形成的专制也是人类社会诸多灾祸的一种，甚至更为严重。这里，穆勒实际是在对卢梭激进主义的人民主权和公意统治思想进行深刻的批判。在此基础上，穆勒指出，为了保护个人自由，在任何时候对专制权威的提防都是不可缺少的。

在穆勒看来，个人总是生活在一定社会之中的，所以对自由的威胁除了可能来自政治权威以外，社会的控制也是对个人自由更可能、更直接、更经常的限制。"当社会本身是暴君时，就是说，当社会作为集体而凌驾于构成它的各别个人时，它的肆虐手段并不限于通过其政治机构而做出的措施"，"这种社会暴虐比许多种类的政治压迫还可怕，因为它虽不常以极端性的惩罚为后盾，却使人们有更少的逃避办法，这是由于它透入生活细节更深更多，由于它奴役到灵魂本身"④。社会暴虐的途径有四个：一是习俗。习俗一向被视为第二天性，它在阻止对于人类所相互强加的行为准则产生疑虑这一点上有着完全的效力。在生活中，习俗的作用往往胜过理性的作用，因为它是约定俗成的，所以人们很少去思考和怀疑，只是无意识地去适应，因而习俗也就成了捍卫社会权威的强有力的手段。二是一个国家中优势阶级得到的影响，它是优势阶级的阶级利益和阶级优越感的产物。三是对现世权势及所信奉神祇好恶的奴性服从，"这种奴性服从，尽管本质上是

① 密尔．论自由．许宝骙，译．北京：商务印书馆，1959：1.
② 同①3.
③ 同①4.
④ 同①5.

自私的，却非伪善；它育出一种完全真纯的憎恶情感，竟至使得人们会烧死炫人和异端者”①。四是社会利害所触发的爱憎之情，它是树立道德过程中主要的力量。其中最主要的是社会的好恶，“在实际上决定那些在法律惩罚或舆论支持之下要大家遵守的行为准则的主要东西，乃是社会的好恶，或社会中一些有势力的部分的好恶”②。穆勒认为，以往的思想家只是在细节上关注社会好恶、社会心理等具体问题的正当或不正当，而根本没有触及问题的关键：社会心理、社会好恶等观念对个人的要求是否正当？既然法律和舆论是用来协调社会控制和个人自由的主要手段，那么必须首先确定运用这些手段时所要遵守的基本原则或标准。

穆勒认为，这条标准是，“人类之所以有理有权可以个别的或者集体的对其中任何分子的行动自由进行干涉，唯一的目的只是自我防卫”③。任何个人的行为，只要是仅仅有关本人而不涉及他人的利益时，个人就有完全的自由；只有当他的行为危害到他人的利益时，他才需对社会负责，才应该承受社会或法律的制裁。这就是个人自由与社会控制的界限，它是维持一个自由社会或建立一个良好政府所必须遵循的基本原则。“凡属社会的强制和控制的方法对付个人之事，不论所用手段是法律惩罚方式下的物质力量或者是公众意见下的道德压力，都要绝对以它为准绳。”④

实际上，穆勒是为个人自由划定了一个范围或界限。在此范围之内，个人有完全的自由，可以自由地追求任何自己想要的东西，任何超过这一界限的政府或社会行为都是对自由进行侵害的不当之举；而个人如果在行使自己的自由权利时超出这一范围的话，他的行动就有可能涉及他人或社会的利益，就应该受到合法的限制。穆勒认为，个人应当保有的，社会或国家不应加以干涉的个人自由领域至少应包括三个方面：（1）思想及讨论自由；（2）保持个性的自由；（3）个人之间互相联合的自由。

首先，思想及讨论自由。穆勒认为，社会无论以何种理由来压制思想及讨论自由都是不正当的。因为其一，对于压制者本身来说，他就冒着假设自己不可能错误的危险，而事实上，每个人的世界仅是他们接触到的世界，因而无论是某个人、某群人乃至某个时代的普遍意见都必然带有片面性，真理并不总是在多数人手中。其二，真理的获得是以反对它的自由为条件的，是以人可能错误并能改正错误的观念为前提的。除此之外没有其他任何条件能作为获得真理的理性保障。其三，压制思想及讨论自由，会使个人对自己的理性能力产生怀疑，迫使他放弃自己的意见而投靠“不可能错误”的大众意见。而个人如果不是以自己的意见去行动，就会放弃自己的义务，丧失对其所为后果的责任感，这是对个人理性信心和判断力的极大损害。“在那种气氛之中，从来没有而且永远不会有一种智力活跃的人民”⑤。其四，压制会限制知识分子的思想发展，扭曲他们的理性，使他们关于一切重大问题的论证都是为了听众而不是自己真正信服的东西。这种扭曲所付出的代价是牺牲掉人类心灵中全部的道德勇敢性。其五，压制使社会中本来真正有价值的真理失去了意义的根据，甚至连意义本身都失去了，只剩下外壳和表皮，以前深感

---

① 密尔．论自由．许宝骙，译．北京：商务印书馆，1959：7.
② 同①8.
③④ 同①10.
⑤ 同①39.

人心的信念成了人被动接受的教条，并成为据以拒斥任何新知识的藩篱。

其次，保持个性的自由。它是指个人有按照自己的意见行动的自由，这是思想自由的逻辑延伸。穆勒认为个性的基础是欲望和冲动，在当时的社会中普遍的趋势乃是否定和压制个人的欲望，使得在社会中看不到具有个人多样性的特征的欲望，其后果是得不偿失的。因为个人要成为思想中高贵而美丽的对象，不能将所有人的个性都变得千篇一律，而要培养每个人的个性。人性不是一架机器，不能按一个模式制造出来，它毋宁像一棵树，应按照其内在活生生的力量成长起来。但是社会及习俗的力量总是在试图压制个性成长，总是对个人欲望及情感投以怀疑的眼光，结果人性被扭曲了、枯萎了，个人不再以自己的意见而是以别人的意见去生活甚至娱乐，生活在别人的意见之中。但是社会的进步依赖于首创性的发现，而首创性正是个性健康成长的结果，庸凡的世界是不会产生首创性思想的，天才需要在自由的空气中自由地呼吸。一个社会，当个性不能再生存的时候，也就是它的发展停顿下来的时候。在穆勒看来，个性自由发展的意义，在于它既是人的目的和幸福的根本，又是社会和人类幸福的首要因素之一。他把个性的自由发展及其运用能到怎样的程度看作衡量社会或政府好坏的标准，这样，一部人类社会发展史实际上也就成了人的个性自由发展史。只要不妨碍他人，个人自由就不应当受到干涉，任何对个性自由的干涉都将造成社会停滞的严重后果。

最后，个人之间互相联合的自由。正因为社会的基本存在是个人，而个人的理性又是有限的，其才能和禀赋是千差万别的，因而不存在超越于个人之上的绝对权威的合理性。穆勒认为，社会的进步，往往是个人之间相互作用的结果，而并非理性设计的结果，任何人的贡献都要通过自由的联合的社会过程来实现，并且在这一过程中接受他人的检验。由自由联合所取得的成就往往要超出个人理性所能设计或预见的结果。个人联合乃是个人自由与社会连接起来的桥梁。

在坚持个人自由的同时，穆勒既反对启蒙时期自由主义者把自由当作一种抽象的、绝对的权利，也不赞成传统功利主义者简单地将社会自由归结为个人自由的做法。他认为，在个人自由与社会之间，不能简单地舍此即彼，而是应该在两者之间寻求某种必要的和谐。个人自由并不是绝对的，当一个人的行为对他人或社会利益造成有害影响时，对之进行干涉就有必要。一个人如果好吃懒做，不思进取，我们可以或者应该向他提出劝告，却不能强迫他改正，因为这是他的自由。但如果他因此而去偷窃，那么社会或政府就必须对他进行强制或谴责了。同时，自由即使在个人领域也不是绝对的，“自由不能要求个人有不要自由的自由”[①]。在穆勒看来，自由属于个人的本身价值的一部分，放弃自由就等于是在放弃自己，因此是不能允许的。所以，他认为，在有些问题上社会对个人自由进行限制是合理的。比如，政府应该强迫实行义务教育，规定每一个儿童都要受到良好的教育。即使因此而干涉了个人，那也是为了他本人好，为了社会整体的智力水平和道德提高。当然这并不是说，国家也应该亲自去主管教育的具体事务。但最终来看，穆勒仍然是一个坚定的个人自由主义者，他指出：“国家的价值，从长远看来，归根结底

① 密尔．论自由．许宝骙，译．北京：商务印书馆，1959：112.

还在于组成它的全体个人的价值。”① 在社会与个人之间，穆勒自由理论的重心最终还是倾向了个人。

三、代议制思想

在功利主义伦理的基础上，穆勒为个人自由和社会控制划定了一条合理的界限，从而也确定了以自由主义为核心的基本政治原则，那么接下来，穆勒所面临的就是如何使自己的自由理论在政府实践中能够得以实现的问题了。在其《代议制政府》一书中，穆勒着重讨论理想政府模式、原则、职能，及其弊端和补救措施等现实问题。

首先穆勒探讨了理想的政府形式。穆勒认为，理想的政府形式既非抽象思辨的成果，也不是自然生成的结果，而是人类智慧及实践创造的结果，它依赖于人的主观意志，因而理想的政府不仅应易于为人们所接受，同时还应具备对人民进行教育的职能。既然政府是人们智慧创造的结果，那么，判定政府形式好坏的标准就只能根据人们期望于政府的目的来确定。穆勒认为，理想政府的目的无非有两个：第一，实现被统治者的福利；第二，提升组成社会的人们的美德和智慧。由此，穆勒认为，代议制政府是最好的政府。首先因为代议制政府是最高权力属于整个社会的政府。穆勒指出，英国有一个谚语说，“假如能保证有一个好的专制君主，君主政体就是最好的政府形式”，这是一个极端有害的见解。因为一方面，要使这君主完善而明智地执行政府每一项义务，那他就得具备超人的智力和忘我的献身精神，而这样的君主是不存在的。另一方面，如果有这样的君主，那么人民必然会消极被动，整个人民的才智和情感都会让位于物质享乐，最终会消磨人民的意志和精神，导致民族的衰落。而代议制政府与君主制政府恰恰相反，它是“主权作为最后手段的最高支配权力属于社会整个集体的那种政府，每个公民不仅对该最终的主权的行使有发言权，而且，至少有时，被要求实际上参加政府，亲自担任某种地方的或一般的公共职务”②。这样的政府，可以使每一个公民的才智有机会得到锻炼和提高；而且，只有在这样的政府下，每个公民的利益才能真正被关注和维护，从而整个被统治者的福利才能得以保证。其次，代议制是人民既能“自保”又能“自助”的政府。穆勒指出，代议制政府是建立在两个原则基础之上的。“第一个原则是，每个人或任何一个人的权利和利益，只有当有关人本人能够并习惯于捍卫它们时，才能免于被忽视。第二个原则是，从事于促进普遍繁荣的个人能力愈大，愈是富于多样性，普遍繁荣就愈达到高度，愈是广泛普及。”③ 代议制政府不是去束缚人民的手脚，而是把自由特权给予社会中的每一个成员，它鼓励公民去关心国家的公益，使每个公民深切感受到他是这社会的成员，凡是有关公众利益的事，同时也代表了他个人的利益。所以，“一个完善政府的理想类型一定是代议制政府了”④。

关于代议制政府的组成条件和活动原则，穆勒认为，组成代议制政府，必须具有一

---

① 密尔．论自由．许宝骙，译．北京：商务印书馆，1959：125.

② 密尔．代议制政府．汪瑄，译．北京：商务印书馆，1982：43.

③ 同②44.

④ 同②55.

定的条件。一是社会条件，即该国人民对代议制的适应性：它必须为人民所乐意接受，必须是人民愿意去做并能够作为使它持续下去所必要的事情，必须是人民愿意去做并能够作为使它实现其目的而需要他们做的事情。三者缺一不可。二是历史条件。代议制政府只与一定的历史发展阶段相适应，而不受代表制控制的王权政府，是任何社会早期阶段最适合的政府形式。三是民族性格条件。有的民族统治别人的欲望特别强烈，那样，其制度越带有民主性，所设官职就越多，对人民的干涉就越可怕，这样的民族不适合代议制政府。在具体活动原则上，穆勒提出代议团体必须经选举产生，并进行定期改选。除不会读写的人、不交税的人、领取救济金的人之外，每个人都应该有选举权。在选举方法上，应实行直接选举和公开投票，以培养公民的政治才能和公共精神，而秘密投票和间接选举则可能造成弊端。议员应该有自由裁量权，即允许议员有时在意见上与选民的意见有所不同，以保证“少数”的意见得以表达。同时应该限定议会任期。在民主力量薄弱因而需加以激励的地方，三年任期太长；在民主力量占优势因而需加以缓和的地方，任期应不少于五年。至于议会由一院还是两院组成，则是次要问题。

穆勒详细探讨了代议制政府的职能。第一，代议团体的最基本的职能就是掌握对国家事务的最后控制权。穆勒写道：“代议制政体就是，全体人民或一大部分人民通过由他们定期选出的代表行使最后的控制权，这种权力在每一种政体中都必定存在于某个地方。他们必须完全握有这个最后权力。无论什么时候只要他们高兴，他们就是支配政府一切行动的主人。不需要由宪法本身给他们这种控制权。”[①] 议会决定政府组成，通过表决税收、预算和拨款等控制政府行动，并监督和批评政府官员的行为。穆勒认为这种对政府的控制与具体从事政府事务有着根本的区别，议会应主要从事于对政府行为的控制，但不宜也不应当从事具体管理事宜，它亲自去做的事情越少，对一切事情的控制就越完全。每一种行政部门都是一种技术性业务，有其独特的原则和传统，议会对行政部门所应尽的职责是注意使那些必须做出决定的人是能胜任的人。议会在控制行政的同时还要履行监督职责，即“把政府的行为公开出来，迫使其对人们认为有问题的一切行为做出充分的说明和辩解，谴责那些该受谴责的行为，并且，如果组成政府的人员滥用职权，或者履行责任的方式同国民的明显舆论相冲突，就将他们撤职，或明白地或事实上任命其继承人”[②]。第二，代议团体应当体现创设法律方面的“意志因素”，任何法案在未经议会认可前不成为法律。但是人数众多的议会也不适宜直接从事立法事务，因为“几乎没有任何脑力工作像立法工作那样，需要不仅是有经验和受过训练，而且要通过长期而辛勤的研究，训练有素的人去做”[③]。穆勒认为法律应由少数专家组成的委员会去制定，人数不多的专家委员会体现了创制法律的“智慧因素”。第三，代议团体既是国民的诉苦委员会，又是他们表达意见的大会。各种意见可以当着反对者的面经受相反意见的考验。它可以为个人抵抗社会提供一种社会支持、一种集合点，没有这项职能，就会导致少数人独揽大权。第四，代议制政府还应当成为国民教育机关，对人民进行知识和思想感情教

---

① 密尔．代议制政府．汪瑄，译．北京：商务印书馆，1982：68.

② 同①80.

③ 同①76.

育。从这个角度，穆勒把政府工作分为两个方面：一是“它作为教育机关的工作”，二是“它在现有教育情况下管理社会公共事务的安排”。代议制政府的基本好处之一就是能够促进社会各种成员现有道德的、智力的和积极能力的发展，促进民族性格的发展。他还提出了普及教育必须先于普及选举的著名论点。议会的职能还包括把社会上杰出人物提出的意见予以充分表达和讨论，以受到政府的重视。穆勒认为，议会的这些神圣权力，是对公民自由最强有力的保障。

最后，穆勒探讨了代议制的弊端及补救办法。穆勒认为代议制容易产生两个弊端：第一种是“代议团体以及控制该团体的民意在智力上偏低的危险”。为了克服它，穆勒提出限制选举权的主张，即让有文化、受过教育的人有选举权，对那些不会读、不会写以及不会做普通算术运算的人、不缴税的人、领取救济金的人、未经证明有偿付能力的破产者或得过破产法好处的人，都应取消其选举资格。而对于那些杰出人士及缴纳赋税高的人实行复票制，给他们以两票或两票以上的选举权。同时，在选举时要打破区域限制，以便在全国范围内选出优秀人才。第二种是“阶级立法”的弊端，“就是意图实现（不管是否真正实现）统治阶级眼前利益，永远损害全体的那种统治的危险”①。穆勒认为理想的政府不应是任何阶级在其中能发挥压倒一切的影响的政府，而应保持平衡，对英国来说，“体力劳动者及其同类为一方，雇主及其同类为一方——在代表制度的安排上保持平衡，每一方左右着议会内大致相同的票数”②。同时还要在议会中保证地方、全体、个人之间利益的平衡。议会不应只代表多数人，而应代表全体，应着重关注少数人的利益，否则的话则与理性、公正背道而驰了。穆勒认为只要注意代议制政府人员构成，及早进行预防，这种弊端也是可以克服的。

我们看到，在对代议制政府的论述中，穆勒在构建理想的政府模式时始终坚持了功利主义和自由主义原则。一方面，他认为，政府从整体上讲只不过是一种手段，它在形式上的合理性取决于它的合目的性，而且评价政府行为的好坏也必须从功利的角度对其具体的实践后果加以考虑，看它能够在多大程度上促进社会最大利益和维护个人自由。此外，穆勒把促进自由和人民美德、智力水平当作政府的目的，也充分体现了他的功利主义理论重视精神价值的特点。另一方面，穆勒的政府理论实际上也就是其自由理论在政府实践中的具体体现，对政府的目的、运作、职能等一系列问题的探讨都在紧紧围绕着这样的目的：如何实现社会控制和个人自由之间的有效平衡，如何实现和促进个人自由从而促进整个社会的进步。在穆勒看来，良好政府既是符合功利主义的又是符合自由主义的，既能最大限度地促进社会幸福，又能很好地维护个人自由。

第四节　边沁、穆勒政治思想的评价和影响

边沁和穆勒的功利主义政治思想是英国自由思想史上的重要发展阶段，根据 19 世纪

---

① 密尔．代议制政府．汪瑄，译．北京：商务印书馆，1982：98.

② 同①99.

英国社会发展的时代背景和深刻特征，它一方面使英国启蒙时期自由主义思想发展到功利主义阶段；另一方面又开启了传统自由主义向现代转变的历史方向，是英国乃至整个西方自由主义发展的一个重要转折时期。

作为近代西方政治哲学的主流，近代自由主义之区别于古典政治哲学的最根本特征，乃是"它将此前的中古自然法所维系的希腊宇宙论式的政治秩序予以破除并将政治或国家的合法性基础转移到一个新的原则之上，由此使得政治或国家获得了全然不同的理解和含义"①。这个构成近代政治哲学基础的"新的原则"，就是社会契约论及其所蕴含的自然权利观念。它以个人拥有不可剥夺的天赋权利为根本逻辑起点，来推演和建构近代政治和国家的合法性基础，并以此论定国家和政府所能合法施加权威于个人之上的限度。此即以霍布斯肇始，并由洛克完整阐释的社会契约论框架内的自由主义言说。但对于后革命时代的政治思想家来说，伴随革命年代的逝去，政治理论的核心应转化为如何通过政治权力的合理化运作，充分实现国家的价值目标。当社会契约、自然权利等神话或寓言般的革命性字眼不符合边沁的常识时，他就以功利原则取而代之。功利原则以人们的经验为基础，但其真正的指导力量是和洛克一样的理性主义。功利原则是一种规范性原则，以是否合乎"最大多数人的最大幸福"为尺度衡量政府的制度安排和运行。通过把社会利益还原为个体功利，边沁得出了实现社会最大利益的最佳途径——最大限度的个人自由。

功利思想并不是边沁的首创，它的最早思想源头甚至可以追溯到古希腊时期的伊壁鸠鲁所倡导的快乐主义哲学，在霍布斯、洛克等近代启蒙思想家的论著中也可以看到功利的影子。但是，真正把功利作为一种根本的哲学原则并运用到社会政治领域以谋求对现实社会进行深刻批判和改造的，则非边沁莫属。在边沁的眼中，趋乐避苦是人的根本天性，人类一切行为的最终目的都不过是寻求幸福。这是任何人都可以在日常生活中体验到的明显事实。除此之外，任何形而上学的玄虚理论都无从解释人类的行为。按照边沁的观点，个人的目的是谋求个人幸福的最大化，社会的目的则是谋求社会幸福总量的最大化，那么如何使个人在追求自己幸福最大化的同时也能促进社会幸福的最大化呢？边沁诉诸国家、法律的调节。他认为，只要国家、法律能够依据功利原则调节个人和社会的行为，就会使二者得到协调，个人利益和社会利益共同实现最大化的目标。但是，如果国家、法律本身不符合功利原则呢？那么就必须对之进行功利主义的批判和改造。由此，我们可以看到由边沁所创立的功利主义政治哲学的基本逻辑结构：以人的行为根本动机为基础论证功利乃是人的天性；将功利标准引入政治领域，确定政治生活的基本原则；再以基本的政治原则为依据，探讨政府形式和运作等政治现实问题。

作为边沁的精神传人，穆勒在坚持功利主义基本立场的同时，对边沁的传统功利主义理论进行了重大的调整，使之逐渐摆脱了早期形态中的粗糙、简单等缺陷而日益成熟。然而，调整的目的不仅仅是捍卫边沁的立场，更主要的是解决边沁理论中已经意识到但实际上并未解决的问题：协调个人与社会的矛盾。穆勒对功利主义伦理学的修正，实际是在寻找一个能够把个人利益和社会利益有效协调起来的契合点，以最终解决二者之间

① 萌萌．启示与理性：哲学问题：回归或转向？．北京：中国社会科学出版社，2001：212.

的矛盾。他的这一努力同样体现在其自由理论当中，在坚持个人自由主义立场的同时，穆勒也一直希望能够在个人自由和社会干预之间划一条明确的界限，以实现两者的平衡。在穆勒的政治哲学中，功利主义和自由主义所面临和期望解决的实际上是同一个问题：如何处理个人和社会的关系。在研究伦理学问题时，穆勒探讨的实际上是自由主义的主题——个人和社会；在进行自由问题的研究和论证时，他采用的又是功利的标准。他认为，考察自由社会政治等问题时，不能从抽象的权利观念出发而只能依据政治现象的功利后果来评判。“凡是可以从抽象权利的概念（作为脱离功利而独立的一个东西）引申出来而有利于我的论据的各点，我都一概弃置未用。的确，在一切道德问题上，我最后总是诉诸功利的。”① 由此可见，对穆勒来说，功利主义是自由主义的，自由主义同样也是功利主义的。像一个硬币的两面一样，二者本身就是同一个问题。

约翰·穆勒是边沁之后功利主义理论的集大成者，同时他也是近代以来最著名的自由主义大师之一。通过对自由和代议制等问题的论述，穆勒阐明了西方自由主义民主政治理论的一系列重要原则。穆勒虽然不赞成启蒙时期自由主义理论将个人自由当作一种抽象的天赋权利，但他维护个人自由的坚决态度却丝毫不容置疑。事实上，在否定个人自由的形而上学基础的同时，他仍然坚持了个人自由的某种绝对性质。在他看来，个人拥有某些不容剥夺的自由，不论出于何种目的，这种完全属于个人的自由都是不容侵犯的。他的自由理论的中心任务就是希望为捍卫个人自由、防止政府干涉寻找一条具有可操作性的原则标准。在此基础上，他将人的社会生活分为个人和公共两个领域：在私人领域，个人是绝对自由的，可以按照自己所理解的方式追求自己认为最好的利益，能够对之进行限制的唯一理由是不能侵害别人的利益；同样，公共权力也只能在涉及公共事务的领域行使，不能干涉正当的个人生活。由此，穆勒在坚持个人自由的同时，也明确指出了政府权力的限度：政府本身就是有限的，在任何情况下，它都不能侵犯理应由个人保留的那些自由权利。

如前所述，穆勒所主张的理想政府模式是代议制民主。他认为，只有将公共事务的最终控制权掌握在人民手中，人民的福利才会得到真正的关注和实现，只有当人民至少有时可以亲自参与政治生活或担任某一职务时，人们才会切实意识到将个人利益和公共利益结合起来的必要性，才会真正锻炼人们的政治才智和公共精神。但是，民主并不是人民把任何政治事务都事无巨细地揽在自己手中，亲自处理政治生活中的每一件事。那样只会导致庸人的政治、无能的民主。穆勒认为，为了高效率、高质量的民主，必须将大众参与和精英统治、个人自由和机会平等结合起来，实行代议制民主。代议制民主的核心是间接民主：人民并不直接行使政治权力，而是选举代表来代表自己对政治事务做出决定，同时这些代表也只是掌握公共事务的控制权，具体的政府事务则应由受过专门训练、具有专门知识的官僚来负责。这里，穆勒使政治权力经历了两次重大的分离：通过代议制实现了政治权力的所有权（人民）和使用权（议会）的分离，通过官僚制实现了政府权力控制权（议会）和具体事务操作权（官僚）的分离。穆勒认为，人民通过选举控制议会，议会通过掌管最高权力控制官僚，这样既能保证公共权力始终控制在人民

① 密尔．论自由．许宝骙，译．北京：商务印书馆，1959：12.

手中，又能依靠官僚的专门知识和技能实现政府管理的高质量、高效率。因此，代议制民主是最理想的政府形式。

按照穆勒的理解，民主并不是人类政治生活的终极目的，而是为了实现自由的必要的制度安排，它的至关重要性取决于它的目的：维护自由。自由是个人的，表现在政治生活中就是要维护少数人的权利。穆勒认为，真正的民主应该是代表全体的，民众当中的任何部分、个人的利益和意愿都应该平等地、有效地得到代表。为了形成有效的政治决定，人们可能不得不采用少数服从多数的方法以使民主具有现实的可操作性，但是如果因此而将多数人的意志当作全体的意志就大错特错了。因为这样少数人的意志必将被忽视、践踏，结果也必将形成多数人的暴政。在政治生活中，每个人都可能成为少数，如果允许对少数人的权利进行侵犯，实际上就是允许对每一个人的权利进行侵犯，而这意味着自由的彻底毁灭。因此，穆勒认为，在民主制条件下，维护自由的关键在于保护少数人的权利，"为个人抵抗统治权力提供一种社会支持，即一种支点"[①]。是否保护少数人的权利才是衡量真假民主的试金石。总之，在穆勒的政治哲学中，我们可以看到西方自由主义民主政治理论的个人自由、代议制民主、少数人权利这些基本原则已经得到了论述。

边沁和穆勒所生活的时代是自由主义发展的黄金时代。作为这一时期自由主义政治思想的表现形式，功利主义政治哲学坚持认为，个人自由是政治生活的根本前提，最大多数人的最大幸福是这一前提的根本目的，也是其自然的结果，通过理性或改革，二者之间的和谐是可以实现的。但若我们继续进行探讨就会发现，这一信条仍然蕴含着深刻的内在矛盾：第一，在个人自由和社会最大幸福之间，何者具有更高的权威？如果是前者，那么社会最大幸福则会沦为空谈；如果是后者，社会侵犯个人自由则是合理的，个人自由必将无法保障。第二，应当所欲的是否可以等同于可欲的？个人自由和社会幸福之间的和谐是我们所期望的，但这并不等于这种和谐就是必定会实现的。没有经过细致的论证就将应然的和实然的东西混为一谈，必然要犯简单化的错误。历史发展的现实也似乎充分证明着这种矛盾。到19世纪后期，自由主义已经在经济上为英国创造了当时世界上最发达的生产力，但是，这并没有自然地带来社会大多数人的最大幸福，相反，却带来了社会严重分化、贫富差距极端悬殊的后果，在少数人占有大量财产的同时，社会的大多数人正处在非常贫困的境地，社会的幸福总量不是增加了，而是减少了；另外，随着财富分布的极度不均，自由本身成了少数人的特权。工厂主资本家的自由自然不能等同于工人的自由，没有平等的基础，自由势必变成特权。现实并没有证明功利主义，却使其陷入了前所未有的困境。在穆勒的理论中，我们看到了对这一困境的初步认识和为了摆脱这一困境所进行的认真努力。根据自己所面临的时代主题，穆勒对以往的政治理论做了修正：第一，丰富了自由的内涵，将政治自由、经济自由进一步扩展到社会自由，同时将个人自由与任何人的尊严、价值和整个社会的进步、福祉联系起来，从而赋予了自由积极的意义。第二，明确指出了个人自由的限度。个人是在与他人的联系中生活的，因此个人所享有的自由不仅不能侵犯他人的利益，还要尊重别人拥有同等的自由

① 密尔．代议制政府．汪瑄，译．北京：商务印书馆，1982：115.

权利。第三，在一个自由的国家里，政治权力不再是一种必要的恶，而是一种具有某种积极价值的工具，国家可以积极地发挥作用，扩大个人的自由机会，增强个人实现自由的能力。这样，穆勒改变了过去自由主义者把个人自由和社会、国家对立起来的看法，认为把二者协调起来不仅是可能的，而且是现实的必然要求。

在西方政治思想史上，穆勒的自由理论不仅意味着传统自由主义的终结，而且对现代自由主义的产生和发展也发挥了重要影响。在他之后，洛林、霍布豪斯等一些新自由主义者认为，自由的性质不是消极的，不只意味着不受国家干预的个人活动的狭隘领域，而应是一种带有某种积极特征的、可以和别人共享的自由。相应地，国家也不再是个人自由的外在障碍，而是可以实现自由的积极手段。维护个人自由和扩大国家的权力可以并行不悖。积极扩大政府职能是关心公众福利的良好政府的必备条件，政府权力应干预经济、社会领域，如强制实行义务教育，干涉婚姻家庭、工人劳动条件、生活保障等事务，为个人实现平等的自由创造条件。在自由主义发展史上，这标志着现代自由主义开始取代传统自由主义走上历史舞台，而这一历史性的转变正是以穆勒为开端。

总体上讲，穆勒不是在创建理论，而是以自己的方式阐释和发展理论；他的目标也不是重新塑造一种新的人类理想，而是力图在理想和现实之间寻求一条最佳的可行路径。因此，为了迁就人类社会复杂的现实，他常常不得不在理论上做出妥协和让步。正因如此，穆勒的理论当中也隐含着许多深刻的矛盾。他极力试图效忠功利主义传统，但又根据现实的发展对传统功利主义做了大幅修正，甚至被一些功利主义者指责为背弃了边沁的原则；他批判社会分配不公的现象，甚至主张干预分配也属于国家的职能范围，但却将生产领域和分配领域严格区分，为资本主义所有制辩护；他主张把自由民主权利扩大到全体民众，同时又反对权利平等，要求由少数杰出人物掌握政权。尽管如此，作为跨越自由主义两个发展阶段的关键性人物，穆勒对西方自由主义发展的影响是不容忽视的。英国政治学者哈罗德·约瑟夫·拉斯基这样评价约翰·穆勒："自从穆勒去世过去的五十年中，还没有出现一位学者，对同代人的思想的影响像他那样深远。"[①] 事实上，穆勒的影响早已远远超出了他的时代，甚至对现代政治思想的发展也产生了重要作用，20 世纪许多重要的政治思想家都直接或间接地从穆勒的思想中汲取营养，受益匪浅。另外，穆勒所提出的行政技术问题、政体教育职能、专家治国等思想对现代社会的政治实践也具有启发作用。

进一步阅读书目

1. 边沁．道德与立法原理导论．时殷弘，译．北京：商务印书馆，2000.
2. 边沁．政府片论．沈叔平，等译．北京：商务印书馆，1995.
3. 密尔．代议制政府．汪瑄，译．北京：商务印书馆，1982.
4. 密尔．论自由．许宝骙，译．北京：商务印书馆，1959.
5. 穆勒．论边沁与柯勒律治．余廷明，译．北京：中国文学出版社，2000.

① 穆勒．约翰·穆勒自传．吴良健，吴衡康，译．北京：商务印书馆，1987：4.

6. 穆勒．功用主义．唐钺，译．北京：商务印书馆，1957.
7. 穆勒．约翰·穆勒自传．吴良健，吴衡康，译．北京：商务印书馆，1987.
8. 麦金太尔．伦理学简史．龚群，译．北京：商务印书馆，2003.
9. 霍布豪斯．自由主义．朱曾汶，译．北京：商务印书馆，1996.
10. 周辅成．西方伦理学名著选辑：下卷．北京：商务印书馆，1987.

参考文献

1. 马克思，恩格斯．马克思恩格斯选集：第1卷．3版．北京：人民出版社，2012.
2. 马克思，恩格斯．马克思恩格斯选集：第2卷．3版．北京：人民出版社，2012.
3. 马克思，恩格斯．马克思恩格斯选集：第3卷．3版．北京：人民出版社，2012.
4. 马克思，恩格斯．马克思恩格斯全集：第3卷．2版．北京：人民出版社，2002.
5. 马克思，恩格斯．马克思恩格斯全集：第28卷．2版．北京：人民出版社，2018.
6. 马克思，恩格斯．马克思恩格斯文集：第1卷．北京：人民出版社，2009.
7. 马克思，恩格斯．马克思恩格斯文集：第2卷．北京：人民出版社，2009.
8. 马克思，恩格斯．马克思恩格斯文集：第3卷．北京：人民出版社，2009.
9. 马克思，恩格斯．马克思恩格斯文集：第4卷．北京：人民出版社，2009.
10. 习近平．在哲学社会科学工作座谈会上的讲话．北京：人民出版社，2016.
11. 习近平．在纪念马克思诞辰200周年大会上的讲话．北京：人民出版社，2018.
12. 修昔底德．伯罗奔尼撒战争史．谢德风，译．北京：商务印书馆，2018.
13. 柏拉图．理想国．郭斌和，张竹明，译．北京：商务印书馆，1986.
14. 柏拉图．柏拉图全集．王晓朝，译．北京：人民出版社，2003.
15. 亚里士多德．政治学．吴寿彭，译．北京：商务印书馆，2009.
16. 亚里士多德．尼各马可伦理学．廖申白，译．北京：商务印书馆，2017.
17. 亚里士多德．雅典政制．日知，力野，译．北京：商务印书馆，1959.
18. 奥古斯丁．上帝之城．王晓朝，译．北京：人民出版社，2018.
19. 奥古斯丁．忏悔录．周士良，译．北京：商务印书馆，2015.
20. 阿奎那．阿奎那政治著作选．马清槐，译．北京：商务印书馆，1963.
21. 路德，加尔文．论政府．吴玲玲，译．贵阳：贵州人民出版社，2004.
22. 马基雅维里．君主论．潘汉典，译．北京：商务印书馆，1985.
23. 马基雅维里．论李维罗马史．吕健忠，译．北京：商务印书馆，2017.
24. 霍布斯．利维坦．黎思复，黎廷弼，译．北京：商务印书馆，1985.
25. 霍布斯．论公民．应星，冯克利，译．贵阳：贵州人民出版社，2003.

26. 洛克．政府论：下篇．叶启芳，瞿菊农，译．北京：商务印书馆，1964.

27. 洛克．论宗教宽容．吴云贵，译．北京：商务印书馆，1982.

28. 孟德斯鸠．罗马盛衰原因论．婉玲，译．北京：商务印书馆，1962.

29. 孟德斯鸠．波斯人信札．许明龙，译．北京：商务印书馆，2019.

30. 孟德斯鸠．论法的精神．欧启明，译．南京：译林出版社，2016.

31. 卢梭．社会契约论．修订第2版．何兆武，译．北京：商务印书馆，1980.

32. 卢梭．论人类不平等的起源和基础．李常山，译．北京：商务印书馆，1962.

33. 康德．历史理性批判文集．何兆武，译．北京：商务印书馆，1990.

34. 休谟．人性论．关文运，译．北京：商务印书馆，1980.

35. 休谟．人类理解研究．关文运，译．北京：商务印书馆，1957.

36. 休谟．道德原则研究．曾晓平，译．北京：商务印书馆，2001.

37. 休谟．休谟政治论文选．张若衡，译．北京：商务印书馆，1993.

38. 柏克．自由与传统．蒋庆，王瑞昌，王天成，译．北京：商务印书馆，2001.

39. 柏克．法国革命论．何兆武，许振洲，彭刚，译．北京：商务印书馆，1998.

40. 汉密尔顿，杰伊，麦迪逊．联邦党人文集．程逢如，在汉，舒逊，译．北京：商务印书馆，1980.

41. 黑格尔．精神现象学．贺麟，王玖兴，译．上海：上海人民出版社，2013.

42. 黑格尔．哲学史讲演录：第4卷．贺麟，王太庆，译．北京：商务印书馆，1978.

43. 黑格尔．法哲学原理．范扬，张企泰，译．北京：商务印书馆，1961.

44. 托克维尔．论美国的民主．董果良，译．北京：商务印书馆，1988.

45. 边沁．道德与立法原理导论．时殷弘，译．北京：商务印书馆，2000.

46. 边沁．政府片论．沈叔平，等译．北京：商务印书馆，1995.

47. 密尔．代议制政府．汪瑄，译．北京：商务印书馆，1982.

48. 密尔．论自由．许宝骙，译．北京：商务印书馆，1959.

49. 罗素．西方哲学史．马元德，译．北京：商务印书馆，2020.

50. 萨拜因．政治学说史．邓正来，译．上海：上海人民出版社，2015.

51. 施特劳斯，克罗波西．政治哲学史．李洪润，等译．北京：法律出版社，2020.

52. 瑞安．论政治．林华，译．北京：中信出版社，2016.

53. 斯金纳．近代政治思想的基础．奚瑞森，亚方，译．北京：商务印书馆，2002.

54. 沃格林．政治观念史稿．上海：华东师范大学出版社，2019.

55. 罗，斯科菲尔德．剑桥希腊罗马政治思想史．晏绍祥，译．北京：商务印书馆，2016.

56. 戈尔迪，沃克勒．剑桥十八世纪政治思想史．刘北成，马万利，刘耀辉，等译．北京：商务印书馆，2017.

57. 邓正来．布莱克威尔政治思想百科全书．北京：中国政法大学出版社，2011.

58. 肯尼．牛津西方哲学史．王柯平，等译．长春：吉林出版集团有限责任公司，2010.

59. 内莫．民主与城邦的衰落：古希腊政治思想史讲稿．张竝，译．上海：华东师范大学出版社，2011.

60. 内莫．古典与中世纪政治思想史．张竝，译．上海：华东师范大学出版社，2021.

61.《西方政治思想史》编写组．西方政治思想史：第 2 版．北京：高等教育出版社，2019.

62. 王彩波．西方政治思想史：从柏拉图到约翰·密尔．北京：中国社会科学出版社，2004.

图书在版编目（CIP）数据

西方政治思想史：从柏拉图到约翰·穆勒/王彩波主编．--北京：中国人民大学出版社，2023.5
新编21世纪政治学系列教材
ISBN 978-7-300-31639-0

Ⅰ.①西… Ⅱ.①王… Ⅲ.①政治思想史－西方国家－高等学校－教材 Ⅳ.①D091

中国国家版本馆CIP数据核字（2023）第066221号

新编21世纪政治学系列教材
西方政治思想史
——从柏拉图到约翰·穆勒
王彩波　主编
Xifang Zhengzhi Sixiangshi

出版发行	中国人民大学出版社		
社　　址	北京中关村大街31号	邮政编码	100080
电　　话	010－62511242（总编室）		010－62511770（质管部）
	010－82501766（邮购部）		010－62514148（门市部）
	010－62515195（发行公司）		010－62515275（盗版举报）
网　　址	http://www.crup.com.cn		
经　　销	新华书店		
印　　刷	北京七色印务有限公司		
开　　本	787 mm×1092 mm　1/16	版　　次	2023年5月第1版
印　　张	19.75 插页1	印　　次	2023年5月第1次印刷
字　　数	448 000	定　　价	56.00元

教学支持说明

（教学课件）

中国人民大学出版社政法分社秉承“出教材学术精品，育人文社科英才”的出版宗旨，多年来，出版了大批高质量的法学、教育学、政治学、政治理论公共课教材和学术著作。

我们为本教材制作了相应的 PPT 教学课件，任何一位采用本书作为授课教材的教师均可免费获得该课件。为了确保该课件仅为授课教师获得，烦请您填写如下材料，并将相关信息通过 E-mail 发送给我们，我们将在收到相关信息后通过 E-mail 给您发送该课件。欢迎您加入我们的 QQ 群（全国政管教师交流二群，群号为 648117133），或登录我社官方网站（www. crup. com. cn），注册并认证成为教师会员，以获得更好的服务。

我们的联系方式：

地址：（100872）北京市中关村大街甲 59 号文化大厦 1202 室

中国人民大学出版社政法分社

电话：（010）62515383　62514775（传真）

E-mail：ggglcbfs@vip. 163. com

兹证明________大学/学院________院/系________专业________学年第________学期开设的________课程，采用中国人民大学出版社出版的________________（书名、作者）作为本课程教材。授课教师为________，授课班级共______个、学生______人。授课教师需要与本书配套的教学课件。

联 系 人：________________

通信地址：________________

邮　　编：________________

电　　话：________________

E-mail：________________

系/院主任：________（签字）

（系/院办公室章）

______年____月____日